Wolfgang Hegener, Eike Hinze, Halina Katz-Eringa,
Regine Lockot, Ullrich Motz (Hg.)
Erinnern und Entdecken

Das Anliegen der Buchreihe BIBLIOTHEK DER PSYCHOANALYSE besteht darin, ein Forum der Auseinandersetzung zu schaffen, das der Psychoanalyse als Grundlagenwissenschaft, als Human- und Kulturwissenschaft und als klinische Theorie und Praxis neue Impulse verleiht. Die verschiedenen Strömungen innerhalb der Psychoanalyse sollen zu Wort kommen, und der kritische Dialog mit den Nachbarwissenschaften soll intensiviert werden. Bislang haben sich folgende Themenschwerpunkte herauskristallisiert:

Die Wiederentdeckung lange vergriffener Klassiker der Psychoanalyse – wie beispielsweise der Werke von Otto Fenichel, Karl Abraham, W. R. D. Fairbairn, Sàndor Ferenczi und Otto Rank – soll die gemeinsamen Wurzeln der von Zersplitterung bedrohten psychoanalytischen Bewegung stärken. Einen weiteren Baustein psychoanalytischer Identität bildet die Beschäftigung mit dem Werk und der Person Sigmund Freuds und den Diskussionen und Konflikten in der Frühgeschichte der psychoanalytischen Bewegung.

Im Zuge ihrer Etablierung als medizinisch-psychologisches Heilverfahren hat die Psychoanalyse ihre geisteswissenschaftlichen, kulturanalytischen und politischen Ansätze vernachlässigt. Indem der Dialog mit den Nachbarwissenschaften wiederaufgenommen wird, soll das kultur- und gesellschaftskritische Erbe der Psychoanalyse wiederbelebt und weiterentwickelt werden. Stärker als früher steht die Psychoanalyse in Konkurrenz zu benachbarten Psychotherapieverfahren und der biologischen Psychiatrie. Als das anspruchsvollste unter den psychotherapeutischen Verfahren sollte sich die Psychoanalyse der Überprüfung ihrer Verfahrensweisen und ihrer Therapie-Erfolge durch die empirischen Wissenschaften stellen, aber auch eigene Kriterien und Konzepte zur Erfolgskontrolle entwickeln. In diesen Zusammenhang gehört auch die Wiederaufnahme der Diskussion über den besonderen wissenschaftstheoretischen Status der Psychoanalyse.

Hundert Jahre nach ihrer Schöpfung durch Sigmund Freud sieht sich die Psychoanalyse vor neue Herausforderungen gestellt, die sie nur bewältigen kann, wenn sie sich auf ihr kritisches Potential besinnt.

BIBLIOTHEK DER PSYCHOANALYSE
HERAUSGEGEBEN VON HANS-JÜRGEN WIRTH

Wolfgang Hegener, Eike Hinze,
Halina Katz-Eringa, Regine Lockot,
Ullrich Motz (Hg.)

Erinnern und Entdecken

Zur Aktualität Sigmund Freuds

Mit Beiträgen von Jan Assmann, Wolfgang Benz, Werner Bohleber, Christina von Braun, Michael B. Buchholz, Stefan Goldmann, Wolfgang Hegener, Jochen Hörisch, Johannes Kipp, Marianne Leuzinger-Bohleber, Regine Lockot, Ken Robinson, Jörg M. Scharff, Hans Jürgen Scheuer und Walter Schönau

Psychosozial-Verlag

Bibliografische Information Der Deutschen Nationalbibliothek
Die Deutsche Nationalbibliothek verzeichnet diese Publikation in der Deutschen Nationalbibliografie; detaillierte bibliografische Daten sind im Internet über <http://dnb.ddb.de> abrufbar.

Originalausgabe

Goethestr. 29, D-35390 Gießen.
Tel.: 0641/77819; Fax: 0641/77742
E-Mail: info@psychosozial-verlag.de
www.psychosozial-verlag.de

Umschlaggestaltung nach Entwürfen des Ateliers Warminski, Büdingen.
Gesamtherstellung: Majuskel Medienproduktion GmbH, Wetzlar
www.majuskel.de
ISBN 978-3-89806-792-8

Inhalt

Interdisziplinäre Zugänge zur Psychoanalyse

Einleitung

Wolfgang Hegener

Am 6. Mai 2006 jährte sich der Geburtstag von Sigmund Freud, dem Begründer der Psychoanalyse, zum 150. Mal. Dies war für die psychoanalytischen Fachgesellschaften – die *Deutsche Gesellschaft für Psychoanalyse, Psychotherapie, Psychosomatik und Tiefenpsychologie* (DGPT), die *Deutsche Psychoanalytische Vereinigung* (DPV) und die *Deutsche Psychoanalytische Gesellschaft* (DPG) – ein würdiger Anlass, ein umfangreiches Fest- und Veranstaltungsprogramm zu gestalten.

Sigmund Freud hat durch die Entwicklung der psychoanalytischen Wissenschaft nicht nur ein völlig neuartiges Instrument zur Erforschung und Behandlung der menschlichen Seele geschaffen, sondern auch eine anthropologische Grundposition (vgl. Brumlik 2006) formuliert, die mit ihrer Betonung unbewusster Prozesse und der Triebhaftigkeit des Menschen das Wissen über uns selbst stark verändert und bereichert hat. Darüber hinaus ermöglicht uns die Psychoanalyse einen tieferen Zugang zum Verständnis der menschlichen Kultur. Freuds Werk liest sich über große Strecken wie ein Kommentar zum 20. Jahrhundert (vgl. Zaretszky 2006) und wird auch für das 21. Jahrhundert eine hohe und anhaltende Aktualität behalten. Die in diesem Band abgedruckten Texte sollen dieser Aktualität sowie der inter- und transdisziplinären Bedeutung des Freudschen Werkes Ausdruck verleihen.

Den 150. Geburtstag Freuds in Deutschland zu feiern, hieß aber auch, seiner Vertreibung und Emigration zu gedenken. Am 4. Juni 1938 wurde Freud von den Nationalsozialisten gezwungen, sein Heimatland Österreich zu verlassen. Freud ist nach dem so genannten »Anschluss« als deutscher Staatsbürger ausgewiesen worden. Dieser Tatsache ist wohl noch niemals öffentlich gedacht worden. Während Freud und ein Teil seiner Familie mit internationaler Hilfe die Flucht gelang, mussten vier seiner fünf Schwestern in Wien zurückbleiben. Sie wurden deportiert und in Konzentrations- und Vernichtungslagern ermordet (vgl. Gottwaldt 2004). Auch an ihr Schicksal wollten wir erinnern.

Thomas Mann, ein Freund der Psychoanalyse, vermutete in seinem 1939 geschriebenen Essay »Bruder Hitler«, dass Hitler eigentlich gegen Sigmund Freud zu Felde gezogen sei, als er in Wien einmarschierte (Mann 1991, S. 98f.[1]). Den zerstörerischen antisemitischen Hass der Nationalsozialisten hat Freud knapp überlebt, er konnte, wie er es gehofft hat, »sein Leben in Freiheit enden« (Freud 2001, S. 67). Wenn wir Freud ehren, so tun wir dies auch in der Hoffnung, dass der Hass nicht überwiegen wird und die leise Stimme der Vernunft, nicht zuletzt durch den Einsatz der Psychoanalyse, beharrlich bleibt.

Die Struktur der Veranstaltungen findet sich in der Gliederung dieses Bandes wieder. Am Wochenende des 5., 6. und 7. Mai 2006 fanden an unterschiedlichen Orten Berlins die Fest- und Gedenkveranstaltungen statt. Am *5. Mai*, dem Vorabend von Freuds Geburtstag, wurde in den Räumen der Akademie der Künste (Hansaviertel) Freud als Wissenschaftler gefeiert, der nicht nur die Behandlungen seelischer Störungen revolutioniert hat. Nach Grußworten von Hans-Gerhard Husung im Namen des Berliner Senators für Wissenschaft, Forschung und Kultur sowie der Vorsitzenden der genannten psychoanalytischen Fachgesellschaften (Anne Springer, Manfred Schmidt und Franz Wellendorf) hielten Walter Schönau, Werner Bohleber und Jan Assmann die Festvorträge. Ein kleiner, mit Originalaufnahmen angereicherter Film über das Leben und Werk Sigmund Freuds von Ullrich Motz, erstellt in Zusammenarbeit mit Julia Riedhammer, erinnerte uns an die Lebensgeschichte dieses besonderen Mannes. Für die musikalische Begleitung konnten wir Friedrich Boegner (Cello), Chefarzt der Neurologischen Abteilung der Theodor-Wenzel-Werke in Berlin, Bruno Müller-Oerlinghausen (Querflöte), Psychopharmakologe und emeritierter Professor der Psychiatrischen Klinik der FU Berlin, sowie Bernhard Seel (Flügel), Arzt im Theodor-Wenzel-Werk gewinnen. Ihnen danken wir an dieser Stelle herzlich. Im Foyer der Akademie der Künste wurde die Posterausstellung von Regine Lockot und Michael Viernickel gezeigt. Sie ist in Verbindung mit Stadtrund-

1 Das Zitat lautet vollständig: »Wie muß ein Mensch wie dieser die Analyse hassen! Ich habe den stillen Verdacht, daß die Wut, mit der er den Marsch auf eine gewisse Hauptstadt betrieb, im Grunde dem alten Analytiker galt, der dort seinen Sitz hatte, seinem wahren und eigentlichen Feinde, – dem Philosophen und Entlarver der Neurose, dem großen Ernüchterer, dem Bescheidwisser und Bescheidgeber selbst über das Genie«.

fahrten »auf den Spuren der Psychoanalyse in Berlin« entstanden und erinnert an Berlin als geistiges Zentrum der Psychoanalyse in den 20er Jahren. Die dort mit einer kleinen Chronik und Fotos charakterisierten Psychoanalytikerinnen und Psychoanalytiker waren in den meisten Fällen Juden, die Berlin auf der Flucht vor den Nationalsozialisten verlassen mussten.

Am *6. Mai* fand auf dem Bebelplatz Unter den Linden, dem Platz der Bücherverbrennung im Mai 1933, eine öffentliche Gedenkveranstaltung statt. Nach einleitenden Worten von Wolfgang Benz, dem Leiter des »Zentrums für Antisemitismusforschung« an der TU Berlin, haben die Sprecher und Schauspieler Oliver Rehlinger, Hubertus Hartmann, Gesa Badenhorst und Karl-Heinz Wigger unter der Regie von Ullrich Motz aus Freud-Texten gelesen, die Wolfgang Hegener und Regine Lockot zusammengestellt haben. Ausschnitte aus der Solo-Cellosuite in G-Dur von Johann Sebastian Bach, einfühlsam gespielt von Rachel Heulleur, begleiteten die Texte. Mit dieser öffentlichen Veranstaltung wollten wir ein deutliches Zeichen dafür setzen, dass sich zwar Bücher verbrennen lassen und dieser aggressive Akt unserer geistigen und kulturellen Welt einen schweren Schaden zugefügt hat, diese aber nicht zerstören konnte.

Eine Matinee im Palmensaal des ehemaligen Hotels Esplanade (Potsdamer Platz) am *7. Mai* rundete das Geburtstagswochenende ab. Dort wurde schon 1926 Freuds 70. Geburtstag gefeiert; der Psychoanalytiker Ernst Simmel lud damals den »Zeitgeist« ein, und es kamen illustre Gäste aus Kultur, Politik und Medizin. Nicht nur durch den Ort wollten wir an diese großartige Würdigung der Psychoanalyse vor 80 Jahren erinnern, sondern auch durch einen berühmten Gast: Wir konnten den renommierten Historiker, Psychoanalytiker und Freud-Biografen Peter Gay für diese Veranstaltung gewinnen. Peter Gay war als deutscher Jude gezwungen, 1938 Berlin zu verlassen und emigrierte über Kuba in die USA. Er sollte von Annette Simon zu seinem eigenen Leben und zu seiner Beziehung zur Psychoanalyse befragt werden. Leider erkrankte Peter Gay am Samstag und konnte an der Veranstaltung nicht teilnehmen. Wir entschlossen uns, eine Art Podium von Psychoanalytikerinnen und Psychoanalytikern der unterschiedlichen Fachgesellschaften zusammenzustellen. Hermann Beland, Eike Hinze, Jürgen Körner und Annette Simon kommentierten unter der Leitung von Ludger Hermanns ihren persönlichen Zugang zur Psychoanalyse, ihre inhaltlichen Positionen sowie ihre Zukunftswünsche. Horst Neumann und Rainer Stelzner haben dann in einer musikalisch-szenischen Lesung Freuds Leben als eine Reisegeschichte erzählt (die Textauswahl stammt von Regine Lockot und

Wolfgang Hegener). Die Moderation der Matinee übernahm Thomas Charlier aus Frankfurt am Main.

Das Geburtstagswochenende wurde durch eine schon seit April 2006 laufende *Vortragsreihe* und *Filmreihe* eingerahmt, die in Zusammenarbeit mit der Humboldt-Universität zu Berlin ausgerichtet wurde. Wir möchten die Gelegenheit nutzen, Christina von Braun, Hochschullehrerin am Kulturwissenschaftlichen Seminar, und ihrer Sekretärin, Simone Eisensee, für ihre tatkräftige Unterstützung herzlich zu danken. Im Rahmen der Filmreihe wurden folgende Filme gezeigt und von Psychoanalytikerinnen, Psychoanalytikern und Kulturwissenschaftlern kommentiert: »Spellbound« (Florence Wasmuth), »Harry meint es gut mit dir« (Lutz Wohlrab), »Geheimnisse einer Seele« (Herbert Kley), »Das Piano« (Marie-Luise Waldhausen), »Der Mieter« (Annegret Mahler-Bungers), »Mullholland Drive« (Simon Brückner), »Alles über meine Mutter« (Christa Rohde-Dachser), »Ich hieß Sabina Spielrein« (Annette Simon), »Primo Amore« (Christine Gerstenfeld) und »Spider« (Ralf Zwiebel).

In der Vortragsreihe, die in diesem Band wiedergegeben ist, wollten wir Vertreterinnen und Vertreter der unterschiedlichsten Disziplinen (Geistes-, Neuro-, Sozial- und Kulturwissenschaften, Philosophie und Psychiatrie) – also den Zeitgeist des 21. Jahrhunderts – zu Wort kommen lassen, um die übergreifende Bedeutung Freuds für die moderne Kultur zu dokumentieren.

Wir möchten mit diesem Band Sigmund Freud und sein Werk ehren. Dabei soll zum einen an seine historische Bedeutung erinnert werden; wir wünschen uns aber zum anderen auch, dass die Leserinnen und Leser dieses Buches entdecken können, welch großes und lebendiges Potential in der Psychoanalyse und ihrem einzigartigen Erkenntnisinstrument liegt. Die lange Vorbereitungszeit führte uns vor Augen, dass wir uns, trotz der Zugehörigkeit zu verschiedenen Fachgesellschaften und Instituten, nicht nur auf Sigmund Freud als gemeinsamen Gründungsvater beziehen konnten, sondern uns offenkundig immer wieder von derselben, uns allen gemeinsamen Psychoanalyse begeistern und faszinieren ließen.

Berlin, im Januar 2007

Die Organisatoren und Herausgeber[2]:

Wolfgang Hegener
Eike Hinze
Halina Katz-Eringa
Regine Lockot
Ullrich Motz

Literatur

Brumlik, Micha (2006): Sigmund Freud. Der Denker des 20. Jahrhunderts. Weinheim, Basel (Beltz).

Freud, Sigmund (2001): Stationen eines Lebens. Katalog zur Ausstellung im Sigmund-Freud-Zentrum des Fachkrankenhauses Uchtspringe. Herausgegeben von Christfried Tögel. Uchtspringe.

Gottwaldt, Alfred (2004): Sigmund Freuds Schwestern und der Tod. Anmerkungen zu ihrem Schicksal in Deportation und Massenmord. Psyche – Z Psychoanal, 58, 487–515.

Mann, Thomas (1991): Freud und die Psychoanalyse. Reden, Briefe, Notizen, Betrachtungen. Frankfurt/M. (Fischer).

Zaretszky, Eli (2006): Freuds Jahrhundert. Die Geschichte der Psychoanalyse. Wien (Zsolnay).

2 Wir möchten an dieser Stelle unserer Kollegin Gertraud Schlesinger-Kipp (jetzt Vorsitzende der DPV) herzlich danken, die, wenn sie konnte, an unseren Sitzungen teilgenommen und unsere Arbeit hilfreich unterstützt hat.

Grußwort von Dr. Hans-Georg Husung

Sehr geehrte Damen und Herren,

im Namen des Senats von Berlin begrüße ich Sie herzlich zu Ihrer heutigen Festveranstaltung anlässlich des 150. Geburtstages des Begründers der Psychoanalyse, Sigmund Freud. Ich freue mich sehr, dass Sie Berlin als Tagungsort gewählt haben und wünsche Ihrer Veranstaltung den besten Erfolg, also intellektuelle Anregung, Austausch und neue Kontakte. Als Kultursenator hoffe ich natürlich, dass viele von Ihnen das Wochenende in Berlin verbringen und vom reichen Kulturangebot Berlins partizipieren können. Jedenfalls möchte ich Sie auch hierzu herzlich einladen.
Ihre Einladung, die ich gerne angenommen habe, hat mich zugleich vor ein Problem gestellt. Über Freud zu sprechen, hieße Eulen nach Athen zu tragen und birgt für den Laien die natürliche Gefahr, Standards zu verletzen. Aber natürlich möchte ich Sie auch nicht mit den Niederungen der Berliner Wissenschaftspolitik langweilen. Gestatten Sie mir deshalb in der gebotenen Kürze einige freie Assoziationen im fokalistischen Setting der Ansprache.

Wie jeder gute Verwaltungsmann könnte ich zunächst auf meine Unzuständigkeit verweisen. Angesichts des Umstandes, dass die Psychoanalyse an deutschen Hochschulen und außeruniversitären staatlichen Instituten nur marginal vertreten ist, könnte genauso gut die Senatorin für Gesundheit zu Ihnen sprechen. Wenn Sie alle aber und ich selbst meine Anwesenheit nicht als unpassend ansehen, dann doch wohl aus dem Grund, dass die Psychoanalyse aus dem Kanon der Wissenschaften nicht wegzudenken ist. Ich sage offen: Ihre fehlende Verankerung als akademisches Lehrfach ist eine große Ungerechtigkeit und lässt sich nur aus historischen Kontingenzen und nicht – siehe z.B. ihre Verbreitung in den USA – aus dem Fach heraus erklären.

Dies ist umso tragischer, als einer der historischen Gründe ja geradezu ein Argument für die Psychoanalyse ist. Ich meine ihre Unterdrückung im Nationalsozialismus und ihre weitere Marginalisierung nach dem Krieg, als die Deutschen lieber vergessen als aufarbeiten wollten.

Nun weiß ich auch, dass Ihre Verbände frühzeitig aus der Not eine Tugend gemacht haben und die Professionalisierung der Ausbildung und Anerkennung des Berufsstandes mit großer Energie und Augenmaß vorangetrieben haben. Das Psychotherapeutengesetz von 1999 ist hierfür der Beleg. Anerkennend muss man sagen: Vieles von dem, was sich die Universitäten erst in den letzten Jahren an qualitätssichernden Instrumenten gegeben haben, man denke nur an die Akkreditierung von Ausbildungsgängen, existiert bei Ihnen schon wesentlich länger. Dass Sie damit nicht vor geradezu periodischen Anwürfen der Pseudowissenschaftlichkeit geschützt sind, wissen Sie selbst am besten. Genauso, dass sich der modische Zeitgeist gerade den neuro- und molekularbiologischen Wissenschaften verschrieben hat und nunmehr von diesen die Beantwortung aller Fragen erwartet.

Im Gegenzug würde ich dagegen auf die Zunahme psychischer Krankheiten in unserer Gesellschaft und die angespannte Ausbildungssituation auf diesem Gesundheitsfeld hinweisen. Der demographische Wandel unserer Gesellschaft und die damit auch einhergehenden Veränderungen in der Familienstruktur und den Generationsbeziehungen sind weitere Themen, die nicht nur, aber m. E. auch der psychoanalytischen Forschung bedürfen.

Zu Recht werden Sie nun fragen, ob sich hinter diesen wohlfeilen Worten gar die staatliche Bereitschaft versteckt, die gewünschte stärkere wissenschaftliche Institutionalisierung der Psychoanalyse finanziell zu befördern. Ich vermute, dies ist ein typischer Fall »positiver Gegenübertragung«. Womit ich am Ende meines Grußwortes doch wieder bei den Niederungen der Berliner Wissenschaftspolitik angelangt bin: Sie alle wissen, wie es um die Finanzen des Landes bestellt ist. Von daher wäre es nicht redlich, Ihnen Hoffnungen zu machen.

Ich möchte aber Ihre Aufmerksamkeit auf eine andere Entwicklung lenken. Zurzeit erleben wir in der Bundesrepublik eine Gründerzeit der privaten Hochschulen. Ich sehe diese Entwicklung zum größten Teil positiv, weil wir dadurch mehr Ausbildungskapazitäten und zusätzlichen Wettbewerb im Ausbildungsmarkt bekommen. Wie Sie vielleicht wissen, sind von dieser Bewegung inzwischen auch der verhaltenstherapeutische und andere psychotherapeutische Bereiche erfasst. Ohne mich hinsichtlich der Therapieformen oder ihrer verschiedenen Schulen wertend festlegen zu wollen, würde ich es begrüßen, wenn Sie ein Engagement Ihrerseits in dieser Richtung in Erwägung ziehen würden. Für meinen Teil kann ich Ihnen in diesem Fall meine Unterstützung und eine wohlwollende Prüfung zusagen. Dahinter steht die Vision, den 160. Geburtstag von Sigmund Freud an einer wissenschaftlichen Hochschule für Psychoanalyse feiern zu können. So könnte sich auch die alte Freudsche These bewahrheiten, dass sich das Verdrängte in immer neuer Form wieder zu Worte zu melden vermag. Und sei es in der Form einer privaten Hochschule.

Meine Damen und Herren, ich hatte Ihnen nicht mehr und nicht weniger als ein freies Assoziieren versprochen und habe meine Schuldigkeit hoffentlich getan. Ich danke Ihnen für Ihre Aufmerksamkeit und wünsche Ihnen für den weiteren Abend, dass dieser dem großen Werk und Wirken von Sigmund Freud alle Ehre gereicht. Vielen Dank!

Dr. Hans-Georg Husung Staatssekretär der Senatsverwaltung für Wissenschaft und Forschung des Landes Berlin, im Namen des Senators, Dr. Thomas Flierl

Grußwort von Anne Springer

Sehr geehrte Damen und Herren,
liebe Kolleginnen und Kollegen,

es ist mir eine Ehre, für die Deutsche Gesellschaft für Psychoanalyse, Psychotherapie, Psychosomatik und Tiefenpsychologie (DGPT) zu dieser Veranstaltung, mit der wir die 150. Wiederkehr des Geburtstags Sigmund Freuds feiern, unsere Grüße zu überbringen.

Vor einigen Tagen hat mich eine Journalistin gefragt, wie alt die Psychoanalyse sei. Die »Traumdeutung«, mit der sie begann, entstand vor mehr als 100 Jahren. Oder gab es sie schon immer und latent als die Frage aller Philosophie: was ist eigentlich Denken?, d.h. wie hat sich mein Denken entwickelt? Das war Einsteins Frage, die er 1946 nach dem Zivilisationsbruch an den Anfang seiner autobiografischen Überlegungen stellte. Einstein erforschte, was das Auge nicht sah. Freud ging den Weg des Erforschens der inneren Welt und des Unbewussten und fand Antworten, die uns bis heute anregen und beschäftigen. Als Wissenschaft vom Unbewussten entfaltete sich die Psychoanalyse sowohl als Krankenbehandlung und Erforschung des individuellen Seelenlebens als auch in der Analyse von Kultur und Gesellschaft. Ihr kreatives Potential spiegelt sich heute wider und manifestiert sich in einer Vielfalt psychoanalytischer und aus der Psychoanalyse stammender Konzeptualisierungen des Psychischen, die Reichtum ist. Freuds Antworten auf die Frage nach dem Wesen des Psychischen prägen uns alle bis heute.

Geboren am 6. Mai 1856, verstorben am 23. September1939, das ist ein Leben unablässiger und beharrlicher Suche nach Antworten, die Teil einer Kultur wurden, der er misstraute, weil er befürchtete, dass die schmerzlichen Wahrheiten, die die Psychoanalyse aufdeckt, den Widerstand jeder Kultur auf den Plan rufen würden. Eine grauenhafte Bestätigung dieser tiefen Skepsis stellte die deutsche nationalsozialistische Katastrophe dar. Der 82-jährige entkam, einen deutschen Pass mit Hakenkreuz bei sich tragend, den Mördern, die das hassten, was er und sein Denken repräsentieren: die skeptische Humanitas, die nicht endende Arbeit der Zivilisation, die Liebe zur Wahrheit, den Wunsch nach dem Wissen des eigenen Wissens. Seine Bücher wurden verbrannt. Seine Schwestern wurden ermordet.

Nach dem Zusammenbruch der NS-Diktatur stand die gesamte Psychoanalyse in Deutschland vor der Aufgabe, zu Freud zurückzukehren über den schmerzhaften Weg der Trauer über den Verlust, den sie sich selbst zugefügt hatte und den sie erlitten hatte. Diese Arbeit ist nicht beendet.

Ebenfalls nicht beendet ist die Aufgabe, die Psychoanalyse als Kultur – und Naturwissenschaft und als Krankenbehandlung in ihrer Pluralität zu vertreten. Sie wird immer vielfältigen Angriffen ausgesetzt sein – Angriffen, die die Provokation nach sich zieht, die in der stets auch kränkenden Erkenntnis liegt, dass das Ich nicht Herr im eigenen Hause ist und dass das Ringen um Bewusstsein und Erkenntnis nicht endet.

Zum Abschluss seiner letzten Arbeit vor seinem Tod, einem Entwurf einer 2. Fassung des »Abrisses der Psychoanalyse« schrieb Freud 1938: »Der Begriff des Unbewussten pochte schon seit langem um Aufnahme an die Pforten der Psychologie. Philosophie und Literatur haben oft genug mit ihm gespielt, aber die Wissenschaft wusste ihn nicht zu verwenden. Die Psychoanalyse hat sich dieses Begriffs bemächtigt, ihn ernst genommen, ihn mit neuem Inhalt erfüllt. Ihre Forschungen haben zur Kenntnis von bisher unvermuteten Charakteren des unbewussten Psychischen geführt, haben einige der Gesetze entdeckt, die in ihm herrschen. Mit alledem ist aber nicht gesagt, dass die Qualität der Bewusstheit ihre Bedeutung für uns verloren hat. Sie bleibt das einzige Licht, das uns im Dunkel des Seelenlebens leuchtet und leitet. Infolge der besonderen Natur unserer Erkenntnis wird unsere wissenschaftliche Arbeit in der Psychologie darin bestehen, unbewusste Vorgänge in bewusste zu übersetzen, solcherart die Lücken in der bewussten Wahrnehmung auszufüllen« (1940b, S. 147).

Die Psychoanalyse lebt und beweist immer wieder ihr Vermögen, neue Übersetzungen zu finden und zu erproben und Unbekanntes zu erforschen.

Anlässlich dieser Wiederkehr des Geburtstages ist dem Forscher und Übersetzer zu danken, der den Weg zum nicht Übersetzbaren wies.

Es möge ein guter Geburtstag werden.

Anne Springer Vorsitzende der Deutsche Gesellschaft für Psychoanalyse, Psychotherapie, Psychosomatik und Tiefenpsychologie (DGPT)

Literatur

Freud, Sigmund (1940b): Some Elementary Lessons in Psycho-Analysis. GW XVII, 139–147.

Grußwort von Dr. Manfred Schmidt

Meine sehr geehrten Damen und Herren,
liebe Kolleginnen, liebe Kollegen,
sehr geehrter Herr Staatssekretär Dr. Husung,
liebe Anne Springer,
lieber Franz Wellendorf,

im Namen der Deutschen Psychoanalytischen Vereinigung darf ich Sie zu dieser Festveranstaltung zum Gedenken an den 150. Geburtstag von Sigmund Freud willkommen heißen.

Das Gedenken hat etwas mit Erinnern zu tun und dies wiederum mit dem Gedächtnis. S. Freud hat sich immer wieder mit dem Gedächtnis beschäftigt und darüber bis heute gültige Erkenntnisse erarbeitet. So seine Theorie der verschiedenen »Umschriften«, die das Gedächtnis auf verschiedenen Ebenen immer wieder neu herstellt.

Als 75-jähriger Mann schrieb er am 25.10.1931 an den Bürgermeister seiner Geburtsstadt Freiberg: »(…) aber des einen darf ich sicher sein: tief in mir, überlagert, lebt noch immer fort das glückliche Freiberger Kind, der erstgeborene Sohn einer jugendlichen Mutter, der aus dieser Luft, aus diesem Boden die ersten unauslöschlichen Eindrücke empfangen hat« (Freud 1960a, S. 425).

Ist hier nicht eine Form des Erinnerns beschrieben, die wir heute embodied memory nennen? Erinnerungen, die sozusagen der Körper aufbewahrt, wie dies die Neurobiologie beschrieben hat. Lässt sich vielleicht ein Bogen spannen von den frühen Versuchen Freuds die Verbindung zur Neurologie zu behalten, bis hin zur aktuellen Situation in der sich wieder, neue und ganz andersartige Anschlüsse zur Neurobiologie herstellen lassen?

Zum Erinnern, zum Gedenken gehört auch der Dank. Der Dank an Sigmund Freud, der immer wieder die bewussten und unbewussten Verbindungen zwischen der biologischen Körperlichkeit und den sprachlich-narrativen Seiten des Erlebens hergestellt und bewahrt hat. Auf diese Weise hat S. Freud der Psychoanalyse bis heute eine immer neue Aktualität gesichert.

Ein Dank gilt auch in besonderer Weise der Vorbereitungskommission, die in sehr geduldiger, stetiger und umsichtiger Weise die komplizierte Vorbereitung und Realisierung dieser Festveranstaltung getragen hat. Halina Katz-Eringa, Regine Lockot, Helga Kremp-Ottenheym, G. Schlesinger-Kipp, Wolfgang Hegener, Ullrich Motz und der umsichtigen und integrativen Leitung von Eike Hinze.

Uns allen wünsche ich nun eine feierliche, informative und gesellige Festveranstaltung.

Dr. Manfred Schmidt Vorsitzender der Deutschen Psychoanalytischen Vereinigung (DPV)

Literatur

Freud, Sigmund (1960a): Briefe 1873–1939. Herausgegeben von Ernst Freud und Lucie Freud. Frankfurt/M. (Fischer).

Grußwort von Prof. Dr. Franz Wellendorf

Sehr geehrte Damen und Herren,
liebe Kolleginnen und Kollegen,

im Namen der *Deutschen Psychoanalytischen Gesellschaft* (DPG) begrüße ich Sie herzlich zu dieser Festveranstaltung, mit der wir den 150. Geburtstag von Sigmund Freund, dem Begründer der Psychoanalyse, feiern. Freud hat unser Verständnis vom Menschen und von der Kultur grundlegend verändert und vertieft. Viele seiner Erkenntnisse sind längst weltweit Bestandteil der Kultur des 20. Jahrhunderts geworden. Wie die zahlreichen Veröffentlichungen in Zeitungen, Magazinen, in Radio und Fernsehen anlässlich seines 150. Geburtstages zeigen, haben Bedeutung und Wirkung Freuds auch im gerade begonnenen 21. Jahrhundert nicht nachgelassen.

Durch die Entwicklung der psychoanalytischen Wissenschaft hat er ein Instrument zur Erforschung des menschlichen Seelenlebens, insbesondere der in ihm wirksamen unbewussten Prozesse, und zur Behandlung der Seele geschaffen. Auf dieser Grundlage hat sich die Psychoanalyse in zahlreichen Ländern kreativ weiter entwickelt. 150 Jahre – das ist eine lange Zeit, und manche mögen denken (und vielleicht hoffen), dass Freud und die von ihm begründete Psychoanalyse veraltet sind. Das Studium seines Werkes und seiner Weiterentwicklung in den letzten 100 Jahren zeigt jedoch, dass es nach wie vor einen jungen und lebendigen Kern besitzt, aus dem sich neue und fruchtbare Erkenntnisse entwickeln können – nicht nur in der Psychoanalyse und für die Behandlung von Kranken, sondern auch für die Kultur- und Literaturwissenschaften. Freud und die Psychoanalyse sind nach wie vor aktuell. Und nach wie vor ist die Psychoanalyse mit ihrer aufklärerischen und kritischen Kraft eine Herausforderung, ja, eine Zumutung für erstarrte

Wahrnehmungsmuster und eingeschliffene Denkgewohnheiten. Wie Freud wusste, ist es kein Wunder, dass die Erforschung des Unbewussten manchem als unheimlich erscheint, und dass es bis heute vielfältige Versuche gibt, sie aus den Wissenschaften und aus dem Lebensalltag zu vertreiben.

Freuds 150. Geburtstag in Deutschland und gerade auch in Berlin zu feiern ist nicht denkbar, ohne sich an seine Vertreibung und das Schicksals seiner Familie zu erinnern – er selbst musste im hohen Alter nach London fliehen; vier seiner Schwestern wurden in Konzentrations- und Vernichtungslagern ermordet. Und es ist schmerzlich, an die Verfolgung und erzwungene Emigration vieler jüdischer Psychoanalytikerinnen und Psychoanalytiker der DPG während des »Dritten Reiches« und an die beschämende Anpassung mehrerer ihrer Mitglieder an das nationalsozialistische System zu denken. Jedoch: die furchtbaren Verbrechen der Nationalsozialisten haben der Psychoanalyse nicht ihre Lebenskraft nehmen können. Die Vertreibung Freuds und die Verfolgung der jüdischen Psychoanalytiker aus Deutschland haben zugleich dazu beigetragen, dass die Psychoanalyse weltweit Verbreitung gefunden hat und weiter entwickelt worden ist. Die verbrannten Bücher sind heute lebendiger denn je. Mehr als ein halbes Jahrhundert später ist auch die DPG wieder in die internationale Gemeinschaft der freudschen Psychoanalyse zurückgekehrt. Morgen werden wir auf dem Bebelplatz dieser Verfolgung Freuds und der Psychoanalyse gedenken.

Bevor ich meine kurzen Begrüßungsworte schließe, möchte ich einen Dank aussprechen. Die Vorbereitung dieser und der folgenden Veranstaltung an diesem Wochenende lag in den Händen einer Arbeitsgruppe, in der Kolleginnen und Kollegen aus der DPG und der DPV zusammen gearbeitet haben. Ohne das große Engagement und die kompetente Planung dieser Gruppe hätte die Veranstaltung nicht verwirklicht werden können. Ich danke der Arbeitsgruppe (Frau Katz-Eringa, Frau Lockot, Herr Hegener, Herr Motz) und ihrem Leiter Herrn Dr. Hinze herzlich für den großen Einsatz.

Jetzt wünsche ich uns allen eine Geburtstagsfeier, die zum Nachdenken und Gedenken einlädt.

Prof. Dr. Franz Wellendorf Vorsitzender der Deutschen Psychoanalytischen Gesellschaft (DPG)

Sigmund Freud zu Ehren

Freud als Sprachschöpfer[1]

Walter Schönau

Im Vorwort seiner maßgebenden Freud-Biografie schreibt Peter Gay, dass man in Europa, mehr noch in Amerika, Freuds Gegenwart spüre. Sein Denken sei, so Gay, »in die eigentliche Textur der modernen Kultur verwoben. (…) Wir alle ›sprechen‹ Freud, ob korrekt oder nicht«. Ein paar Seiten weiter lesen wir: »Es ist ein Gemeinplatz, dass wir alle heute Freud sprechen, ob es uns bewusst wird oder nicht« (Gay 1989, S. XIII und 3). *Wir alle sprechen Freud*, was das bedeutet und inwiefern das stimmt, darüber möchte ich hier einige Einfälle und Assoziationen vorbringen. Freud sprechen – vielleicht kann folgende Geschichte von Robert Gernhardt uns zeigen, was das bedeutet:

> »Zu Sigmund Freud kam einst ein Mann, der ihm einen seltsamen Traum erzählte. Sein Es habe – im Traum – Triebansprüche geäußert, das Über-Ich habe sie zu unterdrücken versucht, das Ich habe sie daraufhin sublimiert. ›Haben Sie das wirklich geträumt?‹ fragte Freud. ›Ja‹, entgegnete der Mann. Freud überlegte einen Moment und sagte: ›Die Erklärung des Traums ist einfach. Ihr Es wird vom Über-Ich unterdrückt und äußert Triebansprüche, die vom Ich…‹ ›Das ist aber keine Erklärung, das ist mein Traum‹, unterbrach ihn der Mann. ›Wenn Sie nicht wollen, dass ich Ihnen Ihre Träume erkläre, brauchen Sie es nur zu sagen‹, antwortete Freud schroff und entließ den Mann, den von Stund an ein schrecklicher Minderwertigkeitskomplex befiel« (Gernhardt 1998, S. 140f.).

1 Überarbeitete Fassung eines Vortrags, gehalten am 28.1.2006 auf der Tagung des Freiburger Arbeitskreises Literatur und Psychoanalyse über »Freuds Aktualität«. Erstveröffentlichung im *Jahrbuch für Literatur und Psychoanalyse* (Freiburger literaturpsychologische Gespräche), Bd. 26.

Zugegeben, dies ist ein etwas ausgefallenes Beispiel, aber vielleicht doch illustrativ für unsere Frage, zugleich auch für die Rückwirkung der Theorie auf ihren Gegenstand, die man hier beobachten kann, träumt der Mann ja schon auf der Theorie-Ebene der Metapsychologie und erinnert damit an den Helden der von Freud zitierten Geschichte »Träumen wie Wachen« aus den *Phantasien eines Realisten* von Josef Popper-Lynkeus. Beide Männer gehören nämlich zu jener seltenen (oder unmöglichen?) Spezies, deren Träume ohne Entstellung auskommen (Freud 1932c, S. 264).

Die Sprache der Psychoanalyse

Aber Spaß beiseite, Freud sprechen – das heißt doch wohl in erster Linie eine Sprache, *seine* Sprache sprechen, nicht in dem Sinne, dass wir alle seinen meisterhaften Stil beherrschten, sondern, dass einzelne von ihm geprägte Vokabeln, psychoanalytische Termini, in unsere Alltagssprache Eingang gefunden haben. Tatsächlich gehören, abgesehen von den schon erwähnten »Es«, »Ich« und »Über-Ich«, Wörter wie »Fehlleistung«, »Libido«, »Neurose«, »Ödipuskomplex«, »Projektion«, »Sublimierung«, »Trauma«, das »Unbewusste«, »Urszene«, »Verdrängung« oder »Widerstand« mehr oder weniger zum allgemeinen Sprachgebrauch, wenn von seelischen Angelegenheiten die Rede ist. Sie sind jedenfalls weit über die engere Berufssprache hinaus verbreitet. Aber fast immer liegen dabei Missverständnisse auf der Lauer, wie etwa die geläufige Rede von der »Freudschen Fehlleistung« zeigt, setzt sie doch stillschweigend voraus, dass es auch andere, nicht-Freudsche Fehlleistungen gäbe.

Der Amsterdamer Soziologe Abraham de Swaan hat das Phänomen, dass der Patient, der sich beim Berufstherapeuten meldet, meistens kein Laie ist, sondern die psychologischen Konzepte und Ausdrücke bis zu einem gewissen Grade beherrscht oder jedenfalls zu benutzen weiß, als *Proto-Professionalisierung* bezeichnet. Dass diese keine Garantie für eine Beschleunigung des therapeutischen Prozesses bedeutet, davon wissen die Psychotherapeuten ein Lied zu singen. Die Proto-Professionalisierung ist ein Aspekt der allgemeinen Psychologisierung unserer Kultur, welche heute von psychischen Problemen redet, wo man früher von Dämonen, Sünden, üblen Säften oder vom Schicksal zu sprechen pflegte (vgl. Brinkgreve et al. 1979, S. 12f.). Gewiss, Freuds Tiefenpsychologie war nicht die einzige Triebkraft dieser Entwicklung, aber sie wurde gewissermaßen zu ihrem Emblem, wie Gernhardts Freud-Anekdote uns schon deutlich machte. Daraus zu folgern, dass unsere Gesellschaft die Psychoanalyse gänzlich akzeptiert hat, wäre aber naiv und voreilig. Ich denke, wir alle wissen aus eigener Erfahrung, dass die Rezeptionsgeschichte der Psychoanalyse – nicht unpassend als Hundertjähriger Krieg beschrieben (Roudinesco 1982–1986) – eine Geschichte hartnäckiger Missverständnisse und böswilliger Verzerrungen ist. Das allgemeine Psychoanalyse-Verständnis der breiten Öffentlichkeit, auch unserer Zeitgenossen, kann bestenfalls als Karikatur bezeichnet werden. Freilich, wie könnte es auch anders sein? Die Verbreitung – das heißt: Popularisierung – jeder Lehre, auch dieser, ist nur um den Preis der Simplifizierung möglich. Und wie wir alle wissen, der Widerstand gegen die Analyse ist nun einmal unvermeidlich, ob man sie als narzisstische Kränkung erlebt oder nicht.

Auch eine Karikatur ist aber eine Repräsentation und so fragt sich, wie es trotz des natürlichen Widerstands zu dieser Verbreitung Freudscher Begriffe in der Alltagssprache gekommen ist. In erster Instanz scheint sie Freuds Bestreben zu verdanken, in der Prägung seiner Begriffssprache den medizinisch-psychiatrischen Jargon zu vermeiden und gewöhnliche deutsche Wörter wie »Abwehr«, »Besetzung«, »Familienroman«, »Krankheitsgewinn«, »Übertragung«, »Widerstand« oder »Wiederholungszwang« zu bevorzugen. Es handelt sich dabei immer um Metaphern, welche erst im psychoanalytischen Kontext ihre prägnante fachspezifische Bedeutung bekommen; sie werden dann sozusagen analytisch kontextualisiert. Genau diese in der Wissenschaft so seltene Fähigkeit meinte Hugo Ignotus, als er schon 1930 Freuds Gabe rühmte, »sich der Worte und jener syntaktischen Formen, die der noch unabgegriffenen ursprünglichen Bedeutung der Worte angebildet sind, in dieser ursprünglichen Bedeutung zu bedienen, sie damit aus der Ohnmacht der Gemeinplätzlichkeit weckend, ihnen zu neuer Kraft verhelfend« (Ignotus 1930, S. 510ff.).

Schöne Beispiele dafür sind »Trieb« – »ein Wort«, so Freud, »um das uns viele moderne Sprachen beneiden« (Freud 1926e, S. 227) – oder das einfache Wort »Arbeit« in neuen Zusammensetzungen wie »Trauerarbeit«, »Traumarbeit« oder »Witzarbeit«, verblüffende Neubildungen, die eine lange Erklärung über die ökonomischen Aspekte der Psychodynamik ersetzen. Das gilt auch für das so gar nicht imponierende Wort »Deckerinnerung«, hinter dem sich eine Ent-Deckung mit weitreichenden Folgen für die Gedächtnisforschung verbirgt, ebenso wie für die simplen Bezeichnungen »Ich« und »Es«, »einfache Fürwörter anstatt vollautende griechische Namen«, so Freud in seiner Erläuterung dazu, denn »wir lieben es in der Psychoanalyse, im Kontakt mit der populären Denkweise zu bleiben und ziehen es vor, deren Begriffe wissenschaftlich brauchbar zu machen, anstatt sie zu verwerfen. Es ist kein Verdienst daran, wir müssen so vorgehen, weil unsere Lehren von unseren Patienten verstanden werden sollen, die oft sehr intelligent sind, aber nicht immer gelehrt« (ebd., S. 222). Und die, so möchte ich hinzufügen, etwas mehr von Melancholie verstehen, wenn Freud ihnen, mehr poetisch als wissenschaftlich, erklärt, dass darin der »Schatten des Objekt« auf das Ich gefallen sei (Freud 1916–17g, S. 435 und 1921c, S. 120).

Es ist zu bedauern, dass der Übersetzer und Herausgeber der englischen *Standard Edition*, welche nach wie vor das Bild Freuds in der Welt mehr als die deutschen *Gesammelten Werke* bestimmt, James Strachey, diesen Hinweis auf die populäre Denkweise übersehen hat. Aus ›Besetzung‹ und ›Fehlleistung‹ sind bei ihm »cathexis« und »parapraxis« geworden, »Schaulust« und »Wisstrieb« heißen bei ihm »scopophilia« und »epistemophilic instinct«, »Geisteswissenschaften« werden als »mental sciences« statt »humanities« übersetzt. Während Freud also Neologismen griechischer oder lateinischer Herkunft möglichst vermied, folgte Strachey ihm darin nicht. Freilich muss man ihm dabei zugute halten, dass das Englische für Körperteile, Krankheiten (und etwa auch die Tierkreiszeichen!) keine anderen als griechisch-lateinische Wörter besitzt und dass seine Wortwahl also schon im Einklang mit dem Geist der englischen Sprache, wenn auch weniger mit dem Geist der Sprache Freuds, war. Freuds »demokratische« Wortwahl, seine – von Patrick Mahony so genannte – Vermeidung lexikalischer »Apartheid« (Mahony 1989, S. 53) hat die *Standard Edition* jedenfalls nicht genügend berücksichtigt. Sie hat im Gegenteil einer dogmatischen, stellenweise geradezu »depersonalisierten« Auffassung der Psychoanalyse Vorschub geleistet. Das hat dann innerhalb der Disziplin zum ungenießbaren Jargon der Fachzeitschriften geführt, zum so genannten »Psychoanalese«, über das Theodor Reik sich in einem parodistischen *Scherzo* lustig gemacht hat:

> »Fluent, if not always correct, Psychoanalese is spoken at the meetings and discussions of the psychoanalytic societies. Correct and sometimes elegant Psychoanalese may be read in the books and papers the members of the psychoanalytic groups publish. On all these occasions you will get the notion that here is a new language that tries to investigate unconscious processes by means of Greek and Latin terms. (…) It sweeps you off your feet, and you catch your breath (…) you will be kicked around like a football« (Reik 1948, S. 442).

Wie schade, dass die Vermittlung der Freudschen Gedankenwelt im Ausland geradezu als eine unbewusste Form des Widerstands dagegen gedeutet werden kann! Und welch ein Irrtum zu meinen, dass eine trockene Verwissenschaftlichung die Überzeugungskraft des Textes erhöhen würde! Übrigens muss gesagt werden, dass Freud, wie seine frühen, namentlich die voranalytischen Schriften zeigen, die medizinische Fachsprache auch perfekt beherrschte. Ein Blick in den Nachtragsband der *Gesammelten Werke* kann das belegen.

Diese von Ornston (1982), Bettelheim (1983), Mahony (1989) und anderen vorgetragene Übersetzungskritik erweist sich nun aber auch als eine Stilanalyse *ex negativo*. Macht sie uns doch – als Darstellung durch das Gegenteil gewissermaßen – auf jene Qualitäten von Freuds Sprache aufmerksam, die ihre durchaus gewollte Verarbeitung in der »populären Denkweise« begünstigten.

Wegen der Arbeit an den Registern der neuen niederländischen Freud-Edition lese ich zurzeit den ganzen Freud in chronologischer Reihenfolge noch einmal durch, eine faszinierende Erfahrung, weil sie die allmähliche Verfertigung seiner Gedanken beim Schreiben sichtbar macht. Man sieht, wie er sich im Lauf der Zeit entwickelt: vom Arzt, der seine Patienten psychisch »behandelt«, zum Analytiker, der gelernt hat, ihnen mit gleichschwebender Aufmerksamkeit zuzuhören, vom Facharzt für Nervenkrankheiten zum Begründer einer neuen psychologischen, anthropologischen und kulturanalytischen Lehre. Seine Leistung ist derjenigen von Marx in der Sozialwirtschaft oder Darwins in der Biologie vergleichbar. Alle drei schufen sie eine modellhafte Denkmethode, die es ihren Nachfolgern ermöglichte, marxistische, darwinistische oder psychoanalytische Texte zu schreiben, in den Denkbahnungen der Meister weiter zu reflektieren, ihre Gedankengänge in ihrer Sprache fortzuführen. Selbstbewusst, wie er sein konnte, verglich Freud den von ihm herbeigeführten Paradigmenwechsel mit denjenigen des Kopernikus und des Begründers der Evolutionslehre. Zugespitzt formuliert: der Sprachschöpfer wurde durch sein Schreiben zum Begründer eines neuen Diskurses über die Seele (vgl. Freud 1917a, S. 7–9). Seine Wirkung, seine Präsenz, seine Aktualität beruhen vor allem auf seinen Schriften, ob man sie nun *richtig* versteht oder nicht. Dass die Nachrichten von seinem »Tode« immer noch reichlich übertrieben sind, hängt wohl damit zusammen, dass er sich als ein Meister der deutschen Sprache erwiesen hat. Viele werden heute Kurt Eissler beipflichten, als er schrieb, dass Freuds Schriften »ein großartiges Kunstwerk darstellen« und nur das große Kunstwerk bleibe durch den so genannten Fortschritt unberührt (Brief an Verf., 8.1.1969).

Freud denken

Die Tatsache, dass die Psychoanalyse in der angelsächsischen Welt (und übrigens auch in Südamerika) eine Zeitlang populärer war als in Deutschland und in ihrer Heimat Österreich, trotz der betont szientistischen englischen Übersetzung, erinnert uns aber auch daran, dass der psychoanalytische Diskurs zwar eine Sprachpraxis, aber nicht *nur* eine Angelegenheit einzelner glücklich gewählter Worte ist. »Freud sprechen« muss also doch noch mehr bedeuten als ein paar Ausdrücke korrekt oder inkorrekt verwenden. Es heißt auch »Freud denken« oder wenigstens tendenziell so denken wie er gedacht hat, wenn auch als Zwerg auf den Schultern des Riesen. Die Prägung des Alltags- und des Wissenschaftsdiskurses durch die Psychoanalyse nachzuweisen ist jedoch nicht leicht, weil sie oft unbewusst, unerkannt ist (wie Peter Gay schon bemerkte) oder gerne verleugnet wird, so dass nur ein Sachverständiger Freuds Spuren darin zu erkennen vermag. John Forrester verglich diesen Sachverhalt mit dem elektrischen Licht, an das wir uns so gewöhnt haben, dass wir uns die dunklere Welt der Vergangenheit kaum noch vorstellen können (Forrester 1997, S. 174). Wer denkt, wenn er das Licht anknipst, noch an Maxwell oder Edison? Vergessen wir nicht: »Amerika heißt nicht nach Kolumbus«, wie es lapidar bei Freud heißt (1916–17a, S. 264). Der englische Dichter Auden deutete dasjenige, was ich hier meine, in seinem Gedicht zum Gedächtnis von Sigmund Freud (1939) an mit den viel zitierten Zeilen »to us he is no more a person / now but a whole climate of opinion«. Diesem Meinungsklima verdanken wir eine verstärkte Bereitschaft zum Ernstnehmen der psychischen Realität, den größeren Respekt vor der psychischen Tatsache, die wachsende Einsicht, dass wir nicht von Dämonen, sondern von unbewussten Triebkräften motiviert werden. Der Alltagsdiskurs über unsere Innenwelt, wie er von Freud begründet wurde, enthält – wenigstens im Ansatz – die Ahnung, dass wir nicht Herr im eigenen Hause sind, er zeugt von der Vermutung unserer animalisch-triebhaften, prähistorisch-urtümlichen, asozial-narzisstischen Urnatur und vom mühsamen Geschäft der Kultur, damit fertig zu werden.

Vor Kurzem sagte mir ein Bekannter, Ärzte hätten ihren Beruf wohl gewählt, um ihre Angst vor Krankheit zu bewältigen. Als ich ihm antwortete, diese Annahme unbewusster Beweggründe für eine kontraphobische Reaktionsbildung sei ein typisch psychoanalytischer Gedanke, wehrte er entrüstet ab. Freud, der sei doch hoffnungslos passé. Solche tagtäglich zu machenden Erfahrungen lehren uns, dass Freud den modernen Diskurs über die Seele zwar begründet hat, dass die meisten Teilnehmer daran das aber nicht wissen oder es leugnen. So wie Monsieur Jourdain bei Molière erstaunt feststellte, er habe, ohne sich dessen bewusst zu sein, immer Prosa gesprochen, so können wir manchem Zeitgenossen versichern, er »spreche Freud« ohne es zu wissen, ja, ohne es zu wollen. Sogar viele Kritiker der Psychoanalyse ahnen nicht, wie viel Spuren Freudschen Denkens ihre Angriffe enthalten.

Freud als Diskursbegründer ist, wie gesagt, ohne Freud den Sprachschöpfer nicht vorzustellen. Wenden wir uns also jetzt seiner sprachlichen Begabung zu. Dass er selbst (1930) den Goethepreis erhielt und dass der alljährlich (seit 1964) von der *Deutschen Akademie für Sprache und Dichtung* vergebene Preis für wissenschaftliche Prosa Sigmund-Freud-Preis heißt, weist auf die allgemeine Anerkennung seiner stilistischen Meisterschaft hin. Sein Sprachtalent äußerte sich manchmal in reiner Funktionslust; davon zeugen solche federnd leichten Texte wie der novellistisch erzählte *Katharina*-Casus in den *Studien über Hysterie*, manche *Vorlesungen*, die *Gradiva*-Interpretation oder die eleganten Essays über *Deckerinnerungen* und *Über Vergänglichkeit*.

Das Thema »Freud als Schriftsteller« ist seit dem wegweisenden Aufsatz von Walter Muschg (1930) oft gewürdigt worden; es stellt geradezu einen Topos der Freud-Literatur dar. Ich will daher in diesem Aufsatz nur auf einen Aspekt eingehen, auf den Autoren wie Patrick Mahony (1987, 1989), Klaus Thonack (1997) und andere hingewiesen haben. Während ich 1968, in Übereinstimmung mit Freuds Selbstverständnis, zwischen dem Wissenschaftler, »der alle seine literarischen Potenzen der Darstellung und Mitteilung eben dieser Wissenschaft untergeordnet hat«[2] , und dem Schriftsteller einen Unterschied machte, bestreiten Mahony und andere diese Zweiteilung. Sie sind der Auffassung, es handle sich dabei um ein Selbst*miss*verständnis. Freuds Sprachtalent sei nicht das Vehikel, sondern eben das Instrument seines Denkens (Meisel 1981, S. 3). Mit anderen Worten: Freuds Schreibprozess stelle sein Denken nicht dar, sondern stelle es her (Thonack 1997, S. 20), ja, das Unbewusste wurde von ihm nicht zuerst erkannt und danach formuliert, nein, es bringe sich in seinen Schriften selbst zur Sprache.

2 Vgl. Lütkehaus (1990, S. 12). Freud wehrte sich bekanntlich dagegen, als Schriftsteller gerühmt zu werden, weil er darin den Widerstand gegen seine Lehre witterte.

Pensée pensante

Damit hängt aufs engste zusammen, dass es bei Freud tatsächlich viele Stellen gibt, wo sein Denken *in actu* erscheint. Denken und Schreiben werden in dieser Methode der *pensée pensante* dann ununterscheidbar, Primär- und Sekundärprozess feiern ihre mystische Hochzeit. Wir lesen, namentlich in den Texten, die er als »genetische« von den so genannten »dogmatischen« Darstellungen zu unterscheiden pflegte, nicht das Produkt seines Überlegens, sondern den Prozess. Wir sehen dann nicht das fertige Gewebe, sondern blicken in den Webstuhl hinein, »wo ein Tritt tausend Fäden regt«. Wir partizipieren an der Reflexion im Entstehen und blicken dem schöpferischen Denker in der Phase der *inventio* über die Schulter. Namentlich Mahony kommt immer wieder auf diese Prozessualität (*ongoingness*) des Freudschen Diskurses zu sprechen und meint, dieses assoziierende Denken erfordere vom Leser seinerseits eine gleichschwebende Aufmerksamkeit bei der Lektüre. Das ist ein höchst origineller Gedanke, den man weiter verfolgen sollte. Er vermutet, dass Charcots improvisierte Vorlesungen in der Salpêtrière, die *Leçons du mardi*, welche Freud übersetzte, als Vorbild gewirkt haben. Man kann aber auch an Lessings Schriften denken, die Freud selbst als sein Stilmodell nannte (vgl. Jens 1991). Es ist anzunehmen, dass diese Prozessualität mitgeholfen hat, den spezifisch psychoanalytischen Diskurs zu begründen und zu verbreiten. Beweisen kann man so etwas leider nicht, aber das liegt in der Natur der Sache.

Zahlreiche Selbstzeugnisse weisen darauf hin, dass Freud diese Fähigkeit, im Schreiben für das Unbewusste offen zu bleiben, bewusst einsetzte. Sie wird von seiner Entdeckung und Beherrschung der freien Assoziation, dieses völlig neuen Diskurs-Typus, kräftig beeinflusst sein (vgl. Freud 1920b). An Fließ schrieb er, er wisse am Anfang eines Absatzes oft nicht, wo er landen würde, seine Arbeit sei »ganz dem Unbewussten nachgeschrieben nach dem berühmten Prinzip von Itzig dem Sonntagsreiter: Itzig, wohin reit'st Du? Weiß ich ['s], frag das Pferd« (Freud 1986, S. 348f.; Brief vom 7.7.1898). Das ist ein bedeutsames Gleichnis, mit dem er später (in *Das Ich und das Es*) sein Strukturmodell der Psyche veranschaulichen wird: »Wie dem Reiter, will er sich nicht vom Pferd trennen, oft nichts anderes übrig bleibt, als es dahin zu führen, wohin es gehen will, so pflegt auch das Ich den Willen des Es in Handlung umzusetzen, als ob es der eigene wäre« (Freud 1923b, S. 253). Über *Das Unbehagen in der Kultur* bemerkte er zu Sterba: »solche Kompositionen macht man nicht, sie machen sich selbst« (Sterba 1985, S. 116) – und zwar in diesem Fall, so füge ich hinzu, indem man sich vom einen Lieblingszitat zum anderen durcharbeitet. In einem Interview finden wir das Bekenntnis: »Wenn ich zu arbeiten anfange und meine Feder in die Hand nehme, bin ich immer neugierig, was sich ergibt, und das treibt mich unwiderstehlich zur Arbeit« (Knoepfmacher 1979, S. 447; meine Übers.). In den *Vorlesungen* heißt es: »Im Stoff selbst ist oft etwas, wodurch man kommandiert und von seinen ersten Absichten abgelenkt wird. Selbst eine so unscheinbare Leistung wie die Anordnung eines wohlbekannten Materials unterwirft sich nicht ganz der Willkür des Autors; sie gerät, wie sie will, und man kann sich nur nachträglich befragen, warum sie so und nicht anders ausgefallen ist« (Freud 1916–17a, S. 393). Ganz ähnlich noch einmal in *Der Mann Moses*: »das Werk gerät, wie es kann, und stellt sich dem Verfasser oft wie unabhängig, ja wie fremd, gegenüber« (Freud 1939a, S. 211). Cromwells Diktum »A man never mounts so high, as when he does not know where he is going« gehörte zu seinen Lieblingszitaten, teilt Sachs uns mit (zit. n. Mahony 1989, S. 195).

Diese Synergie von Primär- und Sekundärprozess beim Schreiben bedingt sicherlich die stimulierende »thought provoking« Qualität mancher Teile von Freuds Werk. Dazu tragen auch die »offenen« Schlüsse seiner Aufsätze bei, die immer recht unvermittelt abbrechen, als ob sie sagen würden: Es ist nicht mein endgültiges Wort zur Sache, es ist ein Denkanstoß – oder in seinen eigenen Worten: »Ich will keine Überzeugungen erwecken – ich will Anregungen geben (...). Sie sollen anhören und auf sich wirken lassen, was ich Ihnen erzähle« (Freud, 1916–17a, S. 250).

Mahony wird nicht müde, seiner Bewunderung für Freuds Prosa Ausdruck zu verleihen, gerade weil sie »exposition and enactment« des Unbewussten kombiniere (Mahony 1987, S. 149). In aphoristischer Zuspitzung charakterisiert er Freuds Stil als witzähnlich, Lacans Stil dagegen als traumähnlich (Mahony 1989, S. 91). Das verstehe ich im Hinblick auf den Anteil des Unbewussten am jeweiligen Diskurs so, dass Lacan dem Unbewussten mehr Raum gewährte. Fragt sich nur, wo in der Wissenschaftssprache das Optimum im Verhältnis zwischen Bw / Ubw und zwischen Primär- und Sekundärprozess liegt? Witze *muss* man verstehen, es sind Sprechhandlungen, kommunikative Akte, Träume *kann* man deuten, sie sind aber nicht als Mitteilung gemeint.

Klaus Thonack ist der Meinung, erst Mallarmé (den Freud nicht kannte), habe in seinem literarischen Oeuvre die Lösung für das Problem der Darstellung des Unbewussten gefunden (Thonack 1997, S. 95). Aber, so möchte ich anmerken, wie durchlässig und unscharf die Grenze zwischen Dichtung und Psychoanalyse auch sein mag, wie zutreffend die Beobachtung, dass beide

Geschwister sind, hat ihre Geschwisterrivalität nicht auch ihre Daseinsberechtigung?

Der Freudsche Sprachstil verfügt bekanntlich, vergessen wir das nicht, über verschiedene Ausdrucksmöglichkeiten. Man kann unschwer den Systematiker Freud, etwa der *Drei Abhandlungen*, vom empathischen Psychologen der Krankengeschichten, den pessimistischen Kulturanalytiker vom politischen Führer einer Bewegung unterscheiden. Die Handbücher der akademischen Psychologie, die ganz im Geiste der *Standard Edition* mit ihrer medizinalisierenden Tendenz nur den Dogmatiker und Systembauer Freud wahrnehmen, übersehen den intuitiven Kliniker, den phantasiereichen Anthropologen, den spekulativen Philosophen (vgl. Richards 1989). Und doch sind es gerade diese Aspekte, die von seiner Originalität und Kreativität zeugen und die bis heute wirksam geblieben sind. An Jung schrieb er einmal in seltener Hellsichtigkeit, »dass ich gar nicht für den induktiven Forscher organisiert bin, ganz aufs Intuitive angelegt, und dass ich mir eine außerordentliche Zucht angetan habe, als ich mich an die Feststellung der rein empirisch auffindbaren Psychoanalyse machte« (Freud & Jung 1974, S. 523; Brief vom 17.12.1911) – eine der ganz wenigen Stellen, in denen er sein *szientistisches Selbstmissverständnis* (Habermas) durchschaute.

Man könnte zu Mahonys These der Prozessualität anmerken, dass jeder geschriebene, also auch wissenschaftliche Text in gewissem Grade vom Primärprozess her gesteuert wird und daran festhalten, dass seine Qualität doch vor allem von der Denkkraft des Autors, also von der Stringenz seines Sekundärprozesses, vom Gelingen der sekundären Bearbeitung abhängt. Und bevor der Leser sich jetzt die Frage stellt, ob mit dem Ratschlag, nach dem Vorbild Itzigs des Sonntagsreiters die Zügel auch beim Schreiben im *flow* möglichst zu lockern, endlich die *via regia* zum Erlangen des Sigmund-Freud-Preises für wissenschaftliche Prosa entdeckt ist, möchte ich daran erinnern, dass man auf einem planlosen Ritt ohne Zielvorstellung gewiss manches Neue entdecken, sich aber auch hoffnungslos verirren kann. Wenn der Sonntags*reiter* gar zum Sonntags*jäger* wird, schießt er bekanntlich leicht einen Bock. Damit berühren wir aber die altehrwürdige Frage nach dem Genie, vor der mein Pferd jetzt scheut. Setzen wir uns nicht aufs hohe Ross, sondern gedenken wir lieber jenes Ur-Sonntagsreiters, Don Quijote, von dem Cervantes uns im 2. Kapitel seines Romans erzählt: »er setzte seinen Weg fort, ohne einen andern einzuschlagen, als den sein Pferd wollte; denn er meinte, gerade darin bestünde das rechte Wesen der Abenteuer« – ich denke: auch der geistigen Abenteuer (zit. n. Flem 2003, S. 177).

Literatur

Bettelheim, Bruno (1983): Freud and Man's Soul. London (Chatto & Windus). Dt.: Freud und die Seele des Menschen. Düsseldorf 1984 (Claassen).

Brinkgreve, Cristien; Onland, Jan H. & Swaan, Abram de (1979): Sociologie van de psychotherapie 1: De opkomst van het psychotherapeutisch bedrijf. Utrecht, Antwerpen (Spectrum).

Flem, Lydia (2003): Freud the Man. An Intellectual Biography. New York (Other Press). Dt.: Der Mann Freud. Frankfurt/M. 1993 (Campus).

Forrester, John (1994): A Whole Climate of Opinion: Rewriting the History of Psychoanalysis. In: Micale, M. S.; Porter, R. (Hg.): Discovering the History of Psychiatry. New York, Oxford (Oxford University Press), 174–190.

Freud, Sigmund (1916–17a): Vorlesungen zur Einführung in die Psychoanalyse. GW XI.

Freud, Sigmund (1916–17g): Trauer und Melancholie. GW X, 428–446.

Freud, Sigmund (1917a): Eine Schwierigkeit der Psychoanalyse. GW XII, 3–12.

Freud, Sigmund (1920b): Zur Vorgeschichte der analytischen Technik. GW XII, 309–312.

Freud, Sigmund (1921c): Massenpsychologie und Ich-Analyse. GW XIII, 71–161.

Freud, Sigmund (1923b): Das Ich und das Es. GW XIII, 237–289.

Freud, Sigmund (1923e): Die Frage der Laienanalyse. GW XIV, 207–286.

Freud, Sigmund (1932c): Meine Berührung mit Josef Popper-Lynkeus. GW XVI, 261–266.

Freud, Sigmund (1939a): Der Mann Moses und die monotheistische Religion. GW XVI, 103–246.

Freud, Sigmund (1953–1974): The Standard Edition of the Complete Psychological Works of Sigmund Freud, Vol. 1–24. London (Hogarth Press).

Freud, Sigmund (2006): Werken. 11 Bde. Inleidingen en annotaties James Strachey en anderen. Bezorgd door Wilfred Oranje. Amsterdam (Boom).

Freud, Sigmund (1986): Briefe an Wilhelm Fliess 1887–1904. Hg. Jeffrey M. Masson. Frankfurt/M. (Fischer).

Freud, Sigmund & C.G. Jung (1974): Briefwechsel. Hg. von William McGuire und Wolfgang Sauerländer. Frankfurt/M. (Fischer).

Gay, Peter (1987): Freud. A Life for Our Time. New York (Doubleday). Deutsche Übers. Freud. Eine Biographie für unsere Zeit. Frankfurt/M. 1989 (Fischer).

Gernhardt, Robert (1977): Die Blusen des Böhmen. Frankfurt/M. 1998 (Fischer).

Ignotus, Hugo (1930): Freuds Sprache. In: Die psychoanalytische Bewegung II (1930), 510ff.

Jens, Walter (1991): Sigmund Freud. Porträt eines Schriftstellers. In: Psyche – Z Psychoanal 45, S. 949–946. Auch in W.J. (1992): Einspruch. Reden gegen Vorurteile. München (Kindler), 99–118.

Knoepfmacher, Hugo (1979): Sigmund Freud and the B'nai B'rith. In: JAPA, 27, 441–449.

Lütkehaus, Ludger (1990): Salut für Sigmund Freud, den Poeten. In: Badische Zeitung, 21.06.1990, 12.

Mahony, Patrick (1987): Psychoanalysis and Discourse. London, New York (Tavistock).

Mahony, Patrick (1989): On Defining Freud's Discourse. New Haven, London (Yale University Press).

Mahony, Patrick (1982): Freud as a Writer. New York (International Universities Press). Deutsche Übers. Der Schriftsteller Sigmund Freud. Frankfurt/M. (Suhrkamp) 1989.

Meisel, Perry (Hg.) (1981): Freud. A Collection of Critical Essays. Englewood Cliffs, N.J. (Prentice-Hall).

Muschg, Walter (1930): Freud als Schriftsteller. In: Die Zerstörung der deutschen Literatur. Wiesbaden (Steiner), 303–347.

Nitschke, Bernd (1996): Die Psychoanalyse wird 100: Der ewige Krieg um Freud. In: Die Zeit, 29.
Ornston, Darius G. (1982): Strachey's Influence. In: I. J. Psycho-Anal., 63, 409–426.
Ornston, Darius G. (1985): Freud's conception is different from Strachey's. In: JAPA, 33, 337–370.
Reik, Theodor (1948): Listening with the third ear. New York (Farrar, Straus). Dt.: Hören mit dem dritten Ohr. Hamburg 1976 (Hoffmann & Campe), Frankfurt/M. 1983, 1989 (Fischer).
Rey, Jean-Michel (1982): Freud's Writing on Writing. In: Shoshana, F. (Hg.): Literature and Psychoanalysis. The Question of Reading: Otherwise. Baltimore, London (Johns Hopkins University Press), 301–328.
Richards, Barry (1989): Images of Freud. Cultural Responses to Psychoanalysis. London (Dent & Sons).
Roudinesco, Elisabeth (1982–1986): La bataille de cent ans: histoire de la psychanalyse en France. Paris (Seuil).
Sachs, Hanns (1945): Freud. Master and Friend. Cambridge, Mass. (Harvard University Press). Deutsche Übers. Freud. Meister und Freund. London 1950 (Imago).
Schönau, Walter (1968): Sigmund Freuds Prosa. Literarische Elemente seines Stils. Stuttgart (Metzler). Neuausg. Gießen 2006 (Psychosozial-Verlag).
Schwartz, Joseph (1999): Cassandra's Daughter. A History of Psychoanalysis. New York (Viking).
Sterba, Richard (1985): Erinnerungen eines Wiener Psychoanalytikers. Frankfurt/M. (Fischer).
Thonack, Klaus (1997): Selbstdarstellung des Unbewussten. Freud als Autor. Würzburg (Königshausen & Neumann).

Zur Aktualität von Sigmund Freud – wider das Veralten der Psychoanalyse[1]

Werner Bohleber

I.

Wie keine andere Wissenschaft ist die Psychoanalyse mit der Person von Sigmund Freud verbunden. Diese enge Verknüpfung von Person und Werk gründet nicht nur im Genius ihres Schöpfers, sondern auch in dem spezifischen Charakter der Psychoanalyse als Wissenschaft vom Unbewussten. Einem Unbewussten, dessen Inhalte und Funktionsweise sich keinem direkten Zugriff enthüllen, sondern sich nur über den beharrlichen Weg der Selbstreflexion erschließen lassen. Deshalb entstammen viele der entscheidenden Erkenntnisse dieser neuen Wissenschaft der Selbstanalyse ihres Gründers am Ende des 19. Jahrhunderts.

Angefangen hat Freud als höchst talentierter junger Naturwissenschaftler im physiologischen Labor mit dem Untersuchungsinstrument Mikroskop, beseelt vom Streben, eine bedeutende Entdeckung zu machen. Es war für ihn ein großer und durchaus nicht leichter Schritt, diese eingeschlagene Karriere aufzugeben, vom Labor in die ärztliche Praxis zu wechseln und sich der Untersuchung hysterischer Phänomene und unbewusster seelischer Prozesse zu widmen. Auf diesem Weg von der Physiologie über die Gehirnanatomie zur Psychologie gab er sukzessive die naturwissenschaftliche Methodologie auf und entwickelte die psychoanalytische Methode, als ein Verfahren *sui generis* und nur mit Hilfe neuer Einsichten und Annahmen zu begreifen. Die neue Einsicht betraf das Unbewusste, das er als den schwierigsten Stoff bezeichnet, der menschlicher Forschung vorgelegt werden kann (1926e, S. 218).[2] Freuds

1 Dieser Text wurde bereits 2006 in der *Psyche* veröffentlicht (Bohleber 2006).

2 In seinem Buch »Das unsichtbare Jahrhundert« vergleicht Richard Panek (2005) Einsteins

Epoche machende Erkenntnisse über das Seelenleben entstammten einem Forschungsweg ins eigene Innere. Zwar hatte er mehr und mehr gelernt, sich in der psychopathologischen Welt seiner Patientinnen und Patienten auszukennen, hatte die Hypnose und dann die manipulativen Techniken aufgegeben und seine Behandlungen durch die freie Assoziation methodisch auf eine andere Grundlage gestellt. Aber dennoch kam er mit den Erkenntnissen nicht entscheidend weiter. So geriet er 1895 in eine wissenschaftliche und persönliche Krise, seine Herzbeschwerden erreichten einen Höhepunkt und mündeten in eine Angst zu sterben. Depressive Stimmungen machten ihm ebenso zu schaffen wie körperliche Symptome psychosomatischen Ursprungs. Im Oktober 1896 starb zudem sein Vater und seine Trauer war von ungewöhnlicher Intensität. In dieser Zeit begann Freud, sich in verstärktem Maße seiner Selbstanalyse zu widmen.

Er wusste, dass er sich selbst erforschen musste, um bei der Untersuchung des unbekannten Gebietes des Unbewussten Fortschritte zu erzielen. Das ganze Unternehmen hatte aber ein Gegenüber in der Gestalt des Hals-Nasen-Ohrenarztes Wilhelm Fließ als seines *alter ego* in Berlin, mit dem er in intensivem Austausch stand. Methodisch stützte sich Freud auf die freie Assoziation und die Analyse seiner eigenen Träume, die seine zuverlässigste Quelle zur *via regia* in sein Unbewusstes wurden. Erinnerungen und Rekonstruktionen von Fragmenten eines vergrabenen Lebens sowie die klinische Erfahrung mit seinen Patienten führten ihn zur Entdeckung seiner eigenen ödipalen Problematik und seiner ambivalenten Gefühle gegenüber seinem Vater.

Freud hatte keine Scheu, diese Erkenntnisse über sich selbst zu verallgemeinern und ihnen unter Rückgriff auf die griechische Mythologie eine universelle Struktur zu geben. Als Wissenschaftler war Freud stets bestrebt, objektive Belege zu suchen, die seine Erkenntnisse des Unbewussten bestätigen konnten. Seine Beweisführung bewegte sich auf drei Ebenen: der klinischen der Krankenbehandlung, der subjektiven Verifizierung an sich selbst und der Ebene von Kultur, Mythologie und Literatur. Sein wissenschaftliches Vorgehen führte ihn zunehmend dahin, die Entwicklung des Einzelmenschen und die Kulturentwicklung als ineinander verflochten aufzufassen.

Dieser Zugriff auf seelische Phänomene mit seinen kühnen, aber auch spe-

und Freuds Suche nach den verborgenen äußeren bzw. inneren Welten. Beide setzten sich mit Problemen auseinander, die an den äußersten Grenzen ihrer Forschungsfelder lagen. Beider Problem war der Mangel an empirischen Daten, bis sie auf eine neue Art von Belegen stießen, jenseits der Grenzen des Sichtbaren.

kulativen Verknüpfungen beeindruckt stets aufs Neue bei der Lektüre seiner Schriften. Oder wie Max Horkheimer bei der Feier zum 100. Geburtstag von Freud treffend formulierte: »Wie nur je ein genialer Forscher hat er im kleinsten Teil das Ganze, im Individuellsten das Umfassende gesucht« (1957, S. 37). Von heute aus gesehen, mag es kaum mehr nachvollziehbar sein, welchen Mut und welche geistige Unabhängigkeit es erforderte, seine eigenen Träume mit den assoziativ gefundenen Details und ihren ins Private reichenden Vernetzungen zu veröffentlichen. Für Walter Muschg wird Freuds Traumdeutung dadurch »zu einem noch nie erlebten Fall von Selbstportraitierung und zu einer der denkwürdigsten Dokumente der modernen Autobiographie« (1975, S. 49).

Dieser Weg der Erkenntnis konfrontierte die Psychoanalyse in ihrem Anspruch, Wissenschaft zu sein, von Anfang an mit Schwierigkeiten. Methodisch bringt die psychoanalytische Untersuchung etwas zur Sprache, was dynamisch im innersten Kern der Person, in ihren unbewussten Schichten verankert ist. Nicht direkt, sondern nur durch die assoziative Selbstreflexion in der analytischen Situation oder in der Selbstanalyse kann es erkannt, verstanden und verbalisiert werden. Dennoch sind es nicht nur subjektive Sinnfindungen, sondern seelische Sachverhalte, die auf der Basis allgemeiner psychischer Mechanismen und Gesetzmäßigkeiten verstehbar und beschreibbar werden. Damit werden sie objektivierbar und an anderen Fällen und Phänomenen überprüfbar.

Freud war sich der epistemologischen Probleme bewusst, die sich aus seiner psychologischen Forschungsmethode ergaben. Psychoanalyse war für ihn weder reine Natur- noch reine Geisteswissenschaft, sondern das Verfahren der freien Assoziation und die an sie anschließende Deutungskunst verschaffte ihr in seinen Augen eine völlig neue Stellung und Geltung im wissenschaftlichen Betrieb. Mit ihrer spezifischen Form der Selbsterkenntnis und Reflexion liegt die Psychoanalyse quer zum Wissenschaftsverständnis der Moderne und muss sich ihres Status als eigenständige Wissenschaft in Auseinandersetzung mit den Nachbardisziplinen stets erneut versichern. Die sich daraus ergebenden methodologischen Probleme bedrängen sie bis heute. Ich kann hier nicht weiter auf diese Debatte eingehen, möchte aber noch kurz einen damit verwandten Aspekt hervorheben. Das Neuartige, das die Psychoanalyse verkörperte, nämlich einerseits den Anspruch zu erheben, Wissenschaft zu sein und andererseits verstehende Aufklärung und Sinnfindung über die Innenwelt und ihre verborgenen Motive, entfaltete eine starke Attraktion für die Menschen der Moderne. Wie Ernest Gellner (1985) hervorhebt, gab ihnen die Psychoanalyse beides, eine wissenschaftliche Sicht des Menschen und gleichzeitig befriedigte sie Sinnbedürfnisse, die nach dem Verschwinden der religiösen Welterklärungen und dem Zerbrechen der traditionellen gesellschaftlich-familiären Strukturen unerfüllt geblieben waren. Die revolutionären gesellschaftlichen Entwicklungen des frühen 20. Jahrhunderts setzten die Individuen frei von einengenden Traditionen. Damit wurde die Entwicklung einer persönlichen Identität zum Problem und zu einem Lebensprojekt. Dem neuen Verlangen nach einem persönlichen Leben gab – so Eli Zaretsky (2005) – die Psychoanalyse eine Stimme. Mit ihrem Menschenbild setzt sie zwischen das Subjekt und die Gesellschaftsordnung die psychische Realität und das Unbewusste als einen Ort, dessen Erhellung in Auseinandersetzung mit familialen und gesellschaftlichen Zwängen eine individualisiernde Identitätsbildung ermöglicht. Die akademisch-empiristische Psychologie hatte für diese Problematik nur dürre Stimulus-Response Erklärungen anzubieten.

II.

Freuds Selbstanalyse gilt als Gründungsakt der Psychoanalyse. Ernest Jones bewertet sie als sein kühnstes Unternehmen: »Wie bei allen bahnbrechenden Leistungen, so fällt es auch hier der Nachwelt schwer, die ganze Bedeutung dieser Tat zu ermessen. Ihre Einzigartigkeit bleibt bestehen. Einmal vollbracht, ist sie es für immer, und keiner kann je wieder als erster jene Tiefen ergründen« (1960 I, S. 373). Heute ist uns dieser idealisierende und fast mythische Ton bei der Bewertung von Freuds Leistung mehr oder weniger fremd geworden. Auch hat die historische Freud-Forschung Freuds lebensgeschichtliche Erinnerungen und Rekonstruktionen über seine Frühzeit mittlerweile kritisch gesichtet, angereichert und die Gewichte einzelner biografischer Elemente korrigiert bzw. neue, lange Zeit unbekannte hinzugefügt. Freud hatte in seiner Selbstanalyse den Beitrag der Mutter als Primärobjekt zu seiner eigenen und allgemein zur Entwicklung des Kindes stark unterbewertet. Es fällt auf, wie wenig sie als schützendes und Geborgenheit vermittelndes Objekt erscheint. Stattdessen hebt Freud den Vater in dieser Funktion hervor. Noch in späteren Zeiten formuliert er: »Die erste und bedeutsamste Identifizierung des Individuums (ist) die mit dem Vater der persönlichen Vorzeit« (1923b, S. 259). Oder an anderer Stelle: »ein ähnlich starkes Bedürfnis aus der Kindheit, wie das nach dem Vaterschutz wüsste ich nicht anzugeben« (1930a, S. 430). Aufgrund unseres heutigen Wissens müssen wir davon ausgehen, dass Freud in seiner frühen Kindheit diesen Schutz nur sehr unzureichend erhielt. Nicht nur hatte sein Vater den Tod seiner ersten und zweiten Frau[3] und seine Halbbrüder den Verlust ihrer Mutter zu bewältigen, Freuds Eltern erlitten zudem kurze Zeit vor und nach Sigmunds Geburt eine Reihe weiterer gravierender Verluste: den Vater seines Vaters, den Lieblingsbruder seiner Mutter und Julius, den nächstgeborene Bruder, der mit 6 Monaten starb, als Freud eineinhalb Jahre alt war. Die Familie muss in jener Zeit von Trauer und Depression geprägt gewesen sein. Auch verschwand Sigmunds Kinderfrau aus seinem Leben, als er 2 1/2 Jahre alt war. Eine weitere »Katastrophe« war der Zusammenbruch des Geschäfts des Vaters. Die Familie musste Freiberg verlassen und in ein übervölkertes jüdisches Viertel nach Wien ziehen. Diese als traumatisch einzustufenden Erfahrungen in seinen ersten vier Lebensjahren sind hinter der Deckerinnerung einer glücklichen Kindheit in Freiberg verschwunden (1899).[4]

Die Rekonstruktion seiner Kindheit zentrierte Freud dann um die ödipale Szenerie. Das Unglück und die Verlassenheit in jener Frühzeit brach sich später, so können wir vermuten, in Enttäuschungen, ambivalenten Gefühlen, Hass, Abhängigkeitsgefühlen und Verlustängsten Bahn. Louis Breger (2000) nimmt an, dass Freud die Entdeckung seiner ödipalen Erinnerungsreste überbetonte, weil seine traumatischen Verluste überwältigende Gefühle hervorgerufen hatten, denen er sich in seiner Selbstanalyse alleine nicht gewachsen fühlte. Für die psychoanalytische Theoriebildung und die klinische Behandlungstechnik hatten diese Sachverhalte zur Folge, dass der prägende Einfluss der Mutter auf das Kind erst viel später seine ihm zukommende Stellung erhielt. Ebenfalls wurde dadurch das theoretische Verständnis von Traumatisierungen und deren Folgen retardiert.

3 Diese zweite Ehe von Freuds Vater ist in der Forschung allerdings nicht sicher nachgewiesen.

4 Freud schreibt 1931 in einem Brief an den Bürgermeister von Pribor: »es wird dem nun 75-jährigen nicht leicht, sich in jene Frühzeit zu versetzen, aus deren reichem Inhalt nur wenige Reste in seine Erinnerung hineinragen, aber des einen darf ich sicher sein: tief in mir überlagert, lebt noch immer fort das glückliche Freiberger Kind, der erstgeborene Sohn einer jugendlichen Mutter, der aus dieser Luft, aus diesem Boden die ersten unauslöschlichen Eindrücke empfangen hat« (1931e, S. 561).

III.

Wenn wir uns mit dem Leben und Werk von Freud beschäftigen, ruft das in uns allen eine Reihe ganz unterschiedlicher Gefühle hervor. Freud selbst hat das Problem in bewundernswerter Klarheit auf den Punkt gebracht. So spricht er in seiner Leonardo-Arbeit davon, dass Biografen in ganz eigentümlicher Weise an ihren Helden fixiert sind: »Sie haben ihn häufig zum Objekt ihrer Studien gewählt, weil sie ihm aus Gründen ihres persönlichen Gefühlslebens von vorneherein eine besondere Affektion entgegenbrachten. Sie geben sich dann einer Idealisierungsarbeit hin, die bestrebt ist, den großen Mann in die Reihe ihrer infantilen Vorbilder einzutragen, etwa die kindliche Vorstellung des Vaters in ihm neu zu beleben. Sie löschen diesem Wunsche zuliebe die individuellen Züge in seiner Physiognomie aus, glätten die Spuren seines Lebenskampfes mit inneren und äußeren Widerständen, dulden an ihm keinen Rest von menschlicher Schwäche oder Unvollkommenheit und geben uns dann wirklich eine kalte, fremde Idealgestalt anstatt des Menschen, dem wir uns entfernt verwandt fühlen könnten« (1910c, S. 202f). In seiner Ansprache zur Verleihung des Goethe-Preises der Stadt Frankfurt hebt er mehr den aggressiven Aspekt der ambivalenten Einstellung zu den Heroen hervor: »Unsere Einstellung zu Vätern und Lehrern ist nun einmal eine ambivalente, denn unsere Verehrung für sie deckt regelmäßig eine Komponente von feindseliger Auflehnung. Das ist ein psychologisches Verhängnis, lässt sich ohne gewaltsame Unterdrückung der Wahrheit nicht ändern und muss sich auf unser Verhältnis zu den großen Männern, deren Lebensgeschichte wir erforschen wollen, fortsetzen« (1930e, S. 550).

Diese Spannbreite von emotionalen und untergründigen Einstellungen spielt bis heute bei uns allen eine Rolle in der Auseinandersetzung mit Freuds Person, wobei die Einsichten der Psychoanalyse helfen können, die aus dem Unbewussten gespeisten idealisierenden und aggressiven Gefühle besser zu verstehen und sie nicht in der einen oder anderen Form auszuagieren. Die moderne Freud-Forschung hat viele biografische Daten und deren Bedeutung für sein Werk herausgearbeitet. Dass es dennoch so schwer fällt, ein lebendiges und differenziertes Bild von der Person Freuds zu bekommen, das nicht flach, starr und harmonisiert erscheint, hat auch mit dem idealisierten Freud-Bild zu tun, das durch die psychoanalytische Geschichtsschreibung der 50er Jahre auf uns überkommen ist. Riccardo Steiner (2000a und b) hat die Kämpfe und Auseinandersetzungen ausführlich dargestellt, die zwischen den Gruppen unmittelbarer Schüler und Weggefährten sowie den Familienangehörigen um das der Nachwelt zu übermittelnde Bild von Freud entbrannten, als Ernest Jones an seiner monumentalen Biografie arbeitete. Bei allen Protagonisten dieses Ringens waren ganz spezifische unbewusste Phantasien, Abwehrmechanismen und Projektionen bei der Deutung von Freud im Spiel. Die Einrichtung des Freud-Archivs und die Kontrolle, die sie bis heute über noch nicht veröffentlichte Dokumente ausüben, beeinflussten das Bild ebenfalls. Schon die erzwungene Emigration aus Wien und Berlin sowie der Tod von Freud hatte bei seinen Schülern das Bestreben verstärkt, sein Erbe getreu und ohne Veränderungen zu bewahren. Wie wir heute wissen, ist dadurch das Bild einer klassischen Psychoanalyse allererst geschaffen worden, das dann auf Freuds analytische Praxis zurückverlagert wurde und in dieser Gestalt das Selbstverständnis der Psychoanalytiker geprägt hat (Will 2001). Historische Rekonstruktion hat schon manche Idealisierung korrigiert und tut weiterhin Not. Ihre kritische, bisweilen auch brisante Wirkung wird mithelfen, ein komplexeres, tiefgründigeres Bild von Freud und seiner Praxis zu entwerfen, mit Rückwirkungen auf Selbstverständnis und Tätigkeit heutiger Psychoanalytiker.[5]

Auf der anderen Seite müssen wir uns heute auch mit einer revisionistisch zu nennenden Geschichtsschreibung über die Person Freuds und seiner Psychoanalyse auseinandersetzen. Abgesehen von Anstößen zu genauerer historischer Untersuchung, erscheint diese Form der Geschichtsschreibung häufig durch bewusst destruktive Tendenzen motiviert, die Freud und die Psychoanalyse zu demontieren suchen. Die Mythen und die Heldenverehrung, die Freud, seine Nachfolger und die Psychoanalyse umgeben, werden dadurch – so Riccardo Steiner – »weniger aufgedeckt als vielmehr massakriert« (2000b, S. 272).

Wir feiern heute hier in Berlin Freuds 150. Geburtstag, was auch Anlass ist, sich mit Freud, seinem Werk und dessen Rezeption in Deutschland zu befassen. Freud äußerte die Hoffnung, dass er aufgrund seiner Studien zur Kulturentwicklung, zur Menschheitsgeschichte und zur Religion zu den Autoren gehöre, »denen eine große Nation wie die deutsche bereit ist, Gehör zu schenken«. Die Verleihung des Goethe-Preises 1930 bezeichnete er als den »Höhepunkt seines bürgerlichen Lebens«. Aber, so schreibt er, »kurze Zeit nachher hatte sich unser Vaterland verengt und die Nation

5 Ein aktuelles Beispiel dafür ist die Arbeit von Ulrike May zu Freuds Patientenkalender (2006) und der daraus ersichtlichen Handhabung Freuds von Dauer und Frequenz der Analysen sowie von Realkontakten mit den Analysanden.

wollte nichts mehr von uns wissen« (1935a, S. 33). Nach der Machtergreifung der Nationalsozialisten war die Blütezeit, die die Psychoanalyse in Berlin erlebt hatte, beendet. Die jüdischen Psychoanalytiker wurden aus Deutschland vertrieben und mussten in der Emigration eine neue Heimat finden. Freud selbst wurde 1938 ebenfalls aus seiner Heimatstadt vertrieben und emigrierte mit seiner Familie nach London. Seine vier Schwestern[6] konnte weder er noch Marie Bonaparte retten: die eine verstarb noch in Theresienstadt, die drei anderen wurden im KZ Treblinka vergast. Seine Tochter Anna hat nie wieder deutschen Boden betreten. Ich kann hier nicht näher auf die Geschichte der Vertreibung und auf die Rückkehr der Psychoanalyse nach Deutschland eingehen.

Die Freudsche Psychoanalyse war in den fünfziger Jahren des letzten Jahrhunderts weithin als mechanistische Triebpsychologie bewertet oder mit anderen tiefenpsychologischen Richtungen synoptisch amalgamiert und damit ihres kritischen Potentials beraubt worden. Das lebendige Bewusstsein von Freud wiederherzustellen und der Psychoanalyse zum Durchbruch in der Öffentlichkeit Nachkriegsdeutschlands zu verhelfen, war ein besonderes Anliegen der Feier zu Freuds 100. Geburtstag in Frankfurt im Jahr 1956, die Max Horkheimer, Theodor W. Adorno und Alexander Mitscherlich geplant hatten und die in Anwesenheit des Bundespräsidenten Theodor Heuss stattfand.[7] Der Erfolg der Veranstaltung war auch den emigrierten Analytikern zu verdanken, die nicht nur bei dieser Gelegenheit, sondern insgesamt in jener Zeit durch ihre Besuche halfen, eine Wiederbegegnung mit der Psychoanalyse in ihrer authentischen Gestalt zu ermöglichen. Liest man die Autobiografien deutscher Psychoanalytiker[8] , die in jener Zeit zu Freud und zur Psychoanalyse fanden, bekommt man etwas von den überwältigenden Entdeckungen und Einsichten sowie von der Begeisterung für das kostbare Gut der Psychoanalyse vermittelt, die ihnen durch die ausländischen Kollegen ermöglicht worden waren. Sie schildern, wie sie ihre Arbeitskraft und ihr ganzes Engagement in den Dienst der Psychoanalyse und deren Verbreitung stellten. Die Idealisierung Freuds und seines Werks hatte hierzulande allerdings eine besondere Note. In Ehrfurcht und Dankbarkeit stand man vor dem genialen Menschen Freud, aber verbunden mit dieser Haltung war ein untergründiges Schuldgefühl, das aus der Vertreibung Freuds und der jüdischen

6 Rosa Graf, Dolfi Freud, Marie Freud und Paula Winternitz. Zur Aufklärung ihres Deportationsschicksals siehe Gottwaldt (2004).

7 Näher dazu Berger (1994) und »Freud in der Gegenwart« (1957).

8 Viele davon finden sich in Hermanns (1992ff.).

Analytiker, sowie der Ermordung der Juden während der Zeit des Nationalsozialismus genährt wurde. Das weitgehend unbewusste Schuldgefühl bewirkte, dass diese Generation von Analytikern Freuds Werk in einer idealisierten Form weitergab, versehen mit einer eigentümlichen Rigidität, was sich in den Köpfen der nachfolgenden Generation von Analytikern als Selbstzweifel und innere Entwertung, dem Ideal nicht gewachsen zu sein, niederschlug. Auch wenn die jüngeren Analytiker sich nicht klaglos mit diesen unflexiblen, rigiden Einstellungen identifiziert hatten, sondern sich davon zu befreien suchten, so blieb doch der untergründige Zusammenhang mit den Schuldgefühlen ihrer Lehrer zumeist unbegriffen. In Folge der 68er Bewegung kam es zu einer erneuten Idealisierung von Freud, die aber durch die Betonung des besonderen gesellschaftskritischen Potentials seiner Psychoanalyse eine andere Wendung erhielt. Denn sie wurde nun als Abgrenzung und Gegenidentifizierung gegen die eigene Vätergeneration eingesetzt. Es dauerte und bedurfte schmerzhafter Aufdeckung und Durcharbeitung der Geschichte der Psychoanalyse im Nationalsozialismus, um zu erkennen und zu akzeptieren, dass die Identifizierung mit Freud und der Psychoanalyse den Einzelnen auch mit tief verankerten Identifizierungen mit den eigenen Eltern und mit der deutschen Geschichte in Berührung bringen musste. Scham, Schuld und Idealisierung sowie die Durcharbeitung dieses psychischen Geflechts bildeten ein besonderes Spannungsfeld für die Psychoanalyse hierzulande in den achtziger und neunziger Jahren des letzten Jahrhunderts.

Ich kann diese Entwicklung hier nicht weiter erörtern, sondern springe in die Gegenwart, um mich der Frage zuzuwenden, worin die Aktualität Freuds und seiner Psychoanalyse heute besteht. Ich begrenze mich auf drei Punkte.

IV.

1. Heute steht die Psychoanalyse unter wachsendem Druck, ihre Effizienz als Behandlungsmethode mit den allgemein wissenschaftlich-empirischen Standards nachzuweisen. Das hat die Debatte um die Eigenart ihres Verfahrens und ihrer therapeutischen Wirksamkeit neu entfacht. Gleichzeitig sind anregende, aber auch kritische interdisziplinäre Diskussionen mit der empirischen Säuglingsforschung und der Bindungs-Forschung entstanden, wodurch nicht nur die Modelle der kindlichen Entwicklung erweitert oder revidiert

wurden, sondern auch die Behandlungstheorie und die Konzepte der therapeutischen Beziehung neue Anstöße erhielten. Der stimulierendste Austausch findet aber gegenwärtig mit den Neurowissenschaften statt. Die Psychoanalyse ist für die Neurowissenschaften als Dialogpartner von besonderem Interesse, weil sie über die differenzierteste Theorie der höheren geistigen Funktionen und der Subjektivität verfügt. Die Neurowissenschaften benötigen solche komplexen psychologischen Theorien, um hinter die Oberfläche bewusster Handlungsschichten von Wahrnehmung, Lernen, Kognition und Motorik zu gelangen und den Einfluss tieferer Motive studieren zu können. Auf der anderen Seite werfen die neurowissenschaftlichen Forschungen mit ihren Untersuchungsmethoden ein neues Licht auf psychoanalytische Sachverhalte und Konzepte. Ihre Ergebnisse liefern Anstöße zu einem erweiterten Verständnis der Grundlagen unbewusster Prozesse, von Angst und Emotion sowie von seelischen Traumatisierungen, ebenso wie Erkenntnisse über unterschiedliche Gedächtnisformen und über den hirnorganischen Niederschlag therapeutisch induzierter Veränderungen. Beide Forschungsperspektiven können aber nicht reduktionistisch vereinheitlicht werden. Die Daten der Molekularbiologie und der neuen bildgebenden Verfahren faszinieren, aber die Schlussfolgerungen auf psychologische Prozesse sind noch mit vielen Vorbehalten und Fragezeichen zu versehen. Es ist ein junger Dialog, in dem noch manches ausbuchstabiert werden muss. Dennoch wird damit über 100 Jahre, nachdem Freud die Versuche, psychologische Sachverhalte neurologisch zu beschreiben, aufgegeben hatte, eine Forschungskooperation Wirklichkeit, wie sie lange nicht für möglich gehalten worden ist.

2. Für Freud sind die Wege der Entwicklung der Kultur und des Einzelmenschen ineinander verflochten. In der Menschheitsgeschichte und in kulturellen Phänomenen, wie der Religion, fand er – wie Spiegelungen – die dynamischen Konflikte zwischen Ich, Es und Überich wieder, die er beim Individuum studiert hatte (1935a, S. 32f). Anders als die historische verläuft für Freud die psychologische Zeit nicht linear. Prähistorische Ereignisse und deren Verarbeitung haben für ihn in Individuen und Zivilisationen noch lebendige Spuren hinterlassen. Heute sind wir bei direkten Rückschlüssen vom Individuum auf die Gesellschaft weitaus zurückhaltender geworden und können beide nicht mehr als Bereiche ansehen, die sich ineinander spiegeln. Gesellschaften und deren Entwicklung funktionieren nach eigenen systemisch-abstrakten Mechanismen, unabhängig von der seelischen Dynamik des Individuums. Die Psychoanalyse muss die Eigenständigkeit des Sozialen und der

Institutionen anerkennen, was aber ihr Vermögen nicht schmälert, die seelisch-phantasmatische Konstruktion und Bearbeitung sozialer Realität sowie die Prozesse von Gruppenbildungen zu verstehen. In »Massenpsychologie und Ich-Analyse« (1921c) beschrieb Freud 1921 die Kräfte, die Mitglieder von Großgruppen aneinander binden: die Ersetzung des eigenen Ich-Ideals durch das des Führers oder durch ein leitende Ideologie sowie die gleichzeitig stattfindende libidinöse Identifizierung der Gruppenmitglieder miteinander. Feindseligkeit, Neid und Rivalität werden nach außen projiziert und an Fremden oder Feinden abreagiert. Die neuere psychoanalytische Gruppenforschung hat Freuds Einsichten noch vertieft und Regressionen entdeckt, die weit hinter das von ihm beschriebene ödipale Niveau zurückgehen. Die Gruppenphantasie kreist nicht mehr nur um ein Massenideal, dessen Verkörperung ein Führer ist, sondern sie kreist um die Phantasie eines idealen Zustandes des Ichs, in dem eine symbiotische Beziehung mit dem Primärobjekt der Frühzeit illusionär wiederhergestellt werden soll. Ein solcher vorambivalenter narzisstischer Idealzustand erzeugt im Ich ein manisches Hochgefühl, das aber durch massiven Hass gegen Andersartige stabilisiert werden muss. Dieser von Freud beschriebene kollektive Basismechanismus der Bildung einer narzisstisch vereinheitlichten Gemeinschaft, die gleichzeitig, durch den Mechanismus der Projektion in Gang gesetzt, Gewalt gegen Außenstehende und Minderheiten entbindet, ist bis heute für die Analyse von nationalistischen, ethnischen und religiösen Ideologien grundlegend. Darauf aufbauend sowie durch die Weiterentwicklungen der psychoanalytischen Gruppenforschung konnte die Psychoanalyse in den letzten Jahrzehnten angesichts der Menschheitskatastrophen des 20. Jahrhunderts wichtige Erkenntnisse über das Zusammenwirken von unbewussten Phantasmen, destruktiver Ideologie und malignem Narzissmus gewinnen. Heute ist mit dem religiösen fundamentalistischen Terrorismus die Religion schlagartig auf die politische und gesellschaftliche Bühne zurückgekehrt und zwar mit einer destruktiv düsteren Seite. Sie fordert das psychoanalytische Potential heraus zu erklären, wie Glaubensgewissheit und Hass sowie die Phantasie eines narzisstischen Idealzustandes und mörderische Gewalt zusammenwirken und psychologisch zusammengehören.

3. Für die meisten Gesellschaftstheoretiker haben sich seit den achtziger Jahren des letzten Jahrhunderts die gesellschaftlichen Entwicklungen in einem Maße beschleunigt, dass sie von einem Bruch in der Entwicklung der Moderne sprechen, der zu einer Neubestimmung der gegenwärtigen Epoche

zwinge. Die Verflüssigung sozialer Strukturen durch eine rasante ökonomische und technische Entwicklung hat auch zu einer Auflösung bisheriger identitätsleitender Orientierungsschemata geführt, die dem Einzelnen halfen, eine einigermaßen kohärente Identität aufzubauen. Lebensformen singularisieren sich heute mehr und mehr. Wahlfreiheit und Recht auf Individualität werden zu leitenden Vorstellungen. Hatte Freud (1930a) in »Das Unbehagen in der Kultur« den Kulturmenschen der Moderne als jemand beschrieben, der, um ein größeres Maß an Sicherheit zu gewinnen, gelernt hat, Einschränkungen seiner Freiheit hinzunehmen und auf einen Grossteil seiner Glücksmöglichkeiten zu verzichten, so sieht Zygmunt Bauman (1997) nun »das Unbehagen in der Postmoderne« umgekehrt aus einer Freiheit entstehen, die auf der Suche nach Glück und Lustgewinn zu wenig Sicherheit toleriere. Heute treten an die Stelle Stabilität vermittelnder Identitätsbildungen zunehmend offenere, experimentellere bisweilen auch nur fragmentarische Selbstentwürfe. In den sozialwissenschaftlichen Analysen taucht ein veränderter sozialer Persönlichkeitstypus auf, dessen Charakteristik als »Driften«, als »proteisches Sein« oder als »modularer Mensch« beschrieben wird.[9] Bindungen an Orte und Menschen sowie langfristige Festlegungen lockern sich. Eine Lebenserfahrung des ziellosen inneren Dahintreibens, ohne dass etwas wirklich Bedeutung für die eigene Identität erhält, scheint sich bei zunehmendem Anpassungsdruck an die Verhältnisse zu vervielfältigen. Folgerichtig gilt die Depression mit der Diagnose eines »erschöpften Selbst« (Ehrenberg 1998) bei gleichzeitigen Leeregefühlen als Leitkrankheit des neuen Jahrhunderts. Trotz aller Skepsis, die man als Psychoanalytiker gegenüber solchen Beschreibungen von Selbstverhältnissen haben mag, entbehren sie doch nicht einer gewissen Triftigkeit. Auch liefern sie eine sozialwissenschaftliche Unterfütterung für eine in der Zwischenzeit häufig anzutreffenden Behauptung, die Psychoanalyse sei veraltet und passe mit ihrem Menschenbild nicht mehr in diese Zeit. Sich mehrere Jahre mit der eigenen Lebensgeschichte auseinanderzusetzen und sich in die Verästelungen des eigenen Seelenlebens zu vertiefen; die Vergangenheit als bedeutsam anzusehen, sodass deren Aufklärung für die gegenwärtigen Probleme Hilfe bringen kann; sich so intensiv und langfristig auf den Analytiker als Gegenüber einzulassen, all dies erscheint vielen Menschen heute als obsolet. Andere Therapieformen imponieren als geeigneter und werden vorgezogen.

Aber eine solche Analyse der Situation erscheint dennoch etwas kurz-

9 Ich beziehe mich hier auf Bauman (1997), Giddens (2001), Rosa (2005) und Sennett (1998).

schlüssig. Die Sache ist komplexer: Die Freudsche Methode der freien Assoziation ist ein radikales Verfahren, um manifeste seelische Phänomene und Strukturen zu zerlegen und deren Einbindung in ein Netzwerk verschiedenartiger aus dem Unbewussten gespeister Bedeutungen aufzuzeigen. Damit wird psychisch Spielraum eröffnet, Festgefahrenes verflüssigt und neuen Möglichkeiten der Weg geebnet. So gesehen scheint die analytische Methode kulturell vorherrschenden Erfahrungen der Subjekte in der Spätmoderne durchaus zu entsprechen. Einige Psychoanalytiker betonen deshalb auch ihre dezentrierende und dekonstruktive Potenz, um das moderne Selbst zu verstehen, das sich gegenüber einer Vorstellung von Einheitlichkeit und Integration als ständig im Fluss und offen für Revisionen erlebt.[10] Aber dennoch ist hier zu bedenken, inwieweit die Psychoanalyse sich nicht gegen die Zeitläufte zum Anwalt eines Subjektverständnisses machen muss, bei dem der Einzelne die Bedeutsamkeit seiner Geschichte, seiner frühkindlichen Beziehungen und Identifizierungen als Möglichkeit begreift, sich in seinem Gewordensein besser zu verstehen, sich weiter zu entwickeln und sich damit aus konflikthaften und krank machenden Einengungen zu befreien. Ein dadurch zu erlangendes Empfinden psychischer Kontinuität besitzt eine hohe therapeutische Wirksamkeit. Im Laufe ihrer Geschichte vollzog die Psychoanalyse in ihrem Menschenbild und in ihrer Theorie einige Schwerpunktverlagerungen: von der Ich-Autonomie zum Selbst und zur Bedeutung der Objektbeziehungen. Wir hatten eine narrativ-konstruktivistische Wende und heute eine intersubjektive. Damit reagiert die Psychoanalyse auf die jeweiligen Veränderungen der Stellung des Individuums in der gesellschaftlichen Entwicklung. Aber bei aller Verschiedenheit beinhaltet ihre Methode der freien Assoziation eine Konstante und ein Ziel seelischer Entwicklung, dass nämlich psychische Kontinuität nur durch die Förderung der Freiheit des Denkens zu erlangen ist.

---

10 Beispielhaft seien hier genannt: Bollas (1992; 1995), Laplanche (1992) und Strenger (2005).

Literatur

Bauman, Zygmunt (1997): Unbehagen in der Postmoderne. Hamburg 1999 (Hamburger Edition).

Berger, Falk. (1996): »Das Tragen eines Smokings wäre ein Fauxpas«. Die Veranstaltung zum 100. Geburtstag Sigmund Freuds im Jahre 1956. In: Plänkers, T. et al. (Hg.): Psychoanalyse in Frankfurt am Main. Tübingen (edition diskord), 335–348.

Bohleber, Werner (2006): Zur Aktualität von Sigmund Freud – wider das Veralten der Psychoanalyse. Psyche – Z Psychoanal, 60, 783–797.

Bollas, Christopher (1992): Being a character. Psychoanalysis and self experience. London (Routledge).

Bollas, Christopher (1995): Cracking up. The work of the unconscious. New York (Hill and Wang).

Breger, Louis (2000): Freud. Darkness in the midst of vision. New York (Wiley&Sons).

Ehrenberg, Alain (1998): Das erschöpfte Selbst. Depression und Gesellschaft in der Gegenwart. Frankfurt/M. 2004 (Campus).

Freud in der Gegenwart (1957): Ein Vortragszyklus der Universität Frankfurt und Heidelberg zum hundertsten Geburtstag. Frankfurt (EVA).

Freud, Sigmund (1899): Über Deckerinnerungen. GW I, 531–554.

Freud, Sigmund (1910c): Eine Kindheitserinnerung des Leonardo da Vinci. GW VIII, 127–211.

Freud, Sigmund (1921c): Massenpsychologie und Ich-Analyse. GW XIII, 71–161.

Freud, Sigmund (1923b): Das Ich und das Es. GW XIII, 237–289.

Freud, Sigmund (1925d): Selbstdarstellung. GW XIV, 31–96.

Freud, Sigmund (1926e): Die Frage der Laienanalyse. GW XIV, 207–286.

Freud. Sigmund (1930a): Das Unbehagen in der Kultur. GW XIV, 419–506.

Freud, Sigmund (1930e): Ansprache im Frankfurter Goethe-Haus. GW XIV, 545–550.

Freud, Sigmund (1931e): Brief an den Bürgermeister der Stadt Pribor. GW XIV, 561.

Freud, Sigmund (1933a): Neue Folge der Vorlesungen zur Einführung in die Psychoanalyse. GW XV.

Freud. Sigmund (1935a): Nachschrift 1935 (zur »Selbstdarstellung« 1925d), GW XVI, 31–34.

Gellner, Ernest (1985): The psychoanalytic movement. The cunning of unreason. London 2003 (Blackwell).

Giddens, Anthony (2001): Entfesselte Welt. Wie die Globalisierung unser Leben verändert. Frankfurt (Suhrkamp).

Gottwaldt, Alfred (2004): Sigmund Freuds Schwestern und der Tod. Anmerkungen zu ihrem Schicksal in Deportation und Massenmord. Psyche – Z Psychoanal, 58, 487–515.

Hermanns, Ludger (1992ff.) (Hg.): Psychoanalyse in Selbstdarstellungen. Band I–IV. Tübingen (edition diskord).

Horkheimer, Max (1957): Ansprache im Namen der philosophischen Fakultät der Universität Frankfurt am Main. In: Freud in der Gegenwart. Ein Vortragszyklus der Universität Frankfurt und Heidelberg zum hundertsten Geburtstag. Frankfurt (EVA), 31–35.

Jones, Ernest (1960): Das Leben und Werk von Sigmund Freud. Band I. Bern (Huber).

Kandel, Eric (2005): Psychiatry, psychoanalysis, and the new biology of the mind. Washington D.C. (American Psychiatric Publishing).

Laplanche, Jean (1992): Die unvollendete kopernikanische Revolution in der Psychoanalyse. Frankfurt/M. (Fischer).

May, Ulrike (2006): Freuds Patientenkalender: Siebzehn Analytiker in Analyse bei Freud (1910–1920). Luzifer-Amor, 19, 37, 43–97.

Muschg, Walter (1975): Freud als Schriftsteller. München (Kindler).

Panek, Richard (2004): Das unsichtbare Jahrhundert. Einstein, Freud und die Suche nach verborgenen Welten. Berlin 2005 (Berlin Verlag).
Rosa, Hartmut (2005): Beschleunigung. Die Veränderung der Zeitstruktur in der Moderne. Frankfurt (Suhrkamp).
Sennett, Richard (1998): Der flexible Mensch. Die Kultur des neuen Kapitalismus. Berlin (Berlin Verlag).
Steiner, Riccardo (2000a): Die Zukunft als Nostalgie: Biographien von Mythen und Helden ...? Bemerkungen über Jones' Freud Biographie (Teil I). Psyche Z – Psychoanal, 54, 99–142.
Steiner, Riccardo (2000b): Die Zukunft als Nostalgie: Biographien von Mythen und Helden ...? Bemerkungen über Jones' Freud Biographie (Teil II). Psyche Z –Psychoanal, 54, 242–282.
Strenger, Carlo (2005): The designed self. Psychoanalysis and contemporary identities. Hillsdale (The Analytic Press).
Will, Herbert (2001): Was ist klassische Psychoanalyse? Vom defensiven und polemischen zum historischen Gebrauch. Psyche Z-Psychoanal, 55, 685–717.
Zaretsky, Eli (2005): Secrets of the soul. A social and cultural history of psychoanalysis. New York (Alfred A. Knopf).

Sigmund Freud als Kulturtheoretiker. Archäologie und Psychoanalyse[1]

Jan Assmann

I.

Sigmund Freud hat sich bekanntlich nicht nur leidenschaftlich für Archäologie interessiert, beträchtliche Summen für den Aufbau seiner durchaus beachtlichen Sammlung antiker Kleinkunst ausgegeben und sich in manchen Zeiten seines Lebens mehr mit der Lektüre archäologischer als psychologischer und medizinischer Literatur abgegeben (Zweig 1989, S. 154f.); er hat auch aus dieser lebenslangen Passion immer wieder Anregungen, Metaphern und Modelle für seine eigene Methodik bezogen.[2] Das archäologische Freilegen verborgener und verschütteter Strukturen galt ihm als die klarste Analogie für seine Erforschung des Unbewussten. »Es gibt wirklich«, schreibt er 1907 in seiner Studie über Jensens Novelle *Gradiva*, »keine bessere Analogie für die Verdrängung, die etwas Seelisches zugleich unzugänglich macht und konserviert, als die Verschüttung, wie sie Pompeji zum Schicksal geworden ist und aus der die Stadt durch die Arbeit des Spatens wieder erstehen konnte« (Freud 1907a, S. 65; s. auch Ebeling und Altekamp 2004, S. 38).[3] Die

1 Frühere Fassungen dieses Textes erschienen unter dem Titel »Archäologie und Psychoanalyse. Zum Einfluss Freuds auf die Kultur- und Religionswissenschaft« in Assmann (2006a und b).

2 Zu Freuds geradezu besessener lebenslanger Beschäftigung mit der Antike siehe Amstrong (2005). Zur Metapher der Archäologie bei Freud siehe etwa Stockreiter (1998); Reinhard (1996); Kuspit (1989); Flem (1993, S. 35–58); Brumlik (1998). Die wichtigsten einschlägigen Passagen aus dem Werk Sigmund Freuds sind zusammengestellt in Ebeling und Altekamp (2004, S. 36–43). Zu Freud als Antikensammler siehe Rizzuto (1998, bes. S. 1–21); Barker (1996).

3 Der Vergleich mit Pompeji findet sich auch in der Fallgeschichte des »Rattenmannes« (Freud 1909d).

analytische Arbeit an der Erinnerung empfand er als die Ausgrabung von etwas Verschüttetem, das im bewussten Gedächtnis, also in der medizinischen Anamnese nicht mehr auffindbar ist. Das bewusste Gedächtnis vergleicht Freud dabei mit den Schichten, die sich in den Jahrhunderten über einer archäologischen Schicht, er denkt dabei immer an eine Stadt wie Pompeji, ablagern.

Metaphern funktionieren bekanntlich in beiden Richtungen. Wer das heldenhafte Standhalten einer Truppe im Schlachtgetümmel einem Fels in der Brandung vergleicht, der sieht auch im umbrandeten Felsen etwas Heroisches. Und wer die psychoanalytische Ergründung unbewusster Tiefenschichten des Seelenlebens mit einer archäologischen Ausgrabung vergleicht, sieht der vielleicht auch in den ausgegrabenen Spuren der Vergangenheit etwas dem Unbewussten Analoges? Lässt sich die Metapher umkehren, anders gesagt: lässt sich auch die Arbeit des Archäologen als eine Art psychoanalytischer Erinnerungsarbeit verstehen?

In der Tat kann man die Archäologie als Methodologie eines Vorstoßes in das Gebiet des Nichtüberlieferten und damit des Vergessenen betrachten. In der kulturellen Überlieferung bzw. dem »kulturellen Gedächtnis« können wir mit Aleida Assmann drei Modi kulturellen Erinnerns und Vergessens unterscheiden: das Funktionsgedächtnis bzw. den Kanon, das Speichergedächtnis bzw. das Archiv und den Abfall, also das weder Kanonisierte noch Archivierte (A. Assmann 1999, S. 130–142 zum Funktions- und Speichergedächtnis, S. 343–382 zum Speicher, S. 383–407 zum Abfall; siehe auch A. Assmann 1996). Als Kanon bzw. Funktionsgedächtnis bezeichnet sie das Repertoire symbolischer Formen, das für das die Weltorientierung und das Selbstbild einer Gruppe als unabdingbar gelten. So etwas gibt es in allen, auch schriftlosen Gesellschaften. Mit Archiv bzw. Speichergedächtnis wird alles das bezeichnet, was aus der aktuellen Zirkulation kulturellen Sinns heraus fällt, aber aufgrund seiner Schriftform nicht vollkommen verschwindet, sondern sich in Archiven und anderen kulturellen Nischen erhält. Ein Speichergedächtnis können nur Schriftkulturen ausbilden. Der Begriff »Abfall« bezieht sich auf das Verworfene, Ausgeschiedene, Nichtarchivierte, das normalerweise als unrettbar verloren gelten muss. Die Archäologie aber hat Techniken entwickelt, auch in diesen Bereich vorzustoßen. Sie interessiert sich nicht nur für die kulturellen Überreste, sondern auch für die Verschüttungs- und Versandungsgeschichten, die Aufschlüsse auf das Schicksal von Gebäuden geben können. Sie untersucht Exkremente und gewinnt daraus Aufschlüsse auf den Speisezettel vergangener Zeiten. In der Arbeitersiedlung

Der el Medine im ägyptischen Theben gelang ihr sogar der Fund eines gigantischen »Papierkorbs« in Form der Dorfzisterne, in der Tausende beschrifteter Kalksteinsplitter entsorgt wurden. Aus diesem Fund ergaben sich Rückschlüsse nicht nur auf das Alltagsleben dieses Dorfes, sondern auch auf den Lehrplan einer ägyptischen Schule und damit den Kanon der ägyptischen Bildung im 13. und 12. Jh. v. Chr.

Bei solchen Entdeckungen im Raum des Nichtarchivierten, Verworfenen und Verschütteten kann sich auch der Archäologe als ein Psychoanalytiker vorkommen, der in das Unbewusste der Kultur vorstößt. Die bewusste Erinnerung wird auf dieser Ebene durch die Texte und Kunstwerke repräsentiert, die von den Philologen redigiert und herausgegeben, und von den Kunsthistorikern bestimmt, musealisiert und publiziert werden. Zumal im Bereich der »klassischen« Philologie und Archäologie haben wir es hier mit einem einigermaßen ungebrochenen Überlieferungs- und Deutungszusammenhang zu tun. Diese Monumente und Dokumente sind gewissermaßen Botschaften, die die untersuchten Kulturen der Nachwelt hinterlassen haben. Sie sind erfüllt von Sinn und Bedeutung, die vergangene Zeiten in sie investiert haben und die sich mit den Techniken philologischer und kunstgeschichtlicher Interpretation zumindest annäherungsweise wieder erschließen lassen. Neben diesen Botschaften aber gibt es die Spuren, die unabsichtlichen Abdrücke und Sedimente vergangenen Lebens. Zu diesen dringt nur die Archäologie vor und darin liegt das *tertium comparationis* zur Tiefenpsychologie, die es mit den Erinnerungsspuren vergessener oder verdrängter Erlebnisse zu tun hat.

II.

In seinem letzten großen Buch, *Der Mann Moses und die monotheistische Religion*, hat sich aber Freud (1939a) selbst ein gutes Stück weit in einen Altertumsforscher verwandelt und uns vorgemacht, wie sich sein Ansatz des Unbewussten auf kulturwissenschaftlicher Ebene zum Tragen bringen und der Altertumswissenschaft wie jeder anderen kulturwissenschaftlichen Geschichtsforschung eine psychohistorische Dimension erschließen ließe. Obwohl seine geschichtlichen Rekonstruktionen von Moses dem Ägypter bis zur mehrhundertjährigen »Latenzphase« des Monotheismus im Unbewussten des jüdischen Volkes als samt und sonders unhaltbar oder zumindest unbeweisbar gelten müssen – was lange Zeit eine angemessene Rezeption dieses Buches verhindert hat –, steckt es doch so voll von brillanten Einsichten in die Dynamik der Religions- und Kulturgeschichte, dass an dem Ansatz eines kulturellen Unbewussten und der Fruchtbarkeit der psychoanalytischen Hermeneutik des Misstrauens im Umgang mit den Quellen auch der Altertums-, Geschichts- und Kulturwissenschaft nicht mehr vorbeigegangen werden kann. Mit Recht hat dieses über 50 Jahre fast vergessene Alterswerk in den letzten 15 Jahren ein beispielloses Come-back erlebt und zählt inzwischen fraglos zu den grundlegenden Werken des 20. Jahrhunderts.[4] Den entscheidenden Anteil an dieser »Wiederkehr des Verdrängten« hatte zweifellos das bahnbrechende Buch des Historikers Yosef Hayim Yerushalmi *Freuds Moses. Endliches und Unendliches Judentum* (1991), der erstmals in aller Schärfe das Thema der kulturellen Erinnerung als das Zentrum des Werkes herausarbeitete. Meine eigene Auseinandersetzung mit Freuds Moses verdankt Yerushalmis Buch die entscheidenden Anregungen.

In diesem Buch geht also Freud selber als ein Historiker und Kulturwissenschaftler vor, der sich bei seiner wissenschaftlichen Rekonstruktion der Vergangenheit psychoanalytischer Begriffe und Methoden bedient. Dazu gehört vor allem die Latenz-These in Freuds Analyse des Monotheismus. Sie bildet den Angelpunkt der ganzen Argumentation. Ich will versuchen, sie in aller gebotenen Kürze zu rekapitulieren. Der Monotheismus ist Freud zufolge im Zuge der Weltmacht-Politik der Thutmosiden-Könige in Ägypten entstanden und von Pharao Echnaton durchgesetzt worden. Mose, ein Anhänger des Echnaton, hat die neue Religion, die in Ägypten nach dem Tode ihres Stifters verfolgt wurde, zu den Hebräern gebracht und ist mit diesen ausgewandert. Echnatons Religion war anspruchsvoll: sie verwarf die traditionelle Göttervielheit zugunsten des Einen Sonnengottes, und sie verwarf das kultische Zeremoniell, die Magie, den Totenkult, das Jenseits, die Magie und Wahrsagerei zugunsten der Ethik. In einem entscheidenden Punkt ging Moses noch über Echnaton hinaus: mit dem Bilderverbot und der Betonung der Unsichtbarkeit Gottes. Die Juden, die eine so abstrakte, unsinnliche Religion nicht ertrugen, erschlugen Moses. Dieser Mord wirkte traumatisierend; er weckte verdrängte Erinnerungen an den Vatermord in der Urhorde. Das

4 Hierfür eine Auswahl aus den monographischen Publikationen der letzten 15 Jahre, soweit sie mir bekannt geworden sind: Rice (1990); Grubrich-Simitis (1991); Yerushalmi (1991); Goldstein (1992); Paul (1996), Derrida (1995); Bernstein (1998); Rizzuto (1998), *Monatsschrift für Seelsorge und Beratung* (1999); Porte (1999); Santner (2001); Hegener (2001); Maciejewski (2002); Schäfer (2003). Das Heft 2, Jg. 56, der *Psyche Z – Psychoanal* (2002) ist fast ausschließlich Freuds Moses gewidmet. Siehe auch Bernd Witte (2001).

Trauma führte zur Verdrängung und diese zu einer Latenz. So erklärt sich die über 600jährige Abwesenheit der monotheistischen Idee zwischen Mose, den Freud um 1300 ansetzt, und den Propheten, die im späten 8. Jh. auftreten beginnen und die Idee wieder aufgreifen. Weitere 200 Jahre dauert es, bis sie sich im Volk allgemein durchsetzt, dann aber mit solcher zwingender Gewalt, dass sich das nur im Sinne einer Wiederkehr des Verdrängten erklären lässt.

Diese Rekonstruktion und Analyse ist, so brillant und bestechend Freud sie auch vorträgt, historisch durch nichts zu belegen.[5] Trotzdem ist sie theoretisch in höchstem Maße anregend und weiterführend. Zunächst zur historischen Kritik. Freuds stärkstes und entscheidendes Argument, die »Latenzphase« des Monotheismus zwischen 1300 und 700, ist ein Phänomen nicht der Geschichte, sondern der Gedächtnisgeschichte. So stellt die Bibel es dar. Freud, der die Bibel konsequent gegen den Strich liest, auf das hin, was sie verschweigt oder mit Deckerinnerungen verhüllt, folgt ihr in diesem Punkt wie ein orthodoxer Jude oder Christ und versetzt uns in die paradoxe Situation, ihn mit seinen eigenen Methoden widerlegen zu müssen. Diese Latenz ist gerade nicht eine Sache der *Spuren*, auf die nur der Archäologe stößt, der das Vergessene zutage fördert, sondern eine Sache der *Botschaften*, die der Exeget empfängt und deutet. Die Ideen, die sich in der Tradition mit dem Namen Moses verbinden, kamen erst mit dem Exil und später auf. Eine Latenz hat es in der geschichtlichen Realität nie gegeben. Es handelt sich vielmehr um eine Inszenierung des Neuen als Wiedereinsetzung des Uralten, wie es auch sonst vorkommt in revolutionären Bewegungen. In der Ethnologie bezeichnet man das als »Nativismus«. Gerade in Zeiten der Unterdrückung, wie sie das jüdische Volk unter den Assyrern und Babyloniern, und später wieder unter den Seleukiden und Römern durchzumachen hatte, besinnen sich Völker auf ihre Traditionen und statten sie mit den Werten der Heiligkeit und Ursprünglichkeit aus, um die Differenz zur hegemonialen Kultur zu markieren.

Zwischen Echnaton und Moses gibt es zweitens keine irgendwie historisch belegbaren kausalen Beziehungen. Was die Aton-Religion angeht, so hat Freud die Züge der Moses-Religion in sie hineingelesen. Das betrifft vor allem die angebliche Betonung der Ethik, von der in den Quellen keine Rede ist. Dass Moses, wenn er denn je gelebt hat, von den Juden ermordet worden sein soll, ist mehr als unwahrscheinlich, denn der biblische Bericht, der den Israeliten

5 Zum neuesten Stand der Mose-Forschung siehe Otto (2006).

mehrfach die Absicht unterstellt, Moses zu steinigen[6] , hätte keinen Grund habt, den Vollzug der Tat zu verschweigen.[7] Auf diesem Mord beruht aber wiederum Freuds Diagnose der Latenz: keine Latenz ohne Verdrängung, keine Verdrängung ohne Traumatisierung, und die Erklärung für diese Traumatisierung liefert der Mord an Mose, in dem die Israeliten den Mord am Urvater »ausagierten«:

> »Es wäre der Mühe wert, zu verstehen, wie es kam, dass die monotheistische Idee gerade auf das jüdische Volk einen so tiefen Eindruck machen und von ihm so zähe festgehalten werden konnte. Das Schicksal hatte dem jüdischen Volk die Großtat und Untat der Urzeit, die Vatertötung, näher gerückt, indem es dasselbe veranlasste, sie an der Person des Moses, einer hervorragenden Vatergestalt, zu wiederholen. Es war ein Fall von ›Agieren‹ anstatt zu erinnern, wie er sich so häufig während der analytischen Arbeit am Neurotiker ereignet« (Freud 1939a, S. 195).

Diese ganze Argumentation stürzt bei näherem Hinsehen wie ein Kartenhaus in sich zusammen. Trotzdem enthält das, was Freud hier am untauglichen Objekt demonstriert, eine Entdeckung von größter Bedeutung und Tragweite: die Entdeckung der psychohistorischen Dimension, man könnte auch sagen, des Unbewussten in der kulturellen Überlieferung. Entscheidend für diesen Durchbruch ist Freuds Gegenüberstellung von »Tradition« und Erinnerungsdynamik:

> »Eine Tradition, die nur auf Mitteilungen gegründet wäre, könnte nicht den Zwangscharakter erzeugen, der den religiösen Phänomenen zukommt. Sie würde angehört, beurteilt, eventuell abgewiesen werden wie jede andere Nachricht von außen, erreichte nie das Privileg der Befreiung vom Zwang des logischen Denkens. Sie muss erst das Schicksal der Verdrängung, den Zustand des Verweilens im Unbewussten durchgemacht haben, ehe sie bei ihrer Wiederkehr so mächtige Wirkungen entfalten, die Massen in ihren Bann zwingen kann, wie wir es an der religiösen Tradition mit Erstaunen und bisher ohne Verständnis gesehen haben« (ebd., S. 208).

6 »Mose schrie zum Herrn: Was soll ich mit diesem Volk anfangen? Es fehlt nur wenig, und sie steinigen mich« (Ex. 17:4). »Doch die ganze Gemeinde drohte Mose und Aaron zu steinigen« (Num. 14:10).

7 Dieses Argument führt Yerushalmi (1991) gegen Freuds These von der Ermordung Moses ins Feld.

Diese Unterscheidung zwischen Tradition und Erinnerungsdynamik halte ich für eine entscheidende Entdeckung, an der auch aus kulturwissenschaftlicher Sicht unbedingt festzuhalten ist. Die Wege trennen sich erst beim nächsten Schritt, wenn Freud dieses »Verweilen im Unbewussten« nicht anders erklären zu können glaubt als mit Hilfe seiner Theorie phylogenetischer Erinnerungen:

> »Wenn wir die Reaktionen auf die frühen Traumen studieren, sind wir oft genug überrascht zu finden, dass sie sich nicht strenge an das wirklich selbst Erlebte halten, sondern sich in einer Weise von ihm entfernen, die weit besser zum Vorbild eines *phylogenetischen Erlebnisses* passt und ganz allgemein nur durch dessen Einfluss erklärt werden kann. Das Verhalten des neurotischen Kindes zu seinen Eltern im Ödipus- und Kastrationskomplex ist überreich an solchen Reaktionen, die individuell ungerechtfertigt erscheinen und erst *phylogenetisch, durch das Beziehen auf das Erleben früherer Geschlechte*r, begreiflich werden« (ebd., S. 206; Hervorh. J. A.).

Das Unbewusste umfasst also nach Freud ein »phylogenetisches« und ein »ontogenetisches Gedächtnis«. Dem ontogenetischen Gedächtnis prägen sich die selbsterlebten, aus dem bewussten Gedächtnis verdrängten traumatischen Erfahrungen ein, während das phylogenetische Gedächtnis durch traumatische Erfahrungen früherer Geschlechter geprägt ist. Das ist die archaische Erbschaft aus der Urhorde, die daher, in Freuds Worten, »nicht nur Dispositionen, sondern auch Inhalte umfasst, Erinnerungsspuren an das Erleben früherer Generationen«. Damit wären Umfang wie Bedeutung der archaischen Erbschaft in bedeutungsvoller Weise gesteigert«, denn:

> »Wenn wir den Fortbestand solcher Erinnerungsspuren in der archaischen Erbschaft annehmen, haben wir die Kluft zwischen Individual- und Massenpsychologie überbrückt, können die Völker behandeln wie den einzelnen Neurotiker« (ebd., S. 206f.).

III.

Damit ist der Punkt bezeichnet, an dem sich die Wege trennen. Ein phylogenetisches Gedächtnis, das sich biologisch vererbt, wird man in die kulturwissenschaftliche Gedächtnistheorie nicht übernehmen können. Aber ist damit die Freudsche Gegenüberstellung von »Tradition« und Erinnerungsdynamik hinfällig geworden und jedes Fortwirken des Vergangenen in der Gegenwart, jede Bezugnahme der Gegenwart auf die Vergangenheit wieder auf Tradition reduziert? Keineswegs. Das lässt sich leicht an zwei Beispielen zeigen, die Freuds Fallbeispiel aufgreifen, aber anders, eben kulturwissenschaftlich, behandeln.

Das erste Beispiel betrifft die Beziehung von Echnaton und Moses. Geschichtlich, d.h. mit den Methoden der kritisch-historischen Spurensicherung und Textinterpretation ist da nichts zu machen: die beiden Figuren haben schlechterdings nichts miteinander zu tun, und eine Einwirkung der einen auf die andere lässt sich weder nachweisen noch auch nur plausibel machen. Inhaltlich liegen Welten zwischen der Physiko-Theologie Echnatons, der die gesamte Wirklichkeit aus dem Wirken der Sonne ableiten wollte, und der politischen Theologie des Mose, der das Volk auf das Gesetz einschwor und zum Gottesvolk machte. Auch zeitlich liegen beide Ansätze viel weiter auseinander als die biblische Chronologie das in ihrer Rückschau ansetzt. Dazu kommt der Unterschied im Quellenstatus. Echnaton ist eine Figur der Geschichte, die in Vergessenheit geriet und nie in eine Tradition einging, Moses ist eine Figur der Tradition, von der es keine historischen Spuren gibt. Dennoch ist Freud keineswegs der erste, der die beiden zusammengebracht hat; diese Tradition geht vielmehr bis auf die Antike zurück. Um dies herauszupräparieren, bedarf es allerdings einer an Freud geschulten Methode, die mit den Begriffen »Trauma« und »Verdrängung« operiert.

Am Beispiel Echnatons lässt sich wie an kaum einem anderen Beispiel auch die Fruchtbarkeit einer an Freud orientierte Psychohistorie aufzeigen. Zunächst ist die Wiederentdeckung Echnatons und der Amarnareligion ganz und gar eine Sache der Archäologie, wie Freud sie sich vorgestellt und als Modell und Metapher seiner psychoanalytischen Erinnerungsarbeit eingesetzt hat. Von dieser Geschichtsepoche gab es weder Botschaften noch Erinnerungen, sie ist nie in irgendeine Form von Überlieferung eingegangen, wenn man einmal von einer Legende absieht, auf die ich später eingehen werde. Weil ihre materiellen Überreste einer durchgreifenden *damnatio memoriae* unterworfen wurden, haben sich von ihr nur Spuren erhalten, die dieser Verfolgung und Zerstörung entgangen sind, und nur die Archäologie vermag solche Spuren zu sichern, um sie dann auch mit Hilfe philologischer Methoden wieder lesbar zu machen. Wohl nie sonst ist es der Archäologie gelungen, Spuren von solcher menschheitsgeschichtlichen Tragweite zutage zu fördern. Es dauerte daher auch fast 100 Jahre, bis sich die Wissenschaft über diese Tragweite klar geworden ist:

1714	Pater Sicard fertigt erste Skizzen der Grenzstelen an
1824	Wilkinson entdeckt die Felsgräber
1828	Champollion kurz in Amarna
1843/45	Lepsius verbringt insgesamt 10 Tage in Amarna
1851	Lepsius publiziert seine Deutung Amenphis'IV-Echnatons als Stifter eines »reinen Sonnenkults«
1883/84	U. Bouriant kopiert die wichtigsten Inschriften zum Atonkult, darunter vor allem den »Grossen Hymnus«
1895	J.H. Breasted schreibt eine Berliner Dissertation über die »Hymnis in Solem sub Rege Amenophide IV conceptis« und vergleicht darin den Grossen Hymnus mit Psalm 104
1906	Breasted beschreibt in seiner »History of Egypt« Echnatons Religion als Vorläufer des biblischen Monotheismus. Dies ist die direkte Vorlage für Sigmund Freud.

Zeittafel der Entdeckungsgeschichte Echnatons und seiner Religionsstiftung[8]

Eines ist es, die Spuren auszugraben, ein ganz anderes, sich über ihre Bedeutung klar zu werden. In diesem Prozess kann Freud als ein Pionier gelten. Was sich diesen Spuren allmählich ablesen ließ, war nicht mehr und nicht weniger als die früheste monotheistische Religionsstiftung der überlieferten Menschheitsgeschichte. Viel entscheidender noch als die emphatische Proklamation der Einheit und Einzigkeit des neuen Gottes, wofür sich in der Religionsgeschichte viele Parallelen aufweisen lassen, war die Verfolgung der anderen Götter, die Schließung ihrer Kulte sowie Zerstörung ihrer Tempel und Götterbilder. Damit hatte sich zum ersten Mal eine neue Religion polemisch gegen die traditionelle Religion abgegrenzt und sie als falsch verfolgt. Auch wenn dieser Umsturz eine Episode blieb, die kaum 20 Jahre gedauert hat, stellt sie doch ein Ereignis allererster geistesgeschichtlicher Größenordnung dar, das seine Spuren unabhängig von aller Verfolgung in der ägyptischen Kultur hinterlassen haben muss. Das ist der Punkt, an dem psychohistorische Kategorien weiterhelfen können.

Ich möchte das an zwei Überlegungen deutlich machen. Erstens: Ist die monotheistische Idee, wenn sie einmal in die Welt gekommen ist, einfach

8 An neuerer Literatur siehe Alfred (1988), Redford (1984), Hornung (1995), Montserrat (2000) und Reeves (2002).

wieder abzuschaffen und in Vergessenheit zu bringen? Und zweitens: Muss nicht die Schließung der Tempel, Kulte und Feste von der breiten Bevölkerung als eine Katastrophe empfunden worden sein? Was den ersten Punkt angeht, lässt sich in der Tat zeigen, dass die Erfahrung von Amarna die ägyptische Religion aufs Tiefgreifendste verändert hat. Äußerlich sah es zwar so aus, als würde man einfach zur Tradition zurückkehren, durch Restaurierung der Tempel und Wiedereinsetzung der Priesterschaften und Opferzuwendungen. Was sich aber von Grund auf veränderte, war einerseits die Theologie und andererseits die Frömmigkeitskultur. In der Theologie setzt sich jetzt die Idee eines All- oder Weltgottes durch, der die Welt nicht nur geschaffen hat – das entspräche völlig der traditionellen Anschauung – sondern sich auch in der geschaffenen Welt manifestiert. Für diese Beziehung zwischen Gott und Welt verwenden die Theologen jetzt als Modell die Beziehung zwischen Seele (ägyptisch »Ba«) und Leib. Der eine und verborgene Weltgott ist der »erhabene Ba«, der die Welt beseelt. Diese Theologie lässt sich als Versuch verstehen, die monotheistische Herausforderung zu verarbeiten und zu überbieten. Wenn Echnaton mit der Devise auftrat: »es gibt keinen anderen außer Aton«, dann lässt sich die spätere, darauf antwortende Theologie unter der Devise zusammenfassen: »Alle Götter sind Eins«. Dieser Gegensatz zwischen einer monotheistischen und einer, wie ich das nenne, kosmotheistischen Henologie (»Lehre des Einen«) prägt von da an die ganze nicht nur abendländische Religionsgeschichte. Fast noch tief greifender ist die Veränderung der Frömmigkeitsstruktur, denn hiervon sind alle gesellschaftlichen Schichten, vom König bis zum einfachen Arbeiter, betroffen. Kurz gesagt handelt es sich um eine ganz neue Form der Gott-Mensch-Beziehung, die sich neben den herkömmlichen kultischen Formen immer breiter macht. Die kultischen Formen beruhen auf Repräsentation. Hier stehen sich nicht Gott und Mensch gegenüber, sondern ein Kultbild, das den Gott, und ein Priester, der den König repräsentiert, der wiederum als Repräsentant der Menschheit und zugleich als ein Gott unter Göttern mit den Göttern verkehrt. Das alles fällt in der neuen Frömmigkeitskultur weg. Hier fühlt sich der Einzelne in seiner alltäglichen Lebensführung einer Gottheit verbunden und verantwortlich. Uns ist diese Konzeption selbstverständlich. In der damaligen Welt muss sie eine umwälzende Neuerung dargestellt haben. Das kündigte sich in Ägypten lange an; Echnatons Reform ist auch als eine restaurative Reaktion auf diese Neuerungen zu verstehen, die sich dann nach deren Scheitern erdrutschartig durchsetzten.

Diese indirekten Auswirkungen der Amarna-Revolution lassen sich vielleicht noch ohne Zuhilfenahme Freudscher Kategorien verstehen und beschreiben. Die Frage nach möglichen Fernwirkungen der katastrophischen Amarna-Erfahrung aber kommt ohne psychohistorische Fragestellungen und Methoden nicht aus. Hier geht es um die These, dass die religiöse Revolution Echnatons mit ihren zerstörerischen, »theoklastischen« Maßnahmen von der breiten Bevölkerung als eine schwere Leidenszeit erfahren werden musste. Dafür gibt es eine ganze Reihe von Indizien, die hier auszubreiten zu weit führen würde. Die Frage ist, wie weit und tief das ging. Dürfen wir hier geradezu von einem historischen Trauma sprechen?

In diesem Zusammenhang möchte ich hier auf eine Legende eingehen, in der sich vielleicht doch, aller Verdrängung und Spurenvernichtung zum Trotz, eine Erinnerungsspur der Amarna-Erfahrung erhalten hat. Sie steht bei Josephus Flavius, der sie aus einem Werk des ägyptischen Historikers Manetho aus dem frühen 3. Jh. v. Chr. exzerpiert hat. Diese Legende berichtet, dass unter dem König Amenophis III. alle Aussätzigen des Landes in Arbeitslagern interniert worden seien, dass sie sich einen Priester namens Osarsiph zum Anführer gewählt und dann mithilfe der aus Jerusalem zurückgerufenen »Hyksos« Ägypten für 13 Jahre tyrannisiert hätten, indem sie die Tempel verwüsteten, die Götterbilder zerstörten und die heiligen Tiere am Spieß brieten. Dieser Osarsiph hätte, als er den Aussätzigen Gesetze gab, die alles ägyptische Herkommen auf den Kopf stellten, den Namen »Moses« angenommen. Heute ist man sich in der Ägyptologie allgemein einig, dass sich hinter »Osarsiph« kein anderer als der verfemte, aus den Königslisten gestrichene Echnaton verbirgt (vgl. zuletzt Lopriento 2002, S. 110–115 und J. Assmann 2003, S. 84–96). Freud war also keineswegs der erste, der Echnaton und Moses zusammenbrachte. 2300 Jahre vor ihm hatte sie Manetho geradezu identifiziert. Manetho bildet hierbei nur die Spitze eines Eisbergs. Josephus Flavius hat in seiner Schrift *Contra Apionem* eine ganze Anthologie ähnlicher Aussagen über Moses und seine ikonoklastischen Freveltaten gegen die ägyptischen Götter und damit ein eindrucksvolles Dossier des ägyptischen Antijudaismus zusammengestellt.

Dieser Fall lässt sich mit Freuds Methode, aber ohne jeden Rekurs auf ein »phylogenetisches Gedächtnis« erhellen. Wir müssen nur seine Theorie, mit einem Begriff Aleida Assmanns (2005, S. 90–119, 100), als eine »Resonanz-Theorie« und nicht als eine Vererbungstheorie verstehen. Freud will ja im Grunde nicht erklären, wie sich die monotheistische Botschaft über 600 Jahre im Verborgenen erhalten konnte, sondern warum sie bei ihrem Wiederauftauchen eine so ungeheure, »die Massen in ihren Bann zwingende«

Wirkung entfaltete. Das ist das Rätsel, das er aufdecken will. Mit Blick auf Ägypten stellt sich dieselbe Frage mit umgekehrten Vorzeichen: warum reagieren die Ägypter aversiv, ja geradezu phobisch auf den Monotheismus, der ihnen bei den im Lande siedelnden Juden begegnet und sich mit dem Namen Moses verbindet? Auch hier liegt ein verdrängtes Trauma zugrunde, aber mit Vatermord und Urhorde hat es nichts zu tun. Die Ägypter haben seit dem 17. Jh. v. Chr. eine Serie von Leidenszeiten durchgemacht, die traumatische Spuren im kollektiven Gedächtnis hinterlassen haben dürften: die Fremdherrschaft der Hyksos, die Razzien der Seevölker, den Untergang des Neuen Reichs, die Fremdherrschaften der Libyer und Äthiopier, die assyrischen Eroberungen und Verwüstungen, die Fremdherrschaft der Perser und Griechen. In dieser Serie ragt aber eine Erfahrung heraus, die am stärksten traumatisierend gewirkt haben und alle anderen in sich aufgenommen haben muss: der religiöse Umsturz des Echnaton, der die Götter verfolgte, die Tempel schloss, die Kulte und Feste einstellte und die Menschen ihrer vertrauten Sinnwelt beraubte. Dieses Trauma erzeugte eine antimonotheistische Disposition mit den entsprechend aversiven Resonanzen auf den jüdischen ikono- und theoklastischen Monotheismus, dem die Ägypter im Hellenismus begegneten. Was diese Theorie nicht erklären kann, ist die Frage, wie sich die Erinnerung an Echnaton, in wie verzerrter Form auch immer, über 1000 Jahre hat erhalten können; hier müssen andere Erklärungen herhalten, die an dieser Stelle im Einzelnen auszubreiten zu weit führen würde, die aber durchaus möglich sind, ohne jeden Rekurs auf biologisch-genetische Vererbung. Was sie aber erklärt, ist die Genese des ägyptischen Antijudaismus, und dieser ist ein historisch eindeutig bezeugtes Phänomen.[9] Der Zusammenhang von Echnaton und Moses ist nicht geschichtlich, sondern gedächtnisgeschichtlich zu deuten. Moses gehört in die Geschichte, nicht der Ereignisse um Amarna, aber der ägyptischen Erinnerung an diese Ereignisse. In dieser Gedächtnisgeschichte Echnatons findet auch Freuds Moses-Buch seinen Platz.[10]

Das zweite Beispiel betrifft die Durchsetzung des Monotheismus in Judaea. Eine der Fragen, die sich Freud in seinem Buch über den *Mann Moses* stellte, war ja: wie kam es zur Entstehung der monotheistischen Religion, und wie konnte sich diese mit so unwiderstehlicher Gewalt im Judentum

9 Zum ägyptischen Antijudaismus siehe vor allem Schäfer (1997).

10 Zur Methode der Gedächtnisgeschichte siehe mein Buch *Moses der Ägypter. Entzifferung einer Gedächtnisspur* (1998; engl. 1997). In diesem Buch gehe ich auch ausführlich auf den Fall Echnaton/Moses bei Manetho und Freud ein.

und den darauf aufbauenden Religionen durchsetzen? Dabei setzte Freud die Unwahrscheinlichkeit dieser Durchsetzung voraus. Im Monotheismus stellte Freud, vom Bildergebot als dem seiner Ansicht nach wichtigsten Gebot der Thora ausgehend, vor allem das Element des Triebverzichts heraus.

> »Unter den Vorschriften der Mosesreligion findet sich eine, die bedeutungsvoller ist, als man zunächst erkennt. Es ist das Verbot, sich ein Bild von Gott zu machen, also der Zwang, einen Gott zu verehren, den man nicht sehen kann. Wir vermuten, dass Moses in diesem Punkt die Strenge der Atonreligion überboten hat; vielleicht wollte er nur konsequent sein, sein Gott hatte dann weder einen Namen noch ein Angesicht, vielleicht war es eine neue Vorkehrung gegen magische Missbräuche. Aber wenn man dieses Verbot annahm, musste es eine tiefgreifende Wirkung ausüben. Denn es bedeutete eine Zurücksetzung der sinnlichen Wahrnehmung gegen eine abstrakt zu nennende Vorstellung, einen Triumph der Geistigkeit über die Sinnlichkeit, streng genommen einen Triebverzicht mit seinen psychologisch notwendigen Folgen« (Freud 1939a, S. 220).

Den Monotheismus definierte er als eine Religion, die ihren Anhängern große Sublimierungsleistungen abverlangte, schärfer und unbequemer, als es nach Freuds Begriffen die Kultur überhaupt bereits dem Menschen abverlangt. Freud sah ja, ähnlich wie vor ihm schon Friedrich Nietzsche, in der Kultur vor allem eine Zwangsjacke, die sich der Mensch anlegen musste, um sich zum Mitmenschen zu dressieren und zu züchten. Dieser Zwang wurde von der monotheistischen Religion auf die Spitze getrieben, die vom Menschen verlangte, seine Sinne von den Epiphanien der Erscheinungswelt abzuwenden und an einen unsichtbaren, sinnlich nicht erfahrbaren Gott zuzuwenden, dem in der menschlichen Seele nichts entgegenkam als die tief vergessenen Erinnerungsspuren an den Urvater und das Schuldgefühl, ihn erschlagen zu haben, also das, was Freud seine »historische Wahrheit« nannte. Auch wenn ich diese Deutung nicht übernehmen kann, möchte ich doch Freud in seinem Ansatz Recht geben, den biblischen Monotheismus für etwas grundsätzlich Neues und im historischen Sinne Unwahrscheinliches zu halten, das uns völlig zu Recht mit der Frage konfrontiert, wie es dazu kommen und wie es sich so allgemein durchsetzen konnte.

Auch wenn ich diese Fragen ganz anders beantworten würde, möchte ich doch festhalten, dass auch meine abweichenden Antworten nicht ohne die von Freud entdeckte unbewusste Dimension der Kultur auskommen. Zunächst muss klargestellt werden, dass »Monotheismus« vielleicht nicht ganz die richtige Bezeichnung für diese vollkommen neue und revolutionierende

Form von Religion ist, die sich hier im Judentum durchsetzt und dieses von Grund auf verwandelt. Es geht um die ausschließliche Bindung an den Einen Gott Jahwe, wobei aber die Existenz der anderen Götter zunächst nicht nur nicht geleugnet, sondern geradezu vorausgesetzt wird, denn nur so gibt die Betonung der »Treue« (*emunah*) zu dem Einen und dem mit ihm geschlossenen Bündnis einen Sinn. Dieser Begriff der Treue, und das ist das eigentlich Revolutionierende an der neuen Religion, fundiert die vollkommen neue Zugehörigkeitsstruktur des »Gottesvolkes«, die sich nun nicht mehr nach den traditionellen Zugehörigkeitskriterien wie dem gemeinsamen Wohnen in einem Land oder einer Stadt, der gemeinsamen Sprache, Sitten und Gebräuche, gemeinsamen Abstammung, der Untertanenschaft und Gehorsamspflicht gegenüber einer gemeinsamen Obrigkeit und dem Kult derselben Götter bestimmt, sondern nach der Treue zum Gesetz – woraus dann später bei den Christen der »Glaube« (an die Messianität Jesu) und im Islam die »Unterwerfung« (unter den Willen Allahs) wird. So entsteht Religion im prägnanten Sinne einer trans-ethnischen und trans-politischen, tendenziell universalen Form von Vergemeinschaftung. Diese wahrhaft Welt verändernde Idee ist, wie sich zeigen lässt, aus traumatischen historischen Erfahrungen erwachsen, die noch weit über alles hinausgehen, was den Ägyptern geschichtlich widerfahren ist. Die Erfindung einer trans-politischen Vergemeinschaftungsform wurde erzwungen durch den Verlust der politischen Identität. Der Name Israel verliert seine politische Bedeutung mit dem Untergang des Nordreichs, das sich im Gegensatz zum Südreich, dem Königreich Juda, »Israel« nannte, und wird dadurch frei für seine religiöse Bedeutung als Bezeichnung des Gottesvolks, sodass er nun vom Königreich Juda übernommen, nach dessen Untergang ins Exil mitgenommen, von dort zurückgebracht werden konnte. Nach einer Reihe weiterer traumatisierender Erfahrungen, wie den Makkabäerkriegen und dem Widerstand gegen Rom, löste sich der Name Israel soweit von seinem ursprünglich ethnisch-politischen Sinn ab, dass er später von den Christen usurpiert werden konnte, die zwischen »vetus« und »verus«, dem alten und dem wahren Israel, unterschieden (siehe hierzu Becker 2005).[11] Die Geschichte, und zwar gerade die Leidensgeschichte eines Volkes erzeugt Dispositionen, die für die Aufnahme und unbeirrbare Bewahrung, oder auch für die phobische Abwehr von Ideen

11 Nach Beckers überzeugender Rekonstruktion hat das Trauma des politischen Untergangs die Konstruktion einer alternativen, rein religiös definierten Identität als Gottesvolk erzwungen (Becker 2005, S. 10f.) Ich verdanke die Kenntnis dieses Aufsatzes Hartmut Raguse.

entscheidend sind.[12] Diese Zusammenhänge treten erst zutage, wenn man die von Freud erschlossene Dimension des Unbewussten in die historische Analyse einbezieht und dabei Freuds Methode im resonanztheoretischen Sinne interpretiert.

Freuds kulturtheoretische Arbeiten haben das unbestreitbare Verdienst, uns auf die unbewusste Dimension der Tradition im Sinne einer kollektiven »Übertragung« (im psychoanalytischen Sinne des Wortes) aufmerksam gemacht zu haben. Vollkommen zu Recht hat Freud schon 1926 auf die große Bedeutung hingewiesen, die der Psychoanalyse für die Kulturwissenschaften zukommt:

> »Als ›Tiefenpsychologie‹, Lehre vom seelisch Unbewussten, kann sie all den Wissenschaften unentbehrlich werden, die sich mit der Entstehungsgeschichte der menschlichen Kultur und ihren großen Institutionen wie Kunst, Religion und Gesellschaftsordnung beschäftigen« (Freud 1926e, S. 283).

Wir müssen aber diese Dimension nicht in der individuellen Psyche, sondern im kulturellen Gedächtnis lokalisieren, in das jeder einzelne auf seine Weise hineingeboren und hineinsozialisiert wird. Nicht die Kultur ist Ausdruck oder Symptom einer psychischen Grundausstattung, sondern umgekehrt: In den je individuellen psychischen Strukturen prägen sich kulturell vermittelte Übertragungen aus. Das kulturelle Gedächtnis wird nicht phylogenetisch vererbt, sondern ontogenetisch erworben, aber nicht nur durch bewusstes Lernen, sondern über Spracherwerb, Kommunikation, komplexe interaktive Prozesse, die weit über das bewusst Erlebte und Verarbeitete hinausgehen. Die Kultur, und nicht die Biologie, ist das Medium der Übertragung.

Das lässt sich vielleicht am klarsten am Beispiel des Christentums zeigen und seiner »antagonistischen Einverleibung« (Devereux 1943) heidnischer Relikte. Das Christentum ruht auf einer Reihe älterer Religionen auf, die es einerseits als »Heidentum« ausgegrenzt, ja geradezu verteufelt hat, von denen es andererseits aber entscheidende Formen und Bestände in sich aufgenommen hat. Die »heidnische« Herkunft dieser Elemente musste aber vergessen und unsichtbar gemacht werden. Man kann daher sagen, dass das Christentum und andere gestiftete Offenbarungsreligionen, die in einer zugleich synkretistischen *und* antagonistischen Akkulturation ältere Religionen beerben, eine neue Form von Unbewusstheit ausbilden, indem sie sich mit Beständen

---

12 Zum Zusammenhang von Historiographie und traumatischer Geschichtserfahrung siehe Volkan (2000).

älterer Religionserfahrung und Religionsausübung anreichern, deren Semantik sie umdeuten und deren Formen sie umfunktionieren müssen, um sie im neuen Kontext lebensfähig zu erhalten. Diese Bestände bilden im Ganzen der neuen Religion eine Art »Krypta«, die vom Licht der bewusst gepflegten religiösen Semantik nicht mehr erhellt wird, aus deren Tiefen aber jederzeit neue bzw. uralte Impulse aufsteigen und die Menschen in ihren Bann zwingen können.[13]

Diese im wahrsten Sinne des Wortes »archaische Erbschaft« ist zwar nicht der menschlichen Psyche eingeschrieben, aber sie bildet eine Tiefendimension der religiösen Tradition selbst, die, ebenso wie die Sprache, sehr viel mehr an Wissen und Erinnerung mit sich führt, als denen, die darin leben, jeweils zum Bewusstsein kommt. Post-archaische Kulturen und post-heidnische Religionen sind doppelbödig: Sie tragen im Sinne einer vergessenen Krypta das verworfene Heidentum in sich.

Ein Beispiel verdrängten Heidentums (vgl. J. Assmann 2004) könnte bei Sergej Konstantinowitsch Panjekeff vorliegen, dem Freud den Decknamen »Wolfsmann« gegeben hat, ohne dabei jemals, genau wie der »Wolfsmann« selbst, in seiner Autobiografie (Gardiner 1971; vgl. auch Obholzer 1980) das Phänomen der »Lykanthropie«, der Verwandlung von Männern in Wölfe, zu erwähnen (Eissler 1969). Dieser ganze Überlieferungskomplex, ist wie andere Relikte des archaischen Schamanismus mit der Einführung des Christentums nicht einfach in Vergessenheit geraten und zur Folklore abgesunken, sondern er ist regelrecht verdrängt, verleugnet und mit den negativen Zügen des Satanischen ausgestattet worden. Erst dadurch gewinnen die Bilder und Erzählungen, denen der Wolfsmann in früher Kindheit durch seine Nanja ausgesetzt wurde, ihren tief beunruhigenden und traumatisierenden Charakter.

An diesem Beispiel lässt sich im resonanztheoretischen Sinne zeigen, wie solche unbewusst gewordenen, kulturell verteufelten und phobisch besetzten Elemente der Überlieferung auf die frühkindliche Seele einwirken können. Zugleich lässt sich hieran besonders klar verdeutlichen, wie kulturwissenschaftliche Forschung Freuds Methoden aufgreifen und weiterführen kann, indem sie den blinden Fleck in Freuds Konzeption, das kulturelle Gedächtnis, begrifflich erschließt und dadurch seinen »psycholamarckistischen« Rückgriff auf ein phylogenetisches Gedächtnis überflüssig macht, der ihm den Blick auf die kulturellen Kontexte verstellt hatte. Zwerge, die auf den Schultern

13 Zum Begriff »Krypta« in individualpsychologischem Bezug siehe Abraham und Torok (1972).

von Riesen stehen, sehen bekanntlich weiter als diese selbst. Kein Wunder also, dass auch die Kulturwissenschaften, und unter ihnen die Archäologie, seit sie endlich angefangen haben, sich auf die Schultern Sigmund Freuds zu stellen, in einigen Punkten vielleicht weiter als dieser selbst zu sehen vermag.

Literatur

Abraham, Nicholas & Torok, Maria (2001): Trauer oder Melancholie. Introjizieren – inkorporieren. In: Psyche – Z Psychoanal, 55, 545–559.

Aldred, Cyril (1988): Akhenaten, King of Egypt. London (Thames and Hudson).

Armstrong, Richard H. (2005): A Compulsion for Antiquity. Freud and the Ancient World, Ithaca, New York (Cornell UP).

Assmann, Aleida (1996): Texte, Spuren, Abfall. Die wechselnden Medien des kulturellen Gedächtnisses. In: Böhme, H. & Scherpe, K. R. (Hg.): Literatur und Kulturwissenschaften. Positionen, Theorien, Modelle. Reinbek bei Hamburg (Rowohlt), 96–111.

Assmann, Aleida (1999): Erinnerungsräume. Formen und Wandlungen des kulturellen Gedächtnisses. München (Hanser).

Assmann, Aleida (2005): Neuerfindungen des Menschen. Literarische Anthropologien im 20. Jahrhundert. In: Assmann, A.; Gaier, U. & Trommsdorff, G. (Hg.): Positionen der Kulturanthropologie. Frankfurt/M. (Suhrkamp).

Assmann, Jan (1997): Moses der Ägypter. Entzifferung einer Gedächtnisspur. München 1998 (Hanser).

Assmann, Jan (2003): Die Mosaische Unterscheidung oder der Preis des Monotheismus. München (Hanser).

Assmann, Jan (2004): Sigmund Freud und das kulturelle Gedächtnis. In: Psyche – Z Psychoanal, 58, 1–25.

Assmann, Jan (2006a): Archäologie und Psychoanalyse. Zum Einfluss Freuds auf die Kultur- und Religionswissenschaft. In: List, E. (Hg.): Freud und die Folgen. Wiener Zeitschrift zur Geschichte der Neuzeit, 6, Heft 1, 73–87.

Assmann, Jan (2006b): Archäologie und Psychoanalyse. Zum Einfluss Freuds auf die Kultur- und Religionswissenschaft. Psyche – Z Psychoanal, 60, 1040–1053.

Barker, Stephen (1996) (Hg.): Excavations and their Objects. Freud's Collection of Antiquities. New York (SUNY Press).

Becker, Uwe (2005): Von der Staatsreligion zum Monotheismus. Ein Kapitel israelitisch-jüdischer Religionsgeschichte. In: Zeitschrift für Theologie und Kirche, 102, 1–16.

Bernstein, Richard J. (1998): Freud and the Legacy of Moses. Cambridge (Cambridge UP). Dt.: Freud und das Vermächtnis des Moses. Berlin/Wien 2003 (Philo).

Brumlik, Micha (1998): Archäologie als psychoanalytisches Paradigma der Geschichtswissenschaft. In: Rüsen, J. & Straub, J. (Hg.): Die dunkle Spur der Vergangenheit. Psychoanalytische Zugänge zum Geschichtsbewusstsein. Frankfurt/M. (Suhrkamp), 70–81.

Derrida, Jacques (1995): Mal d'Archive. Paris (Editions Galilée). Dt: Dem Archiv verschrieben. Berlin 1997 (Bringmann & Brose).

Devereux, Georges (1943): Antagonistic Acculturation. In: American sociological Review, 7, 133–147.

Ebeling, Knut & Altekamp, Stefan (2004) (Hg.): Die Aktualität des Archäologischen in Wissenschaft, Medien und Künste. Frankfurt/M. (Fischer), 36–43.

Eissler, Robert (1969): Men into Wolf: an anthropological interpretation of Sadism, Masochism,

and lycanthropy. A lecture delivered at a meeting of the Royal Society of Medicine. With an Introduction by David K. Henderson. New York (Greenwood Press).
Flem, Lydia (1993): Der Mann Freud. Frankfurt/M., New York (Campus).
Freud, Sigmund (1907a): Der Wahn und die Träume in W. Jensens ›Gradiva‹. GW VII, 29–122.
Freud, Sigmund (1909d): Bemerkungen über einen Fall von Zwangsneurose (Der »Rattenmann«). GW VII, 379–463.
Freud, Sigmund (1926e): Die Frage der Laienanalyse. GW XIV, 207–286.
Freud, Sigmund (1939a): Der Mann Moses und die monotheistische Religion. GW XVI, 103–246.
Gardiner, Muriel (1972) (Hg.): Der Wolfsmann vom Wolfsmann. Frankfurt/M. (Fischer).
Obholzer, Karin (1980): Gespräche mit dem Wolfsmann. Eine Psychoanalyse und die Folgen. Reinbek b. Hamburg (Rowohlt).
Goldstein, Bluma (1992): Reinscribing Moses. Heine, Kafka, Freud, and Schoenberg in a European Wilderness. Cambridge, Mass. (Harvard UP).
Grubrich-Simitis, Ilse (1991): Freuds Moses-Studie als Tagtraum. Weinheim (Verlag Psychoanalyse).
Hegener, Wolfgang (2001): Wege aus der vaterlosen Psychoanalyse. Vier Abhandlungen über Freuds »Mann Moses«. Tübingen (edition diskord).
Hornung, Erik (1995): Echnaton. Die Religion des Lichts. Zürich (Artemis & Winkler).
Kuspit, Donald (1989): »A Mighty Metaphor: The Analogy of Archaeology and Psychoanalysis. In: Gamwell, Lynn & Wells, Richard (Hg.): Sigmund Freud and Art. His Personal Collection of Antiquities. New York/London (SUNY UP/Freud Museum), 133–151.
Loprieno, Antonio (2002): La Pensée et l'écriture pour une Analyse semiotique de la Culture Egytienne. Paris (Cybele).
Maciejewski, Franz (2002): Psychoanalytisches Archiv und jüdisches Gedächtnis. Freud, Beschneidung und Monotheismus. Wien (Passagen).
Monatsschrift für Seelsorge und Beratung (1999): Sechzig Jahre »Der Mann Moses«. Zur Religionskritik von Sigmund Freud. In: Wege zum Menschen, 51, H. 4, Mai Juni 1999.
Montserrat, Dominic (2000): Akhenaten. History, Fantasy and Ancient Egypt. London (Routledge).
Otto, Eckart (2006): Mose. Geschichte und Legende. München (Beck).
Paul, Robert (1996): Moses and Civilization: the Meaning Behind Freud's Myth. New Haven (Yale UP).
Porte, Michèle (1999): Le mythe monothéiste. Une lecture de, L'homme Moise et la religion monothéiste' de Sigmund Freud. Fontenay-aux-roses (ENS éditions).
Psyche (2002): Psyche – Z Psychoanal, 56, Heft 2.
Redford, Donald B. (1984): Akhenaten. The Heretic King. Princeton (Princeton UP).
Reeves, Nicholas (2002): Echnaton. Ägyptens falscher Prophet. Mainz (Philip von Zabern Verlag).
Reinhard, Kenneth (1996): The Freudian Things. Construction and the Archaeological Metaphor. In: Barker, S. (Hg.): Excavations and their Objects: Freud's Collection of Antiquities. Albany (State Univ. NYP), Kap. 4.
Rice, Emanuel (1990): Freud and Moses. The Long Journey Home. New York (NYU Press).
Rizzuto, Ana-Maria (1998): Why did Freud Reject God? A Psychodynamic Interpretation. New Haven (Yale UP).
Santner, Eric (2001): On the Psychotheology of Everyday Life. Reflections on Freud and Rosenzweig. Chicago, London (Chicago UP).
Schaefer, Peter (1997): Judaeophobia. The Attitude Towards the Jews in the ancient World. Cambridge, Mass. (Harvard UP).
Schaefer, Peter (2003): Der Triumph der reinen Geistigkeit. Sigmund Freuds »Der Mann Moses und die monotheistische Religion«. Berlin, Wien (Philo).

Stockreiter, Karl (1998) »Am Rand der Aufklärungsmetapher. Korrespondenzen zwischen Archäologie und Psychoanalyse«. In: Marinelli, L. (Hg.): »Meine ... alten und dreckigen Götter«. Aus Sigmund Freuds Sammlung, Katalog der Ausstellung im Sigmund Freud-Museum Wien, 18.11.1998 – 17.2.1999. Basel (Stroemfeld), 81–93.

Volkan, Vamir D. (2000): Großgruppenidentität und auserwähltes Trauma. In: Psyche – Z Psychoanal, 54, 931–953.

Witte, Bernd (2001): Die Schrift im Exil. Sigmund Freuds Der Mann Moses und die jüdische Tradition. In: Borsò, V.; Krumeich, G. & Witte B. (Hg.): Medialität und Gedächtnis. Interdisziplinäre Beiträge zur kulturellen Verarbeitung kultureller Krisen. Stuttgart und Weimar (Metzler), 55–66.

Yerushalmi, Yosef H. (1991): Freud's Moses. Judaism terminable and interminable. New Haven (Yale UP). Dt.: Freuds Moses. Endliches und Unendliches Judentum. Berlin 1992 (Wagenbach).

Zweig, Stefan (1989): Über Sigmund Freud. Porträt, Briefwechsel, Gedenkworte. Frankfurt/M. (Fischer).

Zum Gedenken an die Bücherverbrennung

Sigmund Freud auf dem Scheiterhaufen. Die Bücherverbrennung im Mai 1933 als Fanal der Barbarei

Wolfgang Benz

Was vor 73 Jahren an dieser Stelle, auf dem Bebelplatz in Berlin, geschah, die Bücherverbrennung im Mai 1933, inszeniert als Triumph geistfeindlicher Verherrlichung zur Macht gekommenen gewalttätigen Spießertums, war nicht das erste Ereignis solcher Art, das die Geschichte kennt. Aber einzigartig war die Veranstaltung doch aus mehreren Gründen (vgl. Zeitschrift für Geschichtswissenschaft 2003; Bircken & Peitsch 2003).

Angeregt war der Akt der Barbarei nicht von einer Obrigkeit, die, wie die Heilige Inquisition oder ein absolutistischer Monarch oder ein moderner Diktator, den Ausdruck einer bestimmten Geisteshaltung, einer Denkschule, einer Wissenschaftsdisziplin als gefährlich erachtete und das Verbot in einem Spektakel öffentlich augenfällig macht. Die Bücherverbrennung im Mai 1933 hatte universalen Anspruch, richtete sich gegen Dichter und Denker, gegen Künstler und Intellektuelle ganz verschiedener Art, außerdem gegen Demokraten, Pazifisten, Liberale, Sozialisten – gegen den Fortschritt der Erkenntnis schlechthin und gegen alle Errungenschaft der Toleranz, der friedlichen Konfliktlösung in der Gesellschaft und die Voraussetzungen dazu, etwa auch die Psychoanalyse.

Und, das ist die andere Besonderheit der Inszenierung im Mai 1933, die Bücherverbrennung war nicht von Staats wegen angeordnet, war nicht vom diabolischen Propagandachef des Regimes, Joseph Goebbels, ausgeheckt worden. Die jubelnde Verhöhnung des Geistes hatte ihren Ursprung in den deutschen Universitäten. Das nationalsozialistische Regime konnte die Früchte des Hasses ernten, die an den Hochschulen gediehen waren, gesät von Studierenden im nationalistischen und völkischen Rausch, wohlwollend gepflegt von ihren Professoren. Dieser Aspekt des Kulturskandals ist für den Hochschullehrer auch im Jahr 2006 ein Grund zur besonderen Trauer, die

Tatsache nämlich, dass Hitler die Macht dort längst errungen hatte, wo man den längsten Widerstand – gegründet auf Bildung, Wissen und daraus resultierende Fähigkeit zur Einsicht – hätte erwarten dürfen, in den Universitäten und Hochschulen.

Der Kulturbruch im Mai 1933 leitete eine neue Zeit ein, in der unter einer Ideologie nationalistischer, rassistischer, antidemokratischer, illiberaler Egomanie die Diffamierung und Ausgrenzung Nichtkonformer bis zur physischen Vernichtung erst propagiert und dann auch praktiziert wurde.

Gespeist aus zwei Wurzeln – Selbstüberhebung und Angst – bestimmte die Ideologie des Nationalsozialismus ihre Feinde, und aus mehreren Gründen war der Mann, dessen 150. Geburtstags wir heute gedenken, als Feind besonders prominent und besonders geeignet. Als Vater der Psychoanalyse macht er auch heute ja noch vielen Angst: Die Furcht des Kleingeistes, des von Inferioritätsgefühlen Geplagten, die Schlichtheit seiner seelischen, geistigen, moralischen Verfassung könne entlarvt werden, war eine wesentliche Triebkraft, die die Angst der Nationalsozialisten (wie ihrer reaktionären Verbündeten und der indifferenten Konservativen) zum Hass steigerte.

Die Erforschung der Psyche machte Freud all denen doppelt suspekt, die auch seine Methode, die Analyse, schon in allen anderen Bereichen für fragwürdig und Angst einflößend hielten, weil sie Klarheit durch Rationalität schafft, im Gegensatz zur wogenden Emotion, die als »ganzheitliche Sicht« oder politischer Glaube oder gefühlsgesteuerte Kraftentfaltung propagiert wird.

So widmeten die Nationalsozialisten Sigmund Freud einen der »Feuersprüche«, mit denen die Bücher auf zeremonielle Weise auf den brennenden Haufen geworfen wurden: »Gegen seelenzerfasernde Überschätzung des Trieblebens, für den Adel der menschlichen Seele! Ich übergebe der Flamme die Schriften des Sigmund Freud« (Wortlaut der »Feuersprüche« in: Walberer 1983, S. 115). Und Sigmund Freud war Jude – allein das genügte, ihn im Zeichen der nationalsozialistischen Ideologie zu hassen mit allen Konsequenzen, wie das Schicksal seiner Familienangehörigen zeigt, die Opfer des Vernichtungswunsches gegen alle Juden und alles Jüdische in Auschwitz und an anderen Orten des Holocaust wurden.

Am 22. März 1933, sechs Wochen vor dem elenden Fanal auf diesem Platz, wurde in Deutschland »Der Tag des Buches« begangen. Im »Völkischen Beobachter«, dem Zentralorgan der NSDAP, war darüber zu lesen, das Ereignis diene vor allem dazu, den politischen und geistigen Sinn zu schärfen für alles, was deutsch sei, den Mut und Willen zu stärken, »alles, was deutsch ist, peinlich zu scheiden von dem, was nicht deutsch ist«. Ein Anfang müsse gemacht werden »für den Aufbau einer dauernden Verbindung zwischen deutschem Volk und deutschem Buch«. Das war der Beginn einer Literaturpolitik, die völkische Emotionen förderte, wie sie in der Blut- und Bodendichtung, im Ahnenkult, in Heimatseligkeit, in der Glorifizierung von Soldatentum und der Ausgrenzung alles Fremden als minderwertig Ausdruck fand. Der Tag des Buches sollte ein Tag der allgemeinen Sammlung sein »um die ungeheuren Kraftquellen, die das deutsche Buch für das deutsche Volk verkörpert« (Langenbucher 1933).

Der »Tag des Buches« ist längst vergessen, das Ritual der Bücherverbrennung am 10. Mai 1933, bei dem Studierende in vielen deutschen Hochschulstädten unter verdammenden »Feuersprüchen« die Werke missliebiger Autoren ins Feuer warfen, behielt seinen Symbolwert. Das Ereignis steht für die destruktive Kraft des Nationalsozialismus, für eine Kulturpolitik, die zunächst durch Unterdrückung unerwünschter Literatur, Kunst und Musik, durch die »Säuberung« von Bibliotheken, dann durch Lenkung und Zensur gekennzeichnet war.

Die »Verbrennungsfeiern«, bei denen Werke von Karl Marx, Sigmund Freud, Heinrich Mann, Erich Kästner, Erich Maria Remarque, Carl von Ossietzky, Kurt Tucholsky und vielen anderen unter schwülstigen Schmähungen vernichtet wurden, waren von der nationalsozialistischen »Deutschen Studentenschaft« organisiert (Strätz 1968; siehe auch Sauder 1983). Die Verkündung der »12 Thesen wider den undeutschen Geist« gehörte zur Darbietung und machte deutlich, dass die Universitäten dem Nationalsozialismus keinen Widerstand entgegensetzten.

In Berlin erhielt das Ereignis besondere Weihe durch eine Rede des Propagandaministers. Die Bücherverbrennung war damit nicht nur ein offensichtlicher Akt politischer und literarischer Diffamierung, sondern sie demonstrierte auch den Anspruch der NSDAP auf kulturelle Hegemonie. In der Literatur, den Künsten und der Wissenschaft waren von nun an abweichende Meinungen verpönt, dies machte das *Autodafé* deutlich, so wurde es verstanden. Der parallele Verlauf der Demonstration in vielen Städten des Deutschen Reiches machte den politischen Anspruch des Aktes unübersehbar.

In 18 deutschen Universitätsstädten brannten am 10. Mai die von Studenten zusammen geschleppten Bücherhaufen (Berlin, Bonn, Braunschweig, Breslau, Dresden, Frankfurt am Main, Göttingen, Greifswald, Hannover, Hannoversch-Münden, Kiel, Königsberg, Marburg, München, Münster, Nürnberg, Rostock, Würzburg. Alle, auch die folgenden Angaben nach: Sauder

1983, S. 169ff.). In Gießen fand das Ereignis schon am 8. Mai statt, in Erlangen und an der Universität Halle-Wittenberg am 12. Mai, in Hamburg am 15., in Heidelberg und Köln am 17. Mai, in Mannheim zwei Tage später. An manchen Orten traten auch andere Veranstalter als die Studierenden in Erscheinung, so in Worms, wo SA und SS am 10. Mai Bücher verbrannten. In Heidelberg folgte die Hitlerjugend dem Vorbild der Studenten und bescherte der Stadt am 17. Juni ein zweites Mal das vandalistische Schauspiel. Auch in Karlsruhe war an diesem Tag die HJ aktiv, ebenso in Hamburg, das am 30. Mai das Schauspiel zum zweiten Mal erlebte. In Kaiserslautern hatte schon am 26. März 1933 ein Oberlehrer Engel den Anfang gemacht. Engel verbrannte sieben Exemplare von Erich Maria Remarques verhasstem Buch »Im Westen nichts Neues«, sie stammten aus der Stadtbibliothek. Nach dem »Anschluss« im März 1938 holten Österreicher das Versäumte nach, so tat sich in Salzburg der NS-Lehrerbund mit einer Bücherverbrennung am 30. April 1938 auf dem Residenzplatz hervor.

In Regensburg, damals Sitz einer Philosophisch-Theologischen Hochschule, gab es wie in Passau und Eichstätt keine Bücherverbrennung. In der Regensburger Begründung heißt es »Unsere Hochschule ist immer schon frei von jüdischem Geist gewesen und wird es auch in Zukunft sein, was man anscheinend von den Universitäten nicht immer sagen kann« (ebd., S. 214f.). Die einzige dezidierte Ablehnung der »Aktion wider den undeutschen Geist« kam aus Tübingen (ebd., S. 216). In Freiburg war die geplante Veranstaltung wegen nicht enden wollenden Regens zweimal buchstäblich ins Wasser gefallen (ebd., S. 190).

Mit den Bücherverbrennungen war ein Leitmotiv nationalsozialistischer Kulturpolitik, nämlich Diffamierung als Methode und Ausgrenzung als Absicht erklungen. Der eigentliche und verheerende Anschlag erfolgte dann auf bürokratische und alltägliche Weise (Dahm 1983). Die Säuberung von Bibliotheken und Buchhandlungen, die Indizierung unerwünschter Literatur beschäftigte Kulturfunktionäre in der Reichsschrifttumskammer, in der »Reichsstelle für volkstümliches Büchereiwesen«, im Reichsministerium für Wissenschaft, Erziehung und Volksbildung sowie in anderen Dienststellen bis zum Ende des Dritten Reiches. Immer neue Autoren gerieten auf den Index, schließlich, nach seinem Flug nach England 1941, auch der Stellvertreter des Führers, Rudolf Heß (Andrae & Hans 1983, S. 95).

Die Säuberung der Bibliotheken und Buchhandlungen wurde systematisiert, nachdem die Studenten im Frühjahr 1933 den Anfang gemacht hatten. Der Abtransport der inkriminierten Bücher oblag der SA, die mit Eifer und Sendungsbewusstsein, aber zunächst noch ohne genaue Instruktionen, welche Literatur schädlich sei, Jagd auf unerwünschtes Schrifttum machte. Aus einer angesehenen Berliner Buchhandlung in der Kantstraße wird berichtet, wie SA-Männer zur Beschlagnahme – mit Schwarzen Listen ausgerüstet – ausschwärmten, um Buchhandlungen zu durchsuchen: »Um unsere Firma davor zu bewahren, hatte mein Vater veranlasst, eine Auswahl von unwichtigen, nicht mehr gängigen Bänden zusammenzustellen und gebündelt bereit zu legen. Die SA-Leute waren sehr erfreut, unsere mindestens 60 000 Bände nicht durchsehen zu müssen, und zogen befriedigt mit ihrer Beute ab« (Benecke 1995, S. 85f.).

Der Geist wurde auch aus den öffentlichen Bibliotheken ausgetrieben. Ein besonders rabiates Beispiel ist aus Heidelberg überliefert. Der Zeitungsbericht über das Ereignis schildert mit freudiger Anteilnahme die Details der Säuberung der Volksbücherei: »Aus einem Holzschuppen im Hofe, dem man den herrlichen Namen ›Judenstall‹ gegeben hat, holen fleißige Hände immer neue Stöße dieses geduldigen Papiers heran. Der Name wird verlesen und dann das Exkrement überhitzter Phantasten mit Schwung in die Ecke gefeuert.« Aber es wurde nicht nur Bestandspolitik durch Säuberung, sondern auch durch Neuaufbau getrieben, denn im gleichen Bericht heißt es, dass der Oberbürgermeister der Stadt Heidelberg 1000 Reichsmark gestiftet habe, um die Umstellung des Literaturangebotes zu unterstützen. »Für diese Summe werden Bücher über die Wehrmacht, über den Kampf gegen den Bolschewismus, über Volkstum und Heimat angeschafft. Nagelneue Bände mit abwaschbaren Einbänden finden auf den freigewordenen Regalen Platz« (Raus mit dem Plunder »Städtische Bücherei räumt aus und baut auf« (Volksgemeinschaft) vom 20. Oktober 1937, zit. nach dem Faksimile, in: Leonhardt 1983, S. 106). »Deutscher Geist« hielt damit Einzug in die Bibliotheken, nachdem Bücherverbrennung und bürokratischer Vandalismus die Bestände dezimiert hatten.

Sigmund Freud, der Psychoanalytiker, war zum einen als Individuum, als Forscher, als Autor Ziel des Hasses nationalsozialistischer Ideologen. Als Begründer einer Methode, die aus kleinbürgerlicher Furcht vor ihren befreienden Folgen als »Zersetzung« abgelehnt war, wurde er als Person beargwöhnt und bekämpft. Zwei der »zwölf Thesen wider den undeutschen Geist«, die bei der Bücherverbrennung als Programm verkündet wurden, sollten den Begründer der Psychoanalyse aber auch pauschal und argumentationslos treffen und mit ihm Millionen andere, die als Fremde erst stigmatisiert und dann verfolgt wurden:

»Unser gefährlichster Widersacher ist der Jude und der, der ihm hörig ist«. »Der Jude kann nur jüdisch denken. Schreibt er deutsch, dann lügt er«. Diese Schmähung fiel als Schmach auf die Urheber, ihre Sympathisanten und Nachkommen zurück. Wir haben noch lange daran zu arbeiten.

Literatur

Andrae, Friedrich & Hans, Jan (Hg.) (1983): Schädlich und unerwünscht, verboten und verbrannt. Die Bücherverbrennung vom 10. Mai 1933 und ihre Folgen (Ausstellungskatalog) Hamburg.

Benecke, Hans (1995): Eine Buchhandlung in Berlin. Erinnerung an eine schwere Zeit. Frankfurt/M. (Fischer).

Bircken, Margrid & Peitsch, Helmut (Hg.) (2003): Brennende Bücher. Erinnerungen an den 10. Mai 1933. Potsdam (Brandenburgische Landeszentrale für politische Bildung – Eigenpublikation).

Dahm, Volker (1983): Die nationalsozialistische Schrifttumspolitik nach dem 10. Mai 1933. In: Walberer, U. (Hg.): 10. Mai 1933 Bücherverbrennung in Deutschland und die Folgen. Frankfurt/M. (Verlag für Buchmarkt-Forschung), 36–83.

Langenbucher, Hellmuth (1933): Volk und Buch. In: Völkischer Beobachter, 22.3.1933.

Leonhardt, Joachim-Felix (Hg.) (1983): Bücherverbrennung, Zensur, Verbot, Vernichtung unter dem Nationalsozialismus in Heidelberg. Heidelberg.

Sauder, Gerhard (1983): Akademischer »Frühlingssturm«. Germanisten als Redner bei der Bücherverbrennung. In: Walberer, U. (Hg.): 10. Mai 1933. Bücherverbrennung in Deutschland und die Folgen. Frankfurt/M. (Verlag für Buchmarkt-Forschung), 140–159.

Strätz, Hans-Wolfgang (1968): Die studentische »Aktion wider den undeutschen Geist« im Frühjahr 1933. In: Vierteljahrshefte für Zeitgeschichte, 16, 347–372.

Walberer, Ulrich (Hg.) (1983): 10. Mai 1933. Bücherverbrennung in Deutschland und die Folgen. Frankfurt/M. (Verlag für Buchmarkt-Forschung).

Zeitschrift für Geschichtswissenschaft (2003): Themenschwerpunk: Bücherverbrennung Mai 1933 – Geschichte und Wirkung. Zeitschrift für Geschichtswissenschaft, 51, Heft 5.

Textcollage für den 6. Mai 2006[1]

Wolfgang Hegener & Regine Lockot

I. Sigmund Freud: Ein Monolog über 6 Jahre

»Was wir für Fortschritte machen! Im Mittelalter hätten sie mich verbrannt, heutzutage begnügen sie sich damit, meine Bücher zu verbrennen« (in: Jones 1962, S. 218).

»In Wirklichkeit unterschätze ich keineswegs die Gefahr, die mir und anderen droht, wenn der Hitlerismus Österreich erobert. Aber ich sehe dem ruhig entgegen, bin gefasst, zu ertragen, was ertragen werden muß, und entschlossen, so lange auszuhalten wie möglich. Im Augenblick sieht es so aus, als ob Österreich von der deutschen Schmach verschont bleibt« (Freud am 6. Dezember 1933 an den Spanischen Schriftsteller Xavier Bóveda; Freud 1956f).

»Man soll sich nicht darüber täuschen, daß diese Zeit mich und was ich zu geben hatte, ablehnt und nicht gewillt ist, sich durch Zurufe in ihrem Urteil beirren zu lassen. Wahrscheinlich wird meine Zeit noch kommen, aber, wenn man es hinzufügen darf, für jetzt ist sie vorüber« (Freud an Arnold Zweig am 28. Januar 1934; Freud & Zweig 1968a, S. 70).

»Unser Stückchen Bürgerkrieg war gar nicht schön. Ohne Paß konnte man nicht auf die Straße, die Elektrizität versagte über einen Tag, die Vorstellung, daß das Wasser ausbleiben könnte, war sehr unbehaglich. Jetzt ist alles ruhig,

1 Die folgende Textcollage wurde am 6. Mai 2006 auf dem Berliner Bebelplatz (»Platz der Bücherverbrennung«) von den Schauspielern und Sprechern Gesa Hartmann, Hubertus Hartmann, Oliver Rehlinger und Karl-Heinz Wigger vorgetragen, denen wir hiermit herzlich danken.

die Ruhe der Spannung meint man, – wie wenn man im Hotelzimmer darauf wartet, wenn der zweite Stiefel gegen die Wand geworfen wird. So kann es nicht bleiben, etwas muss geschehen« (Freud an Arnold Zweig am 25. Februar 1934; Freud & Zweig 1968a, S. 76).
»Sie erwarten richtig, daß wir in Ergebung hier ausharren wollen. Wohin sollte ich auch in meiner Abhängigkeit und körperlichen Hilflosigkeit? Und die Fremde ist überall so ungastlich. Nur, wenn wirklich ein Hitlerscher Statthalter in Wien regiert, muss ich wohl fortziehen, gleichgültig wohin. Meine Einstellung zu den Parteien, die Streit miteinander führen, kann ich nur durch Plagiat an Shakespeare's Mercutio beschreiben: A plague on both your houses (Romeo and Juliet)« (Freud an Arnold Zweig am 25. Februar 1934; Freud & Zweig 1968a, S. 76f.).

»Heute sagt man sich, hätte ich aus den Erfahrungen vor Verdun die richtigen Schlüsse gezogen, so hätte ich wissen müssen, daß man unter dem Volk [der Deutschen] nicht leben kann. Wir dachten alle, es sei der Krieg und nicht die Menschen, aber die anderen Völker haben auch Krieg gehabt und sich doch anders benommen. Wir wollten es damals nicht glauben, aber es ist wahr gewesen, was die anderen von den Boches erzählt haben« (Freud an Arnold Zweig am 23. September 1935; Freud & Zweig 1968a, S. 121).

»Die Aussicht, nach einigen Jahren Deutschland wieder zugänglich zu finden, ist wirklich vorhanden. Manchmal erwarte ich, dergleichen noch selbst zu erleben, wobei ich nicht die Verlängerung meines Lebens, sondern auf die Verkürzung der Naziherrschaft hoffe. Freilich, auch nach den Nazis wird Deutschland nicht mehr das Frühere sein, (…) Aber man wird an der Aufräumarbeit teilnehmen müssen« (Freud an Arnold Zweig am 21. Februar 1936; Freud & Zweig 1968a, S. 132).

»Der Besuch von Thomas Mann, die Adresse, die er mir bei meinem 80. Geburtstag überbrachte, (…) waren erfreuliche und eindrucksvolle Dinge. Auch die Wiener Kollegen haben mich gefeiert und dabei durch allerlei Anzeichen verraten, wie schwer es ihnen ankommt. Der Unterrichtsminister hat förmlich höflich gratuliert, und dann wurde den Zeitungen bei Strafe der Konfiskation verboten, diesen Akt der Teilnahme im Inland bekannt zu machen. Auch zahlreiche Artikel in In- und ausländischen Journalen haben Ablehnung und Haß deutlich genug ausgedrückt. So könnte man mit Befriedigung feststellen, daß die Aufrichtigkeit noch nicht ganz aus der Welt verschwunden ist« (Freud an Arnold Zweig am 31. Mai 1934; Freud & Zweig 1968a, S. 137).

»Österreichs Weg zum National-Sozialismus scheint unaufhaltbar. Alle Schicksale haben sich mit dem Gesindel verschworen. Mit immer weniger Bedauern warte ich darauf, daß für mich der Vorhang fällt« (Freud an Arnold Zweig am 22. Juni 1936; Freud & Zweig 1968a, S. 142).

12. März 1938 – »Finis Austriae«
13. März 1938 – »Anschluß an Deutschland«
14. März 1938 – »Hitler in Wien«
(Freud in seiner »Kürzesten Chronik«, einer Art Tagebuch, das er in seinen letzten zehn Lebensjahren geführt hat; Freud 1992, S. 408f.)

»Ich habe einige besonders ungünstige Wochen hinter mir. Vor 4 Wochen eine meiner gewohnten Operationen, darauf ungewohnt heftige Schmerzen, so daß ich durch 12 Tage meine Arbeit einstellen musste und mit Schmerzen und Wärmflaschen auf der Couch lag, die für andere bestimmt ist. Kaum, daß ich die Arbeit wieder begonnen hatte, traten jene Ereignisse ein, die, Weltgeschichte im Wasserglas, unser Leben verändert haben (…). Im Laufe dieser ›evenful week‹ haben mich die letzten meiner wenigen Patienten verlassen. Ich bin noch nicht ganz schmerzfrei, kann also nichts arbeiten, tue also gar nichts. Unser Haus ist freilich sehr unruhig, Freunde erkundigen sich nach unserem Befinden, zwei sehr erwünschte Besucher, Prinzessin Marie [Bonaparte] und Dr. Jones waren ständige Gäste. Die beiden sind hauptsächlich gekommen, um die internationalen Rechte auf Verlag und Institut zu vertreten. Jones ist gestern abgereist (…)« (Freud an Arnold Zweig am 21. März 1938; Freud & Zweig 1968a, S. 167).

22. März 1938 – »Anna bei Gestapo« (»Kürzeste Chronik«; Freud 1992, S. 413).

Max Schur, Freuds Arzt und Biograf, schildert die Situation wie folgt:
»Die Stunden zogen sich endlos hin. Es war das einzige Mal, dass ich Freud tief besorgt sah. Er ging im Zimmer auf und ab und rauchte ununterbrochen. Ich versuchte ihn zu beruhigen, so gut ich konnte« (Schur 1973, S. 585).

»Ich sitze hier ohnmächtig und untätig, während Anna alle Wege macht, mit allen Ämtern verkehrt, alle Geschäfte erledigt. Man kann die ›Reise schon sehen‹. Wir warten noch auf die ›Unbedenklichkeitserklärung‹ der Steuer, die innerhalb einer Woche kommen soll. Zwei Aussichten erhalten sich in diesen trüben Zeiten, Euch alle beisammen zu sehen und – ›to die in freedom‹. Ich vergleiche mich mit dem alten Jacob, den seine Kinder auch im hohen Alter nach Ägypten mitgenommen haben (...). Hoffentlich folgt nicht darauf wie dereinst ein Auszug aus Ägypten. Es ist Zeit, daß Ahasver irgendwo zur Ruhe kommt« (Freud am 12. Mai 1938 an seinen Sohn Ernst in London; Freud 1960a, S. 459).

4. Juni 1939 – »Abreise 3h 25. Orient.-Express« (»Kürzeste Chronik«; Freud 1992, S. 424).

»Wenn Sie London kennen, es ist ganz im Norden der Stadt, nach dem Ende von Regent's Park am Fuß von Primrose Hill, hat von meinem Fenster aus kein Gegenüber, sondern nur die Aussicht ins Grüne, das mit einem reizenden kleinen, von Bäumen umschlossenen Garten anfängt. Es ist also so, als ob wir in Grinzing lebten, wo jetzt der Gauleiter Bürckel uns gegenüber eingezogen ist. (...) Die Affektlage dieser Tage ist schwer zu fassen, kaum zu beschreiben. Das Triumphgefühl der Befreiung vermengt sich zu stark mit der Trauer, denn man hat das Gefängnis, aus dem man entlassen wurde, immer noch sehr geliebt. In das Entzücken über die neue Umgebung, das einen zum Ausruf: ›Heil Hitler‹ drängen möchte, mengt sich störend das Unbehagen über kleine Eigentümlichkeiten der fremden Umwelt ein, die frohen Erwartungen eines neuen Lebens werden durch die Unsicherheit gehemmt, wie lange ein müdes Herz noch Arbeit wird leisten wollen. (...) Wir sind mit einem Schlag populär in London geworden. Der Bankmanager sagt: ›I know all about you‹; der Chauffeur, der Anna fährt, bemerkt: ›Oh, it's Dr. Freud's place‹. Wir ersticken in Blumen« (Freud am 7. Juni 1938 an Max Eitingon; Freud & Eitingon 2004, Bd. 2, S. 902f.).

II. Tondokument – Ein Hörfunkinterview der BBC mit Sigmund Freud vom 7. Dezember 1938

»I started my professional activity as a neurologist, trying to bring relief to my neurotic patients. Under the influence of an older friend and by my own efforts discovered some new and important facts about the Unconscious in psychic life, the role of instinctual urges and so on. Out of these findings grew a new science, Psycho-Analysis, a part of Psychology and a new method of treatment of the neuroses.

I had to pay heavily for this bit of good luck. People did not believe in my facts and thought my theories unsavoury. Resistance was strong and unrelenting. In the end I succeeded in acquiring pupils and building up an International Psycho-analytic Association. But the struggle is not yet over.

Im Alter von 82 Jahren verließ ich in Folge der deutschen Invasion mein Heim in Wien und kam nach England, wo ich mein Leben in Freiheit zu enden hoffe.« »Your name?« »Sigmund Freud« (nach: Freud 2001, S. 67).

III. Aus Freuds Texten

»Wir wissen, daß Moses den Juden das Hochgefühl vermittelt hatte, ein auserwähltes Volk zu sein (…). Die Juden behielten die Richtung auf geistige Interessen bei, das politische Unglück der Nation lehrte sie, den einzigen Besitz, der ihnen geblieben war, ihr Schrifttum, seinem Werte nach einzuschätzen. Unmittelbar nach der Zerstörung des Tempels in Jerusalem durch Titus erbat sich Rabbi *Jochanan ben Sakkai* die Erlaubnis, die erste Thoraschule in *Jabne* zu eröffnen. Fortan war es die heilige Schrift und die geistige Bemühung um sie, die das versprengte Volk zusammenhielt« (Freud 1939a, S. 222f.).

»Endlich darf der Autor in aller Zurückhaltung die Frage aufwerfen, ob nicht seine eigene Persönlichkeit als Jude, der sein Judentum nie verbergen wollte, an der Antipathie der Umwelt gegen die Psychoanalyse Anteil gehabt hat. (…) Es ist vielleicht auch kein bloßer Zufall, daß der erste Vertreter der Psychoanalyse ein Jude war. Um sich zu ihr zu bekennen, brauchte es ein ziemliches Maß von Bereitwilligkeit, das Schicksal der Vereinsamung in der Opposition auf sich zu nehmen, ein Schicksal, das dem Juden vertrauter ist als einem anderen« (Freud 1925e, S. 110).

Als ein amerikanischer Arzt Freud von einem besonderen religiösen Erlebnis berichtet und ihn darum bittet, sich der religiösen Wahrheit nicht zu verschließen und sich, wie er, für Gott zu öffnen, erklärt Freud (lakonisch):

»Für mich hat Gott nicht so viel getan, er hat mich nie eine solche innere Stimme hören lassen und wenn er sich – mit Rücksicht auf mein Alter – nicht sehr beeile, werde es nicht meine Schuld sein, wenn ich bis zum Ende bleibe (…), was ich jetzt bin – an infidel jew« (Freud 1928a, S. 304).

»Die tieferen Motive des Judenhasses wurzeln in längst vergangenen Zeiten, sie wirken aus dem Unbewussten der Völker, und ich bin darauf gefasst, dass sie zunächst nicht glaubwürdig erscheinen werden. Ich wage die Behauptung, dass die Eifersucht auf das Volk, welches sich für das erstgeborene, bevorzugte Kind Gottvaters ausgab, bei den anderen heute noch nicht überwunden ist. Ferner hat unter den Sitten, durch die sich die Juden absonderten, die der Beschneidung einen unliebsamen, unheimlichen Eindruck gemacht, der sich wohl durch die Mahnung an die gefürchtete Kastration erklärt und damit an ein gern vergessenes Stück der urzeitlichen Vergangenheit rührt. Und endlich das späteste Motiv dieser Reihe, man sollte nicht vergessen, dass alle diese Völker, die sich heute im Judenhass hervortun, erst in späthistorischen Zeiten Christen geworden sind, oft durch blutigen Zwang dazu getrieben. Man könnte sagen, sie sind alle ›schlecht getauft‹. Sie haben ihren Groll gegen die neue, ihnen aufgedrängte Religion nicht überwunden, aber sie haben ihn auf die Quelle verschoben, von der das Christentum zu ihnen kam. Ihr Judenhass ist im Grunde Christenhass, und man braucht sich nicht zu wundern, dass in der deutschen nationalsozialistischen Revolution diese innige Beziehung der zwei monotheistischen Religionen in der feindseligen Behandlung beider so deutlichen Ausdruck findet« (Freud 1939a, S. 197f.).

»Das Leben zu ertragen, bleibt ja doch die erste Pflicht aller Lebenden. Die Illusion wird wertlos, wenn sie uns darin stört. Wir erinnern uns des alten Spruches: Si vis pacem, para bellum. Wenn du den Frieden erhalten willst, so rüste zum Kriege. Es wäre zeitgemäß, ihn abzuändern: Sie vis vitam, para mortem. Wenn du das Leben aushalten willst, richte dich auf den Tod ein« (Freud 1915b, S. 354f.)

»Das gern verleugnete Stück Wirklichkeit hinter alledem ist, dass der Mensch nicht ein sanftes, liebebedürftiges Wesen ist, das sich höchstens, wenn angegriffen, auch zu verteidigen vermag, sondern dass er zu seinen Triebbegabungen auch einen mächtigen Anteil von Aggressionsneigung rechnen darf. Infolgedessen ist ihm der Nächste nicht nur möglicher Helfer und Sexualobjekt, sondern auch eine Versuchung, seine Aggression an ihm zu befriedigen, seine Arbeitskraft ohne Entschädigung auszunützen, ihn ohne seine Einwilligung sexuell zu gebrauchen, sich in den Besitz seiner Habe zu setzen, ihn zu demütigen, ihm Schmerzen zu bereiten, zu martern und zu töten. *Homo homini lupus*; wer hat nach allen Erfahrungen des Lebens und der Geschichte den Mut, diesen Satz zu bestreiten?« (Freud 1930a, S. 470f.).

»Die Existenz dieser Aggressionsneigung, die wir bei uns selbst verspüren können, beim anderen mit Recht voraussetzen, ist das Moment, das unser Verhältnis zum Nächsten stört und die Kultur zu ihrem Aufwand nötigt. Infolge dieser primären Feindseligkeit (...) ist die Kulturgesellschaft beständig vom Zerfall bedroht. Das Interesse der Arbeitsgemeinschaft würde sie nicht zusammenhalten« (ebd., S. 471).

»Die Schicksalsfrage der Menschenart scheint mir zu sein, ob und in welchem Maße es ihrer Kulturentwicklung gelingen wird, der Störung des Zusammenlebens durch den menschlichen Aggressions- und Selbstvernichtungstrieb Herr zu werden. In diesem Bezug verdient vielleicht gerade die gegenwärtige Zeit ein besonderes Interesse. Die Menschen haben es jetzt in der Beherrschung der Naturkräfte so weit gebracht, dass sie es mit deren Hilfe leicht haben, einander bis auf den letzten Mann auszurotten. Sie wissen das, daher ein gut Stück ihrer gegenwärtigen Unruhe, ihres Unglücks, ihrer Angststimmung. Und nun ist zu erwarten, dass die andere der beiden ›himmlischen Mächte‹, der ewige Eros, eine Anstrengung machen wird, um sich im Kampf mit seinem ebenso unsterblichen Gegner zu behaupten. Aber wer kann den Erfolg und Ausgang voraussehen?« (ebd., S. 506)

»Und nun, meine ich, ist uns der Sinn der Kulturentwicklung nicht mehr dunkel. Sie muss uns den Kampf zwischen Eros und Tod, Lebenstrieb und Destruktionstrieb zeigen, wie er sich an der Menschenart vollzieht. Dieser Kampf ist der wesentliche Inhalt des Lebens überhaupt und darum ist die Kulturentwicklung kurzweg zu bezeichnen als der Lebenskampf der Menschenart. Und diesen Streit der Giganten wollen unsere Kinderfrauen beschwichtigen mit dem ›Eiapopeia vom Himmel‹« (ebd., S. 481).

»Wir mögen noch so oft betonen, der menschliche Intellekt sei kraftlos im Vergleich zum menschlichen Triebleben, und Recht damit haben. Aber es ist doch etwas Besonderes um diese Schwäche; die Stimme des Intellekts ist leise, aber sie ruht nicht, ehe sie sich Gehör geschafft hat. Am Ende, nach unzählig oft wiederholten Abweisungen, findet sie es doch. Dies ist einer der wenigen Punkte, in denen man für die Zukunft der Menschheit optimistisch sein darf; aber er bedeutet an sich nicht wenig« (Freud 1927c, S. 377).

Literatur

Freud, Sigmund (1915b): Zeitgemäßes über Krieg und Tod. GW X, 324–355.

Freud, Sigmund (1925e): Die Widerstände gegen die Psychoanalyse. GW XIV, 99–110.

Freud, Sigmund (1927c): Die Zukunft einer Illusion. GW XIV, 325–380.

Freud, Sigmund (1928a): Ein religiöses Erlebnis. GW XIV, 393–396.

Freud, Sigmund (1930a): Das Unbehagen in der Kultur. GW XIV, 419–506.

Freud, Sigmund (1939a): Der Mann Moses und die monotheistische Religion. GW XVI, 103–246.

Freud, Sigmund (1956f): Brief an Xavier Bóveda (6.12.1933) (mit engl. Übers. und Faksimile). In: »Unpublished Letters of Freud«, mit einführenden Kommentaren von Wiliam G. Niederland und Jacob Shatzky. In: Psychoanalytic Quarterly, Bd. 25, 147–166.

Freud, Sigmund & Zweig, Arnold (1968a [1927–39]). Briefwechsel. Herausgegeben von Ernst L. Freud. Frankfurt/M. (Fischer).

Freud, Sigmund (1960a): Briefe 1873–1939. Herausgegeben von Ernst und Lucie Freud. Frankfurt/M. (Fischer).

Freud, Sigmund (1992): Tagebuch 1929–1939. Kürzeste Chronik. Herausgegeben und eingeleitet von Michael Molnar, Freud Museum London. Frankfurt/M. (Stroemfeld).

Freud, Sigmund (2001): Stationen eines Lebens. Katalog zur Ausstellung im Sigmund-Freud-Zentrum des Fachkrankenhauses Uchtspringe. Herausgegeben von Christfried Tögel. Uchtspringe.

Freud, Sigmund & Max Eitingon (2004): Briefwechsel 1906–1939. 2 Bände. Herausgegeben von Michael Schröter. Tübingen (edition diskord).

Jones Ernest (1962): Das Leben und Werk von Sigmund Freud. Band III: Die letzte Phase 1919–1939. Bern (Huber).

Schur, Max (1973): Sigmund Freud. Leben und Sterben. Frankfurt/M. (Suhrkamp).

Interdisziplinäre Zugänge zur Psychoanalyse

Vatermord in der Kemenate. Freuds »Verneinung« und die Arbeit an den inneren Bildern im Spiegel vormodernen Erzählens (»Herzog Ernst«)

Hans Jürgen Scheuer

I.

Die Szene spielt auf dem Hoftag zu Speyer. Kaiser Otto hat sich mit seinem engsten Berater, dem Pfalzgrafen Heinrich, aus der Öffentlichkeit zum vertraulichen Gespräch zurückgezogen:

der künec mit sînem neven saz *heimlîch an einem râte.* (V. 1276f.)	Der König saß mit seinem Vetter abseits des öffentlichen Raumes bei einer Beratung

Da manifestiert sich urplötzlich in einer Serie von drei dicht aufeinander folgenden Sprüngen, die das Gefüge der gesamten bisherigen Erzählung zerreißen, die Krise. Ausgelöst wird die Kettenreaktion durch einen unheimlichen Eindringling, Herzog Ernst, den Adoptivsohn des Kaisers:

der herzoge balde hin spranc *in zorne für des rîches tür* (V. 1268f.)	Der Herzog sprang entschlossen voller Zorn vor die Tür des Kaisers

Mit seinem Begleiter, dem Grafen Wetzel, überschreitet er die unbewachte Schwelle und betritt mit gezückter Waffe die offen stehende Kemenate:

vil balde zucten sie diu swert *und zerstôrten dar inne* *daz gespræche mit unminne.* (V. 1280–1282)	Kurz entschlossen zückten sie die Schwerter und beendeten drinnen feindselig das Gespräch.

Durch einen zweiten, rettenden Sprung entgeht der Kaiser mit knapper Not dem Anschlag:

der künec entran vil kûme.	Der König vermochte kaum zu entkommen.
er spranc *von sînem rûme*	Er sprang von seinem Platz
vil snelle über eine banc.	geschwind über eine Bank.
im dûht diu wîle gar ze lanc.	Ihm kam der Augenblick fast noch
in die kapellen er entran.	zu lang vor.
(V. 1283–1287)	In die Kapelle konnte er entfliehen.

Anders Pfalzgraf Heinrich: Der dritte Sprung trennt ihm den Kopf vom Rumpf:

der phalzgrâve sîn man	Der Pfalzgraf, sein Vertrauter,
wart des râtes vil unfrô.	wurde seines Rates nicht mehr froh.
der herzoge sluoc im dô	Der Herzog versetzte ihm da
einen alsô swinden slac	einen so gewaltigen Schlag,
daz er vil smæhelîche lac.	daß er schmählich fiel.
daz houbet verre von im spranc.	Sein Kopf sprang weit
(V. 1288–1292)	von seinen Schultern.

Schließlich kommentiert der Täter, Herzog Ernst, das Geschehen über dem Leichnam seines Opfers:

er sprach: »der keiser habe undanc	Er sprach: »Der Kaiser sei verwünscht,
daz er ie gevolgte dir.	daß er dir jemals folgte.
nâch im stuont mîns herzen gir,	Auf ihn hatte ich es eigentlich abgesehen,
der mir sus enpharn is:	der mir so entkommen ist:
er hæte von mir gewis	Er hätte von meiner Hand gewiß
enphangen den grimmen tôt.	den grimmigen Tod erlitten.
er hât gedienet wol die nôt	Er hat diese Not sehr wohl verdient
daz er ie gevolgte dir.	dafür, daß er auf dich hörte«.
(V. 1294–1301)	

Der gesamte Auftritt, so lässt sich den Worten des Herzogs entnehmen, zielt also auf einen vierten, ausgebliebenen und, wie sich zeigen wird, noch bevorstehenden Sprung, der dem Herrscher selbst das Haupt gekostet hätte, wäre er dem Attentat nicht durch die Flucht in die Kapelle entkommen und hätte nicht der Körper des Beraters den Körper des Königs ersetzt. Ereignet hat sich, mit anderen Worten, etwas Stellvertretendes: Nicht die eigentliche Tat, sondern eine Handlung, die das, worauf sich des Herzogs *herzen gir* ursprünglich richtete, *über*springt; etwas, das einerseits zwar einen keineswegs unbeabsichtigten tödlichen Ausgang nimmt, andererseits aber etwas ganz Anderes, viel Ungeheuerlicheres im selben Zug repräsentiert und vereitelt: den Königsmord, der zugleich ein Vatermord wäre.

Warum erzähle ich diese Szene aus einem abgelegenen mittelhochdeutschen Epos, dessen hier gewählte erste vollständig überlieferte Fassung – »Herzog Ernst B«[1] – auf den Beginn des 13. Jahrhunderts datiert wird? Zunächst gewiss, weil sie mich als ungelöstes interpretatorisches Rätsel interessiert. Denn dieser nachträglich als versuchter Königs- und Vatermord erklärte Anschlag findet im gesamten Text kein explizites Motiv, keine Möglichkeit zur kausalen Ableitung. Vielmehr wird die Erzählung nicht müde, ein denkbar enges Verhältnis der *friuntschaft* zwischen dem Kaiser und dem Herzog, seinem angesehensten Vasallen, den Hörern vor Augen zu stellen. Verbunden sind beide Männer miteinander zunächst über Ernsts Mutter Adelheit, eine fürstliche Witwe, um die der ebenfalls verwitwete Kaiser, nachdrücklich unterstützt von Herzog Ernst und daher erfolgreich, wirbt. In der Folge steigt Ernst zu Ottos wichtigstem, reich belehnten Ratgeber auf. Seine Karriere bei Hof bewegt sich auf ihren Höhepunkt zu in einer *zît, / daz in dehein ungemach / von ir vetern nie geschach* (V. 548–550), also in einer Situation vollkommenen Friedens innerhalb der Herrscher*familia*. Ernsts Erfolg kulminiert schließlich darin, dass der Kaiser ihn als sein *einziges kint* (V. 610) und damit im umfassendsten Sinne als Seinesgleichen anerkennt:

der keiser gap im dô gewalt	Da verlieh ihm der Kaiser die Gewalt
vil maniger grôzer rîcheit.	über große Besitzungen.
er sprach: »jungelinc gemeit,	Er sprach: »Edler Jüngling,
ez ist dir sæliclîch ergân.	mit dir ist das Glück:
ich wil dich zeime sune hân	Ich will dich als meinen Sohn betrachten,
die wîle und wir bêde leben.«	solange wir beide leben«.
(V. 580–585)	

Otto bezeichnet Ernst als Geschenk Gottes, vertraut ihm den Schutz des Reiches gegen *roup unde brant* (V. 599) an und schafft durch seine Großzügigkeit eine Balance wechselseitigen Einverständnisses, ja die weitestgehende Kongruenz des eigenen mit dem herzoglichen Willen:

1 Zitiert nach der Ausgabe Sowinski (Herzog Ernst 1994). Die Übersetzungen der mittelhochdeutschen Zitate orientieren sich an Sowinskis Übersetzung, sind von mir allerdings für den Zweck meiner Darstellung z.T. abgeändert.

des wart im ouch der werde degen	Deshalb war ihm auch der edle Held
holt ze manigen jâren	treu ergeben in all den Jahren,
diu si bî ein ander wâren,	die sie gemeinsam verbrachten,
daz sie nie wurden gescheiden.	so daß sie niemals entzweit wurden.
(V.642–645)	

Als der Neffe, Pfalzgraf Heinrich, erst vergeblich, dann mit Erfolg die *friuntschaft* zu hintertreiben beginnt mit dem Argument, dass Herzog Ernst Tag und Nacht nur daran denke, wie er Kaiser Otto *beroubet / des lîbes und der êre* (V. 782f.), insistiert die Erzählung auf der Loyalität des Beschuldigten und darauf, dass ihn *ein lügenlîche[s] mære* (V. 677) verleumde. Als der Kaiser dann ohne weitere Prüfung und Anhörung des Herzogs dem Rat Heinrichs folgt, unangekündigt und ohne Rücksprache mit Adelheit und den anderen Reichsfürsten militärisch gegen den Herzog vorzugehen, werden dessen kluge Bemühungen um eine politische, Gewalt vermeidende Lösung hervorgehoben. Und selbst als diese trotz mütterlicher und fürstlicher Interventionen scheitern, richtet sich Ernsts Racheschwur, nachdem das kaiserliche Heer *âne reht* seine Stadt Nürnberg belagert hat, allein gegen den Pfalzgrafen Heinrich und wahrt ausdrücklich die unverletzliche *triuwe* zum Herrscher und Vater:

ich sage iuch wærlîche	Das verspreche ich euch:
er arnet den mortlîchen rât	Er wird mir für diese Verleumdung büßen,
dâ mit er mir enwendet hât	durch die er mir abspenstig gemacht hat
mînn vil lieben hêren,	meinen sehr geliebten Herrn,
dem ich sîner êren	dem ich seine Würde
mit triuwen ie wol gunde.	loyal stets gegönnt habe.
(V. 1209–1213)	

Auch im Fortgang des Erzählens gibt es keinerlei Anhaltungspunkte dafür, dass der Herzog sich von irgendwelchen Schamregungen oder Schuldgefühlen gegenüber dem Kaiser leiten ließe. Die Episode scheint nur eingefügt, um Otto nach einer sechsjährigen Phase rechtloser Aggression ein *michel reht* (V. 1423) zuzuschreiben, den Empörer und seine Gefolgsleute unter den Reichsbann zu stellen und mit *brant unde roup* gegen ihren Besitz vorzugehen, insbesondere das zweite herzogliche Machtzentrum Regensburg zu besetzen und einzunehmen. Und wenn Herzog Ernst nach einer weiteren fünfjährigen Periode der Resistenz schließlich mit 50 Rittern das Reich gen Orient verlässt, dann nur, weil seine Ressourcen schwinden und er mit einem Kreuzzug nach Jerusalem seine *êre*, sein Ansehen vor Gott und den weltlichen Fürsten, befestigen möchte. Für ihn hat die Mordszene weder Ursachen noch Folgen, die sich von den Ursachen und Folgen einer ungerechtfertigten Verleumdung und Intrige gegen ihn unterschieden.

All diese Leugnungen, die den Vatermord zu Speyer als ungeschehen und undenkbar erscheinen lassen, erweisen sich freilich aus der Perspektive der beschriebenen Szene als überdeterminiert – und das ist der zweite Grund für meine Textauswahl. Sie legen nämlich eine Lektüre des Wortlauts der Erzählung nach Prinzipien nahe, die Sigmund Freud 1925 in seinem knappen Aufsatz »Die Verneinung« ausformuliert hat und die zum Kernbestand seiner Bewusstseinstheorie zählen. Demnach wäre es dem Leser wie dem Analytiker erlaubt, »von der Verneinung abzusehen und den reinen Inhalt des Einfalls herauszugreifen«. Unter dieser Voraussetzung ließe sich der Gegenstand des *mære* über die Absichten des Herzogs, losgelöst von seiner Wertung als Lüge, durchaus als Artikulation des realen Problems verstehen und reflektieren. Denn es gilt nach Freud:

> »Ein verdrängter Vorstellungs- oder Gedankeninhalt kann (...) zum Bewußtsein durchdringen, unter der Bedingung, daß er sich *verneinen* lässt« (Freud 1925h, S. 12).

Was so unter dem Schutze der Verneinung und unter dem Verdikt intriganter Verleumdung an den Tag gebracht würde, wäre das, was vom Standpunkt der Erzählung aus »am fernsten gelegen« erschiene – und damit, so Freud mit Blick auf den Analysanden, sei »fast immer das Richtige zugestanden«, hier mit Blick auf den Herzog Ernst: das verdeckte Motiv der Rivalität zwischen Vater und Sohn, für die die Feindschaft zwischen Herzog und Pfalzgraf nur das narrative Kontrastmittel zur Verfügung stellte.

Dies wird umso deutlicher, wenn man die Dynamik der Verdrängung, wie Freud sie anhand des intellektuellen Akts der Verneinung erläutert, vergleicht mit der Dramaturgie der Mordszene. Freud versteht unter »Verneinung« den symbolischen Ausdruck eines darin versiegelten psychischen Geschehens. Sie ist für ihn

> »eine Art, das Verdrängte zur Kenntnis zu nehmen, eigentlich schon eine Aufhebung der Verdrängung, aber freilich keine Annahme des Verdrängten« (Freud 1925c, S. 12).

> »Etwas im Urteil verneinen, heißt im Grunde: ›Das ist etwas, was ich am liebsten verdrängen möchte.‹ Die Verurteilung ist der intellektuelle Ersatz der Verdrängung, ihr ›Nein‹ ein Markenzeichen derselben, ein Ursprungszertifikat etwa wie das

›*made in Germany*‹. Vermittels des Verneinungssymbols macht sich das Denken von den Einschränkungen der Verdrängung frei und bereichert sich um Inhalte, deren es für seine Leistung nicht entbehren kann« (ebd., S. 12f.).

Insofern die Verneinung den Inhalt des von ihr Negierten herausstellt, arbeitet sie wie das Konzept der »bestimmten Negation«, von dem Hegel in der »Wissenschaft der Logik« sagt:

»Indem das Resultierende, die Negation, *bestimmte* Negation ist, hat sie einen *Inhalt*. Sie ist ein neuer Begriff, aber der höhere, reichere Begriff als der vorhergehende; denn sie ist um dessen Negation oder Entgegengesetztes reicher geworden, enthält ihn also, aber auch mehr als ihn, und ist die Einheit seiner und seines Entgegengesetzten. In diesem Wege hat sich das System der Begriffe überhaupt zu bilden – und in unaufhaltsamem, reinem, von außen nichts hereinnehmenden Gange sich zu vollenden« (Hegel 1986, S. 49).

Bezogen auf den Ablauf des erzählten Mordes würde dies bedeuten, dass die Enthauptung Heinrichs den Mord an Kaiser Otto negiert, zugleich aber dessen Notwendigkeit für Herzog Ernst nicht einfach in subjektiver, sondern – »reicher« – in systematischer Hinsicht bewusst macht: Denn als Repräsentanz eines psychischen Geschehens spielt sich hier ein ödipales Drama ab, in dessen Struktur Wilhelm Brüggen (2005) genau die Reflexionsfigur der bestimmten Negation erkannt hat. Vor einer solchen ödipalen Folie stellt die Enthauptung des Pfalzgrafen nur die verschobene und entstellte Version des erwünschten Vatermordes dar, die es dem Täter erlaubt, sowohl zum Bewusstsein seiner innersten Triebe zu kommen als auch sie sogleich wieder umzuleiten und zu transformieren, indem er seine Bluttat als Form ausgleichender Gerechtigkeit gegenüber dem *vâlant*, dem diabolischen Intriganten Heinrich, rechtfertigt:

ich begienc nie kein archeit	Ich habe niemals etwas Böses getan
an dir noch an keinem man.	weder dir noch irgendeinem andern.
des solde ich wol genozzen hân	Das hätte mir eigentlich gelohnt
wider dich und wider daz rîche.	werden sollen
nu ligestu hie jæmerlîche	von dir und vom Kaiser.
mit bluote berunnen.	Jetzt liegst du hier jämmerlich
daz hâstu dran gewunnen.	in deinem Blute.
du tæte mirz ân alle nôt.	Das hast du nun davon.
(V. 1304–1311)	Du hast mir ohne Notwendigkeit geschadet.

Unterm Strich der narrativen Inszenierung stünde dann Ernsts Kommentar seiner eigenen Aktion da als

> »eine Art von intellektueller Annahme des Verdrängten bei Fortbestand des Wesentlichen an der Verdrängung« (Freud 1925h, S. 12).

Der Vatermord wäre durch die Ersatzhandlung im wahrsten oxymorontischen Sinne des Wortes »ungeschehen gemacht«.

Wie einleuchtend diese Analyse auch erscheinen mag, so stehen ihr doch gewichtige und grundsätzliche Einwände entgegen. »Heroen haben kein Unbewußtes« – so hat es der Mediävist Peter Czerwinski formuliert und sagt damit, insofern Freuds Topik *Bw* und *Ubw* als Teile *eines* psychischen Apparates versteht, dass Heroen über kein Bewusstsein verfügen.

> »Es ist die Unfähigkeit der feudalen Heroen insgesamt, eine die *substitutionelle* Kette der Situationen übergreifende *kombinatorische* Identität aufzubauen, eine Identität, die sich nur als permanente Reflexion, in der Abstraktion von aller Unmittelbarkeit sinnlicher Anschauung, herstellen kann« (Czerwinski 1986, S. 243).

Zwar räumt er ein, dass diese archaische Form eines reinen Wahrnehmungsbewusstseins, für das nur das Sinnlich-Gegenwärtige Bestand hat und *Widersprüche* nur aggregativ im Nebeneinander von *Gegensätzen* zur Anschauung kommen, im Zuge der Territorialisierung des 12. Jahrhunderts abgelöst worden sei durch »Denkformen des Uneigentlichen« und der Ambivalenz. Doch sieht er den Unterschied zum modernen bürgerlichen Bewusstsein genau im Punkt der Intrige bestätigt. Während die Denkfigur der bestimmten Negation / des Ödipuskomplexes die Intrige und ihre »Kultur des Geheimen« einbettet in ein System der Innerlichkeit, das über die Analyse der Wirkungen unbewusster Triebregungen an ein bewusstes Verstehen *vermittelt* werden soll und so die sinnliche Außenseite der Phänomene erst entwerte, um sie dann auf dem Umweg über die Negation mit dem »Glanz der Abstraktion« zu überziehen, fehle es der höfischen Adelsgesellschaft noch auf lange Sicht an solcher Abstraktionsfähigkeit und solchem Enthüllungswillen. Es gibt in ihr zwar Negationen (und zwar sehr handgreifliche), aber keine voll ausgebildete »Negation der Negation«, die es erlaubte, vom gerade Präsenten auf die Repräsentanz von unbewussten Trieben zu schließen:

> »die Abdrängung der souveränen Triebe verläuft durchaus nicht sogleich in Formen von Verdrängung und Verinnerlichung; jene höfische Kunst ihrer Überwachung [die Physiognomik als Studium der Körper und ihrer Haltungen] ist bis in die ›Neuzeit‹ hinein zuvörderst eine Kunst der Verstellung, der Beobachtung und Entzifferung von Körpersignalen, die deren ursprüngliche Unmittelbarkeit nur parataktisch verdoppelt, der Aggregation von Spüren und Sehen/Wissen ausliefert« (ebd., S. 255).

Als solche Aggregationen, die sich keiner psycho-logischen Unterordnung fügen, wären die Oxymora anzusehen, von denen etwa das Werk Gottfrieds von Straßburg, der »Tristan«, überbordet. Sie lassen Eros und Thanatos, Lust- und Realitätsprinzip überkreuz nebeneinander stehen –

> *ir liebez leben, ir leiden tôt,*
> *ir lieben tôt, ir leidez leben*
> (V. 62f.; zitiert nach der Ausgabe Krohn 2001)

– und erzeugen so unablässig umspringende Kippfiguren statt dialektischer Aufhebung oder symbolischer Sublimation.

Übertragen auf das Epos von Herzog Ernst hieße das, dass wir in seinem Protagonisten zwar keinen mythischen Heroen mehr unmittelbar vor uns haben. Doch dürfen wir dessen Aktionen genauso wenig schon einem inneren Reflexions- und Bewusstwerdungsprozess zurechnen. Die Sprunghaftigkeit seines Handelns zu Speyer wäre vielmehr eine Kipp-Reaktion, die sich unausweichlich aus dem Zusammenstoß *zweier* absolut gleichwertiger hochadliger Körper ergibt, für die nur eine *einzige* Position zur Verfügung steht: die singuläre des Herrschers und des Fortsetzers der dynastischen Linie. In genealogischer wie in machtpolitischer Hinsicht regeln aber nicht subjektive Intentionen oder Wünsche, sondern rechtliche Denk- und Darstellungsmuster[2] den Anspruch des Herzogs auf das oberste Amt, genauer gesagt: die Kopplung einer (hier komplikationslosen) Brautwerbungserzählung mütterlicherseits mit der Adoption und erbrechtlichen Erhöhung väterli-

2 Im Hintergrund arbeitet hier die juristische These der »Zwei Körper des Königs«, wie sie von Ernst Kontorowicz für das Mittelalter und die Frühe Neuzeit aus Quellen des Römischen Rechts und seiner Glossierung rekonstruiert worden ist. Demnach ist zu unterscheiden zwischen dem unsterblichen Amtskörper und dem sterblichen biologischen Körper des Amtsträgers, die miteinander in Konflikt geraten, sobald der Amtsinhaber seinen Nachfolger designiert: »Die ›Einheit‹ von Vater und Sohn und damit die komplizierte Identität von Vorgänger und Nachfolger hatte somit ihre Wurzel im Erbrecht. Der sterbende und der neue König wurden eins im Hinblick auf die ewige, unsichtbare Krone, die die Substanz der Erb-

cherseits, deren einseitige Auflösung die Empörergeschichte nach sich zieht. Beide aggregativ verbundenen Erzählschemata geben Auskunft über äußere politische Legitimitätsverhältnisse, nicht aber über innersubjektive psychische Befindlichkeiten.

Was nun? Sollen wir *gegen* den historischen Einwand auf der phylogenetischen Verankerung und Universalität der ödipalen Urphantasie und ihrer immer schon mitgegebenen Negativität beharren? Oder sollen wir Freuds Denken der Verneinung die Zuständigkeit für das Erschließen geschichtlich ferner, vormoderner Vorstellungswelten (zu denen nicht zuletzt auch der »Oidipous tyrannos« zählt) absprechen? Vielleicht ist es an diesem Punkt sinnvoll, an eine Bemerkung Jean Starobinskis zu erinnern, die er in seinem Band »La relation critique« über das Verhältnis von »Psychoanalyse und Literaturwissenschaft« macht:

> »In der therapeutischen Beziehung zum Patienten ebenso wie in der Untersuchung eines literarischen Werkes muß es einen ersten Schritt geben – den der Erfahrung. In wachsamer Neutralität versucht der Blick der Realität zu begegnen, die sich ihm darbietet, ohne allzu schnell in ihm definitive Strukturen zu erkennen; er würde sonst Gefahr laufen, ihr die eigenen aufzuerlegen« (Starobinski 1990, S. 103).

Setzen wir uns also, bevor wir uns vorschnell für die eine oder die andere Seite entscheiden, der Erfahrung einer weiter ausgreifenden Lektüre aus, die, wenn nicht der seelischen, so doch der narrativen Einbettung der Vatermord-Episode nachgeht! Denn diese Episode ist ja an ihrem Ort in der Erzählung auch kein schlechthin gegebenes, unmittelbares So-Sein. Sie ist vielmehr »ein erster Schritt«, der ein längst angelegtes Dilemma in der erzählten Realität *wiederfindet* und an dieser Stelle sichtbar werden lässt: nicht als bloße Kollision von Körpern (wenn auch das Geschehen so abläuft wie eine Karambolage von Billardkugeln), sondern eben als eine *Szene*, die im Präteritum der Narration eine Erinnerung vergegenwärtigt, einer Gedächtnisspur folgt und sie mit Imaginationen besetzt.

---

schaft repräsentierte. Von diesem Begriff war es nicht weit zu dem Gedanken, die Dynastie formal als eine ›Korporation durch Nachfolge‹ aufzufassen, in welcher Nachfolger und Vorgänger hinsichtlich des persönlichen Amtes als dieselbe Person erschienen« (Kantorowicz 1990, S. 340). Aus den Widersprüchen und Spannungen zwischen diesen beiden Körper-Konzepten entwickelt die vormoderne Literatur – hier besonders diejenige der »Stauferzeit«, bei Kantorowicz diejenige Shakespeares (»Richard III.«) – korporative Modelle vorstaatlicher Souveränität. Vgl. zu den literarischen Mustern dieses Problemfeldes die vorzügliche Studie von Frank, Koschorke u. a. (2002).

Und das ist der dritte Grund für meine Wahl dieser Szene: Ich sehe in ihr eine erste und unvergleichliche Zugangsmöglichkeit zur Arbeit der Phantasmen, die durch die konflikt- und gewaltträchtige Verfasstheit höfischer Kultur angestoßen werden und eine Realität bildlicher Vorstellungen erzeugen, in der Lösungen selbst ausweglos dilemmatischer Probleme darstellbar werden. Zur Beschreibung dieser Arbeit braucht man keineswegs auf Freuds exegetisches Organon zu verzichten, sondern lediglich die Perspektive seiner Anwendung zu verlagern: von der Aitiologie psychischer Störungen auf die »metapsychologische« Frage nach dem Wahrnehmungsschematismus von Vorstellung und (erzählerischer) Darstellung. Denn für Freud wie für die mittelalterliche Psychologie, die, auf antike Autoren wie Aristoteles und Augustinus zurückgehend, eine Lehre von der Produktion und Transformation innerer Bilder ist, steht außer Frage, »daß alle Vorstellungen von Wahrnehmungen stammen, Wiederholungen derselben sind«. Dass dabei die »Reproduktion der Wahrnehmung in der Vorstellung (…) nicht immer deren getreue Wiederholung [ist]; sie (…) durch Weglassungen modifiziert, durch Verschmelzungen verschiedener Elemente verändert sein [kann]« (Freud 1925h, S. 14), ist ein Grundsatz, den der Psychoanalytiker für das Durcharbeiten der Erinnerung seiner Patienten aktiv nutzt und der dem Mittelalterphilologen aus der Stoff- und Überlieferungsgeschichte gerade der Helden- und Spielmannsepik nur zu vertraut ist.[3] In beiden Fällen hat man es mit Umschriftsystemen zu tun, die sich wie Mythen verhalten: Sie kennen kein Original und existieren nur in ihren Varianten, die, ohne Rücksicht auf die Chronologie ihrer Entstehung als *ein* zeitloses Feld betrachtet, über dessen interne Verschiebungen und Transformationen darauf schließen lassen, welche widerstreitenden Kräfte latent in ihnen wirken.

---

3 Im Falle des »Herzog Ernst«-Stoffes geht es zwischen dem 12. und 16. Jahrhundert um insgesamt zehn deutsche und lateinische Fassungen, die im Detail bzw. in der Gesamtanlage zum Teil stark voneinander abweichen. Das literarische Spektrum reicht vom Versepos über chronikalische Prosa bis zur Liedform und dem im Druck verbreiteten so genannten »Volksbuch«. Am weitesten auseinander dürften darin die Liedfassung des 14. Jahrhunderts, »Herzog Ernst G« (Bartsch 1969, S. 187–225), und der älteste vollständig überlieferte Text vom Beginn des 13. Jahrhunderts, »Herzog Ernst B«, liegen. Die eine bietet eine aitiologische Sage, die geradlinig erzählt, wie Herzog Ernst auf der Flucht vor Kaiser Friedrich zwei Karfunkelsteine findet, im Orient eine indische Prinzessin aus der Gewalt von Kranichschnäblern befreit, zum Herrscher über Indien wird und durch die aussöhnende Gabe der *beiden* Edelsteine an Friedrich schließlich als dessen Nachfolger das Westreich und das Ostreich unter *einer* Krone zusammenführt. »Herzog Ernst G« zielt also auf eine utopische und eschatologische Machttotalität, die den gesamten Erdkreis umspannt und über den Weg der Karfunkelsteine aus dem Dunkel der Anderwelt auf das gesalbte Haupt des Kaisers eine apo-

II.

Die Struktur des »Herzog Ernst B« folgt einer strengen, in sich abgestuften Symmetrie.

Strukturskizze ›Herzog Ernst B‹

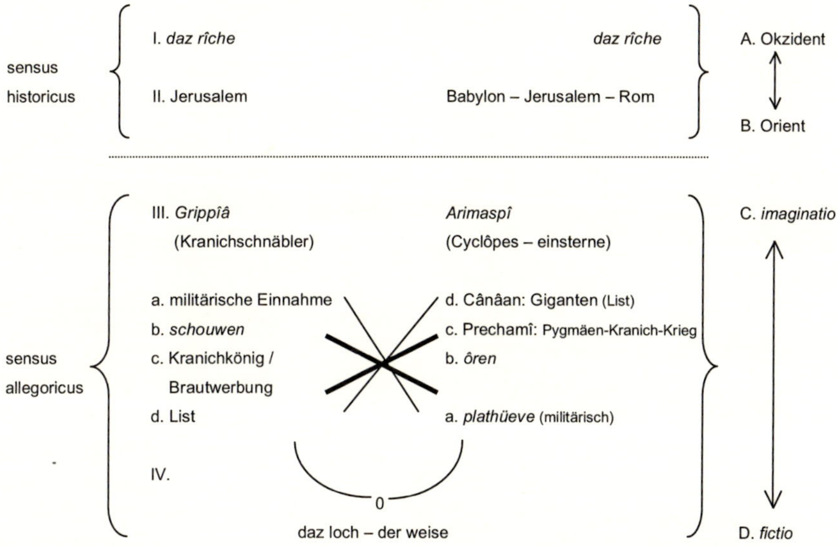

Auf der ersten, unmittelbar evidenten Stufe wird der Stoff topographisch disponiert und in einen Reichs- und in einen Orientteil gegliedert. Das bedeutet nicht, wie man lange glaubte, dass hier ein reichsgeschichtliches

---

kalyptische Vorstellung von Herrschaft formuliert, wie sie seit der Zeit Barbarossas ähnlich von der Gestalt des Priesterkönigs Johannes verkörpert wurde: im Sinne einer Rekomposition der verlorenen Einheit von transzendenter Legitimität und weltimmanenter politischer Souveränität. Die andere Fassung, die ich im Folgenden detailliert untersuchen möchte, bietet dagegen eine vierfach gebrochene, komplexe Struktur, die keine märchenhafte Lösung der Souveränitätsproblematik zulässt, dafür aber deren psychisch-imaginäre Dimension offen legt. Ob »Herzog Ernst B« oder »Herzog Ernst G« die »ursprünglichere« Form des Stoffes biete, lässt sich weder genetisch noch formal klären. Die *straight story* braucht nämlich nicht unbedingt die konfliktärmere Version zu sein: Sie könnte lediglich über den besseren Latenzschutz verfügen. Ebenso wenig muss die diskontinuierliche, an Brüchen reichere Erzählform für einen Mangel an problemlösender Komplexitätsreduktion stehen: Sie könnte vielmehr durch Kombination unterschiedlicher Erzählschemata und -ebenen die Fähigkeit zur Problemlösung steigern.

»Sagengedächtnis« mit orientalisierender Phantastik ausgeschmückt oder kontaminiert würde. Die Differenzierung ist vielmehr funktional sowohl für das Erzählschema (*récit*) als auch für die unterschiedlichen Modi (*discours*) der Darstellung[4], die uns jetzt besonders interessieren.

Die erste Teilung erlaubt erzählschematisch, einen Rhythmus von Sich-Entfernen und Rückkehr des Helden zu inszenieren und damit durch Wiederholung und Inversion eine Spiegelrelation zwischen West und Ost zu etablieren. Aus dem Blickwinkel der erzählerischen Modalität betrachtet, erfolgt die Reise des Herzogs vom Reich in den Orient zunächst auf der historischen Kreuzfahrerroute über *Ungerlant* (V. 2011), durch *der Bulgære walt* (V. 2033) bis *ze Constantînopel in die stat* (V. 2039), wo der oströmische Kaiser ihn mit einer Flotte von fünfzig Schiffen für seinen Kreuzzug beschenkt. Die Fahrt berührt also ausschließlich Orte der Oikoumene, der geographisch bekannten Welt, und markiert damit den klaren Realitätsbezug des Erzählten: seinen *sensus historicus.*

Im Anschluss aber spaltet sich der Orient in einen historischen und einen phantastischen auf, als die Flotte auf dem Weg nach Jerusalem im Sturm scheitert und nur das eine Schiff mit Herzog Ernst und seiner Besatzung gerettet wird. Die Überlebenden landen in einer Welt, die einerseits vertraut erscheint, insofern sie Burgen, Städte, Höfe, Territorien und Kriege kennt, die andererseits aber das Vertraute entstellt zeigt. Denn ihre Bewohner gehören zu den *mirabilia mundi*, die als Kranichschnäbler und Kyklopen, *plathüeve* und *ôren*, Pygmäen und Giganten, die menschliche Gestalt »verandert« darstellen. Chimären, die sie bei aller höfischen Lebensart sind, verschieben sie die historische Referenz ins Imaginäre und setzen vom buchstäblichen Schriftsinn einen *sensus allegoricus* ab.

Welche Aufgabe hat dieser andere Erzählmodus, wenn wir ihn mit der Spiegelrelation von Reichsteil und Orientteil zusammen denken?

4 Eine Übersicht zur Forschungsdiskussion über die Zweiteiligkeit des »Herzog Ernst B« bietet Stock (2002, S. 149–166). Seine daran anschließende Interpretation des Epos (ebd., S. 167–228) leistet Entscheidendes darin, die Funktionalität im Verhältnis beider Teile aufzuschließen. Zugleich lehnt Stock jede Annahme einer Latenz der Erzählung und das Aufdecken des Latenten mit den Instrumenten der Psychoanalyse strikt ab (vgl. ebd., S. 209, Anm. 186). Seiner polemischen Frage, welchen Text denn derjenige lese, der sich auf erzählerische Latenz beziehe, antwortet meine Konstruktion einer Vierteiligkeit des »Herzog Ernst B«: Gelesen wird nicht ein »Text« *unter* dem überlieferten Text, sondern innerhalb des narrativ Manifesten diejenigen Spuren, Verschiebungen und Verdichtungen, die sich – wie wir noch sehen werden – aus dem Verschwinden und expliziten Ausschluss des Originals, der aitiologischen »Steinsage« (nach dem Muster von »Herzog Ernst G«), ergeben.

Einer Antwort darauf müssen wir uns in kleinen Schritten nähern und dabei auf die deskriptiven Details achten, die das Erzählen immer weiter verfeinern.

Dass die Lektüre mit den vom Kurs abgekommenen Recken nun den Bereich der Andersrede betritt, signalisiert die Erzählung als erstes dadurch, dass sie den Anblick des *vil hêrlîchen landes* Grippîâ (V. 2205f.) und seiner *hêrlîchen burc* (V. 2213) mit den Attributen eines mentalen Bildes, eines Phantasmas, ausstattet. Die Burgmauern *von edelem marmelsteine* erscheinen in der Beschreibung nicht massiv, sondern von feinstofflicher Farbigkeit:

die wâren algemeine	Sie waren alle
gel grüene und weitîn,	gelb, grün und blau,
daz sie niht schœner mohte sîn,	wie sie nicht schöner hätten sein können,
swarz rôt und wîze:	schwarz, rot und weiß:
dâ mite was sie ze flîze	Damit war die Mauer aufwendig
geschâchzabelt und gefieret,	gewürfelt wie ein Schachbrett
manigen ende gezieret	und überall verziert
von maniger hande bilde	mit vielerlei Bildern,
beide zam und wilde, […]	vertrauten und phantastischen, (…)
lûter lieht als ein glas.	transparent wie reines Glas.
(V. 2218–2229)	

Die vielerlei Farben und ihr geometrisches Schachbrett-Raster kommen nicht von ungefähr. Sie evozieren die Farbengeometrie der Heraldik: das komplette Set der Tinkturen (Schwarz, Grün, Blau, Rot) und der Metalle (Gelb für Gold, Weiß für Silber), die der Totalität der Imagination entsprechen, sowie die diskreten geometrischen *loci*, die der *memoria* Gedächtnisörter anbieten und der *ratio* eine Matrix der Unterscheidung. Damit wird der gesamte Wahrnehmungsapparat durch die *imago* der Stadt aktiviert und erzeugt ein Phantasma von glasklarer Transparenz und von einer leuchtenden Intensität[5], die der Einprägsamkeit und raschen Evozierbarkeit von Wappen als gedrängten mentalen Bildformeln gleichkommt. Die so vor Augen gestellte heraldisch-imaginäre Architektur existiert insofern als *schîn*, der *vil verre gleste* (V. 2250), und ist darüber hinaus das Produkt einer Wirkung, die dem subtilen Zusammenspiel von *scriptura* und *pictura* näher steht als der grobmateriellen Faktizität gemauerter Steine: Der ganze Bau ist nämlich

5 Zu den Grundlagen mittelalterlicher Wahrnehmungstheorie vgl. die Untersuchungen von Agamben (2005), Camille (2000) und Culianu (2001).

gemâlt und meisterlîch ergraben / als wirz von den buochen haben / dâ ez an geschriben stât. (V. 2244–2246)[6]

Mit dieser forcierten Virtualisierung der erzählten Welt geht auch die erzählte Handlung ins Phantasmatische über. Herzog Ernst und seine Gefährten leiden unter derartigem Hunger, dass sie beschließen, in der Stadt Nahrung zu besorgen, auch wenn diese von feindlichen Heiden bewohnt sein sollte. Sie geben ihr Leben in Gottes Hand und rüsten sich militärisch zu einer Expedition mit ungewissem Ausgang. Umso größer ist die Überraschung, als sie die Tore erreichen und diese offen, die Stadt zudem menschenleer finden:

ich enweiz waz diz diute.	Ich weiß nicht, was das bedeuten soll:
diz sint seltsæne liute,	Das sind seltsame Menschen,
daz sie sich niht sehen lânt.	daß sie sich nicht sehen lassen.
ich wæn sie sich verborgen hânt	Ich vermute, sie halten sie verborgen,
daz sie sich vor uns fristen.	um uns aufzulauern.
(V. 2317–2321)	

Das Erstaunen wächst, als die Vermutung, die Einwohner hielten sich listig verborgen, dadurch widerlegt wird, dass die Männer im Inneren der Stadt alles vorbereitet finden für ein großes, königliches Festbankett. Die mit Speisen überladenen Tische erscheinen wie eine Hungerphantasie, bieten den ungeladenen Gästen aber die reale Erfüllung ihrer Wünsche. Ungehindert verpflegen sie sich und verlassen die Burg mit frischen Vorräten.

Das märchenhafte Motiv der vollkommenen Wunscherfüllung, das mit Freud an die Arbeit des Traumes denken lässt, hat aber noch eine ganz andere, politische Dimension, die man an einem geradezu pointilistischen Detail ablesen kann. Beim Einmarsch in die offene Stadt hisst Herzog Ernst *einen vanen, der was rôt* (V. 2299). Das aber ist nicht die erste Fahne, die in der Erzählung vom Eroberer einer Stadt emporgezogen wird: Dasselbe Ereignis hat schon einmal stattgefunden – allerdings unter umgekehrtem

6 An anderer Stelle habe ich das »Identitätsgesetz« mittelalterlicher Wappen so charakterisiert: »Sie sind weder Bild (*pictura*) noch Schriftzeichen (*scriptura*), sondern extrem zusammengedrängte *imagines*, die darauf abgestellt sind, blitzschnell eine mentale Vorstellung vom adligen Sippenkörper aus der *memoria* aufzurufen oder der gestaltwahrnehmenden Phantasie (*imaginatio formalis*) einzubilden. Erscheinen sie als Wappenmalerei in Bild- oder beim Blasonieren eines materiell vorhandenen Wappens in Satzform, so tritt lediglich ihre geistige Phänomenalität nach außen. Das gibt den Wappen ihren eigentümlichen Glanz, von dem in der mittelalterlichen Dichtung so oft die Rede ist. Man könnte auch sagen: Als äußerst verdichtete, künstliche Formen des Imaginären glühen die Wappen vor Intensität« (Scheuer 2006, S. 58).

Vorzeichen bei der Einnahme Regensburgs durch Kaiser Otto. Nachdem die heftig umkämpfte Stadt ihm durch die von Herzog Ernst selbst angeordnete Kapitulation zugefallen ist, heißt es: *sînen vanen er dô stahte / ûf einen turn, der was hôch.* (V. 1638f.) Damit verdrängt er die Fahne des Herzogs, von der wir zu Beginn der Belagerung erfahren: *des herzogen man hâten an gebunden / einen vanen grüenen.* (V. 1464)[7] Das Prinzip dieses Fahnen- und Farbenwechsels liegt auf der Hand und setzt ein deutliches Zeichen für alle folgenden Geschehnisse in Grippîâ: Mit dem Auswechseln der Fahne wird die Niederlage Ernsts besiegelt, mit der Rückkehr und Neuerrichtung seines Banners in der Gegenfarbe (Rot statt Grün) der *historische* Verlust des Herzogs wieder aufgerufen und in der Anderwelt des allegorischen Gegensinns in sein *imaginäres* Gegenteil verkehrt.

Obwohl diese spiegelsymmetrische Verkehrung wiederum in Form eines heraldischen Farbenphantasmas angedeutet wird und überhaupt sich in einer unwirklichen Szenerie abspielt, zögere ich, das Geschehen als Traumvorstellung zu charakterisieren.[8] Weder die Art des Erzählens noch das mittelalterliche Verständnis von Phantasma und *imago* als materieller Präsenz lassen das zu. Insofern nämlich die zeitgenössische Wahrnehmungstheorie nicht wie Freud von nervöser, sondern von einer pneumatischen Reizleitung ausgeht, die keine Energieströme kennt, sondern nur körperliche Siegelabdrücke in eine wachsgleich formbare Sinnesmatrix, ist das Imaginäre nicht der Gegenbegriff zum Realen, sondern dessen einzig mögliche psychische Form. Wir haben es daher in der Tat nicht mit der Dynamik eines Negationsprozesses, sondern mit der Topik zweier einander entgegen gesetzter *sensus* zu tun, die kontradiktorisch nebeneinander realisiert sind.[9]

---

7 Die Beobachtung dieses Details findet, verbunden mit einer symbolischen Auslegung der Farbe Grün (für Dauerhaftigkeit und Beständigkeit), bei Stock (2002, S. 203, Anm. 171); dort auch die Richtung weisende Vermutung: »in dieser Komplementärfarbe könnte ausgedrückt sein, daß der Orient vom *rîche* her betrachtet ›das Andere‹ einer Zwei-Seiten-Form ist«.

8 Damit ist nicht gesagt, dass solche Traumfiktionen mittelalterlichem Denken und Dichten unvertraut wären. Burkhard Hasebrink hat bezüglich der Grippîâ-Beschreibung auf eine bemerkenswerte Entsprechung bei Petrus Abaelard in dessen »Logica ingredientibus« hingewiesen, »wo er als Gegenstand des Intellekts keine substantielle ›Sache‹ annimmt, sondern eine *res imaginaria quaedam et ficta.* Als Beispiele für eine solche *res* nennt Abaelard ›die eingebildeten Städte, die man im Traum sieht, oder die Gestalt einer zu bildenden Figur, die ein Künstler konzipiert als Ebenbild und Urbild der zu gestaltenden Sache‹« (Hasebrink 2000, S. 234, Anm. 106).

9 Es geht im mittelalterlichen Epos im Vergleich zu Freud also um einen anderen Realitätsbegriff. Das Verhalten des Herzogs und seiner Leute in Grippîâ würde »modern« wohl als krankhaft eingestuft werden, weil sie zwischen Realität und Phantasma nicht hinreichend

Doch diese »Allegorealität«, von der Peter Czerwinski an anderer Stelle gesprochen hat (vgl. Czerwinski 2003), bleibt nicht lange im Stadium der Wunscherfüllung erhalten. Denn kaum haben die Eindringlinge mit reicher Beute und ungeschoren die Stadtmauern verlassen, erklärt Herzog Ernst seinem Freund Wetzel, mit ihm allein noch einmal in die wunderbare Stadt zurückkehren zu wollen – aus reiner *curiositas*, wie es scheint:[10]

mich lustet vil sêre	Ich spüre große Lust,
daz ich hin wider kêre	noch einmal umzukehren
und die burc baz besehe,	und mir die Stadt genauer anzusehen,
Swaz halt mir dar inne geschehe:	was mir dort auch geschehen mag:
sie ist sô rehte wol getân.	Sie ist so schön gebaut.
(V.2485–2489)	

Eine Art Lustprinzip scheint sich hier durchzusetzen, und die weiteren Schritte, die das Heldenpaar ins Innerste der Stadt und ihres Königspalastes eindringen lassen, sind zweifellos sexuell konnotiert. So stoßen sie an der tiefsten Stelle auf eine *kemenate* mit prächtig hergerichtetem Prunkbett, neben dem *zwên guldîn köphe tiure* (V. 2634) voll des besten Weines warten, und im anstoßenden Innenhof auf zwei Quellen, die eine kalt, die andere warm, mit deren Wasser ein Badehaus aus grünem Marmor und darin *zwô bütten rôt guldîn* (V. 2668) gespeist werden. Beide Männer können dem Reiz solcher Schönheit nicht widerstehen: Trotz des Risikos legen sie ihre Rüstungen ab, baden gemeinsam und legen sich anschließend, *dâ sie nieman sâhen* (V. 2752), zusammen in das »*king size*-Bett«. Sie teilen miteinander, wie sich bald herausstellt, ein herrschaftliches Hochzeitslager.

Doch nicht visuell, sondern akustisch kündet sich auf einmal die Gefahr durch die heimkehrenden Bewohner an:

unterscheiden können und die normbildende innere Symbolisierung bei ihnen auszusetzen scheint. Hier sollte man sich allerdings vor jeder Pathologisierung an Freuds methodologisches Korrelat zum »Realitätsprinzip« erinnern: an die »Rücksicht auf Darstellbarkeit«, die unabhängig von divergierenden Realitätsauffassungen am Werk ist.

10 Hasebrink (2000, S. 238) spricht prägnant von »*Curiositas* als Überbietung der Lust am Schönen durch die Lust der Erfahrung«. Die Erfahrung, die Herzog Ernst in der Folge »wie in einem Traum« macht, deutet er als »die verfremdete Offenlegung der Ansprüche des Herzogs, die im Reichsteil noch negiert worden waren« (ebd., S. 243). Das Desaster, das den Herzog in dieser Hinsicht ereilen wird, steht aus der Perspektive politisch klugen Handelns für die (zu diesem Zeitpunkt noch) fehlende »Vermittlung von Machtanspruch und kluger Selbstbeschränkung« (ebd., S. 244).

Dô sie daz wunder gar gesâhen,
dô hôrten sie in allen gâhen
ein wunderlîche stimme,
starc und grimme,
vor der bürge an dem bevilde,
ob ez der kraniche wilde
bevangen hæten über al,
alsô ungevüegen schal
alse ie man vernam.
vil lût unde freissam
was dâ ir gebrehte.
(V. 2817–2827)

Als sie das Wunderwerk genau
betrachtet hatten,
hörten sie ganz plötzlich
eine merkwürdige Stimme,
laut und schrecklich,
vor der Stadt auf dem Feld,
als ob wilde Kraniche
überall ein derart
ohrenbetäubendes Geschrei ausstießen,
wie es noch nie jemand vernommen hatte.
So gewaltig und furchteinflößend
tönten ihre Rufe.

Aus einem Versteck beobachten Ernst und Wetzel den eintreffenden Hofstaat des Kranichschnäbler-Volkes – *schœne liute und hêrlîch / wan hals und houbet was gelîch / als den kranichen getan* (V. 2858f.) – und in seiner Mitte *des küniges tohter von Indîâ* (V. 2907), von der wir erfahren, dass sie entführt wurde, um mit dem König der Kranichmenschen vermählt zu werden. Als die beiden mit ansehen müssen, wie der Kranichkönig am Ende der würdigen Zeremonie seine menschliche Braut – anatomisch wohl unvermeidlich – so unhöfisch küsst, dass er *den snabel* […] *ir in den munt* [*stiez*] (V. 3245), schlägt Herzog Ernst vor:

diuhte ez iuch nu wol getân,
sô wære ez wol der wille mîn,
und liezenz an unsern trehtîn,
daz wir slîchen hin ze tal
und zuo in springen *in den sal*
mit den swerten under sie. […]
wir slahens den künic tôt
(V. 3284–3289. 3303)

Wenn es euch so gut erschiene,
dann wäre es mein Wille und
wir ließen es Gott anheimgestellt,
daß wir hinunterschlichen
und zu ihnen in den Saal sprängen
mit den Schwerten mitten unter sie. […]
Dann schlagen wir den König tot.

Die langen Hälse der übrigen Festteilnehmer sind selbst zehntausendfach leicht abzumähen, und mit der rückentführten Braut ist der Fluchtweg aus Grippîâ schnell freigekämpft – so der herzogliche Plan.

Dieser Plan liefert zugleich eine Antwort auf unsere Ausgangsfrage nach dem Zusammenspiel von Reichs- und Orientteil, von *sensus historicus* und Allegorie. Wiederholend, erinnernd, durcharbeitend kehrt das Erzählen hier zu seinen beiden grund*legenden* Erzählschemata, Brautwerbung und Königsmord, zurück sowie zu dem grund*stürzenden* Modus der Darstellung, dem Sprung. Damit öffnet sich die Aussicht auf eine restlose Wunscherfüllung: Im Brautbett der Macht hat er schon gelegen, nun muss er nur noch die indische Prinzessin befreien und als Beschützer der Frauenehre mit dem nachgeholten vierten Sprung den König erfolgreich enthaupten, dessen Gestalt wie geschaffen dazu erscheint, und schon ist Herzog Ernsts Souveränitätsanspruch auf der ganzen Linie legitimiert und realisiert. Andererseits handelt es sich um eine Mord- und Machtphantasie, die sich als Form des Wiederholungszwangs nach der traumatischen Erfahrung der Entmächtigung deuten ließe. Denn was nun geschieht, setzt das Lustprinzip dauerhaft aus, das anfangs den Herzog in die Stadt zurückgelockt hatte.

Als sich nämlich Braut und Bräutigam zusammen mit *zwelf sîner hœchsten man* (V. 3405) in die Schlafkammer zurückziehen, hinter deren Tür Ernst und Wetzel lauern, werden die beiden entdeckt und mit fataler Folge ausgeschrieen: Um die Rückentführung der Braut zu vereiteln, erstechen die Königsberater sie mit ihren Schnäbeln. So präzise ist die Ökonomie der Spiegelbildlichkeit durchgeführt, dass die gesamte Raum-Zeit-Konstellation der Reichsszene sich hier wiederholt und verkehrt: Erfolgte der Sprung in die *kemenate* von Speyer zu früh, erfolgt er nun in die *kemenate* von Grippîâ zu spät:

dô wart in harte leide,	Jetzt reute es den Herzog
dem herzogen und sînem man.	und seinen Gefolgsmann sehr.
er sprach: »wir hân ze lange gestân:	Er sprach: »Wir sind zu lange stehengeblieben.
sie schrîet in grôzer nôt.	Sie schreit in höchster Not.
sie habent der frouwen den tôt	Sie haben der Prinzessin
in dem gademe getân.	im Zimmer den Tod beigebracht.
nu sol diu râche über sie gân	Jetzt soll die Rache über sie kommen
vil wunderlîche schiere.«	in unfaßbarer Schnelligkeit.«
dô sprungen *die helde ziere*	Da sprangen die edlen Helden
gên der kemenâte.	hin zur Kemenate.
(V. 3432–3441)	

Diesmal gelingt zwar als Gegenbild zu Speyer der Königsmord – unter den Streichen der Eindringlinge fallen der Herrscher und seine Granden mit Ausnahme eines Beraters, der Alarm schlägt –, doch katastrophal misslungen ist der Gewinn der Braut: ein Gegenbild zur komplikationslosen Brautwerbung des Kaisers um Ernsts Mutter.[11] Dass die sterbende Prinzessin dem Herzog

11 Dass an dieser Stelle ein Brautwerbungsschema zu greifen beginnt, das sich spiegelverkehrt auf die Brautwerbung des Kaisers Otto um Ernsts Mutter Adelheid bezieht, hat als erster Burkhart Hasebrink herausgestellt (vgl. Hasebrink 2000, S. 208–211).

mit ihren letzten Worten Äquivalenz bestätigt – *dû würdest immer mêre / aller künige genôz* (V. 3526f.) –, wird unmittelbar konterkariert durch ihren Tod, der die Rehabilitation Ernsts auf der Orientseite der Erzähltopographie vereitelt. Und so sieht auch die Bilanz des historisch-allegorischen Kippkalküls aus. Wie in jeder Topik des Widerspruchs sorgt die chiastische Anordnung – hier: gelungene Brautwerbung und misslungener Königsmord, dort: gelungener Königsmord und misslungene Brautwerbung – dafür, dass Position und Negation sich gegenseitig aufwiegen: Sie neutralisieren so den Herrschaftsanspruch des Herzogs in seiner bisher manifest gewordenen Erzählform.

Damit das narrative Kalkül des »Herzog Ernst B« sich aus dieser Dilemmatik und aus der Blockade seiner strukturellen Verfestigung lösen kann, muss es sich noch ein weiteres Mal spalten: Nach Westen und Osten, historischem und phantasmatischem Orient setzt sich innerhalb des *sensus allegoricus* eine weitere Erzählform von den Kippfiguren der imaginären Gegenwelt ab. Sie ist bisher noch nicht als eigener Modus benannt worden, denn sie stellt so etwas wie den Nullpunkt oder die *origo* des Erzählens von Herzog Ernst dar. Es handelt sich gegenüber der historischen Welt des Reiches und der allegorischen Anderwelt des Orients um eine weder topographisch noch kausal einzuordnende Unterwelt, die Herzog Ernst nun zu passieren hat. Auf der Ebene der Erzählmodalitäten möchte ich in einem Sinn, wie er sich terminologisch unmissverständlich im Kontext der Rhetorik fassen lässt, von einer *fictio* sprechen.

Doch zunächst zur erzählerischen Situierung dieser *origo*: Die Passage ereignet sich zwischen zwei gegenläufigen Bewegungen der imaginären Arbeit, die mit dem historischen Erzählen gemeinsam hat, dass sie in sich kohärente, lückenlose Ereignissequenzen produziert: Auf der einen Seite schrumpft die Handlungsmächtigkeit des Herzogs rasant. Nach dem Tod der indischen Königstochter richten Ernst und Wetzel ein grausiges Blutbad unter den Grippianern an. Sie entkommen zwar aus den Mauern der Stadt, wo ihre Truppe auf sie wartet, doch werden sie durch einen Pfeilregen der eintreffenden Nachhut der Kranichschnäbler nahezu aufgerieben. Die wenigen, die sich mit dem Herzog und seinem Freund auf das Schiff retten können, werden bis ans Ende der Welt verschlagen. Sie geraten an den Rand des Klebermeers und sterben bis auf sieben Gefährten den Hungertod, als das Schiff am berüchtigten Magnetberg strandet. Nur einer List Wetzels verdanken Herzog Ernst und die anderen Übriggebliebenen ihr Leben. Sie nähen sich in Rinderhäute ein und lassen sich von einem Greifen in dessen fernes Nest tragen, wo sie sich enthäuten, die Brut töten und in einen undurchdringlichen

Wald hinabsteigen. Aus dessen tödlicher Falle scheint nur ein reißender Strom hinauszuführen, der in ein enges Loch mündet. Am Ende aller Möglichkeiten zur souveränen Steuerung des eigenen Schicksals angelangt, lässt Herzog Ernst auf Anraten Wetzels ein Floß bauen, um sich mit Gottes Hilfe dem Fluss ins undurchdringliche Dunkel zu überlassen:

uns ist der trôst gar benomen. (...)	Die Hoffnung ist uns ganz genommen. (...)
wir müezen durch daz loch varn:	Wir müssen durch das Loch fahren:
des mac nu niht rât wesen.	Eine andere Lösung gibt es nicht.
wir sterben oder genesen,	Ob wir sterben oder gerettet werden,
daz muoz nu dâ ze gote stân.	das liegt allein in Gottes Hand.
(V.4405–4415)	

Auf der anderen Seite der Passage wächst das Vermögen des Herzogs langsam wieder an. Er gelangt in die Zone der Realimagination zurück, wo er im Dienste des Königs von Arimaspî wieder zur rechten Hand eines Herrschers aufsteigt: Er besiegt im Auftrag dieses imaginären Reiches der *einsterne* (Kyklopen) die aufständischen *plathüeve* militärisch (V. 4689–4790), ganz so, wie er am Beginn des *imaginatio*-Teils Grippîâ militärisch einnahm, nur dass diesmal sein Erfolg im königlichen Lehen eines neuen Herzogtums greifbar wird. Im Anschluss unterwirft er das wunderliche Nachbarvolk der *ôren* für seinen Herrn (V. 4813–4890), deren Name und Erscheinung ein Gegengewicht zur fatalen Rückkehr in die Stadt der Kranichschnäbler darstellt, die allein durch die visuelle Begierde des *schouwen* motiviert war. Drittens befreit er das Pygmäenland Prechami von dessen ärgsten Feinden, den Kranichen (V. 4891–5012), und kann dadurch erfolgreich die Scharte auswetzen, die ihm die Flucht vor den Kranichschnäblern zufügte. Schließlich wehrt er den Angriff der Giganten auf Arimaspî mit List ab und zeigt sich damit selbst in Besitz der strategischen Kompetenz, die vor der Passage durch das Loch noch ganz auf Seiten seines Begleiters Wetzel lag und damals allein dem nackten Überleben, nicht aber wie jetzt der Demonstration souveräner herrscherlicher Klugheit galt. Die gesamte Folge der Arimaspî-Episoden revidiert also die Entwicklung des herzoglichen Status, dessen Werte von kontinuierlich schrumpfenden in stetig anwachsende umgekehrt werden. Bei all seinen Unternehmungen erweist sich Herzog Ernst als absolut loyaler Berater und Verteidiger des Reiches Arimaspî und sammelt »Punkte«: sowohl was seine Eignung zum Herrscher betrifft, die ihn jeden Eindruck von Rivalität um die Königsposition meiden und klug Zurückhaltung üben lässt, als auch in Bezug auf seine spätere Rückkehr aus dem imaginären ins historische Reich. Denn Ernst kumuliert symbolisches Kapital in Gestalt einer Galerie erbeuteter *mirabilia mundi*, die er als Mehrwert seiner Arbeit im Orient ins *rîche* importieren wird:

nu het der fürste lobesam	Jetzt hatte also der edle Fürst
in sînem hove den Gîgant	an seinem Hofe den Giganten
und zwên von Perkamêren lant	und zwei aus dem Land der Perkameren,
vil Ôren und manigen Plathuof.	viele Ohrmenschen und manchen Platthuf.
der fürste in flîzeclîchen schuof,	Mit Sorgfalt ließ der Fürst
swaz sie haben solden	herbeischaffen, was sie brauchten,
und mêre dan sie wolden.	und noch mehr, als sie wünschten.
er hâte sie vür im durch wunder.	Er hielt sie bei sich als Kuriositäten.
disiu selsæniu kunder	Diese seltsamen Lebewesen
vertriben im vil dicke sît	vertrieben ihm später oftmals
mit kurzewîle die lange zît.	durch ihre Kurzweil die Langeweile.
(V. 5322–5332)	

Die Zeichen stehen also auf Reintegration: Mit Wetzel und seiner fürstlichen Wunderkammer wird er über *Môrlant*, das durch den Apostel Thomas christianisierte Indien[12] , seine Jerusalemfahrt nachholen und über das päpstliche Rom mit Hilfe seiner Mutter den heimlichen Wiedereintritt ins Reich seines Vaters wagen.

Was aber geschieht zwischen dem Eintritt in und dem Austritt aus dem Loch? Welcher »Primärvorgang« wird hier durch die Enge einer Verbildlichung des Bildlosen, einer Darstellung des Undarstellbaren, weder logisch noch modal Kommensurablen geführt? Erzählt wird, wie Herzog Ernst bei seiner reißenden Fahrt durch das Loch einen leuchtenden Karfunkel (die Mutter aller Edelsteine) aus der Felswand heraus bricht. Hinzugesetzt wird ein Hinweis von enormer politisch-ideologischer Bedeutung:

der stein gab vil liehten glast.	Der Stein gab einen sehr hellen Schein.
den brâhte sît der werde gast	Der edle Held brachte ihn seither
ûz der vil starken freise.	mit aus der schrecklichen Gefahr.

12 Dort unterstützt er die Christen in ihrem Kampf gegen die Heiden und zeigt dabei ein bemerkenswertes Verhalten, durch das Ernsts charakteristisches Handlungsmuster der Herrschaftsrivalität, der Mordanschlag, inhibiert und ausgesetzt wird: Einen König, den er zu Babilon im Kampf besiegt, tötet er nicht, sondern schont ihn (vgl. V. 5565–5575). Hinzu kommt eine wichtige Beobachtung Markus Stocks: »In dem Moment, als der König von *Môrlant* den heilsbringenden Herzog Ernst behandelt *als ob er were syn kynt* (V. 5503), kommt eine Bewegung zu ihrem Ende, die von Ernsts Adoption durch Otto bis zu diesem Punkt abgelaufen ist« (Stock 2002, S. 214).

dâ von er wart der weise	Daher wurde er auch »der Waise« genannt:
durch sin ellende genant.	wegen seiner Einzigartigkeit.
er ist noch hiute wol bekant.	Noch heute ist er wohlbekannt,
ins rîches krône man in siht.	denn man sieht ihn in der Kaiserkrone.
von diu liuget uns daz buoch niht	Darüber *belügt* uns unsere Quelle *nicht*.
(V. 4459–4465)	

In Form einer doppelten Verneinung, der Lüge und ihrer Leugnung, wird uns hier (als Gegengewicht zur Leugnung der Herrschaftsrivalität zwischen Vater und Sohn) aufs Äußerste verdichtet nicht weniger als der Kern der Konfliktlösung präsentiert: Die Singularität des Steines ist es, die die Singularität der Reichskrone definiert. Und dieser Waise ist durch sein *ellende*, sein Abgesondertsein von allen Edelsteinen und seine einsame Besonderheit, zugleich unauflöslich mit der Geschichte des »verwaisten«, verstoßenen und durch seine Geschichte so besonderen Herzogs verbunden.[13] Ohne den Karfunkel gäbe es keine Reichskrone, und daraus folgt aufgrund der hier angespielten und zugleich unterschlagenen aitiologischen Sage: Ohne Herzog Ernst kann es keine legitime Reichsherrschaft geben. Wo die Krone erscheint, ist auch der Finder des Karfunkels präsent – ganz unabhängig davon, wie sein Stein in das Herrschaftssymbol seines Vaters und Todfeindes gekommen sein mag.

Diesen Satz möchte ich die Ur-Setzung oder die Ur-Szene des »Herzog Ernst B« nennen: seine innerste *fictio.* Rhetorisch ist damit der Einsatz eines »künstlichen Beweises« gemeint, wo jede unmittelbare, sachliche Evidenz fehlt[14], wie ja stets im Bereich symbolischer Kommunikation und der Institution ihrer Geltung. Für Herzog Ernst bedeutet das, dass er als Finder des Karfunkels fortan immer dort zu kommemorieren ist, wo im Text die Krone erwähnt wird, auch wenn nirgends chronologisch erzählt wird, wie Ernst den Karfunkel dem Kaiser übergeben habe. Der Zusammenhang ist unsichtbar

13 In Text und Übersetzung weiche ich von der Ausgabe Sowinskis (nach Karl Bartsch) ab und lese – wie überliefert – in V. 4463 *ellende* statt des konjizierten *ellen* (»aus eigener Kraft«). Zur textkritischen Diskussion der Stelle vgl. Stock (2002, S. 197, Anm. 159).

14 Vgl. Zinsmaier (1996, Sp. 343): »In der *Argumentationslehre* ist der *locus a fictione* (...) ein vom Redner fingierter Beispielfall, anhand dessen sich ein Argument plausibler demonstrieren läßt als direkt am vorliegenden Ernstfall«. Als narratives Schema in mittelalterlicher Tradition definiert Heinrich Lausberg den *modus fictivus* nach Dante und Augustinus folgendermaßen: »der Dichter bedient sich der spezielleren poetischen Lizenz der Erzählung nichtwirklicher, unhistorischer Vorgänge. Vgl. Aug. quaest. evang. 2,51 (...) *cum fictio nostra refertur ad aliquam significationem, non est mendacium, sed aliqua figura veritatis*« (Lausberg 1990, S. 535).

und zeitlos immer gegeben (wie die Amtswürde selbst), seine historische Beglaubigung wird deshalb ausdrücklich aus dem Epos ausgelagert. Was zählt (und erzählt) ist die *origo*, das Original liegt woanders – in Bamberg:

ist aber hie dehein man	Sollte es aber dennoch jemanden geben,
der dise rede welle hân	der diese Geschichte halten möchte
vür ein lügenlîchez werc,	für ein Lügenwerk,
der kome hin ze Babenberc:	dann mag er sich nach Bamberg begeben:
dâ vindet ers ein ende	Dort findet er die Widerlegung
ân alle missewende	ohne jeden Zweifel
von dem meister derz getihtet hât.	von der Hand des gelehrten Dichters.
ze latîne ez noch geschriben stât:	Auf Latein steht es dort geschrieben:
dâ von ez âne valschen list	Deshalb handelt es sich ohne Falschheit
ein vil wârez liet ist.	um ein wahres Lied.
(V. 4467–4476)	

Ohne dass ich dies noch im Detail zu kommentieren hätte, ist deutlich, wo die Anknüpfungspunkte an Freuds Bewusstseinsmodell liegen: Das verlorene Original bewahrheitet und setzt in Bewegung, was sich auf der Bühne der Bewusstseinstopik abspielt. Darunter – undurchschaubar unterweltlich – tobt der uferlose Strom des Unbewussten, aus dem einzelne Partikel (wie der Karfunkelstein) ins Vorbewusste emergieren, ja sogar über ihre psychische Bearbeitung hinweg im Realbewusstsein auftauchen und dort insistieren können. Der gesamte an diesem innerseelischen Geschehen ansetzende Sekundärprozess aber führt durch das Imaginäre zum Manifesten, das selbst wesentlich das Produkt einer Darstellung durch den Bewusstseinsapparat ist. Diese Darstellung ist so organisiert wie die Parabel, die das Erzählen im »Herzog Ernst B« insgesamt bestimmt und deren Bewegung im Orient des *sensus allegoricus* über die *origo* des Felsenlochs beobachtet werden kann. Sie ergibt sich aus dem Schrumpfen und Anwachsen von quantifizierbaren Qualitäten, nach Freud: aus Besetzungquantitäten und der Intensität von Energieverschiebungen, mittelalterlich gesprochen: aus der *intensio vel remissio formarum*.[15] Das Prinzip der Freudschen Verneinung ist präzise das Intensitätsprinzip einer solchen Parabel, wie sie sich nach der mathematischen Grundfunktion »x^2« konstruieren lässt. Welchen Wert auch immer man in diese Funktion einsetzt, er sei positiv oder negativ, bejaht oder verneint,

15 Zur langen Dauer einer – noch zu schreibenden – Geschichte des Intensitätsbegriffs, in deren Rahmen das Verhältnis von vormodernen Artefakten und Psychoanalyse neu reflektiert werden müsste, vgl. Maier (1951) und (trotz charakteristischer Ausklammerung der mittelalterlichen Tradition) Kleinschmidt (2004).

immer hat das Resultat denselben Betrag. Die Kongruenz zwischen dem Freudschen Bewusstseinsmodell und der mittelalterlichen Erzählkonstruktion könnte nicht vollkommener sein!

Bemerkenswert an der zitierten Erwähnung und gleichzeitigen Auslagerung des Aitions, das vom Weg des Karfunkels in die Reichskrone zu erzählen hätte, ist, dass dort, wo Freud zwischen Primärprozess und Sekundärprozess die Wirkung einer im psychischen Apparat verankerten »Rücksicht auf Darstellbarkeit« annimmt, vormodernes Erzählen systematisch die Arbeit der Fiktion ansetzt. Dabei hat das genannte, aber abwesende Original die Funktion, die fictio zu bewahrheiten, die ihrerseits das Original, die Urkunde, ersetzt, indem sie deren deiktische Evidenz für sich reklamiert.[16] Gleichsam aus dem innersten, unterirdischen Bereich solcher Ursprungsfiktion emergiert in der Erzählkonstruktion der Karfunkel, der als »der Waise« die Reichskrone allererst zur sichtbaren Krone des Reiches macht. Der gesamte an die fictio anknüpfende Erzählprozess führt, wie oben gezeigt, durch das Allegorisch-Imaginäre zurück zum manifesten historischen Sinn, der nun aber bereichert ist um die fiktional produzierte Evidenz.

Gerade diese neue Evidenz liefert nun einen schlagenden Beleg dafür, dass Peter Czerwinskis Aggregationshypothese auf das Epos von Herzog Ernst zutrifft. Am Ende des langen Weges begibt sich die Erzählung nämlich auf der Ebene des *sensus historicus* zur Feier der kaiserlichen Christmette – tatsächlich! – in den Dom von Bamberg. Unmittelbar nachdem der Priester das Weihnachtsevangelium verlesen hat – der letzte Satz dieser Lesung kann nur lauten: *gloria in excelsis Deo et pax hominibus bonae voluntatis* – schleust Adelheit ihren verkleideten Sohn in den Altarraum ein, wo er sich als Büßer kniefällig dem Kaiser nähert. Ohne zu merken, wen er vor sich hat, spendet ihm Otto den rituellen Versöhnungskuss. Als er zu spät und mit Schrecken die Nähe seines Rivalen erkennt, kann er den Vorgang nicht mehr rückgängig machen, weil das Ritual in aller Öffentlichkeit (vor den Augen Adelheits und der Fürsten) sowie unter dem Zeichen der Reichskrone – das heißt zugleich: im Zeichen des Karfunkels! – vollzogen wurde. Die Lösung jenes Konfliktes, der das Reich erschütterte, stellt sich mithin in Form einer räumlichen, tableauartigen Aggregation dar: zuunterst der reumütige Ernst, darüber der Kaiser, der als Amtskörper begnadigt, mit seinem biologischen Körper aber zurück-

16 Markus Stock spricht daher von einem »deiktische[n] Moment« des »Herzog Ernst B«, das er auf die Leistung des Herzogs – letztlich die »Einheit von Partikularfürst und Zentralmacht« – bezieht, nicht aber auf die manifeste Verkörperung seines Anspruchs auf das Herrscheramt selbst (Stock 2002, S. 225).

schreckt, und an oberster Stelle die Krone, deren Glanz sich allein dem Waisen verdankt – und das heißt nichts anderes als: dem *ellenden* Herzog.

Der Sinn dieser Aggregation ist deutlich. Was ich Lösung nannte, ist nicht etwa das *Aus*-der-Welt-Schaffen der Krise durch Heilung, sondern die gedrängte Reformulierung des Problems, dessen innere Gewalt an diesem spirituell ausgezeichneten Punkt gleichsam nur den Atem anhält und pausiert. Trotz des anschließenden Gabentauschs zwischen Otto und Ernst bleibt nämlich die Gewaltfrage bis zuletzt *in* der Welt offen: Der Herzog schenkt dem Kaiser all seine verbliebenen Wunderwesen – nur den Riesen mit der Eisenstange behält er für sich zurück. Mag das Tableau der Christmette zu Bamberg also das Zwei-Körper-Dilemma gleichnishaft durch Übereinanderstellen, sprich: durch die Verklammerung von König und Herzog mittels der Fiktion der Krone[17] geregelt haben, so bleibt am Ende des Epos die Option des Empörers zwar eingebunden, aber in Gestalt des jungen Giganten immer noch bei der Hand: der kriegerisch-brachiale Austrag des Machtkampfs.

Ein kurzes Fazit soll unsere Reise durch die mittelalterliche Erzählung und das Freudsche Denken von Bewusstsein und Verneinung abschließen: Vielleicht sind wir ja mit unserem Problem, ob vormoderne Texte mit Freud historisch erschlossen oder nur entstellt werden können, einem Scheindilemma aufgesessen. Wenn Peter Czerwinski die mittelalterliche Kultur als unfähig zur ausdifferenzierten Negativität charakterisiert, schreibt er ihr damit doch nur die wesentliche Eigenschaft zu, die Freud für das Unbewusste in Anspruch nimmt:

---

17 »Die Krone als Fiktion« heißt ein Kapitel in den »Zwei Körpern des Königs« (Kantorowicz 1990, S. 338–381), aus dem durch die Differenzierung zwischen *corona visibilis* und *invisibilis* hervorgeht, was Stock – mit Vorbehalten – die Utopie des »Herzog Ernst B« nennt (vgl. Stock 2002, S. 225). Was auf der Durchfahrt durch das Loch im narrativen Status der *fictio* zum Vorschein gebracht wird, ist nämlich nichts Geringeres als die Bewahrheitung des herzoglichen Anspruchs auf die unsichtbare Krone und die Integration seiner Leistung in die sichtbare Krone. Darüber hinaus ließe sich mit Kantorowicz sagen, dass sich in die unvermeidliche Dualität und Rivalität, die zwischen königlichem Vater und Königssohn, zwischen Nachfolger und Vorgänger im höchsten Amt besteht, mit der karfunkelbesetzten Krone dank mütterlicher List ein Drittes schiebt, das »etwas anderes als *rex* und *regnum*« bedeutet: »Kurz gesagt bedeutete das hinzugefügte Wort ›Krone‹ im Gegensatz zu der reinen Physis des Königs und des Territoriums eine politische ›Metaphysis‹, an der *rex* und *regnum* teilhatten, oder den politischen Verband, dem beide zugehörten, in seinen souveränen Rechten« (Kantorowicz 1990, S. 343). Damit wird jenseits bloßer (ödipaler) Triangulation eine vierte handlungsmächtige Position eingeführt: die Körperschaft der Reichsfürsten, die im liturgischen Rahmen der Christmette die unverzichtbare Öffentlichkeit der Versöhnungsszene stellt.

> »Es gibt in diesem System keine Negation, keinen Zweifel, keine Grade von Sicherheit. All dies wird erst durch die Arbeit der Zensur zwischen *Ubw* und *Vbw* eingetragen. Die Negation ist ein Ersatz der Verdrängung von höherer Stufe. Im *Ubw* gibt es nur mehr oder weniger stark besetzte Inhalte« (Freud 1915c, S. 285).[18]

Wenn Freuds Bewusstseinstheorie, deren springenden Punkt ich im Konzept der Verneinung sehe, für die Analyse historisch ferner Texte nach wie vor einen Stachel hat, dann sitzt er genau in der Erinnerung daran, dass für den Literaturgeschichtler (und andere bewusste Leser) die Geschichte selbst das Unbewusste ihrer Lektüren ist.

Doch auch umgekehrt dürfte die Lektüre mittelalterlicher Dichtungen für das psychoanalytische Selbstverständnis einen Stachel bereithalten. Denn sie zeigt, dass das Pathos, mit dem Freud zum Mitbegründer der Moderne erhoben wurde, selbst das Ergebnis einer Verneinung ist: jenes umfassenden Verdrängungskomplexes, mit dem die bürgerliche Kultur (in der Freuds Psychoanalyse zweifellos wurzelt) seit der Aufklärung darum bemüht ist, sich von den lange gültigen Denk- und Wahrnehmungsmustern der Adelskultur abzusetzen. Um dieser kulturellen Amnesie entgegenzuwirken, müsste man die grundlegenden Denkfiguren Freuds weit über die historischen und literarischen Quellen hinaus verfolgen, auf die er sich selbst bezogen hat (vgl. dazu die Studie von Rohrwasser 2005) und die zwischen Antike und Renaissance das »Mittelalter« (immer schon *die* Negativfolie für alles, was sich als »neuzeit-

18 Die Konvergenz der beiden sich auf den ersten Blick ausschließenden Positionen beruht auf der Ähnlichkeit zwischen Freuds analytischem Prinzip des Durcharbeitens und dem Konzept der Negativität bei Hegel. Wenn Jutta Emig die Titelformulierung Czerwinskis »Heroen haben kein Unbewußtes« als eine »in aller Schlichtheit« gesetzte, »einfache« und »leere« Negation abtut (Emig 2003, S. 40), dann übersieht sie die Wiederkehr dieses Satzes am Ende des Essays in der nicht-identischen Form »Feudale Adlige haben kein Unbewußtes«. Damit ist nämlich das Ende einer Gedankenbewegung erreicht, die nicht »schlicht«, sondern »reicher« zu ihrem Ausgangspunkt gelangt, weil sie im vollständigen Durchgang durch die Grade des Negativen bei einem Begriff historischer Alterität angekommen ist. Wenn diese Alterität existieren und Bestand haben soll, dann muss sie dem modernen Beobachter unzugänglich bleiben, für ihn hinter einer unüberschreitbaren Grenze liegen – genau so, wie dem Psychoanalytiker das Unbewusste selbst nie begehbar oder direkt einsehbar ist. Wie die Existenz des Unbewussten sich überhaupt nur erfassen lässt im bewussten Durcharbeiten des Sekundärprozesses und seiner Negationen, so lässt sich ein Begriff von historischer Alterität nur im vollständigen Durchgang durch den Hegelianischen *cursus* der Negativität gewinnen. Mittelalter ist also, wie Czerwinski konsequent zeigt, »modern« einzig und allein denkbar als bestimmte Negation des »modernen Denkens«, darüber hinaus bleibt es hermetisch verschlossen.

lich« oder »klassisch« definieren möchte) vollständig zu vergessen scheinen.[19] Erst mit Hilfe einer derartigen »Archäologie des Imaginären« wäre es möglich, die Psychoanalyse einerseits vor innerer Erstarrung durch nicht mehr reflektierte Verallgemeinerungen und Überschematisierungen zu bewahren und andererseits nach außen ihre immer wieder angezweifelte Wissenschaftlichkeit selbstbewusst zu verteidigen mit einem geschärften Blick auf den ihr zugrunde liegenden spezifischen Wissenschaftsbegriff. Er geht zurück auf Denkformen, die historisch über eine lange Dauer hinweg Geltung besaßen und gerade im Mittelalter zu äußerst präzisen Erzähl- und Analysetechniken verfeinert wurden: auf die dialektische Topik und auf jene Theorie der Imagination, die über die Arbeit an den inneren Bildern die (immer politische!) Frage der Souveränität des Herrschers wie die des Ichs berührt.

19 Soweit ich sehe, führt nur ein – allerdings für die psychoanalytische Theoriebildung zentraler – Hinweis indirekt auf das Mittelalter zurück: In »Jenseits des Lustprinzips« illustriert Freud sein Konzept des Wiederholungszwangs anhand einer Episode aus Torquato Tassos »Befreitem Jerusalem«, einem Epos, dessen Erzählung die Eroberung des Heiligen Grabes durch Gottfried von Bouillon (1099) wieder aufgreift und die *historia* mit einer höfischen Aventiure-Handlung kreuzt, der Freud sein Beispiel entnimmt: »Die ergreifendste poetische Darstellung eines solchen Schicksalszuges hat Tasso im romantischen Epos *Gerusalemme liberata* gegeben. Held Tankred hat unwissentlich die von ihm geliebte Clorinda getötet, als sie in der Rüstung eines feindlichen Ritters mit ihm kämpfte. Nach ihrem Begräbnis dringt er in den unheimlichen Zauberwald ein, der das Heer der Kreuzfahrer schreckt. Dort zerhaut er einen hohen Baum mit seinem Schwerte, aber aus der Wunde des Baumes strömt Blut, und die Stimme Clorindas, deren Seele in diesen Baum gebannt war, klagt an, daß er wiederum die Geliebte geschädigt habe« (Freud 1920g, S. 21). Es fällt auf, dass bei Tasso wie im »Herzog Ernst« Begebenheiten zur Darstellung kommen, die psychoanalytisch dem Bereich des Traumas und der Psychose zugeordnet werden müssten (vgl. Caruth 1996). Dennoch geht es bei den alten Stoffen nie um Fälle aus den Extrembereichen der Psychopathologie, die heutigen Tags die Einweisung in die *kemenaten* geschlossener Anstalten nach sich zögen, sondern stets um Fragen der Souveränität, die ganz im Gegenteil der Öffentlichkeit bedürfen, um – jenseits der *kemenate* – eine Szene oder ein Ritual des Aggressionsaufschubs bzw. der Aussöhnung zu ermöglichen. Bemerkenswert ist in diesem Zusammenhang, dass die Erzählung ein Angebot des Kaisers an Herzog Ernst, sich *insgeheim* mit ihm zu versöhnen (*daz er tougenlîche / kæme vür daz rîche*, V. 5749), nicht weiter verfolgt, sondern gezielt auf die zeremonielle öffentliche Inszenierung zusteuert.

Literatur

Agamben, Giorgio (2005): Stanzen. Das Wort und das Phantasma in der abendländischen Kultur. Aus dem Italienischen v. Eva Zwischenbrugger. Zürich / Berlin (diaphanes).
Brüggen, Wilhelm (2005): Ödipuskomplex – Kernkomplex der Neurosen? Über die entwicklungs- und kognitionspsychologische Wiederkehr eines verdrängten Komplexes. In: Welledorf, F. & Werner, H. (Hg.): Das Ende des Ödipus. Entwertung und Idealisierung ödipaler Konzepte in der Psychoanalyse heute. Tübingen (edition diskord), 113–135.
Camille, Michael (2000): Before the Gaze. The Internal Senses and Late Medieval Practices of Seeing. In: Nelson, R. S. (Hg.): Visuality before and beyond the Renaissance. Seeing as others saw. Cambridge (Cambridge University Press), 197–223.
Caruth, Cathy (1996): Unclaimed Experience. Trauma, Narrative, and History. Baltimore (Johns Hopkins University Press).
Culianu, Ioan Petru (2001): Eros und Magie in der Renaissance. Mit einem Geleitwort von Mircea Eliade. Aus dem Franz. von Ferdinand Leopold. Frankfurt/M. / Leipzig (Insel).
Czerwinski, Peter (1986): Heroen haben kein Unbewusstes – Kleine Psycho-Topologie des Mittelalters. In: Jüttemann, G. (Hg.): Die Geschichtlichkeit des Seelischen. Der historische Zugang zum Gegenstand der Psychologie. Weinheim (Beltz), 239–272.
Czerwinski, Peter (2003): Allegorealität. In: Internationales Archiv für Sozialgeschichte der deutschen Literatur, 28, 1–37.
Emig, Jutta (2003): Mediävistik und Psychoanalyse. In: Jaeger, S. & Kasten, I. (Hg.): Codierungen von Emotionen im Mittelalter. Berlin / New York (de Gruyter), 31–44.
Frank, Thomas; Koschorke, Albrecht et al. (Hg.) (2002): Des Kaisers neue Kleider. Über das Imaginäre politischer Herrschaft. Texte – Bilder – Lektüren. Frankfurt/M. (Fischer).
Freud, Sigmund (1915e): Das Unbewußte. GW X, 264–303.
Freud, Sigmund (1920g): Jenseits des Lustprinzips. GW XIII, 1–69.
Freud, Sigmund (1925h): Die Verneinung. GW XI, 11–15.
Gottfried von Straßburg (2001⁹): Tristan. 3 Bde. Mittelhochdeutsch/Neuhochdeutsch. Nach dem Text von Friedrich Ranke neu hg., ins Neuhochdeutsche übers., mit einem Stellenkommentar u. einem Nachwort v. Rüdiger Krohn. Stuttgart (Reclam), RUB 4471–4473.
Hasebrink, Burkhard (2000): Prudentiales Wissen. Eine Studie zur ethischen Reflexion und narrativen Konstruktion politischer Klugheit im 12. Jahrhundert. Habilitationsschrift Göttingen (Typoskript).
Georg Wilhelm Friedrich Hegel (1986): Wissenschaft der Logik II: Die subjektive Logik. Werke 6, auf der Grundlage der Werke von 1832–1845 neu ed. Ausg. v. Eva Moldenhauer u. Karl Markus Michel. Frankfurt/M. (Suhrkamp).
Herzog Ernst (1994): Ein mittelalterliches Abenteuerbuch. In der mhd. Fassung B nach der Ausgabe v. Karl Bartsch mit den Bruchstücken der Fassung A hg., übers., mit Anmerkungen u. einem Nachwort vers. v. Bernhard Sowinski. Stuttgart (Reclam), RUB 8352.
Herzog Ernst (1969) [G]: Strophische Bearbeitung. In: Herzog Ernst. Hg. v. Karl Bartsch. Reprograph. ND der Ausg. Wien 1869. Hildesheim (Olms), 187–225.
Kantorowicz, Ernst H. (1990): Die zwei Körper des Königs. Eine Studie zur politischen Theologie des Mittelalters. Übers. v. Walther Theimer. München (dtv) (zuerst engl. Princeton 1957).
Kleinschmidt, Erich (2004): Die Entdeckung der Intensität. Geschichte einer Denkfigur im 18. Jahrhundert. Göttingen (Wallstein).
Lausberg, Heinrich (1990): Handbuch der literarischen Rhetorik. Eine Grundlegung der Literaturwissenschaft. Stuttgart (Steiner).
Maier, Anneliese (1951): Das Problem der intensiven Größe (De intensione et remissione for-

marum). In: Zwei Grundprobleme der scholastischen Naturphilosophie. 2. Aufl. Rom: Edizioni di Storia e Letteratura (Storia e Letteratura; 37. Studien zur Naturphilosophie der Spätscholastik; 2), 1–109.

Rohrwasser, Michael (2005): Freuds Lektüren. Von Arthur Conan Doyle bis zu Arthur Schnitzler. Gießen (Psychosozial-Verlag).

Scheuer, Hans Jürgen (2006): Wahrnehmen – Blasonieren – Dichten. Das Heraldisch-Imaginäre als poetische Denkform in der Literatur des Mittelalters. In: Das Mittelalter 11, H. 2: Wappen als Zeichen. Achnitz, W. (Hg.): Mittelalterliche Heraldik aus kommunikations- und zeichentheoretischer Perspektive. Berlin (Akademie), 53–70.

Starobinski, Jean (1990): Psychoanalyse und Literatur. Aus dem Franz. v. Eckhart Rohloff. Frankfurt/M. (Suhrkamp).

Stock, Markus (2002): Kombinationssinn. Narrative Strukturexperimente im »Straßburger Alexander«, im »Herzog Ernst B« und im »König Rother«. Tübingen (Niemeyer), MTU 123.

Freud heute: eine lebendige klinische Tradition

Ken Robinson

Es ist mir eine große Ehre, in Berlin an den Feierlichkeiten zum 150. Geburtstag von Sigmund Freud beteiligt zu sein. Es gibt viele verschiedene Aspekte in Freuds Werk, auf die ich eingehen könnte, um heute sein anhaltendes Vermächtnis zu würdigen. Ich könnte beispielsweise darauf verweisen, wie neuere Fortschritte in der neurowissenschaftlichen Forschung, die sich etwa mit den Namen Mark Solms, Antonio Damasio und Jaak Panksepp verbinden, viele von Freuds Hypothesen über die Funktionsweise des menschlichen Geistes zu bestätigen scheinen. Ich habe aber entschieden, mich auf die klinische Tradition zu konzentrieren, die Freuds tatsächlichem praktischen Arbeiten und dem seiner Schüler in den frühen Jahrzehnten der Psychoanalyse entspringt.

Lassen Sie uns mit Freuds eigenem klinischen Arbeiten beginnen. Ich möchte die klinische *Praxis* betonen, weil ich glaube, dass es irreführend wäre, in diesem Zusammenhang von einer Theorie zu sprechen. Es ist wichtig zu erkennen, dass Freuds Arbeiten nicht von einer Theorie, sondern von den unmittelbar zu lösenden Aufgaben geleitet war. Seine klinische Theorie ist da, um das klinische Arbeiten zu erklären. Sie mag Anregungen geben, wie man in einer bestimmten Analyse weiter zu verfahren habe, aber für Freud wäre es undenkbar gewesen, dass irgendjemand ein Manual entwickelt hätte, anhand dessen Analysen durchgeführt worden wären. Trotz der Ankündigung des Vorhabens im Jahre 1908, *Eine Allgemeine Technik der Psychoanalyse* (vgl. Jones 1955/1982, S. 275) oder 1910 *Eine allgemeine Methodik der Psychoanalyse* (Freud 1910d, S.105) zu verfassen, widerstrebte ihm dies. Es ist ein bemerkenswerter Zug in Freuds Werk, dass er seine Theorie im Lichte der klinischen Beobachtung immerfort revidierte und stets die Möglichkeit für weitere Veränderung offen hielt. Er war sich beispielsweise dessen bewusst, dass seine gegenwärtige Arbeitsweise und seine klinische Theorie nicht auf Psychosen anwendbar war. Er ermutigte jedoch andere, weitere Methoden zu erforschen, und selbst noch in seinen letzten Lebensjahren schloss er die Möglichkeit nicht aus, dass ein Analytiker »einen anderen, für ihn tauglicheren Plan gefunden« haben könne (Freud 1940a, S. 99).

Auch in seinen Schriften zur Behandlungstechnik, die getrennt zwischen 1911 und 1915 und dann gemeinsam 1918 publiziert wurden, vergaß er nicht, Folgendes zu betonen:

> »Die außerordentliche Verschiedenheit der in Betracht kommenden psychischen Konstellationen, die Plastizität aller seelischen Vorgänge und der Reichtum an determinierenden Faktoren widersetzen sich auch einer Mechanisierung der Technik und gestatten es, daß ein sonst berechtigtes Vorgehen gelegentlich wirkungslos bleibt und ein für gewöhnlich fehlerhaftes zum Ziele führt« (Freud 1913c, S.454f.).

Freud formulierte in seinen technischen Schriften keine »Vorschläge« (*recommandations*) über die Art und Weise, wie ein Analytiker zu arbeiten habe, wie es in der englischen *Standard Edition* geschrieben steht (nach Joan Rivieres von James Strachey leicht veränderter Übersetzung). Er bot »Ratschläge zur Technik« an, was man auf Englisch besser mit »pieces of advice« übersetzen sollte (vgl. Lohser & Newton 1996). Diese Ratschläge basieren auf Freuds klinischer Erfahrung, darauf nämlich, was bei ihm funktioniert hat und was nicht, und er unterbreitete sie als eine Richtlinie, für die er »keine unbedingte Verbindlichkeit« beanspruchte (Freud 1913c, S. 454). Er war sich bewusst, dass »diese Technik (…) sich als die einzig zweckmäßige für meine Individualität ergeben (hat – K.R.); Ich wage es nicht, in Abrede zu stellen, daß eine ganz anders konstitutierte ärztliche Persönlichkeit dazu gedrängt werden kann, eine andere Einstellung gegen den Kranken und gegen die zu lösende Aufgabe zu bevorzugen« (Freud 1912e, S. 376). Für Freud ist die Technik die Person selbst. Wie einer seiner Analysanden, John Dorsey, es ausgedrückt hat, »verhielt sich« Freud »natürlich (…), *er selbst* schien seine einzige Technik zu sein« (Dorsey 1976). Die Pflicht oblag jedem Analytiker, die eigene Behandlungstechnik für sich selbst bei jedem Analysanden zu finden.

Freud sagte nicht, dass man alles machen könne, er war weit davon entfernt. In der Freudianischen Tradition nimmt das individuelle klinische Arbeiten eines Analytikers innerhalb eines klar definierten Rahmensystems Gestalt an: Analytiker teilen eine gemeinsame Aufgabe, und sie üben ihren

Beruf in Bezug auf eine gemeinsame Metapsychologie oder eine Theorie aus, die Aussagen darüber macht, wie die menschliche Psyche sich entwickelt und funktioniert, und in Bezug auf gemeinsame Ansichten, etwa über Psychopathologie oder über Abwehrmechanismen. Sie haben auch, mit Freud beginnend, einen Literaturcorpus an Fallstudien und Ratschlägen für einander geschaffen. Disziplinierte Flexibilität in der Behandlungstechnik als Antwort auf die Einzigartigkeit eines jedes Analysanden ist der Goldstandard der Freudianischen Psychoanalyse. Es gibt diesbezüglich keine bessere Darlegung als Otto Fenichels brillantes kleines Buch *Problems of Psychoanalytic Technique* (Fenichel 1941).

Ich werde später noch ein wenig mehr über diese Flexibilität sagen, aber lassen Sie mich nun kurz darlegen, wie Freud seine *Aufgabe* genauer umriss. Ganz einfach gesagt, sah er seine Aufgabe darin, dem Bewusstsein diejenigen Erinnerungen, Gedanken und Wünsche wieder verfügbar zu machen, die die Person in Analyse, um sich vor ihnen zu schützen, aus ihrem Bewusstsein ausgeschlossen hatte, was zu Einschränkungen und Behinderungen in ihrer Funktionsfähigkeit geführt hat. Diese Aufgabe blieb von seiner vor-analytischen Arbeit mit Hysterie-Patienten an bis zu den letzten Jahren seines Lebens, als er, sogar noch nach seiner Emigration nach London, weiter behandelte, dieselbe. Freud formuliert es im *Abriß der Psychoanalyse* wie folgt:

> »Dieses Ich kann die Aufgabe, welche ihm die Aussenwelt einschliesslich der menschlichen Gesellschaft stellt, nicht mehr erfüllen. Es verfügt nicht über all seine Erfahrungen, ein großer Teil seines Erinnerungsschatzes ist ihm abhanden gekommen. Seine Aktivität wird durch strenge Verbote des Überichs gehemmt, seine Energie verzehrt sich in vergeblichen Versuchen zur Abwehr der Ansprüche des Es. Überdies ist es infolge der fortgesetzten Einbrüche des Es in seiner Organisation geschädigt, in sich gespalten, bringt keine ordentliche Synthese mehr zustande, wird von einander widerstrebenden Strebungen, unerledigten Konflikten, ungelösten Zweifeln zerrissen. (…) das Beste haben wir für ihn getan, wenn wir als Analytiker die psychischen Vorgänge in seinem Ich aufs normale Niveau heben, unbewusst Gewordenes und Verdrängtes in Vorbewusstes verwandeln und damit dem Ich wieder zu eigen geben« (Freud 1940a, S. 106f.).

Die von Freud bevorzugte Methode in der Verfolgung dieser Aufgabe veränderte sich, als er die Hypnose und die Abreaktion zugunsten der freien Assoziation aufgab und als er praktische Lösungen für die unterschiedlichen Probleme, die durch die Schilderungen und Psychopathologien von Patienten in der analytischen Situation entstanden, erforschte. Allgemein gesprochen: Freuds Überzeugung von der Schwierigkeit dieser Aufgabe wuchs, als er erkennen musste, wie mächtig der Widerstand von Patienten sein konnte, und dennoch blieb die Aufgabe im Wesentlichen die gleiche.

Freuds *Ratschläge* definieren das Gerüst für die Herangehensweise des Analytikers an seine Aufgabe. Zuerst gibt es das Setting, sowohl das äußere Setting des Behandlungszimmers als auch das innere Setting im psychischen Raum des Analytikers.

Das äußere Setting

- ➢ Der Analytiker stellt ein Behandlungszimmer zur Verfügung, das eine Konstante während der Behandlung bildet, obwohl zu Freuds Zeiten ein anderes Zimmer benutzt wurde, wenn der Analytiker in die Ferien ging, seine Patienten ihm folgten und sie ihre Behandlung am Ferienort fortsetzten. Dieses Zimmer garantiert eine Privatsphäre und Vertraulichkeit, ohne die Behandlung der realen Welt zu entziehen, in welcher der Patient zu leben hat. Es ist, wie man sagen könnte, »in und außerhalb der Zeit« (T.S. Eliot 1935).
- ➢ Der Patient liegt während seiner Analysestunde auf der Couch. Anfänglich sah Freud Patienten in der Regel sechs Mal und später fünf Mal pro Woche.
- ➢ Patienten »mieteten« ihre Stunden bei Freud. Wenn sie sie nicht wahrnahmen, bezahlten sie trotzdem. Wenn sie unter einer organischen Erkrankung litten, die sie an der Wahrnehmung der Stunden hinderte, unterbrach er die Behandlung und nahm die Patienten wieder in Behandlung, wenn eine Stunde frei wurde. Er riet, dass jegliche andere Vereinbarung nur dem Widerstand des Patienten diene.
- ➢ Der Analytiker setzt sich außer Sichtweite hinter die Couch.
- ➢ Dieses Arrangement verdeutlicht die Tatsache, dass die Analyse vom Patienten fordert, dass er eher denken als handeln solle. Es ist eine »talking cure«. Es hilft den Patienten bei ihren Versuchen, sich an die »Grundregel« der Behandlung zu halten, also frei zu assoziieren, zu sagen, was auch immer ihnen einfalle, ohne, wenn möglich, zu zensieren oder auszuwählen. Es erleichtert auch das Gegenstück zur freien Assoziation, die besondere Form des Zuhörens des Analytikers, das Zuhören mit »gleichschwebender Aufmerksamkeit« (oder mit »frei flottierender Aufmerksamkeit«). Der Analytiker hört nicht nur bewusst, sondern auch mit seinem Unbewussten zu, um die unbewussten Gedanken des

Patienten besser verstehen zu können. Die Psychoanalyse ist also gleichsam auch eine »Zuhörkur« (»*listening cure*«) (vgl. Dorsey 1976).

Die Wichtigkeit von Freuds Hinterlassenschaft an uns in Gestalt dieses Settings kann für die psychoanalytische Behandlung nicht überschätzt werden. Es stellt dem Patienten eine »durchschnittlich zu erwartende Umwelt« zur Verfügung, in welcher eine neue Entwicklung beginnen kann.

Das innere Setting

Die Form des »unbewussten« Zuhörens erfordert vom Analytiker ein inneres Setting. Sie erfordert, dass er das hat, was der englische Dichter John Keats in einem seiner Briefe 1817 als »negative Fähigkeit« beschrieb, was bedeutet: »fähig zu sein, in Unsicherheiten, Geheimnissen, Zweifeln, ohne jedes nervöse Greifen nach Tatsachen oder Vernunft, zu verharren«. Um noch spezifischer zu sein, verlangt sie, zusätzlich zu der Fähigkeit, sein eigenes Unbewusstes zu mobilisieren, verschiedene andere Fähigkeiten vom Analytiker, wie zum Beispiel:

- Seine Fähigkeit abzuwarten und auszuhalten, der freien Assoziation des Patienten mehr *zu*zuhören als *auf* ein bestimmtes Thema oder eine Idee zu hören, »alle bewußten Einwirkungen von seiner Merkfähigkeit ferne (zu halten – K.R.)« (Freud 1912e, S. 378).
- Die Fähigkeit, Verstehen durch Zuhören entstehen zu lassen, und überrascht von dem zu sein, was neu entsteht (ebd. S. 380).
- Die Fähigkeit, mit Interventionen zu warten, bis der Patient bei der latenten Bedeutung seiner Gedanken ankommt oder gerade angekommen ist, auch wenn der Analytiker sich dieser Bedeutung schon eine Zeitlang bewusst ist (vgl. Freud 1913c, S. 474; 1940a, S. 104).
- Die Fähigkeit, narzisstische Gratifikation oder Demütigungen zu vermeiden, wenn der Patient den Analytiker als eine geliebte oder gehasste Übertragungsfigur sieht, und die Fähigkeit, gegenüber dem Verlangen der Patienten, ihre Triebwünsche zu erfüllen, abstinent zu bleiben, genauso wie gegenüber den eigenen, auf den Patienten gerichteten Triebwünschen (vgl. Freud 1915a, S. 311–321).
- Die Fähigkeit, sich davon abzuhalten, die Analysanden zum eigenen Ebenbild machen zu wollen (vgl. Freud 1912e, S. 385ff.; 1940a, S. 101).
- Die Fähigkeit, sich zwischen unterschiedlichen Formen von Aufmerk-

samkeit zu bewegen, zwischen gleichschwebender Aufmerksamkeit und einer bewussteren Form der Aufmerksamkeit gegenüber verschiedenen Äußerungen von Widerstand und Abwehr (vgl. Freud 1912e, S. 380).

- Und schließlich die Fähigkeit, eine ausgewogene Sichtweise davon zu entwickeln, was die Analyse einem bestimmten Patienten überhaupt anzubieten hat, statt in Omnipotenz zu verfallen. Der Analytiker muss erkennen, dass es sehr wohl möglich sein kann, für eine gewisse Zeit nicht über das ganze Ausmaß an Schwierigkeiten eines Patienten Bescheid zu wissen (vgl. Freud 1913c, S. 457 und S. 463; 1937c, S. 76).

Diese Fähigkeiten sind wesentliche Zutaten der neutralen, vom Analytiker in der Beziehung zu seinem Patienten benötigten Position, die sich in seiner »gleichschwebenden Aufmerksamkeit« ausdrückt. Ein anderer Aspekt seiner Neutralität und des inneren Settings ist,

- seine Kenntnis der Metapsychologie, die ein wissenschaftliches Modell zum Verständnis des psychischen Funktionierens und der psychischen Entwicklung des Patienten zu Verfügung stellt. Der Analytiker *wendet* nicht bewusst sein metapsychologisches Wissen im Verlauf einer Analyse *an*. Stattdessen ist es so sehr ein Teil von ihm, dass es auch einen Teil der Matrix des Prozesses unbewussten Verstehens bildet, der auch die gleichschwebende Aufmerksamkeit dient (vgl. Freud 1913c, S. 474).

Freuds Rat, neutral, emotional so kalt wie ein Chirurg zu sein, »der alle seine Affekte und selbst sein menschliches Mitleid beiseite drängt« (Freud 1912e, S. 380), um seine Aufgabe zu erfüllen, ist oft missverstanden worden. In diesem Zusammenhang warnt er vor einem »therapeutischen Ehrgeiz, mit seinem neuen und viel angefochtenen Mittel etwas zu leisten, was überzeugend auf andere wirken kann« (ebd., S. 381). Ähnliches gilt, wenn er dazu rät, den Patienten gegenüber »undurchsichtig« oder »wie eine Spiegelplatte« (ebd., S. 384) zu sein, um vor Selbstenthüllung zu warnen. Der Analytiker sollte ohne *Eigen*interesse sein, aber nicht *des*interessiert.

Weit davon entfernt, als Analytiker nicht einfühlsam zu sein, sah Freud Einfühlung als eine Bedingung *sine qua non* der Behandlung an. So muss eine weitere und grundlegende Fähigkeit hinzugefügt werden, die der Analytiker innerlich für seine Arbeit mitbringen muss:

- Die Fähigkeit, sich an die Stelle des Patienten zu versetzen, während er gleichzeitig in der Lage bleibt, von einer Außenposition her zu verstehen.

> Dies schließt mit ein, die ihm in der Übertragung vom Patienten zugewiesenen Rolle zu spielen, auch wenn diese Rolle schwierig sein kann (vgl. Freud1915a, S. 318ff.). Freud waren insbesondere Mutterübertragungen zuwider (vgl. etwa Doolittle 1956, S. 147).

Freuds Schüler teilten die Wertschätzung, die Freud dem Einfühlungsvermögen zuerkannte. Robert Waelder beispielsweise betrachtete sie als Wissensquelle des psychischen Lebens der anderen, als ein Äquivalent zur auf uns selbst gerichteten Introspektion (Waelder 1962). Wir tendieren heute jedoch dazu, uns dessen weniger als etwas Wesentlichem dieser Tradition bewusst zu sein. Dies ist vor allem deswegen so, weil Einfühlungsvermögen so grundlegend zu Freuds Denken gehörte, dass er es, wenn er über Behandlungstechnik schrieb, als selbstverständlich voraussetzte und deshalb nur selten darauf explizit verwies. Aber es hat teilweise auch damit zu tun, dass die Übersetzung des Konzeptes in der englischen *Standard Edition* nicht hilfreich ist (vgl. Pigman 1995), und teilweise damit, dass der Begriff »Gegenübertragung« nun Einfühlung umfasst (vgl. Robinson 2004). Es wird gemeinhin angenommen, dass Freud, da er die »Gegenübertragung« für diejenigen Gelegenheiten reservierte, wo eigene unbewusste Gedanken oder Wünsche des Analytikers störend Eingang in die Behandlung fanden, den anderen Aspekten der affektiven Antwort des Analytikers auf seinen Patienten, die nun jedoch von diesem Begriff abgedeckt werden (Einfühlungsvermögen eingeschlossen), keinen Platz eingeräumt hat. Nichts könnte weiter von der Wahrheit entfernt sein. In der Freudschen Tradition nutzt der Analytiker seine affektive Antwort die ganze Zeit über als ein zentrales Werkzeug (vgl. King 1978).

Das innere Setting, das der Psychoanalytiker, um mit Patienten arbeiten zu können, braucht, stellt hohe Anforderungen an ihn. Freud erkannte, dass der Analytiker selbst analysiert sein sollte, um ihn sowohl mehr dazu zu befähigen, sein eigenes Unbewusstes beim Zuhören der Patienten zu nutzen, als auch ihn vor »blinden Flecken« oder Gegenübertragungsverzerrungen zu bewahren. Dies führte ihn zu dem Gedanken, dass die Anforderungen derart gewaltig seien, dass sie aus der Psychoanalyse nahezu einen »unmöglichen Beruf« machen (vgl. Freud 1937c, S. 94), und dass Analytiker ungefähr alle fünf Jahre wieder in Analyse gehen sollten. Ich werde auf die Wichtigkeit der eigenen Analyse in der Weitergabe der Psychoanalyse als einer klinischen Disziplin später noch einmal zurückkommen.

So viel zum Setting. Ich werde nun kurz über Freuds analytische Behandlungstechnik berichten, wie sie sich im Verlauf seiner Karriere herausbildete. Es ist eine Technik, die der Aufgabe, das Unbewusste bewusst zu machen, das Ich zu stärken und dessen Einflussbereich zu vergrößern, angemessen ist. Verschiedene Phänomene in unserem Alltag vermitteln uns einen potenziellen Zugang zum Unbewussten: Träume, Versprecher, Symptome und Symptomhandlungen sowie Übertragungen früherer Beziehungen zu Schlüsselfiguren unserer Entwicklung auf Personen unseres gegenwärtigen Lebens. Freuds Technik nutzt diese Phänomene auf einfache Weise, wenn sie im Behandlungszimmer auftreten. Wesentlich ist, dass der Analytiker eine Allianz mit dem vernünftigen Ich-Anteil des Patienten eingeht (vgl. Sterba 1934, S. 120). Wie Freud es im *Abriß* formuliert:

> »Wir schließen einen Pakt miteinander. Das kranke Ich verspricht uns vollste Aufrichtigkeit, das heißt, die Verfügung über allen Stoff, den ihm seine Selbstwahrnehmung liefert, wir sichern ihm strengste Diskretion zu und stellen unsere Erfahrung in der Deutung des vom Unbewussten beeinflussten Materials in seinen Dienst. (…) In diesem Vertrag besteht die analytische Situation« (Freud 1940a, S. 98).

Der Patient verspricht, die »Grundregel« der Analyse, frei zu assoziieren, zu befolgen, und der Analytiker hört zu. Aber nicht alles ist so leicht. Von dem Prinzip ausgehend: »Lieber halte ich an etwas Schädigendem fest, als dass ich etwas Neues und Unsicheres riskieren würde«, widersetzt sich der Patient der Veränderung: » das Ich schreckt vor solchen Unternehmungen zurück, die gefährlich scheinen und mit Unlust drohen« (ebd., S. 104). Abwesenheit, Schweigen, Ablenkungen, Isolation des Denkens von den Gefühlen: diese sind einige der Hindernisse, bei denen der Analytiker einen Weg finden muss, um damit umgehen zu können. Als seine klinische Erfahrung wuchs, wurde Freud immer wachsamer für diese Hindernisse auf dem Weg zu einer Allianz: jeglicher Aspekt des Settings und der Behandlung konnte als Widerstand dienen.

Eine Hauptquelle für Widerstand ist – so sah es Freud zumindest anfänglich – die Übertragung. Für viele Analytiker heute liegt die Deutung der Übertragung im Fokus ihrer Arbeit. Sie unterscheiden nicht, wie Freud es tat, zwischen der unanstößigen positiven Übertragung von freundlichen Gefühlen oder Gefühlen der Zuneigung auf den Analytiker und erotischer und negativer Übertragung. Freud scheint positive Übertragung hervorgerufen zu haben, manchmal schon beim ersten Treffen. Als Roy Grinker ihn im Spätsommer 1933 für das erste von zwei Interviews vor dem Beginn der

Analyse besuchte, fand er »ein (…) Treffen ausreichend, um eine starke positive Übertragung hervorzurufen« (Grinker 1940). In Freuds Augen war solch eine positive Übertragung die Grundlage, auf der der psychoanalytische Pakt aufbaute. Dies hatte auch den Vorteil, das fördern zu können, was Freud eine »Art von Nacherziehung« des Über-Ichs nannte, und zwar durch die Internalisierung des Analytikers anstelle der internalisierten, das Über-Ich formenden Eltern (vgl. Freud 1940a, S. 101). Ein Ratschlag Freuds war, die Übertragung in Ruhe zu lassen, so lange sie unanstößig ist. Es wurde nur dann notwendig, die Übertragung mit in die Technik einzubeziehen, wenn sie sich als Widerstand zeigte, wenn sie erotisch oder negativ wurde. Manchmal kann sogar die positive Übertragung dem Widerstand dienen (vgl. Freud 1912b; 1913c; 1915a; 1940a, S. 101–103). In dieser Zeit ist der Patient in Gefahr, »den Pakt, den er zu Beginn der Behandlung geschlossen hat, zu vergessen« (Freud 1940a, S. 102).

Anfänglich sah Freud die Übertragung in ihrem negativen Aspekt als einen Widerstand an, innerhalb des Prozesses der freien Assoziation zu erinnern, und dieser erschien ihm umso mächtiger, wenn er sich mit dem Wiederholungszwang verband. Er gelangte dann jedoch zu der Erkenntnis: »Gelingt es, wie zumeist, den Patienten über die wirkliche Natur der Übertragungsphänomene zu belehren, so hat man seinem Widerstand eine mächtige Waffe aus der Hand geschlagen, Gefahren in Gewinne verwandelt« (Freud 1940a, S. 102f.). Im »Tummelplatz« (Freud 1914g, S. 134) der Übertragung führt der Patient »uns (…) mit plastischer Deutlichkeit ein wichtiges Stück seiner Lebensgeschichte vor, über das er uns wahrscheinlich sonst nur ungenügende Auskunft gegeben hätte« (Freud 1940a, S. 101). Freud war an einem Punkt angekommen, wo er begriff, dass Übertragung eine Form der Erinnerung sein kann. Auf dem »Tummelplatz« geht es hart zu, im Hintergrund wird deshalb eine unanstößig freundliche Übertragung benötigt. Wie sehr sie auch immer während der Zeit, »in welcher schließlich alle Konflikte auf dem Gebiete der Übertragung ausgefochten werden müssen« (Freud 1912b, S. 370), aufgehoben sein mag, diese unanstößige Beziehung schafft einen Hintergrund der Sicherheit für alle Übertragungskämpfe des Patienten. Dies dient als Erinnerung daran, dass in Wirklichkeit, unabhängig von Hass, Begehren oder welchem Gefühl auch immer, das dem Analytiker als einer Übertragungsfigur entgegengebracht wird, ihm als Analytiker vertraut werden kann.

Freud glaubte, dass das, »was der Patient in den Formen der Übertragung erlebt hat, (…) nicht wieder (vergisst – K.R.)«. Dies »hat für ihn stärke Überzeugungskraft als alles, auf andere Art Erworbene« (Freud 1940a, S. 103). Er räumte der Übertragungsdeutung jedoch keine Priorität ein oder erzwang sie gar. Stattdessen arbeitete er mit dem Material, das der Analysand zu irgendeinem bestimmten Moment einbrachte:

> »Den Stoff für unsere Arbeit gewinnen wir aus verschiedenen Quellen, aus dem, was uns seine Mitteilungen und freien Assoziationen andeuten, was er uns in seinen Übertragungen zeigt, was wir aus der Deutung seiner Träume entnehmen, was er durch seine *Fehlleistungen* verrät. All das Material verhilft uns zu Konstruktionen über das, was mit ihm vorgegangen ist und was er vergessen hat, wie über das, was jetzt in ihm vorgeht, ohne dass er es versteht« (ebd.; Hervorhebung im Original).

Konstruktion und Rekonstruktion nehmen in Freuds Arbeitsweise eine zentrale Stellung ein. Wenn ein Patient die Analyse mit Freud beendet hatte und alles gut gegangen war, so sollte er ein integrierteres Gefühl seiner selbst, seiner Geschichte und seiner Entwicklung ausgebildet haben, eine Neugier auf seine eigene seelische Welt und die Fähigkeit besitzen, die Arbeit der Selbstanalyse alleine weiter zu verfolgen.

Dieser kurze Bericht über Freuds Sichtweise der Behandlungstechnik ergibt, gestützt auf seine technischen Schriften, nur den Rahmen, innerhalb dessen er tatsächlich arbeitete. Die technischen Schriften wurden in weiten Kreisen als Behandlungsvorgaben missverstanden, insbesondere von denjenigen, die keinen Zugang zur analytischen Welt Freuds und seiner Schüler hatten. Schon 1928 beklagte Freud im Briefwechsel mit Ferenczi, dass er die »Ratschläge« als »wesentlich negativ« verstanden hatte, als Warnungen nämlich davor, was nicht zu tun sei, aber dass »die Gehorsamen die Elastizität dieser Abnahmungen nicht bemerkten und sich ihnen, als ob es Tabuverordnungen wären, unterwarfen«. Er hatte »fast alles, was man positiv tun soll«, dem »Takt« überlassen (Freud & Ferenczi 2005, S. 170). Mit »Takt« schien Freud die Fähigkeit gemeint zu haben, intuitiv zu wissen, wann und auf welche Weise die Intervention erfolgen sollte – Ferenczi betrachtete dies als eine Form der Empathie. Doch da es unmöglich war, Regeln für das Taktgefühl aufzustellen, war er auf der Hut davor, dass seine Äußerungen als eine Rechtfertigung für willkürliche Subjektivität verstanden wurden. Die Idee eines Taktgefühls gehört jedoch wesentlich zur analytischen Flexibilität innerhalb des Rahmenwerkes von äußerem und innerem Setting, der Metapsychologie und der technischen »Daumenregeln«.

Aufzeichnungen von Freuds eigentlicher Praxis zeugen tatsächlich von

Takt und Flexibilität. Obwohl wir nur Informationsstückchen über die Besonderheiten seiner Behandlungstechnik durch seine Fälle und veröffentlichte Berichte seiner Analysen zusammentragen können – beispielsweise seine Vorliebe für ausgesuchte Geschichten –, werden zwei Dinge besonders deutlich: wie er sich in seiner ganzen Persönlichkeit zeigte und wie unterschiedlich er auf die Herausforderungen durch die unterschiedlichen Patienten reagierte. Dabei passte er seine Behandlungstechnik in einer Weise an, dass er seiner jeweiligen Aufgabe am besten nachgehen konnte. Bei John Rickman und James Strachey sagte er sehr wenig, mit anderen, wie etwa Abram Kardiner, sprach er viel (vgl. Kardiner 1977). Bei John Dorsey war er eine Seele von Geduld. Er schien damit zufrieden gewesen zu sein, die freie Assoziation mit einem Minimum an Intervention ihren eigenen Weg nehmen zu lassen (vgl. Dorsey 1976). Mit Hilda Doolittle und Smiley Blanton konnte er ungeduldig sein (siehe Doolittle 1956 und Blanton 1971). Und im Fall von Joseph Wortis, dessen Widerstand gegen die freie Assoziation so hart sein konnte und der verhältnismäßig wenig über seine Geschichte enthüllte, begann Freud ein Kampf über die Art und Weise zu führen, wie dieser ihn in ihrer Beziehung behandelte (vgl. Wortis 1954). Die Erfahrung derer, die ihn, wie Karl Abraham, Theodor Reik und Edoardo Weiss, ihrer Arbeit wegen aufsuchten, bezeugt seine Kreativität beim Nachdenken über mögliche praktische Lösungen für schwierige klinische Probleme (vgl. etwa Freud & Abraham 2002, S. 77–82 und Weiss 1970, S. 34–37). Freud erzählte Theodor Reik beispielsweise, dass er, als ein Ergebnis von Unterbrechungen der Analyse reisender Patienten, gelernt habe, dass »fraktionierte Analysen« in manchen Fällen einen therapeutischen Wert hätten (vgl. Natterson 1966).

Freuds Persönlichkeit durchdringt sein Werk: Er war weit davon entfernt, unpersönlich oder kalt in seinen Behandlungen zu sein. Wie ich gesagt habe, war für Freud die Technik die Person selbst. Sein Behandlungszimmer drückte seine Persönlichkeit aus, seine Patienten teilten es mit seinem Lieblings-Chow-Chow. Er handelte in einer Art und Weise, die Analytiker aus jüngerer Zeit verwirrt, wenn nicht gar empört haben. Marie Bonaparte beispielsweise wurde nach den Stunden zum Abendessen mit der Familie eingeladen; er klatschte über Kollegen; er analysierte seine eigene Tochter. Die wohl berühmteste Anekdote ist aber diese: Als der Rattenmann am 28. Dezember 1907 hungrig zu seiner Stunde kam, gab Freud ihm zu essen (Freud 1909d und 1987, S. 559ff.). Einige haben dies als ein Beweis dafür betrachtet, dass Freud seine eigenen Vorschläge nicht befolgte (etwa Lynn und Vaillant 1998), andere, am deutlichsten Lipton (1977), sehen dies als einen Aspekt seiner Behandlungstechnik an, der in seinen technischen Schriften nicht niedergelegt ist, weil Freud ihn gerade nicht als Teil der Behandlungstechnik betrachtete. Freuds authentische, persönliche Beziehung zu seinen Patienten, seine »echte Beziehung« zu ihnen (Greenson 1971 und Couch 1999) kann als eine Antwort auf die gefühlvolle positive Übertragung und zugleich als ihre Ermöglichung verstanden werden, sie stellte für ihn die »Hauptquelle« der Behandlung dar. Für Phillip Sarasin »erleichterte seine unterstützende Gegenwart es dem Analysanden, die Sturm- und Drang-Episoden durchzuhalten« (Sterba 1985, S. 126). Neutralität war für Freud kein Synonym für Kälte. Es war eher eine tendenzlose wissenschaftliche Haltung, die Seite an Seite mit Menschlichkeit existierte. Mehrere seiner Analysanden versuchten diese fesselnde Mischung aus Wissenschaftlichkeit und Menschlichkeit festzuhalten, und hoben dabei entweder Freuds Wärme und Charme hervor, die mit seiner intensiven, direkten und suchenden wissenschaftlichen Neugier gepaart gewesen sei (vgl. Grinker 1940 und Ruitenbeeck 1973), oder aber seinen »lebhaften, begierigen Geist« mit einer darunter liegenden Reserviertheit (vgl. Riviere 1939).

Dies soll Freuds Fehler nicht hinwegerklären oder ihn zu einem perfekten Analytiker machen. Es ist nicht schwierig, Beispiele dafür zu finden, bei denen Freud seine eigenen Ratschläge nicht beherzigt hat, wie etwa im Falle von Maryse Choisy, deren Analyse bei Freud 1925 fast genauso schnell endete wie sie begonnen hatte, als er nämlich zu früh einen Traum mit einer solch unheimlichen Treffsicherheit gedeutet hatte, dass sie floh, um nie mehr zurückzukehren (Choisy 1955). Aber es würde einen schweren Fehler bedeuten, Freuds Flexibilität in Erwiderung auf jeden so einzigartigen Patienten als ein Zeichen von schlechter Behandlungstechnik anzusehen. Die Elastizität dehnte sich auf das Setting selbst aus. Beispielsweise behandelte er manchmal Patienten umsonst. Er riet auch dazu, die normale Frequenz von sechs Wochenstunden à 60 Minuten zu variieren. Unter bestimmten Umständen konnte die Frequenz auf 3 Stunden reduziert werden, oder es konnte sein, dass dort, wo der Widerstand besonders stark war, die Länge der Behandlungsstunde ausgedehnt wurde (vgl. Freud 1913c, S. 459). Manchmal behandelte er mehr als 6 Stunden pro Woche. An einem bestimmten Punkt kam Edith Jackson beispielsweise nicht weniger als acht Stunden pro Woche (vgl. Lynn & Vaillant 1998). 1916 sah Freud Ferenczi zwei Stunden pro Tag über einen Zeitraum von drei Wochen. Es ist beachtenswert, dass Freud darauf bedacht war, darzulegen, in welcher Weise er die Integrierung der Analyse in ihre bestehende Beziehung erwartete, als er sich bereit erklärte,

Ferenczi in Analyse zu nehmen: »Ich hoffe Sie auch sonst viel zu sehen, und eine Mahlzeit wenigstens sollen Sie täglich bei uns nehmen. Die Technik wird wenigstens erfordern, daß außerhalb der Stunden nichts Persönliches besprochen wird«, schrieb er an ihn (Freud & Ferenczi 1996, S. 204). Freuds Bemerkung ist eine Mahnung, dass jede augenscheinliche Abweichung von den Regeln separat in ihrem historischen Kontext, vor allem aber in Bezug auf die Frage betrachtet werden sollte, wie sie ihm bei der Lösung seiner Aufgabe gedient haben mag. Das Mahl, das Freud dem Rattenmann anbot, können wir als eine Ermöglichung des Rahmens und als dessen Übertretung ansehen. Freuds Analyse des Materials, das sich daraufhin ergab, brachte die Behandlung entscheidend voran.

»Freud«, so Richard Sterba, »hatte keine Bedenken, die Grenzen dessen zu überschreiten, was man heute klassische oder orthodoxe Analyse nennt« (Sterba 1985, S. 126). Diese Natürlichkeit und Menschlichkeit schien bei der ersten Generation von Analytikern, wie Sterba selbst, üblich, wenn nicht sogar die Norm gewesen zu sein. Mit Sicherheit wissen wir, dass dies der Fall bei vielen Analytikern in Wien, Budapest und Berlin war – ich meine hier Federn, Nunberg, Aichhorn, Hoffer, Ferenczi, Karl Abraham, Otto Fenichel, Theodor Reik, Hans Sachs sowie Ernest Jones in London.

Freud beklagte sich 1928 bei Ferenczi über sterile Analysen (siehe Freud & Ferenczi 2005). Seine Klage hallt über die folgenden Jahre wider. Fenichel (1938), Paula Heimann (1950), Lipton (1977), Lohser und Newton (1996) sowie viele andere haben ihre Stimme derjenigen Freuds hinzugefügt. Ich werde an dieser Stelle nicht einmal versuchen, angemessen auf die Gründe dafür einzugehen. Ich würde einfach gerne sagen, dass es wahrscheinlicher ist, dass »Takt«, entspannte Natürlichkeit und Flexibilität von Analytiker zu Analytiker weitergegeben, als dass diese Eigenschaften durch Lesen von Schriften gelernt werden. Die persönliche Erfahrung eines Analytikers, selbst analysiert zu werden, spielt eine zentrale Rolle in seiner Ausbildung zum Analytiker und in der Entwicklung seiner analytischen Persönlichkeit und Haltung. Wie Edward Glover es von seiner Analyse bei Abraham sagte, eine Lehranalyse sei wie eine Hanswerkerlehre (vgl. Wahl 1966). Es ist nicht nur ein Prozess zu lernen, wie man analysiert, sondern in sich aufzunehmen, was es bedeutet, ein Analytiker zu sein. Es ist ebenfalls wahrscheinlicher, dass Analytiker »Takt«, entspannte Natürlichkeit und Flexibilität fest in sich verankern und nutzen können, wenn sie in einem Kontext arbeiten, der hinsichtlich Einheitlichkeit nicht paranoid ist. Es gibt kein Regelbuch, es gibt nur *Ratschläge*, eine umrissene Aufgabe und eine Metapsychologie. Dazu kommt, als ein mehr technischer Punkt, dass Analytiker es wahrscheinlich mehr würdigen können, natürlich zu sein, wenn sie eine Behandlungsallianz wertschätzen, die durch eine unanstößige positive Übertragung abgesichert wird.

Ich halte mich selbst für einen Psychoanalytiker, der innerhalb der Tradition arbeitet, die von Freud ausgeht und mit ihrer Betonung auf den analytischen »Pakt« das Ich des Analysanden stärken will, indem in die psychischen Konflikte des Patienten eingegriffen und das Unbewusste bewusst gemacht wird. Auch ich schätze die durch positive, erotische und negative Übertragungen geschaffenen Möglichkeiten, ohne völlig in der Übertragung zu arbeiten. Ich ziehe es wie Freud vor, dass sich die Übertragungsneurose auf natürliche Weise entwickelt, und ziehe es ebenso vor, die Übertragung – neben etwa Träumen und Versprechern – nur als *einen* Eintrittsort in das Unbewusste zu betrachten. Auch ich halte die Rekonstruktion der Vergangenheit der Patienten und deren Integrierung in die Gegenwart für sehr wichtig. Wenn ich Ella Sharpes Formulierung nachsprechen darf, die sie in ihrem »Memorandum on (...) technique« in den *Controversial Discussions* (King & Steiner 1991, S. 639ff.) verwendet hat: Ich habe für mich selber eine Art zu arbeiten entwickelt, die Ausdruck meiner eigenen Persönlichkeit ist, obwohl sie bereits vor mir existierte.

Natürlich gibt es andere Arten, Analysen durchzuführen; als besonders beachtenswert ist hier die moderne Kleinianische Psychoanalyse in ihren unterschiedlichen Ausprägungen zu nennen. Analytiker, die auf diese Weise arbeiten, haben ihre eigenen Stärken.

Es könnte hilfreich sein, die Freudianische Tradition kurz mit einem anderen aktuellen klinischen Ansatz zu kontrastieren, bei dem die Betonungen sehr verschieden sind. Ich denke an eine Behandlungstechnik, bei der die interpersonelle Beziehung zwischen Patient und Analytiker, oder, mit noch anderen Worten, die Art und Weise, wie der Analysand den Analytiker behandelt und der Analytiker darauf reagiert, als Ort des unbewussten Materials betrachtet wird. Dies wird für die Übertragung gehalten. Der Analytiker nutzt hier bewusst die Hinweise seiner Wahrnehmung von dem, was der Patient mit ihm (und mit seinen Deutungen) macht, als eine Quelle privilegierten Zugangs zum Unbewussten des Patienten und als Basis für seine Deutungen. Das Material des Patienten, seien es Träume, Assoziationen, Tagesreste, Äußerungen über gegenwärtige oder vergangene Objektbeziehungen, hat den gleichen Status wie ein manifester Inhalt. Der manifeste Inhalt wird als eine Allegorie der Hier-und-Jetzt-Übertragung innerhalb des zwischenmenschlichen Beziehungsfeldes gedeutet, wobei der Schlüssel zur Allegorie in der Hier-und-Jetzt-Beziehung liegt. Der Ort des Unbewussten befindet sich in Freuds Modell woanders. Wir wissen nur etwas von verdrängten unbewussten Gedanken durch die Spuren, die sie auf der Oberfläche hinterlassen, sei es in den Träumen oder Störungen der freien Assoziation oder in Form von Symptomen und Abwehrmechanismen. Sie mögen weiter oder näher an der Oberfläche liegen, manifest in mehr oder weniger camouflierten Kompromissformationen auftreten.

Liegt der Fokus auf der Hier-und-Jetzt-Übertragungsbeziehung, neigt man dazu, alles, was zwischen Patient und Analytiker passiert, als Übertragung anzusehen. Dies ist sehr verschieden von Freuds Ansatz, bei dem der Übertragung nicht in gleicher Weise Priorität eingeräumt wird, obwohl die in der Vergangenheit wurzelnde Übertragungsneurose, wenn sie erst einmal im Hier-und-Jetzt des Behandlungszimmers lebendig wird, dazu neigt, die Hauptbühne einzunehmen – mit dem einfühlsam die vom Patienten zugewiesene(n) Übertragungsrolle(n) spielenden Analytiker. Wenn der Ansatz vollständig auf die Hier-und-Jetzt-Übertragungsbeziehung fokussiert, sind die reale Beziehung, die unanstößige positive Übertragung und die Übertragungsillusion nicht länger notwendig. Integrierende Rekonstruktion der Patientengeschichte entfällt tendenziell, genauso wie das Interesse für Geschichte überhaupt.

Statt eines gemeinsamen »Paktes« zwischen Analytiker und Patient gründet, allgemein gesprochen, die Hier-und-Jetzt Technik in einer Theorie von primitiven, undifferenzierten Objektbeziehungen, welcher zufolge der Analytiker via Projektionen des Patienten mit den infantilen Objekten des Patienten identifiziert wird. Der Analytiker kann über die in ihn projizierten Gefühle die infantile Geschichte des Analysanden erkennen. Diese Technik mag sich insbesondere Bions Vorstellung von der Projektion unerträglicher Gefühle durch das Kleinkind in die Mutter zu eigen machen, deren Aufgabe es ist, diese Gefühle in sich aufzunehmen und in einer Form zurückzugeben, in der sie toleriert werden können. *Reverie* ersetzt gleichschwebende Aufmerksamkeit.

In diesem Modell positioniert sich der Analytiker als Zuhörer anders. Die (bewussten) Gefühle des Analytikers werden eher wie der primäre Fokus des interrelationalen Feldes behandelt, denn als ein Werkzeug, mit dessen Hilfe ein Aspekt der inneren Welt des Patienten verstanden werden kann. Während für Freud der Analytiker sein Einfühlungsvermögen und sein Dem-Unbewussten-Zuhören nutzt, um sich an die Stelle des Patienten zu versetzen und ihn von innen her zu verstehen, ist die Aufgabe des Analytikers bei der kontrastierenden Methode, sich für die Projektionen des Patienten zur Verfügung zu stellen (vgl. King 2004).

Ich habe in Umrissen diesen anderen Ansatz skizziert, weil die Begriffe eine radikal andere Bedeutung erhalten haben, obwohl dieser Ansatz viel von Freuds klinischem Vokabular teilt. Wir müssen sicher sein, dass wir nicht durch die Linse dieser Rekonzeptualisierungen schauen, wenn wir versuchen, Freuds klinisches Arbeiten zu würdigen. Es ist nicht so, dass wir heute sehr viel mehr über Übertragung und Gegenübertragung verstehen, aber Freud hatte ein anderes Bild von ihnen. Heimann schrieb 1950 ihren Aufsatz, »um den Geist des ›gefühlslosen‹, unmenschlichen Analytikers auszutreiben«, eine Vorstellung vom Analytiker, von welcher sie, wie Lipton (1977) auch, glaubte, dass sie durch ein Missverständnis von Freuds technischen Schriften entstanden sei (vgl. Heimann 1960). Es wird nicht oft anerkannt, dass Heimann etwas von der Tradition, in welcher sie anfänglich ausgebildet worden war, geltend machte, wenn sie die Menschlichkeit und das Unbewusste des Analytikers in einer solchen Weise als etwas Grundlegendes, was der Analytiker zum Arbeitsbündnis mit seinen Analysanden beiträgt, verteidigte (vgl. auch Tonnesman 1989 und Robinson 2004).

Ich möchte betonen, dass Freuds Art, weitergegeben von Analytiker zu Analytiker über die Jahrzehnte und politischen und kulturellen Grenzen hinweg, noch immer lebendig ist und es ihr gut geht. Ich habe von meinem eigenen Analytiker gelernt, wie er von seiner Analytikerin, und sie, Pearl King, war von John Rickman analysiert worden, dessen erster Analytiker wiederum Freud war. Rickman wurde dann weiter von Ferenczi sowie von Klein analysiert und wurde eine Zeitlang als ein Mitglied der Kleinianischen Gruppe angesehen; aber er gab Freuds grundlegendes klinisches und metapsychologisches Rahmenwerk nie auf.

Das Rahmenwerk hatte Freud selbst mit einer sicheren Position versehen, von der aus neue Entwicklungen möglich wurden; es war auch die Grundlage für andere Erneuerer wie Wilhelm Reich, Theodor Reik oder Heinz Hartmann, und für Anna Freud – nehmen Sie als Beispiel die Art und Weise, wie sie nicht nur die klinische Relevanz von Winnicotts Konzept des Übergangsobjektes erkannte, sondern es in der Formulierung der Entwicklungslinie »Von belebten zu unbelebten Gegenständen« nutzte (A. Freud 1974). In Rickmans Fall erlaubte dieser Rahmen ihm, mit den mit Klein in Verbindung stehenden Entwicklungen zu experimentieren, genauso wie dies auch für Ernest Jones gilt. Jones hat mehr als irgendein anderer getan, um in England

Freuds Denken und dessen Behandlungsweise zu verbreiten. Seine eigene Art zu behandeln, schien sich konsistent in der Freudschen Tradition zu bewegen, aber er hat auch Melanie Klein nach Abrahams Tod 1925 verteidigt und sie von Berlin nach London geholt. Diese Anerkennung der entdeckerischen Freiheit, die Freuds Rahmenwerk mit sich bringt, ist charakteristisch für die britischen Freudianer. Dies ist eine Freiheit, die dadurch ermöglicht wird, dass Freuds Metapsychologie, wie Glover (1947) argumentierte, ein hilfreiches Prüfen der Validität der Hypothesen, die der klinischen Rechenschaftspflicht nicht direkt zugänglich sind, erlaube (siehe auch Yorke 1996).

Ich werde mit einem kurzen Blick auf die Weitergabe von Freuds klinischer Tradition in Großbritannien enden. Als ich die britischen Freudianer erwähnte, dachte ich an Analytiker wie Glover selbst, Sylvia Payne und Ella Sharpe, von welchen die meisten zu der *Middle* (später: *Independent*) *Group* der British Psychoanalytical Society gehörten. Wir könnten sie auch *Independent Freudians* nennen. Ich wähle diese drei Analytiker nicht nur deswegen aus, weil sie als Lehranalytiker und Lehrer einen besonders deutlichen Einfluss auf die Weitergabe von Freuds Psychoanalyse hatten, sondern auch, weil es sich ergab, dass alle in Berlin gelernt hatten: Glover bei Abraham, Payne und Sharpe bei Hans Sachs. Berlin spielte eine wichtige Rolle bei der Weitergabe der Freudschen klinischen Tradition nach England.

Rickman, Glover, Sharpe und Payne waren nur einige derjenigen britischen Analytiker, die nach dem ersten Weltkrieg für ihre Analysen nach Wien, Budapest und Berlin reisten. James und Alix Strachey, Joan Riviere und David Forsyth beispielsweise gingen zu Freud (und Alix dann zu Abraham) – David Forsyth brachte beiläufig einen der feinsten, frühen Berichte über Freudianische Technik unmittelbar nach seiner Analyse hervor (Forsyth 1922). David Eder ging zu Ferenczi, James Glover zu Abraham und Barbara Low und Mary Chadwick zu Hans Sachs. Die Vorteile, zur Analyse zu reisen, waren vielschichtig. In London hätte es nur Ernest Jones und vielleicht J.C. Flugel und Douglas Bryan gegeben, die die Erfahrung gehabt hätten, einen angehenden Analytiker zu analysieren, während die Zentren auf dem europäischen Festland viel mehr Auswahl boten. Noch wichtiger ist der Umstand, dass die British Psychoanalytic Society erst 1919 begann, Gestalt anzunehmen, nach einem erfolglosen Start sechs Jahre zuvor, während Wien, Budapest und Berlin schon gut etabliert waren. Sie konnten nicht nur erfahrene Analytiker bereitstellen, sondern auch ein gedeihendes Umfeld für Zusammenkünfte und Diskussionen. 1920 führte Eitingon in Berlin ein Ausbildungsmodell ein, nach welchem alle nachfolgenden Ausbildungen geformt werden sollten. Die British Society konnte bis 1926 keine Ausbildung vor Ort anbieten. Edward Glover, Ella Sharpe und Sylvia Payne begannen in Berlin keine Ausbildung, sie gingen dort einfach in Analyse. Dozenten oder Seminarleiter konnten jedem erlauben, der zwar kein Kandidat, jedoch ernsthaft an Psychoanalyse interessiert war, an ihren Seminaren teilzunehmen. Es ist wahrscheinlich, dass sie dies in Anspruch nahmen. Payne lernte sicherlich Abraham kennen und respektierte seine Arbeit. Glovers und Sharpes Aufenthalte in Berlin überschnitten sich 1921, Payne war 1923 dort. Beide, Sharpe und Payne, sollten jedoch in den Ferien zurückkehren, um die Analyse fortzuführen. Wir haben das Glück, eine Liste der angebotenen Kurse in Berlin für die Zeit zu besitzen, in der sie dort waren (Müller-Braunschweig 1930).

Obwohl sie in Bezug auf ihren Charakter und Stil unterschiedlich waren, stellten Abraham und Sachs ein Fundament an Freudianischer Technik zur Verfügung, das Glover, Payne und Sharpe ihrerseits ihren Analysanden zugänglich machen konnten. Alle von ihnen lehrten Kandidaten Technik. In ihrer unterschiedlichen Art betonten sie alle die Grundlagen von Freuds klinischer Arbeitsweise. Glover beispielsweise betont 1927, dass seine technischen Beobachtungen verstanden werden sollten im Zusammenhang mit der Notwendigkeit des Analytikers, »in seiner Arbeit, eine Art von Feingefühl (Takt – K.R.) zu entwickeln, die ihn befähigen werden, in wechselnden Umständen seine Eingriffe mit einiger Präzision zeitlich zu bestimmen«, und dies auf der Grundlage »seines unbewussten Prozesses (...), der mit dem Prozess abgestimmt ist, der im Unbewussten des Patienten vor sich geht« (Glover 1927/28). Ella Sharpes Rat für Studenten 1930 war im Grunde sehr ähnlich – tatsächlich verwies sie sie auf Glovers Vorlesungen. Sie widmete ihre erste Vorlesung dem Analytiker, die zweite, in Freuds Worten ausgedrückt, der Aufgabe, bevor sie irgendeinen Ratschlag zur Technik anbot. Sie betonte, dass der Lehranalysand von seinem Analytiker »in allen Grundlagen die klassische Norm der Freudianischen Technik« aufnehmen werde, dass es jedoch die »Abstufungen und Nuancen beim Anwenden auf eine bestimmte Person« seien, die darüber entschieden, ob er sich selbst als erfahren betrachten könne. Sie glaubte, dass es verschiedene persönliche Eigenschaften gäbe, die ein erfolgreiches Anwenden ermöglichten, insbesondere »wohlwollende Neugier« über das Leben und die Gedanken des Patienten, Empathie und die innere Freiheit, entspannt und natürlich mit Patienten umzugehen. Obwohl sie es explizit so nicht sagt, ist klar, dass diese innere Freiheit dem Arbeitsbündnis mit dem Patienten dient. Wie Freud (und ihr eigener Analytiker Hans Sachs) brachte sie ihren Patienten, wenn diese zu den Stunden kamen und gingen, den Takt und die Höflichkeit entgegen, die man einem Gast entgegenbringt. Sie hätte Geld für einen Fahrschein geliehen, wenn der Pat. es vergessen hätte, die Hand gegeben, wenn er dies signalisiert hätte, ihm lieber in seinen Mantel geholfen, wenn er Schwierigkeiten damit gehabt hätte, als ihn damit kämpfen und peinlich davon berührt werden zu lassen – dabei die ganze Zeit vor Augen habend, dass es unbewusste Gründe für all diese Handlungen der Patienten gibt, der Platz für Analyse jedoch auf der Couch ist (Sharpe 1930/31). Sylvia Payne war zuerst und vor allem eine Klinikerin, die an der Herausforderung interessiert war, die etablierte Technik an unterschiedliche Patienten anzupassen (vgl. Robinson, 2003). In ihren unveröffentlichten Schriften zur Technik, die sie 1950 verfasste, macht sie viel direktere Vorschriften, als Sharpe und Glover dies getan haben. »Zu täglichem Händeschütteln mit Patienten wird nicht geraten«, sagte sie den Kandidaten. Wie Freud jedoch wäre sie unglücklich darüber gewesen, wenn ihre Ausbildungskandidaten einfach nur »gehorsam« gewesen wären. Am Anfang der Vorlesungen versuchte sie die Ausbildungskandidaten an zwei Gefahren gleichermaßen vorbei zu steuern: einerseits der Gefahr des Festhaltens an Regeln bis hin zu »Rigidität und Verlust an Flexibilität in der Behandlung und (…) Verlust der ganzen Würdigung der emotionalen Faktoren in der Beziehung zwischen Patient und Analytiker«, und andererseits der Gefahr des Nicht-Festhaltens an Regeln, das bis zu einem Anheimfallen an »den Glauben an Magie« reichen kann, »der möglicherweise trotz der Ausbildung im Analytiker fortdauert« (Payne 1950).

Als Schlüsselfiguren in der Britischen Freudianischen klinischen Tradition spielten Payne, Glover und Sharpe Hauptrollen in den Debatten über Technik, die in der British Society in den *Controversial Discussions* zwischen 1941 und 1945 stattgefunden haben – wie Barbara Low auch, eine andere Analysandin von Hans Sachs. Eine weitere Freudianische Stimme in diesen Debatten kam natürlich vom Kontinent. Gemeint ist vor allem die Wiener Stimme Anna Freuds und ihrer Mitarbeiter, die 1938 aus Wien geflohen waren; sie schloss jedoch auch Emigranten aus Berlin mit ein, die ihren Exodus 1933 begonnen hatten, wie Barbara Lantos und Kate Friedländer (Paula Heimann stand zu dieser Zeit noch unter dem Einfluss von Melanie Klein, doch kehrte sie binnen Kurzem zu der Tradition ihres ersten Analytikers, Theodor Reik, zurück). Ich kann jetzt nicht die genannten Debatten beschreiben, es ist jedoch bemerkenswert, dass die Wiener, die Freudianischen Berliner sowie viele der britischen Freudianer trotz der Sorge, die meisten der Londoner

Analytiker sprächen »eine andere analytische Sprache« (Kate Friedländer, zit. n. Lantos 1966), aufgrund signifikanter Familienähnlichkeiten einen gemeinsamen Nenner finden konnten. Trotz der Unterschiede verband sie an der Basis eine gemeinsame klinische Tradition. Die britischen und die kontinentalen Traditionen haben sich bis hin zur Gegenwart unabhängig voneinander weiterentwickelt. Für bestimmte Analytiker jedoch ließen sich bei beiden Bewegungen weitere Gemeinsamkeiten finden; sie fuhren fort, sich gegenseitig zu beeinflussen und sich gemeinsam weiterzuentwickeln. 1970 konnte Clifford Yorke, der damalige konsiliarische Psychiater in der Hampstead Clinic, berichten, dass Kandidaten in der Klinik sowohl von Freudianischen als auch von Analytikern der *Independent Group* gelehrt und analysiert wurden (IPA Archive). Einer dieser Analytiker war C.D. Gomperts, der auch aus Berlin kam, seine Ausbildung in London gemacht hatte und bei Ella Sharpe in Lehranalyse gegangen war. Er wiederum hatte mehrere Kandidaten in Lehranalyse genommen, die führende Mitglieder in der British Society innerhalb der Freudianischen klinischen Tradition werden sollten. Aus Gründen der Verschwiegenheit kann ich sie nicht beim Namen nennen, es ist jedoch interessant zu bemerken, wie zumindest zwei von ihnen in kreativer Weise die Anna-Freudianische und die britische Freudianische Traditionen in ihrer Arbeit und ihrem Schreiben zusammenbringen.

Ich habe versucht, Freuds basalen klinischen Ansatz zu umreißen, der nicht mit dem, was in seinen Technischen Schriften steht, identisch ist, noch aber im Widerspruch dazu steht. Am Ende möchte ich betonen, das Freud und seine Schüler den Grundstein legten für eine Tradition von Selbstfindung der Analytiker sowie von disziplinierter Flexibilität, und dies innerhalb eines klar definierten, jedoch organisch sich entwickelnden Rahmens von Theorie und Metapsychologie. Von Freud ab hat sie neue Entwicklungen und Forschungen ermöglicht: Tatsächlich gibt es kein besseres Beispiel dafür als Freuds eigenes Werk. 2006 profitieren wir noch immer von dieser Tradition.

Happy Birthday Sigmund Freud!
Herzlichen Glückwunsch zum Geburtstag!

Aus dem Englischen von Isabelle N. Koch, Berlin

Literatur

Blanton, Smiley (1971): Diary of My Analysis with Sigmund Freud. New York (Hawthorn Books).

Couch, Arthur S. (1999): Therapeutic Functions of the Real Relationship in Psychoanalysis. In: Psychoanal. St. Child, 54, 130–168.

Choisy, Maryse (1955): Qu'est-ce qu'ils en feront?: Souvenirs de mes visites de Freud. In: Ruitenbeek, H.M. (Hg.) (1973), 291–295.

Doolittle, Hilda (1956): Tribute to Freud. New York (New Directions).

Dorsey, John (1976): An American Psychiatrist in Vienna, 1935–1937, and his Sigmund Freud. Detroit (Center for Health Education).

Eliot, Thomas S. (1935): Burnt Norton, in Collected Poems 1909–1962. London 1963 (Faber and Faber).

Fenichel, Otto (1941): Problems of Psychoanalytic Technique. Albany, New York (Psychoanalytic Quarterly). Dt.: Probleme der psychoanalytischen Technik. Herausgegeben von Michael Giefer und Elke Mühlleitner. Gießen 2001 (Psychosozial).

Forsyth, David (1922): The Technique of Psycho-Analysis. London (Kegan Paul, Trench, Trubner and Co.).

Freud, Anna (1974): A Psychoanalytical View of Developmental Psychopathology. In: The Writings of Anna Freud, Bd. 8. New York 1981 (International Universities Press). Dt.: Entwicklungspsychopathologie aus psychoanalytischer Sicht. In: Schriften. Band 10. Franfurt/M. (Fischer).

Freud, Sigmund (1909d): Bemerkungen über einen Fall von Zwangsneurose [Der »Rattenmann«]. GW VII, 241–377.

Freud, Sigmund (1910d): Die zukünftigen Chancen einer psychoanalytischen Therapie. GW VIII, 104–125.

Freud, Sigmund (1912b): Zur Dynamik der Übertragung. GW VIII, 364–374.

Freud, Sigmund (1912e): Ratschläge für den Arzt bei der psychoanalytischen Behandlung. GW VIII, 376–378.

Freud, Sigmund (1913c): Zur Einleitung der Behandlung (Weitere Ratschläge zur Technik der Psychoanalyse I). GW VIII, 454–478.

Freud, Sigmund (1914g): Erinnern, Wiederholen und Durcharbeiten (Weitere Ratschläge zur Technik der Psychoanalyse II). GW X, 126–136.

Freud, Sigmund (1915a [1914]): Bemerkungen über die Übertragungsliebe. GW X, 306–321.

Freud, Sigmund (1937c): Die endliche und die unendliche Analyse. GW XVI, 59–99.

Freud, Sigmund (1940a): Abriß der Psychoanalyse. GW XVII, 63–138.

Freud, Sigmund (1987): Originalnotizen zu einem Fall von Zwangneurose (»Rattenmann«) (1907-08). GW Nachtragsband, 503–569.

Freud, Sigmund & Abraham, Karl (2002): The Complete Correspondence of Sigmund Freud and Karl Abraham, 1907–1925. Herausgegeben von Ernst Falzeder. London (Karnac Books).

Freud, Sigmund & Ferenczi, Sándor (1996): Briefwechsel. Band II/1. Herausgegeben von Ernst Falzeder und Eva Brabant. Wien / Köln / Weimar (Böhlau).

Freud, Sigmund & Ferenczi, Sándor (2005): Briefwechsel. Band III/2. Herausgegeben von Ernst Falzeder und Eva Brabant. Wien / Köln / Weimar (Böhlau).

Glover, Edward (1947): Basic Mental Concepts, their Clinical and Theoretical Value. London (Imago).

Glover, Edward (1927–28): Lectures on Technique in Psycho-Analysis. In: Int. J. Psycho-Anal., 8, 311–338, 385–391, 417–421, 486–520 und 9, 7–46, 181–218.

Greenson, Ralph R. (1971): The »Real« Relationship between the Patient and the Psychoanalyst. In: Kanzer, M. (Hg.): The Unconscious Today: Essays in Honor of Max Schur. New York (International Universities Press).
Grinker, Roy R. (1940): Reminiscences of a Personal Contact with Freud. In: American Journal of Orthopsychiatry 10, 850–855. Wiederabdruck in: Ruitenbeek, H.M. (Hg.) (1973), 180–185.
Heimann, Paula (1950): On Counter-Transference. In: Int. J. Psycho-Anal., 31: 81–84. Dt.: Über die Gegenübertragung. In: Forum Psychoanal, 1996, 2, 179–184.
Heimann, Paula (1960): Counter-transference. In: Brit. J. Medical Psychology, 33, 9–15.
Jones, Ernest (1955): Sigmund Freud: Life and Work, Volume 2: Years of Maturity: 1901–1919. Hogarth Press: London. Dt.: Das Leben und Werk von Sigmund Freund, Bd. 2. Jahre der Reife 1901–1919. Bern / Stuttgart / Wien 1982 (Huber).
Kardiner, Abram (1977): My Analysis with Freud: Reminiscences. New York (Norton). Dt.: Meine Analyse bei Freud. München 1979 (Kindler).
Keats, John (1817): Letter to George and Thomas Keats, 21 December 1817. In: Rollins, H.E. (Hg.): Selected Letters of John Keats: Revised Edition. Cambridge 2002 (Harvard University Press).
King, Pearl (1978): Affective Response of the Analyst to the Patient's Communications. In: Int. J. Psycho-Anal., 59, 329–334.
King, Pearl & Steiner, Riccardo (Hg.) (1991): The Freud-Klein Controversies 1941–45. London (Routledge). Dt.: Die Freud / Klein-Kontroversen 1941–1945. 2 Bände. Stuttgart 2000 (Klett-Cotta).
King, Pearl (2004): What has happened to psychoanalysis in the British Society? In: Casement, A. (Hg.): Who Owns Psychoanalysis? London (Karnac Books).
Lantos, Barbara (1966): Kate Friedländer: Prevention of Juvenile Delinquency. In: Alexander, F.; Eisenstein, S. & Grotjahn, M. (Hg.): Psychoanalytic Pioneers. New York (M. Basic Books).
Lipton, Samuel D. (1977): The Advantages of Freud's Technique as Shown in his Analysis of the Rat Man. In: Int. J. Psycho-Anal., 58, 255–273.
Lohser, Beate & Newton, Peter M. (1996): Unorthodox Freud: the View from the Couch. New York (Guildford Press).
Lynn, David J. & Vaillant George E. (1998): Anonymity, neutrality, and confidentiality in the actual methods of Sigmund Freud: a review of 43 cases, 1907–1939. In: Am J Psychiatry. 155, 163–71.
Müller-Braunschweig, Carl (1930): Historische Übersicht über das Lehrwesen, seine Organisation und Verwaltung. In: Zehn Jahre Berliner Psychoanalytisches Institut (Poliklinik und Lehranstalt). Wien (Internationaler Psychoanalytischer Verlag).
Natterson, Joseph M. (1966): Theodor Reik: Masochism in Modern Man. In: Alexander, F.; Eisenstein, S. & Grotjahn, M. (Hg.): Psychoanalytic Pioneers. New York (M. Basic Books).
Payne, Sylvia M. (1950): Archives of the British Psychoanalytical Society. Unveröffentlichtes Manuskript.
Pigman, George W. (1995): Freud And The History Of Empathy. In: Int. J. Psycho-Anal., 76, 237–256.
Riviere, Joan (1939): An Intimate Impression. The Lancet: 30 September. Wiederabdruck in: Ruitenbeek, H.M. (Hg.) (1973), 128–131.
Robinson, Ken (2003): Sylvia Payne Pluralist or Eclectic? In: Bulletin of the British Psychoanalytical Society, 39 (8), 1–11.
Robinson, Ken. (2004): Revisiting Empathy and Counter-transference. In: Karl-Abraham-Institut Semester-Journal, 5, 51–64.

Ruitenbeek, Hendrik M. (Hg.) (1973): Freud As We Knew Him. Detroit (Wayne State University Press).

Sharpe, Ella (1930–31): The Technique of Psycho-Analysis. In: Int. J. Psycho-Anal., 11, 251–277 und 361–386; 12, 24–60.

Sterba, Richard F. (1934): The Fate of the Ego in Analytic Therapy. Int. J. Psycho-Anal., 15:117–126. Dt.: Das Schicksal Ichs im therapeutischen Verfahren. In: Internationale Zeitschrift für Psychoanalyse, XX (1934), 66–73.

Sterba, Richard F. (1985): Erinnerungen eines Wiener Psychoanalytikers. Frankfurt/M. (Fischer).

Tonnesman, Margret (1989): Paula Heimann: About Children and Children-No-Longer. Collected Papers 1942–80. London (Tavistock/Routledge).

Waelder, Robert (1962): Psychoanalysis, Scientific Method, and Philosophy. In: J. Amer. Psychoanal. Assn., 10, 617–637.

Wahl, Charles W. (1966): Edward Glover: Theory of Technique. In: Alexander, F.; Eisenstein, S. & Grotjahn, M. (Hg.): Psychoanalytic Pioneers: New York (M. Basic Books).

Weiss, Edoardo (1970): Sigmund Freud as a Consultant: Recollections of a Pioneer in Psychoanalysis. New York (Intercontinental Medical Book Corporation).

Wortis, Joseph (1954): Fragments of an Analysis with Freud. New York (Simon & Schuster).

Yorke, Clifford (1996): Diagnosis in Clinical Practice. In: Psychoanal. St. Child, 51, 190–214.

»Wo Es war...« Die Psychoanalyse als Kritik der unreinen Vernunft

Jochen Hörisch

I.

Psychoanalyse hat mit Schmutz zu tun. Unter anderem mit dem Schmutz der Sexualität, der Perversionen, der infantilen Fixierungen, der polymorphen Begierden, der Krankheiten, der Symptome, der zum Himmel stinkenden Verfehlungen, der Versprecher und der unanständigen Witze. Psychoanalyse hat, wie Friedrich Kittler schon früh formulierte, mit »Abfall in jedem Wortsinne« zu tun. Unter anderem mit dem häretischen Abfall von Illusionen, vom rechten Glauben, von erhabenen Rhetoriken und eben auch vom Ideal einer reinen Wissenschaft. Wissenschaft zu sein, wissenschaftlichen Standards zu genügen – eben dies ist der Psychoanalyse seit ihren Anfängen und bis heute von Wissenschaftlern, die auf Reinheitsgebote achten, immer erneut abgesprochen wurden. An der Universität, also im Hort der Wissenschaften, hat die Psychoanalyse denn auch keinen festen Platz gefunden. Das schließt nicht aus, dass Freuds Theorien auf das lebhafteste Interesse geradezu kultisch verehrter Wissenschaftler wie Albert Einstein gestoßen sind.

Im einigermaßen gelassenen Rückblick auf die nunmehr gut hundertjährige Geschichte des Verhältnisses von Universität und Psychoanalyse und der ebenso lang anhaltenden Diskussion um die wissenschaftliche Qualität der Psychoanalyse fällt auf, dass die Psychoanalyse immer dann Konjunktur hatte, wenn irritierend unreine Begriffe auch in anderen Wissenschafts-Feldern zumindest nicht sofort verworfen wurden. Zeiten und Kontexte, in denen Begriffe wie Relativität und schwarze Löcher, Unvollständigkeit und *fuzzy-logic*, anarchistische Erkenntnistheorie und negative Theologie, Paradigmenwechsel und Dekonstruktion angesagt waren, waren der Psychoanalyse günstig. Zeiten und Kontexte, die auf Reinheiten, sei's des Blutes, sei's der

Tradition, sei's der Kultur, sei's der Vernunft insistierten, konnten sich über die Psychoanalyse (bestenfalls!) nur erregen.

Der erfolgreichste wissenschaftskritische Essay der letzten Zeit trägt einen aussagekräftigen Titel, der keinen Zweifel daran aufkommen lässt, wie sein Verfasser über das Problem denkt, in welchem Verhältnis universitäre Disziplinen zu Schmutz, Abfall und Reinheit stehen sollten: Bullshit. Nun gibt es Texte, die, um eine nicht zuletzt durch Lacans Interpretation berühmt gewordene Wendung Edgar Allen Poes zu bemühen, »a little bit too obvious« sind. Harry G. Frankfurts Essay *Bullshit* (2006) gehört dazu. Wer wird der Klage widersprechen, dass zu viele zu viel Unsinn und Mist reden und schreiben und dass zu wenige strenge Wahrheits- und Aufrichtigkeits-Anforderungen an ihre Aussagen stellen und diesen dann auch genügen? Frankfurts Essay hat so sehr den Charme des Trivialen und Über-Evidenten, dass er selbst zwar nicht Bullshit, wohl aber dem Bullshit entfernt verwandt ist.

Die eigentliche und nicht mehr nur banale Schwäche von Frankfurts Essay, der von ein wenig zu plausiblen Affekten vorangetrieben wird, besteht darin, dass er sich von Über-Evidenzen blenden lässt. Und also nicht mehr sieht, dass es heute auf dem intellektuellen, theoretischen, humanwissenschaftlichen und philosophischen Feld nicht nur des Schlechten und Schmutzigen zuviel gibt. Es gibt auch zuviel des Guten. Und eben dies ist das Problem: Es gibt eine Überproduktion von handwerklich sicheren, argumentativ stringenten, definitorisch klaren, gebildeten und aufrichtigen Texten. Bullshit zu vermeiden, ist seit dem überwältigenden Siegeszug der analytischen Philosophie der erste und (auch in handfester Karriere-Hinsicht) der den größten Erfolg versprechende Impuls heutiger Theorie- und Thesen-Produktion. Das lernt jeder Erstsemester im Philosophiestudium und auch in anderen humanwissenschaftlichen Disziplinen: so raunend und pseudotiefsinnig wie Heraklit, Parmenides, Nikolaus von Kues, Pascal, Hegel, Nietzsche, Kierkegaard, Heidegger, Lacan, Adorno und Sloterdijk darfst du nicht schreiben. Wenn du's doch tust, musst du mit schweren Sanktionen und dem Einwand rechnen, Bullshit zu produzieren. Auch deshalb, also aufgrund des analytischen Reinheitsgebots, gibt es kaum mehr die ganz großen Werke. Wohl aber viele, übermäßig viele einigermaßen gute.

Harry G. Frankfurt bleibt in der banalsten Krisen-Rhetorik befangen: Es gibt zu viel Bullshit, zu viel Mist, zu viel Schlechtes und zu wenig Gutes. Harmloser kam Kultur- bzw. Wissenschaftskritik lange nicht mehr daher. Sehen wir die Dinge anders, als Frankfurt sie beschreibt, also (Ironie,

Ironie!) so, wie sie eigentlich sind: Es gibt ein Übermaß an guten und sehr guten (philosophischen, historischen, soziologischen, kunsthistorischen, medienanalytischen etc.) Texten, aber z.B. und u.a. auch Filmen. Das Leben aber bleibt trotz gesteigerter Lebenserwartung allzu kurz, um all das Gute oder auch nur das Vorzügliche zur Kenntnis zu nehmen. Und wenn ich's zur Kenntnis nehme, kann ich mit kaum jemandem darüber reden, weil der nächste anderes zur Kenntnis genommen hat, was nicht weniger Aufmerksamkeit verdient. »Reduktion von Überkomplexität«, »neue Unübersichtlichkeit« und »Ökonomie der Aufmerksamkeit« sind aus guten Gründen zu Formeln avanciert, mit deren Hilfe sich die gegenwärtige Diskussionslage klarer ausleuchten lässt als mit Frankfurts Essay. Seien wir großzügig: Auch Frankfurts Essay ist nicht schlecht. Aber es gibt doch deutlich bessere Texte.

II.

Freuds Prosa voran. Sie lässt Fragen wie die immerhin zu, ob eine starke Reinheitsfixierung nicht auch eine Deckfigur einer analen bzw. banalen Fixierung sein könne. Im *Bruchstück einer Hysterie-Analyse* hat Freud den Fall einer »Hausfrauenpsychose« (er setzt den Begriff in Anführungszeichen) geschildert: »Ohne Verständnis für die regeren Interessen ihrer Kinder, war sie den ganzen Tag mit Reinmachen und Reinhalten der Wohnung, Möbel und Gerätschaften in einem Maße beschäftigt, welches Gebrauch und Genuss derselben fast unmöglich machte. Man kann nicht umhin, diesen Zustand, von dem sich Andeutungen häufig genug bei normalen Hausfreunden finden, den Formen von Wasch- und anderem Reinlichkeitszwang an die Seite zu stellen; doch fehlt es bei solchen Frauen, wie auch bei der Mutter unserer Patientin, völlig an der Krankheitserkenntnis und somit an einem wesentlichen Merkmal der ›Zwangsneurose‹« (Freud 1905e, S. 178). Mangelnden Mut und mangelnde Aufrichtigkeit wird dem Verfasser solcher Sätze und mangelnde Klarheit wird seinen Texten selbst ein geharnischter Kritiker der Psychoanalyse nicht vorwerfen. Nicht umsonst ist Freud mit dem Goethe-Preis ausgezeichnet worden, und mit besten Gründen ist der Preis für hervorragende Wissenschaftsprosa, den die Darmstädter Akademie für Sprache und Literatur vergibt, nach Sigmund Freud benannt. Was Psychoanalyse-Kritiker und -Verächter unter den Apologeten reiner Wissenschaft irritiert, empört und mitunter zur Weißglut bringt, ist offenbar, dass der psychoanalytische Diskurs reine Aussageverhältnisse, also das Vertrauen in verlässliche Entsprechungsverhältnisse zwischen Zeichen und Bezeichnetem systematisch dekonstruiert. Man kann das leicht an drei zentralen bzw. bei aller Klarheit exzentrischen Freud-Texten illustrieren. Erstens an der 1905 entstandenen Abhandlung *Der Witz und seine Beziehung zum Unbewußten.* Zu Freuds Lieblingswitzen – er charakterisiert ihn als »kostbare Geschichte« – gehört dieser: »Zwei Juden treffen sich im Eisenbahnwagen einer galizischen Station. ›Wohin fahrst du?‹ fragt der eine. ›Nach Krakau‹, ist die Antwort. ›Sieh' her, was du für Lügner bist‹, braust der andere auf. ›Wenn du sagst, du fahrst nach Krakau, willst du doch, dass ich glauben soll, du fahrst nach Lemberg. Nun weiß ich aber, dass du wirklich fahrst nach Krakau. Also warum lügst du?‹« (Freud 1905c, S. 127).

Das ist Wahnsinn und hat doch Methode. Das ist unrein argumentiert und führt doch oder eben deshalb zu einer reinen Einsicht. Der nämlich, dass es in Sphären, die über triviale Sachfeststellungen hinausgehen, keine reine Wahrheit und Wissenschaft geben kann. Eine Einsicht, die (zweitens) auch der knappe 1910 entstandene Text *Über den Gegensinn der Urworte* vermittelt, der darüber reflektiert, dass viele gerade unter den semantisch hochaufgeladenen Worten einen Gegensinn in sich bergen: Die lateinischen Worte »altus« und »sacer« meinen hoch und tief bzw. heilig und verflucht, das deutsche Wort »Stimme« ist dem Wort »stumm« verwandt, das englische »without« leistet sich den Widersinn, ein *mit* mit einem *ohne* zu verbinden. Nicht nur die Traumarbeit zeigt also »die sonderbare Neigung (…) von der Verneinung abzusehen und durch dasselbe Darstellungsmittel Gegensätzliches zum Ausdrucke zu bringen« (Freud 1910e, S. 215).

Strukturell ähnlich argumentiert drittens Freuds 1925 erschienener ebenso kurzer wie berühmter Text *Die Verneinung*. Er beginnt so: »Die Art, wie unsere Patienten ihre Einfälle während der analytischen Arbeit vorbringen, gibt uns Anlass zu einigen interessanten Beobachtungen: ›Sie werden jetzt denken, ich will etwas Beleidigendes sagen, aber ich habe wirklich nicht diese Absicht.‹ Wir verstehen, das ist die Abweisung eines eben auftauchenden Einfalles durch Projektion. Oder: ›Sie fragen, wer diese Person im Traum sein kann. Die Mutter ist es *nicht*. Wir berichtigen: ›Also ist es die Mutter.‹« (Freud 1925h, S. 11).

Wer so argumentiert wie Freud, muss mit gereizten Einsprüchen aus dem Lager reiner Wissenschaften rechnen. Womit ich bei meiner These bin: Die Psychoanalyse ist gerade auch im Feld der Wissenschaften ein anhaltender Skandal, und das nicht so sehr, weil sie Unreines zur Sprache bringt, sondern weil sie die Sprache selbst entweder als unreines Medium versteht bzw. – so der Vorwurf ihrer intellektuellen Kritiker – verunreinigt. Wenn Freud mit seinen aberwitzigen Thesen zum Witz, zum Gegensinn der Urworte und zur Verneinung Recht hat, so ihr bedenkenswertes Argument, muss sich der psychoanalytische Diskurs in einem Strudel unkontrollierbarer Halt- und Referenzlosigkeiten verlieren. Dann gilt mit dem Bonmot von Karl Kraus, dass die Psychoanalyse die Krankheit ist, als deren Therapie sie sich ausgibt. Psychoanalyse ist nach der berühmten Wendung, die Freud einer Bemerkung von Josefs Breuers frühen Analysandin Anna O. entlehnte, eine *»talking cure«*. Die Psychoanalyse ist, wie Thomas Macho (2006, S. 17) jüngst herausgestellt hat, die Kunst des richtigen Zu- und Hinhörens – eines Hinhörens, mit dem es eine eigentümliche Bewandtnis hat. Hört doch, wer seine gleichschwebende Aufmerksamkeit gerade noch den Versprechern, dem Murmeln, dem Missverständlichen, dem Verstummen, dem Un- und Untersagten widmet, das, was nicht gesagt wurde. Das Medium Sprache, dem die Psychoanalyse so sehr vertraut, dass sie schon in ihrem Grundsetting von liegendem Analysand auf dem Sofa und hinter ihm sitzenden Analytiker im Sessel jeden direkten Blickkontakt untersagt, das Heil-Medium Sprache gilt der Psychoanalyse selbst als heilungs-, ja als heilbedürftig und zugleich als unheilbar. Denn es ist wenn nicht *a priori*, so doch spätestens seit dem Zusammensturz des babylonischen Turmes in jedem Wortsinne pathologisch erkrankt. Notabene: Auch den monotheistischen Gott der Buchreligionen kann man nicht sehen, sondern nur vernehmen. Er ist, so denn das Wort Offenbarung offenbar ein visuelles Geschehen meint, gerade eben kein offenbarer, kein evidenter, wohl aber ein sprechender und näherhin ein interpretationsbedürftig sprechender Gott.

III.

Die Psychoanalyse begibt sich genau in dem Maße, in dem sie sich dem pathologischen Medium Sprache verschreibt, in eine riskante Nähe zu den Hell- und Überwachen, die hören und erhören, was andere überhören – und sei es das Schweigen. Wer die Vögelein im Walde schweigen hört und die Ruhe vernimmt, die über allen Gipfeln ist und doch verkündet, dass auch der die Ruhe Hörende bald ruhen wird, wer da sterbend singt »Höre ich nur diese Weise, die so wundervoll und leise, auf sich schwinget, in mich dringet«, wer beunruhigt ist, weil er vernimmt, was andere nicht vernehmen – »Hören Sie denn nichts (...), hören Sie denn nicht die entsetzliche Stimme, die um den ganzen Horizont schreit, und die man gewöhnlich die Stille heißt« – wer all dies und vieles mehr hört, vernimmt, erhört, wird Probleme mit denen bekommen, die rein gar nichts davon wissen und vernehmen wollen.

Kritisch und scharfsinnig illustriert hat die Aporien, auf die sich eine in jedem Wortsinne sprachkritische Psychoanalyse einlässt, der *Campus*-Roman von Dietrich Schwanitz. Man sollte ihn trotz oder wegen all seiner mitunter schwer erträglichen kolportagehaften und affektgeladenen Momente ernst nehmen. In diesem Roman der unreinen Universitätsvernunft findet sich eine Passage, in der ein öffentlich tagender akademischer Untersuchungsausschuss über mögliche schmutzige Verfehlungen von Prof. Hackmann zu befinden hat. Eine Psychoanalytikerin, die auf den schönen Namen Erdmann hört, hat die von Hackmann, so lautet der Vorwurf, vergewaltigte Studentin Babs analysiert und will nun öffentlich ihr Gutachten vortragen. Signifikant diskreditiert hat sie sich dabei, so der Roman, schon deshalb, weil sie auf eine entscheidende Frage mit »nein« antworten musste: »›Sind Sie mit den Forschungen der sprachanalytischen Philosophie vertraut?‹ / ›Nein.‹ / ›Das dachte ich mir. Sie haben nämlich gerade erklärt, was der Begriff ›Traumatisierung‹ bedeutet, aber nicht, ob Ihre Patientin traumatisiert ist.‹ Man hörte leichtes Gelächter im Saal« (Schwanitz 1995, S. 349).

Die ihrem Namen zum Trotz schlecht geerdete Psychoanalytikerin setzt dennoch einigermaßen unbeirrt ihren Diskurs fort: »Frau Dr. Erdmann lehnte sich nach vorne auf den Tisch und legte die Fingerspitzen zusammen. › In dieser Erklärung sagt die Patientin plötzlich, nicht Professor Hackmann habe sie vergewaltigt, sondern sie ihn. Gleichzeitig lobt sie ihn als großzügig und klug. Das ist eine typische Inversion, die wir bei vielen Traumatisierungen beobachten. Sie dreht also die Verhältnisse um: Sehen Sie, ihr Vater ist früh gestorben. Und die Beziehung zu diesem verlorenen Vater hat sie auf Professor Hackmann übertragen. Nun erlebt ein kleines Kind den Verlust einer geliebten Person oft als Verrat, als eine Art bösartigen Verlassens. Sogar als Strafe für böses Verhalten, wenn etwa ödipale Wünsche und Schuldgefühle mit im Spiel sind. Als nun der Mann, den sie unbewusst an die Stelle ihres Vaters gesetzt hat, sich als Vergewaltiger entpuppt, erlebt sie den Verlust ihres Vaters noch mal in Form einer schrecklichen Bestrafung. Das hält ihre Psyche nicht aus. Sie will es nicht wahrhaben, und durch Identifikation mit dem Aggressor entlastet sie ihn. Nicht er – sie selbst hat die Vergewaltigung begangen. Den Gedanken kann sie besser ertragen als diesen schrecklichen Verlust. Nun hat sie ihren guten Vater wieder. Die Psyche leugnet den Verlust, den sie nicht ertragen kann. Nach der Abfassung der Erklärung hat bei der Patientin eine deutliche Entspannung eingesetzt. Sie hat ohne Medikamente lange geschlafen. Aber die Erklärung selbst ist wahnhaft‹« (ebd., S. 350f.). Folgt nach einigem Hin und Her die Zwischenfrage von Herrn Nesselhauf: »›Ja, aber Frau Dr. …‹ Der Name war ihm entfallen. ›Wenn ich mir vorstelle, es wäre genauso gewesen, wie Ihre Patientin es in ihrer Erklärung behauptet, wie hätte sie das dann ausdrücken müssen?‹ / Frau Dr. Erdmann blickte verwirrt. / ›Können Sie Ihre Frage noch einmal wiederholen?‹« (ebd., S. 352). Nein, Herr Prof. Nesselhauf darf seine scharfsinnige Frage nicht wiederholen, dafür sorgt schon der Ausschuss-Vorsitzende. Denn die Universität ist, so die bekannte und ja in allzu vielen Hinsichten leicht nachvollziehbare Diagnose des Romans, die Universität ist, da nicht länger *Alma mater*, sondern Tummelplatz von Frauenbeauftragten und dümmlichen Emanzipationsgewinnlern, ein Ort schmutziger Intrigen, unlauterer Absichten und unreiner Machenschaften geworden. Was ersichtlich eine vulgärfreudianische Deutung ist.

IV.

Der Roman von Schwanitz verwickelt sich in diese milde Paradoxie und blendet damit die abgründige Einsicht schnell wieder aus, die er in der zitierten Passage mehr als nur streift und der sich Freud und diejenigen seiner Leser, die keine Angst vor dekonstruktiven Gedanken haben, gestellt haben. Und diese Einsicht lautet: Ja, es ist tatsächlich so, dass die psychoanalytische Dekonstruktion vermeintlich verlässlichen Sprechens die Sache der Sprache trifft. Der Satz, dass es um die Referentialität von Sätzen und Texten heikel bestellt ist, hat seinerseits Referenz. Es ist jenseits trivialer Feststellungen unendlich schwer, schlicht, unmissverständlich und direkt zu sagen, was der Fall ist, etwas bzw. es so zu sagen, wie es ist. So ist es. Wo Es war, soll Ich werden. Wie schwer es ist, zu sagen, was der und was im Fall ist, stellt kein geringerer Text als der heraus, den Freud, ohne dabei sehr originell zu sein, über alles schätzte: Goethes *Faust*. Freuds Lieblingszitat aus dem *Faust* trifft nun wiederum genau die sprachkritische, nämlich die systematische Sprach-Krisis-Paradoxie, die die Psychoanalyse so gelassen gewahrt wie Ödipus die Sphinx: »Das Beste, was du wissen kannst, / Darfst du den Buben doch nicht sagen.« (Faust I, v. 1840 sq.) Das aber darf und kann er sagen.

Mephisto spricht diese Worte im Studierzimmer, also im Zentrum der *Alma mater*. Das Beste nicht sagen … »Also ist es die Mutter.« So einfach ist es bekanntlich heute in westlichen Breiten und postlibertären Sphären nicht mehr, noch gründlich bzw. abgründig zu provozieren. Von diesem wohlfeilen Satz gibt es eine bemerkenswerte Ausnahme, die nicht ohne Grund vor allem auf dem Campus Geltung hat: Verstöße gegen die »Political Correctness« provozieren verlässlich und sind doch dann unvermeidlich, wenn man es zumindest für denkbar und möglich hält, dass das, was der Fall ist, der Fall ist, obwohl es nach Maßstäben der *Political Correctness* nicht der Fall sein sollte. Wer messerscharf schließt, dass nicht sein kann, was nicht sein darf, mag sich politisch korrekt verhalten, taugt aber kaum zum analytisch unbestechlichen Wissenschaftler. Nun spricht sehr viel für die Annahme, dass die (um eine Wendung von Klaus Heinrich zu bemühen) »totale Enterotisierung der Beziehung zwischen den Universitätsmitgliedern und ihrer Institution« paradoxerweise mit der rasant zunehmenden Präsenz kluger, schöner, junger und reiferer Frauen auf dem Campus zu tun hat.

Wie das? Vertrackt einfach. Die *Alma mater* war unübersehbar, aber doch auch ohne den Willen, dies allzu deutlich zu thematisieren, eine männerbündische Korporation – ein Männerbund[1] , der sich (wie alle Männerbünde) selbstredend dem Dienste der großen Mutter verschrieben hatte. Unter den klassischen männerbündischen Körperschaften nimmt die *Alma mater* allerdings eine Randstellung ein. Lässt sie doch die Liebe zum *Heteron* zu und mit ihr die Überlegung, alles könne eigentlich ganz anders sein, als es sich zuvor offenbare. Professoren und Studenten können und sollen anders als Priester dem anderen Geschlecht zugetan sein. Zur Kenntlichkeit entstellt, aber dennoch bis heute hochgradig mit Tabus verstellt, ist deshalb das psychodynamische Schema des homophilen Männerbundes bei derjenigen Institution, die fast so altehrwürdig ist wie die Akademie, bei der Mutter Kirche. Die katholische Kirche ist ein homophiler und gynäphober Männerbund, sie ist die größte und traditionsreichste unter den männerbündischen bis homosexuellen Körperschaften. Wer sich als Mann unter Frauen eher unsicher und unwohl fühlt, wer neben seiner eigenen und einer jungfräulichen Gottes-Mutter keiner anderen Frau verfallen möchte, wer gerne lange Gewänder trägt, wer sich willig Schmuck um den Hals legt, wer liebevoll den Tisch bereitet und Brot verteilt, also die prototypisch weiblichen Aufgaben übernimmt, wer Interesse am Umgang mit jungen Knaben bzw. Messdienern hat, wer sich von diesen beim An- und Auskleiden behilflich sein lassen

1 Unter den neueren Publikationen zu diesem Thema siehe Gabriele Kämper (2005) und Ulrike Brunotte (2004).

möchte, wer gerne unter Seinesgleichen bleibt, wem homosexuelle Neigungen nicht fremd sind, der ist gut beraten, wenn er Priester, Abt, Bischof oder über lilafarbene Socken verfügender Kardinal wird.

So ist es nicht erstaunlich, wohl aber immer noch ein schwer einzugestehendes Tabu, dass der Prozentsatz von Homosexuellen unter Priestern hochsignifikant über dem der Durchschnittspopulation liegt. Jüngere Skandale wie der um einen erzkonservativen österreichischen Kardinal, der in öffentlichen Predigten »Lustknaben« eine höllische Zukunft ausmalte, ihnen aber gründlich verfallen war, wie die um die »dummen Bubenstreiche« (so die Aussage des zuständigen Bischofs) in einem Priesterseminar oder wie die bemerkenswert vielen teuren Prozesse wegen systematischen Knabenmissbrauchs durch US-Priester sind nicht etwa peinliche Ausnahme-Randphänomene, sondern entstellen vielmehr die Tiefenstruktur zur Kenntlichkeit, dass die Mutter Kirche wesentlich eine männerbündische und homoerotische Korporation ist. Eine Körperschaft, in der überdies die Regel gilt: je konservativer ihre Vertreter auftreten, desto anfälliger sind sie für die offenbargeheimnisvollen sexuellen Abgründe ihrer Körperschaft, desto häufiger findet man in ihren Wohnungen Bilder des pfeildurchbohrten heiligen Sebastians und desto begeisterter loben sie den sadomasochistischen Film *Die Passion Christi*. Wenn die katholische Kirche heute unter einem Mangel an Priesternachwuchs leidet, dann hat das neben anderen Gründen auch diesen essenziellen Grund: dass es für Männer, die Männer mögen, heute trotz der Antihomosexuellen-Rhetorik der Kirche in liberalen Weltsphären glücklicherweise anerkannte und weitgehend diskriminierungsfreie Lebensformen außerhalb der Mutter Kirche gibt.

Um im Hinblick auf die These vom homoerotisch-männerbündischen Dispositiv der Kirche Missverständnisse zu vermeiden: Dass die sexuelle Orientierung eines Menschen heute in westlich-aufgeklärten, postmodernen Sphären kein Diskriminierungs- oder gar Verfolgungsgrund mehr ist, zählt zu den ganz großen und gegen kirchlichen Widerstand durchgesetzten Emanzipationserfolgen der letzten Jahrzehnte. Umgekehrt wäre das Verdienst, dass das katholische Kirchenleben über Jahrhunderte, ja zwei Jahrtausende hinweg Homosexuellen eine würdevolle, sozial anerkannte und für sublimierende Hochkulturleistungen sorgende Lebensform gewährte, kaum hoch genug zu schätzen, wenn es nicht mit massiven Verdrängungen, Tabuisierungen und projektiven Verfolgungen einhergegangen wäre. Zölibatär leben und also den profan-sakralen Verpflichtungen an das Priesterdasein entsprechen können überdies Homo- wie Heterosexuelle.

Nicht dieses Faktum, sondern seine systematische Verwerfung ist das Kreuz, das die Mutter Kirche zu tragen hat. Psychodynamisch und soziokulturell problematisch ist also die systematische und zum Teil militante Verdrängung einer Evidenz (das gilt heute auch im Hinblick auf das Spannungsverhältnis zwischen manifest männerbündisch-homophilen Tendenzen in muslimischen Kulturen und dem dort herrschenden militanten Homosexualitätstabu). Genau diese Differenz Verdrängung bzw. Verschleierung vs. Offenlegung bzw. Entschleierung unterscheidet nun aber die beiden ältesten Körperschaften der abendländisch-christlichen Tradition, die durch Familienbande zusammengehalten wie auseinander getrieben werden und eine Familienbande bilden: die Mutter Kirche und die *Alma mater*. Die erstere beruft sich auf Offenbarungen und verschleiert systematisch ihre psychodynamische Kernidentität. Die letztere beruft sich auf die Pflicht, das Nicht-Offenbare aufzuklären – und noch ihre eigene Verfassung.

V.

Geliebt und verehrt werden bzw. wurden beide: die Mutter Kirche wie die *Alma mater*. Beide Institutionen formieren sich nach dem Bild einer Gemeinschaft, einer Korporation, die so, wie es das berühmte Titelkupfer von Hobbes *Leviathan* zeigt, viele Einzelkörper zu einem übermächtigen Gesamtkörper zusammenschließt. Die *Alma mater* verstand sich als »societas magistrorum et discipulorum«, als Gemeinschaft der Lehrenden und Lernenden. Diese und die wahlverwandte Formel »universitas magistrorum et scholarium« lassen sich erstmals im Jahr 1215 nachweisen, als sie ein Kardinallegat von Papst Innozenz III für die Universität Paris verwendete. Manifest wurde das darin ausgedrückte Korporationsbewusstsein der mittelalterlichen und noch in der frühneuzeitlichen Universität durch eine Lebensweise, die deutlich an der des Klosterlebens orientiert war. Die Bursen und Kollegienhäuser sorgten für gemeinsames Wohnen, die Mensa für gemeinsame Mahlzeiten, die Aula für gemeinsames Lernen.

Universitäten waren in vielen Hinsichten wie liberale Klöster organisiert – und sie sind es in den angelsächsischen Ländern bis heute! Wer aus den heutigen Universitätsstädten Göttingen, Berlin oder Konstanz kommt und den Campus von Cambridge oder den einer amerikanischen Universität betritt (es muss sich nicht einmal um ein Ivy-League-College handeln), dem fällt die lebensweltlich-phänomenale Differenz zwischen der deutschen und der amerikanischen Universität sofort in die Augen. Auf dem Campus ist man Mitglied einer Gemeinschaft, die keine Angst vor alltäglichen und außeralltäglichen Riten (wie dem *commencement-day*, der Verleihung von Doktorhüten und dem jährlichen Alumni-Treffen) hat. Dass man / frau stolzes Element dieser Körperschaft ist, gibt man / frau, wie schon die Aufschriften auf den T-Shirts zeigen, offensiv zu erkennen: Berkeley oder UVA, Northwestern oder Princeton ist und bleibt meine *Alma mater*, der ich auch später als *Alumnus* die Treue bewahre. Dort wohne ich, dort esse ich, dort lese ich, dort lebe ich, dort liebe ich, dort finde ich meine Freunde fürs Leben und vor allem: Diesen Ort, diesen Topos, diesen Campus, diesen paradoxen, weil offenen und vieles eröffnenden *hortus conclusus* verehre ich, er ist mir wert, lieb und teuer.

Die *Alma mater* war ein alternatives, nämlich autonomes und offenes geistiges Kloster mit einem hohen emotionalen Bindungspotential, das dem der geistlichen Konkurrenz nicht nachstand. Beide Korporationen, die Kirche wie die *Alma mater*, haben nun aber in Deutschland, wenn auch in unterschiedlicher Weise, einen dramatischen Einbruch ihrer libidinösen Attraktivität erlebt. Anders als die Kirche hat sich die Universität jedoch stets auch als Ort nicht nur der himmlischen, sondern der handfesten und eben auch der heterosexuellen Liebe begriffen. Ohne Erotica, die häufig genug (etwa in »Frau Wirtin«-Gesängen) zotige Sphären streifen, ist kein literarischer Text denkbar, der Universitäres zum Thema hat. Das muss nicht immer so überdeutlich ausfallen wie in Goethes *Faust* – und so subtil. Überdeutlich erkennbar ist Fausts leidenschaftliche, wenn auch von narzisstischen und *midlife-crisis* geplagten Momenten nicht freie Liebe zu Gretchen. Die unübersehbar vielfältige Forschungsliteratur zu Goethes Faust-Drama hat eben nicht auffällig häufig, sondern vielmehr bemerkenswert häufig übersehen, wie destruktiv diese Liebe ist und wie eigentümlich es ist, dass wir über frühere Lieben des ja nicht mehr ganz jungen Gelehrten schier nichts erfahren. Fausts Liebe zu Gretchen geht über Leichen. Gretchens Mutter, ihr Bruder Valentin und ihr von Faust empfangenes Kind fallen der späten Leidenschaft des Gelehrten zum Opfer. Freudige Mitschuld an diesen Verbrechen trägt Fausts ständiger Begleiter Mephisto. Er, der für Frau Marthes Werben nur Hohn und Spott und vor der Kirche höchsten Respekt hat, lässt sich von den männerbündischen Qualitäten der *Alma mater*, vor allem aber der Mutter Kirche ersichtlich faszinieren.

Aus den subtilen Motiven für diese Faszination macht Mephisto allenfalls ein kleines, schnell zu enthüllendes Geheimnis. Sein Gespräch im »Studierzimmer« mit Faust über die Sphäre des akademischen Lebens kreist weniger um wissenschaftliche als um erotische Probleme. Gemeinsam mit Faust will er sich von der »dürren Heide« entsagungsvoller Forschung davon- und in die Gefilde der »schönen grünen Weide« des prallen Menschenlebens aufmachen. Fausts Replik auf diesen verführerischen Vorschlag ist die des nüchternen Wissenschaftlers:

FAUST. Wie fangen wir das an?
MEPHISTOPHELES. Wir gehen eben fort.
Was ist das für ein Marterort?
Was heißt das für ein Leben führen,
Sich und die Jungens ennuyieren?
Laß du das dem Herrn Nachbar Wanst!
Was willst du dich das Stroh zu dreschen plagen?
Das Beste, was du wissen kannst,
Darfst du den Buben doch nicht sagen.
Gleich hör' ich einen auf dem Gange!

Die Verse vom besten, aber nicht kommunizierbaren Wissen zählen, wie erwähnt, zu Sigmund Freuds Lieblingszitaten. Was Mephisto weiß und nur indirekt weiterzusagen vermag, liegt auf der Hand: Die Universität ist in diabolisch-kirchlicher Perspektive ein Marterort, weil sie ihre virilen und homophilen Momente nicht auslebt. An der Universität geht's langweilig zu, weil kein pädagogisch-platonischer Männer-Eros mehr herrscht. Genau in diesem Augenblick der Klage über das ausbleibende Beste erscheint ein Bube, ein junger Student auf dem Gange, an dem Faust kein, Mephisto hingegen lebhaftes Interesse hat. Ein so lebhaftes Interesse gar, dass er sich für das bevorstehende Gespräch, das einen »Buben«, der nun flugs als »Knabe« adressiert wird, in die Abgründe der *Sapientia* und *Scientia* initiieren soll, eigens umkleidet. Mephisto schlüpft in Gewänder, die Goethe nicht, wie naheliegend, als Talar, sondern als »Rock« und »langes Kleid« und also ausdrücklich als feminines Textil charakterisiert:

FAUST. Mir ist's nicht möglich, ihn zu sehn.
MEPHISTOPHELES. Der arme Knabe wartet lange,
Der darf nicht ungetröstet gehn.
Komm, gib mir deinen Rock und Mütze;
Die Maske muß mir köstlich stehn.
Er kleidet sich um.
Nun überlaß es meinem Witze!
Ich brauche nur ein Viertelstündchen Zeit;

Indessen mache dich zur schönen Fahrt bereit!
Faust ab.
MEPHISTOPHELES *in Fausts langem Kleide.*
Verachte nur Vernunft und Wissenschaft,
Des Menschen allerhöchste Kraft,
Laß nur in Blend- und Zauberwerken
Dich von dem Lügengeist bestärken,
So hab' ich dich schon unbedingt –
Ihm hat das Schicksal einen Geist gegeben,
Der ungebändigt immer vorwärts dringt,
Und dessen übereiltes Streben
Der Erde Freuden überspringt.
Den schlepp' ich durch das wilde Leben,
Durch flache Unbedeutenheit,
Er soll mir zappeln, starren, kleben,
Und seiner Unersättlichkeit
Soll Speis' und Trank vor gier'gen Lippen schweben;
Er wird Erquickung sich umsonst erflehn,
Und hätt' er sich auch nicht dem Teufel übergeben,
Er müßte doch zugrunde gehn!

Faust, der Lehrer und Gelehrte, bereitet sich mit teuflischer Hilfe auf ein aus akademischer Perspektive unbedeutendes, unersättliches und unerfülltes Leben, nämlich auf die Begegnung mit schönen Frauen, Hexen und Gretchen vor. Er stellt sich also in diabolischer Perspektive auf ein Leben ein, das »der Erden Freuden überspringt«. Der in ein langes Kleid gewandete Mephisto wendet sich hingegen dem Schüler zu, um ihn sogleich in ein abgründiges Gespräch zu verwickeln, das um den »Mann« schlechthin, einen »Mann wie andre mehr« sowie um eine empirische und eine allegorische Mutter bzw. um der Mutter und der Weisheit Brüste, kurzum: um die Qualitäten der *Alma mater* kreist.

Ein Schüler tritt auf.
SCHÜLER. Ich bin allhier erst kurze Zeit,
Und komme voll Ergebenheit,
Einen Mann zu sprechen und zu kennen,
Den alle mir mit Ehrfurcht nennen.
MEPHISTOPHELES.
Eure Höflichkeit erfreut mich sehr!
Ihr seht einen Mann wie andre mehr.
Habt Ihr Euch sonst schon umgetan?
SCHÜLER. Ich bitt' Euch, nehmt Euch meiner an!
Ich komme mit allem guten Mut,

Leidlichem Geld und frischem Blut;
Meine Mutter wollte mich kaum entfernen;
Möchte gern was Rechts hieraußen lernen.
MEPHISTOPHELES. Da seid Ihr eben recht am Ort.
SCHÜLER. Aufrichtig, möchte schon wieder fort:
In diesen Mauern, diesen Hallen
Will es mir keineswegs gefallen.
Es ist ein gar beschränkter Raum,
Man sieht nichts Grünes, keinen Baum,
Und in den Sälen auf den Bänken
Vergeht mir Hören, Sehn und Denken.
MEPHISTOPHELES.
Das kommt nur auf Gewohnheit an.
So nimmt ein Kind der Mutter Brust
Nicht gleich im Anfang willig an,
Doch bald ernährt es sich mit Lust.
So wird's Euch an der Weisheit Brüsten
Mit jedem Tage mehr gelüsten.
SCHÜLER.
An ihrem Hals will ich mit Freuden hangen;
Doch sagt mir nur, wie kann ich hingelangen?

Was folgt, ist eine erstaunliche Antizipation von Theoremen, die Johann Jacob Bachofen fast ein Jahrhundert, nachdem Goethe diese Zeilen schrieb, in seiner monumentalen Abhandlung über das *Mutterrecht* entfaltet. Mephisto rät dem Schüler, der aus dem Umstand, dass seine Mutter ihn kaum entfernen wollte, gerne was Rechtes lernen möchte, sich zuerst der Logik und also dem Inbegriff abstrakten Denkens zuzuwenden: »Mein teurer Freund, ich rat' Euch drum / Zuerst Collegium Logicum. / (...) Wer will was Lebendigs erkennen und beschreiben, / Sucht erst den Geist heraus zu treiben.« Mütterlich-weibliche Weisen der Weltwahrnehmung beruhen, so Bachofens wie zuvor schon Goethes Argument, auf sinnlicher Gewissheit. Dass ein neugeborenes Kind das Kind dieser Mutter ist, die da unter Schmerzen gebärt, ist ein nicht zu bestreitendes Datum. Dagegen steht (bis in die jüngsten Zeiten der Gen-Analyse, die der Geltung dieses Motivs ein nüchternes Ende bereitet) die Unsicherheit der Vaterschaft, die schon das römische Recht festhält: *pater semper incertus est.* Weshalb Männer, also potenzielle Väter dazu verdammt sind (aus heutiger Sicht, also im Rückblick aus dem Gen-Zeitalter: waren), bei logischen und abstrakten Geltungsansprüchen Zuflucht zu suchen. Die Geschichte der männlichen Wissenschaft beginnt, so Bachofen, mit der Aufklärung und also mit der Aufstellung und Überprüfung der ersten gewaltigen wissenschaftlichen Hypothese, die da lautet: Zwischen Ereignissen, die in der Regel neun Monate auseinander liegen, nämlich zwischen dem Liebesakt und der Geburt eines Kindes besteht ein nicht-beobachtbarer, wohl aber analytisch erschließbarer Kausalnexus. Incipit Logik und Abstraktion, so beginnt die Urgeschichte der *Alma mater* – als Geschichte des Matriarchatssturzes aus dem Geist logisch-männlicher Geltungsansprüche, die sich gegen die mütterliche Welt sinnlicher Gewissheiten erheben. Die diesem Prozess zugrunde liegende totemistische Grundfigur ist dabei gut zu erkennen. Die im Namen des Vater-Logos überwundene Muttersphäre wird in Gestalt der *Alma mater* kultisch verehrt.

Mephisto hält sich vorerst an seine Maxime, das Beste, was er wissen kann, dem Buben nicht zu sagen. Viele tausend Verse später, ganz am Ende des zweiten Teils der um witzige Einsichten nicht verlegenen Tragödie, leistet er, der von der Kirche wie von der *Alma mater* in den Bann geschlagene Liebhaber androgyner Engel, sich einen sehr ernsten Scherz, nämlich sein *coming out*, bevor lauter Mütter (Magna peccatrix, Mulier Samaritana, Maria Aegyptica, Mater Gloriosa) vorletzte Worte sprechen. Mephistos Liebeserklärung an die Engel lässt an Deutlichkeit nichts zu wünschen übrig: Auch Mephisto würde gerne in den Schoß dieser feminin-männlichen, angelophilen Kirche zurückkehren.

> Ihr schwanket hin und her, so senkt euch nieder,
> Ein bißchen weltlicher bewegt die holden Glieder;
> Fürwahr, der Ernst steht euch recht schön;
> Doch möchte' ich euch nur einmal lächeln sehn!
> Das wäre mir ein ewiges Entzücken.
> Ich meine so, wie wenn Verliebte blicken:
> Ein kleiner Zug am Mund, so ist's getan.
> Dich, langer Bursche, dich mag ich am liebsten leiden,
> Die Pfaffenmiene will dich gar nicht kleiden,
> So sieh mich doch ein wenig lüstern an!
> Auch könntet ihr anständig-nackter gehen,
> Das lange Faltenhemd ist übersittlich –
> Sie wenden sich – von hinten anzusehen! –
> Die Racker sind doch gar zu appetitlich!

Noch der viel zitierte Schlussvers des Faust-Dramas erhält aufgrund des erotologischen Assoziationsfeldes, das sein Kontext systematisch bereitstellt, einen eigentümlichen Doppelsinn. Das Ewig-Weibliche zieht uns hinan. Die Mutter Kirche und die *Alma mater* sind die Körperschaften, die Erektionen des Glaubens und des Forschens so forcieren, dass sinnliche Gewissheiten ihren Geltungsanspruch verlieren.

Dass diese so komplexen wie offensichtlichen Hintersinnigkeiten selbst von einer psychoanalytisch aufgeklärten Literaturwissenschaft kaum mehr zur Kenntnis genommen werden, dürfte mit dem Verfall der libidinösen Aura der Universität zusammenhängen. Auf diesen Verfall verweist auch das zunehmende Desinteresse an so genannten Orchideenfächern einschließlich psychoanalytisch-sexualwissenschaftlicher Disziplinen. Das Frankfurter Institut für Sexualwissenschaften steht vor der Schließung; es gilt aus vielfachen Gründen als nicht mehr zeitgemäß. Wenn und weil die Universität zur ungeliebten Hochschule geworden ist, die sich nicht einmal mehr leidenschaftlich für sich selbst interessiert, verblasst der hier nur karg angedeutete Anspielungsreichtum von Texten, die so souverän wie Goethes *Faust* mit der libidinösen Tiefenstruktur der *Alma mater* umgehen.

Darauf macht schon eine buchenswerte Passage aus Wilhelm Raabes 1891 erschienenem Roman *Stopfkuchen* aufmerksam. Sein Protagonist trägt nicht umsonst Fausts Vornamen Heinrich (genauer: den Vornamen, den Goethe seinem Faust gegeben hat) und einen Nachnamen, der ihn, den zurückgezogen lebenden, skurrilen und adipösen Privatgelehrten, der nicht nur Wissen in sich hineinfrisst, als Theoretiker ausweist: Schaumann. Mit der Universität kann Heinrich Schaumann einfach deshalb nichts anfangen, weil sie keine *Alma mater* mehr ist. Das teilt er, der ansonsten die ausschweifende Rede liebt, in einer bündigen Formel seinem alten Schulfreund Eduard (Goethes *Wahlverwandtschaften* lassen mehrfach grüßen) mit, der von weiten Weltreisen zurückgekehrt ist. »Die Geschichte war ganz einfach«, sagte Stopfkuchen, »und einfach so: Draußen und im wissenschaftlichen Brotstudium hatte es mir absolut nicht gepasst. Ich fiel dabei für meine Natur viel zu sehr vom Fleisch. Es mag der Welt unglaublich erscheinen, aber es ist dessen ungeachtet doch lächerlich wahr: Auch die vergnüglichste Seite des Universitätslebens war nichts für mich. So eine deutsche *Alma mater* ist doch die reine Amazone. Sie hält dir erst die eine Brust hin, und du saugst oder säufst. Sie dreht dir die andere zu, und du empfindest dich in der Tat als das bekannte Tier auf dürrer Heide. Jeder Blick in eure Gerichtsstuben, auf eure Schulkatheder und Kirchenkanzeln und in eure Landtage und vor allem in den deutschen Reichstag zeigt, was dabei herauskommt, soweit es unsere leitenden gelehrten Gesellschaftsklassen anbetrifft« (Raabe 1961–63, S. 702; vgl. dazu Hörisch 2003).

Eine großartige, weil tiefenpsychologisch wie institutionsgeschichtlich schlagende Formel: Aus der *Alma mater* ist schon im 19. Jahrhundert eine

»reine Amazone« geworden. Der *Alma mater* fehlt in dem Maße, wie sie sich dem Vater Staat andient, eine Brust – aber, so darf und muss man im Rückblick feststellen, diese eine Brust hat sie immerhin noch. Die zur Universität, zur Hochschule, zur Fachhochschule gewordene *Alma mater* ist auf dem Weg zur transerotischen Versachlichung. Die wissenschaftsimmanente Entsprechung zu dieser korporativ-insitutionellen Versachlichung ist die Formalisierung von Wissenschaftssprachen. Auch hier stellt Mephisto die rechte Diagnose. Dem Schüler, den seine Mutter kaum entfernen und der hieraußen was Rechts lernen wollte, rät er: »Mein teurer Freund, ich rat Euch drum / Zuerst Collegium Logicum. / Da wird der Geist Euch wohl dressiert, / In spanische Stiefeln eingeschnürt, / Daß er bedächtiger so fortan / Hinschleiche die Gedankenbahn, / Und nicht etwa, die Kreuz und Quer, / Irrlichtere hin und her.« (vv. 1910–17). Schon zu Goethes Zeit gab es ein schlagendes Kriterium für reine Wissenschaftlichkeit, das bis heute nichts von seinem Prestige verloren hat: Wer auf Zahlen statt auf Worte setzt, wer mit logisch-mathematischen Zeichen und Formeln statt mit »words, words, words« umgeht, vertritt reine Wissenschaften.

VI.

Zwei knappe Hinweise zum Schluss. Erstens: wir feiern in diesem Jahr nicht nur den 150. Geburtstag von Sigmund Freud, sondern auch den 100. von Kurt Gödel. Ihm verdankt (ist »Dank« das rechte Wort, um die Reaktion reiner Wissenschaftler auf Gödels Theorem zu charakterisieren?) ausgerechnet der härteste Kern der Wissenschaften, die Logik, eine tiefe Kränkung. Denn Gödel konnte beweisen, dass es nicht nur für die Zahlentheorie, sondern für jedes widerspruchsfreie logische System prinzipiell unentscheidbare Aussagen gibt. Aber genau diese These von der Unbeweisbarkeit und Unentscheidbarkeit lässt sich entscheiden und beweisen. Freuds in jedem Sinne sprachkritische Psychoanalyse hat die Humanwissenschaften gödelisiert, bevor sein jüngerer Wiener Mitbürger Gödel die Logik gödelisierte. Zweitens: Der Psychologe Freud ist dem Logiker Gödel in einer entscheidenden Hinsicht unheimlich nahe. Der populärste Begriff der Psychoanalyse – »Ödipuskomplex« – hat mit den Abgründen der Logik und der Sprache intim zu tun. Warum? Ganz einfach, ganz komplex: Weil dann, wenn inzestuöse Verhältnisse herrschen, die Grenzen der Logik kollabieren. Denn der »Tertium non datur«-Satz gilt nicht mehr. Wenn Ödipus mit seiner Mutter Jokaste einen Sohn zeugt, so ist nämlich dieses Kind nun eben sein Sohn und zugleich und in derselben Hinsicht – als Kind seiner Mutter – sein Bruder, so wie es im Hinblick auf Jokaste Kind und Enkel zugleich ist. Widersprüche im realen, Widersprüche im sprachlichen Bezeichnungssystem? Zwischen dem Realen und dem Symbolischen gibt es kein Drittes. Es sei denn, die Psychoanalyse als Kritik der unreinen Vernunft.

Literatur

Brunotte, Ulrike (2004): Zwischen Eros und Krieg – Männerbund und Ritual in der Moderne. Berlin (Wagenbach).

Frankfurt, Harry G. (2006): Bullshit. Essay. Frankfurt/M. (Suhrkamp).

Freud, Sigmund (1905c): Der Witz und seine Beziehung zum Unbewussten. GW VI.

Freud, Sigmund (1905e): Bruchstück einer Hysterie-Analyse. GW V, 161–286.

Freud, Sigmund (1910e): Über den Gegensinn der Urworte. GW XIII, 214–221.

Freud, Sigmund (1925h): Die Verneinung. GW XIV, 11–15.

Hörisch, Jochen (2003): Zu Gericht sitzen – Wilhelm Raabes abgründige Prosa. In: Winkels, H. (Hg.): Jochen Missfeldt trifft Wilhelm Raabe – Der Wilhelm Raabe-Literaturpreis und seine Folgen. Göttingen (Wallstein-Verlag), 75–101.

Thomas Macho (2006): Der Mann im Ohr – Freuds Zukunft: Die Psychoanalyse wird als Kunst des richtigen Zuhörens überleben. In: Süddeutsche Zeitung vom 6./7. Mai 2006.

Kämper, Gabriele (2005): Die männliche Nation – Politische Rhetorik der neuen intellektuellen Rechten. Köln (Böhlau).

Raabe, Wilhelm (1961–63): Stopfkuchen – Eine See- und Mordgeschichte, Werke in vier Bänden, Späte Romane. München (Winkler Verlag).

Schwanitz, Dietrich (1995): Der Campus – Roman. Frankfurt/M. (Goldmann).

Wie Freud Psychoanalyse lehrte

Michael B. Buchholz

Aus verschiedenen Anlässen verfasst Freud Einführungstexte in die Psychoanalyse. Diese Einführungstexte zeigen seine immer verfeinerte Weiterentwicklung der Kunst, in die Psychoanalyse einzuführen. An diesen Texten lässt sich zeigen, wie Freud Psychoanalyse lehrte: indem er mehr und mehr dazu überging, sie seinen Zuhörern »ad oculos« zu demonstrieren. Das könnte Folgen für die heutige Lehre haben. Die Balanceleistung, dass Psychoanalyse nicht nur über ein repräsentationales Wissen verfügt, sondern ihre Überzeugungskraft als partizipatives Wissen entfaltet, muss ständig neu erbracht werden. Als repräsentationales Wissen kann ihre Theorie überprüft werden, diese Form des Wissens repräsentiert »Sachverhalte« des Seelischen in theoretischer Form. Als partizipatives Wissen ist Psychoanalyse freilich flüchtig, situativ gebunden und von empfindlichen Herstellungsmomenten abhängig. Diese werden neuerdings als Relationalität diskutiert. Darauf allerdings wird nur kurz eingegangen. In dieser Doppelheit des psychoanalytischen Wissens zeigt sich ein altes philosophisches Problem; schon Plato wusste, dass die Wahrheit seiner Lehre weniger in schriftlicher Form weitergegeben werden könne; er sah sie ans Gespräch gebunden. Das gilt im Kern für die Psychoanalyse auch. Beide Formen sollten – etwa im Fall der »Widerlegung« psychoanalytischen Wissens – nicht miteinander verwechselt werden.

»Über Psychoanalyse«

Als Freud im September 1909 durch G. Stanley Hall eingeladen wird, zur Gründungsfeier der Clark University in Worcester, Massachusetts, zu sprechen, hält er fünf Vorlesungen »Über Psychoanalyse«, die ein Jahr später veröffentlicht werden (1910a, S. 1–60). Die Einladung in die USA empfand Freud zu Recht als internationale Anerkennung durch einen psychologischen Fachvertreter, der höchstes Ansehen genoss und die akademische Psychologie in den USA mächtig vorangetrieben hatte. In diesen Vorlesungen erinnert er an seine mit Josef Breuer gemeinsam durchgeführten ersten Behandlungen mit der »kathartischen Methode« und erklärt, warum er sie aufgeben musste: weil die feineren seelischen Kräfte so nicht zu studieren waren. Die Hypnose hat Freud immer als ein Stück »Unrecht an den Kranken« wegen der ihr eigentümlichen gewaltsamen Willensaufzwingung empfunden. Rasch erklärt er, wie wenig die medizinische Diagnose bringt, und er öffnet neue Weisen des Zuhörens, indem er von seiner Patientin die Beschreibung der Psychoanalyse als »talking cure« und als »chimney sweeping« übernimmt. Tatsächlich geschieht nicht mehr, als dass gesprochen wird, und dabei findet eine »Reinigung« besonderer Art statt.

Eine der vielen Metaphern in seinen Texten weist er besonders aus, die des *Katalysators*. Der Arzt nämlich spiele »nach einem vortrefflichen Worte von S. Ferenczi die Rolle eines katalytischen Ferments, das die bei dem Prozesse frei werdenden Affekte zeitweilig an sich reißt« (ebd., S. 55). Seine Präsenz im Gespräch ist wichtig, damit eine Reaktion bei seinem Patienten ablaufe, die ohne diese Entwicklungshilfe nicht stattfinden könne. Trotz dieses chemischen Bildfeldes bewegt sich Freud deutlich von der Medizin weg hin zu einer kultivierten Auffassung des therapeutischen Geschehens und diese Bewegung sekundiert derjenigen in seiner Theoriebildung. War er bis etwa 1906 noch ganz an neurowissenschaftlichen Anschlüssen interessiert (Reflexbogen-Modell, Energieerhaltungssatz), so beginnt er ab dieser Zeit, seine Bildgebungen aus anderen, v. a. aus sozial- und kulturwissenschaftlichen Zusammenhängen zu entlehnen, wofür das prominenteste Beispiel der Ödipus-Komplex ist (vgl. Kitcher 1992). Kurz, Freud vollzieht eine prägnante Wendung zu einer Deutung der Psychoanalyse als Kulturwissenschaft, die in seinen reichen Entlehnungen aus der schönen Literatur zwar vorher schon angelegt war, hier aber deutlich markiert wird. Das ist dem universitären Kontext, der selbständigen Etablierung einer gegenüber anderen Wissenschaften souveränen Psychologie, durchaus angemessen.

»Kurzer Abriß der Psychoanalyse« (1924)

Dieser zunächst in englischer Sprache erschienene Text beginnt mit einer bemerkenswerten Selbst-Historisierung: »Die Psychoanalyse ist sozusagen mit dem zwanzigsten Jahrhundert geboren; die Veröffentlichung, mit welcher sie als etwas Neues vor die Welt tritt, meine ›Traumdeutung‹, trägt die Jahreszahl 1900. Aber sie ist, wie selbstverständlich, nicht aus dem Stein gesprungen oder vom Himmel gefallen, sie knüpft an Älteres an, das sie fortsetzt, sie geht aus Anregungen hervor, die sie verarbeitet. « (Freud 1924f, S. 405; vgl. Buchholz & Gödde 2005). Zu diesen Anregungen zählt Freud nun wiederum nicht die Medizin, denn »mit dem psychischen Moment wußten sie [die Ärzte] nichts anzufangen«. Die Hypnose wurde von der »freien Assoziation« ersetzt. »Freud wurde dabei von der Erwartung geleitet, dass sich die so genannte freie Assoziation in Wirklichkeit als unfrei erweisen werde, indem nach der Unterdrückung aller bewussten Denkabsichten eine Determinierung der Einfälle durch das unbewusste Material zum Vorschein käme« (1924f, S. 410–411).

Aus dieser, in den Einfällen dann sichtbar werdenden Ordnung und Determinierung, lasse sich der unbewusste Sinn »erraten«. Das geht nicht ohne Widerstände ab, die von der Verdrängung ausgingen. Von ihr »betroffen wurden Regungen zur Selbstsucht und Grausamkeit, die man allgemein als böse zusammenfassen kann, vor allem aber sexuelle Wunschregungen, oft von der grellsten und verbotensten Art« (ebd., S. 412). Entscheidend ist die kulturwissenschaftliche Wendung: »Die Psychoanalyse kam in dieser Zeit allmählich in den Besitz einer Theorie, welche über die Entstehung, den Sinn und die Absicht der neurotischen Symptome zureichende Auskunft zu geben schien (...)« (ebd., S. 413). Sinn und Absicht in ihren unbewussten Modalitäten waren damit als diejenigen Dimensionen ausgewiesen, mit denen es die Psychoanalyse zu tun hat. Symptome und Fehlleistungen, Träume und der Witz sowie die »Unarten« der Kinder – dies alles konnte nun als sinnhaft ausgewiesen werden, wenn man es nur in den Rahmen einer Theorie stellte, die diese Zusammenhänge zu sehen erlaubte. Freud stellt die Komponenten dieser Theorie hier zusammen: »Es sind: die Betonung des Trieblebens (Affektivität), der seelischen Dynamik, der durchgehenden Sinnhaftigkeit und Determinierung auch der anscheinend dunkelsten und willkürlichsten seelischen Phänomene, die Lehre vom psychischen Konflikt und von der pathogenen Natur der Verdrängung, die Auffassung der Krankheitssymptome als Ersatzbefriedigungen, die Erkenntnis von der ätiologischen Bedeutung des Sexuallebens, insbesondere der Ansätze zur kindlichen Sexualität« (ebd., S. 413). Hierzu zählt er dann den Ödipus-Komplex und bezeichnet ihn als »Kern eines jeden Falles von Neurose« (ebd., S. 413). Diese spezielle Kern-These ist mittlerweile in ihrem universellen Anspruch bestritten. Entscheidend aber ist die Umstellung auf »Sinn«, »Bedeutung«, »Absicht« in ihren unbewussten Dimensionen. Die sozial- und kulturwissenschaftliche Wendung wird mit allem Nachdruck intensiviert.

»Psycho-Analysis« (1926)

In diesem kleineren Text (Freud 1926f), verfasst für die *Encyclopedia Britannica*, verfährt er ebenfalls historisch und verwendet, zusätzlich zur knappen Wiederholung der hier schon geschilderten Theoriebestandteile, mit Nachdruck den älteren Begriff einer »Szene«, der den »Sinn« hysterischer Symptome aufschließt; es sind bestimmte Motivkonstellationen und auslösende Bedingungen, die für seine Patientinnen und Patienten eine unbewusste Figuration hervorrufen; eine Patientin weigert sich zu trinken, weil sie in der Nacht bei der Pflege ihres Vaters aufwachend sah, wie ein Hund aus einem Wasserglas zu schlabbern versuchte. Erst mit Aufhebung der Verdrängung ihres Ekels kann sie sich frei machen, wieder zu trinken. Sie kann die »Szene« erinnern, ohne Ekel und Abwehr wiederholen zu müssen.

Dieser Begriff der »Szene« findet später auch Eingang in die weitere Theorieentwicklung, etwa bei Alfred Lorenzer (1970), aber auch bei Lichtenberg (1989), der »Modellszenen« in der frühen Säuglingsentwicklung als Prototypen der Erfahrungsorganisation beschreibt. Die Theorie – um Sinn und Absicht schon zentriert – findet damit einerseits nachhaltigen Anschluss an die Hermeneutik, indem Lorenzer (1974) das »Szenische Verstehen« als genuinen Modus einer »Tiefenhermeneutik« zu begründen sucht; sie entwickelt sich aber auch zu einem eigenen Theorietypus, der nicht vorrangig die Hierarchie von Begriffen und die Begriffe nach Prädikaten ordnet, sondern sich für charakteristische Modell-Szenen sensibilisiert. Eine dieser Modellszenen ist der Ödipus-Komplex, andere wären infantile Töpfchen-Szenen (Kampf und Autonomie), Szenen des Voyeurismus und der Exhibition, »master-slave«-Themen (z.B. Greenberg 1994). Die Entwicklung der psychoanalytischen Theorie könnte als Hinzufügung solcher Szenen beschrieben werden, etwa zu Mann-Frau-Themen (Benjamin 1988). Der Analytiker in der professionellen Praxis wird so in den Stand gesetzt, seine Sensibilität für die Wiederholung solcher Szenen in der Übertragung zu verfeinern, die Aufforderung zum szenischen Mitspielen und zur Teilhabe zu entziffern, eine »exzentrische Position« (Plessner 1982; Buchholz 1990) dazu einzunehmen und sie schließlich zu deuten. Solche Szenen haben in ihrem prototypischen Charakter aber auch kulturelle Bedeutung, etwa in der familialen Sozialisation oder in Formen erwachsener Kommunikation. Neuerdings ist der Begriff der »Szene« auch neurowissenschaftlich (unter Anerkennung der Freud-Breuerschen Leistungen) genutzt worden (Edelman und Tononi 2002); szenische Erfahrungsorganisation bildet schon im subhumanen Bereich den »Unterbau« höherer kognitiver Leistungen und bleibt beim Menschen erhalten. Die Angst eines Panikanfalls kann dann so verstanden werden, dass ein »an sich harmloser« Auslöserreiz für einen Patienten die gesamte szenische Konstellation evoziert, die einst angstauslösend war; mit den zur Verfügung stehenden Selbstaufklärungsmitteln des Denkens kann er diese Angst nicht verstehen und muss dem Fluchtimpuls folgend sich zurückziehen. Erst die szenische Rekonstruktion ermöglicht das volle, nämlich symbolisch repräsentierte Verständnis dieser Reaktion – und macht den Anfall überflüssig. Die Differenz zwischen »Szene« und »Symbol« hat Lorenzer (1970 und 1974) im Anschluss an Wittgenstein als »aufgespaltenes Sprachspiel« gefasst und darin die Verdrängung sprachtheoretisch reformuliert.

Die »Vorlesungen« von 1915–17 und die »Neue Folge der Vorlesungen« von 1933

Ein umfangreicher Einführungstext Freuds, die »Vorlesungen« von 1915–1917 (Freud 1916–17a), soll hier ausgiebiger betrachtet werden. Sie werden von Freud gehalten, um seinen Verpflichtungen als außerplanmäßiger Professor an der Wiener Universität nachzukommen. Es sind Vorlesungen für Hörer aller Fakultäten und, wie man im Gedanken an die damals aktuelle Frage, ob Frauen überhaupt studieren dürften, hinzufügen muss, für Hörer beiderlei Geschlechts (Gay 1984). Freud entwickelt hier die Kunst der Einführung zu einem Höhepunkt durch die Art und Weise, wie er seine Hörerinnen und Hörer anspricht.

Die Vorlesungen sind in *drei große thematische Gruppen* eingeteilt.

Die erste Gruppe beschäftigt sich mit den *Fehlleistungen*, die Freud im Sinne eines Propädeutikums für besonders geeignet ansieht, mit dem Studium des Seelischen bekannt zu machen. Freud will seine Hörer einführen, er kann gar nicht anders, wenn er mit ihnen »diskutieren« will. Die zweite, umfangreichere Vorlesungsgruppe beschäftigt sich mit dem *Traum und dessen Deutung*. Daran schließt sich die größte Zahl an einzelnen Vorlesungen umfassende Gruppe mit dem Titel *Allgemeine Neurosenlehre* an.

1933 schließlich veröffentlichte Freud eine »Neue Folge der Vorlesungen zur Einführung in die Psychoanalyse« – zu einer Zeit, als er keine Vorlesungen mehr an der Universität hielt und wegen seines Kehlkopfkrebses auch nicht mehr halten konnte. In einer didaktischen Diktion, die den Vorlesungen nachgebildet ist, wendet er sich an eine fiktive Zuhörerschaft. So beginnt er jede dieser neuen, insgesamt sieben Vorlesungen mit der Anrede: »Meine Damen und Herren«. Die Kontinuität mit der ersten Vorlesungsreihe bringt die Fortsetzung der Nummerierung zum Ausdruck. Immer wieder spricht er sein Publikum mit Nachdruck direkt an. Damit konstelliert er seinerseits höchst aktiv mit großem Geschick selbst bedeutungsvolle Szenen der Rezeption, die zu studieren nicht ohne Bedeutung für ein angemessenes Verständnis dieser Texte ist.

Aus der 27. Vorlesung der ersten Folge erwähne ich einen Zuruf: »Denken Sie nach!« (1916–17a, S. 447). In der »Neuen Folge«, der Vorlesung über Angst und Triebleben, ruft er (ebd., S. 99) seinem imaginären Publikum zu: »Halten Sie aus!«. Die eine Anrede kann sich ein Lehrer gegenüber dem fast mündigen Schüler gestatten, die andere, passend zum Thema der Angst, ruft ein Retter dem zu, den er alsbald aus seiner Not befreien wird. Beides macht deutlich, wie Freud einen Subtext in seine offizielle Lehre dramatisch einwebt. Seine Darstellung der Psychoanalyse will bewegen. Sie inszeniert selbst eine Szene, sie führt Psychoanalyse von nun an ad oculos vor, sie geht über eine bloße Theorie-Darstellung von nun an hinaus.

Theoretisieren und/oder Mentalisieren

Freud kann seinen Hörern nicht einfach eine begriffshierarchische Theorie und Tatsachen als Beweise vorlegen. Er kann auch nicht, um es dem Anfänger leicht zu machen, Schwierigkeiten elegant umschiffen. Hier ruft er mit Nachdruck: »Aber das geht bei der Psychoanalyse nicht« (ebd., S. 99). Er muss solche Hörererwartungen frustrieren. Um zu verstehen, was bei der Psychoanalyse »geht«, muss er eine bestimmte Rezeptionseinstellung erzeugen, er muss seinen Hörern erst zeigen, wie sie selbst denken, wie nachlässig und ungenau sie beobachten, eine wie geringe Meinung sie von psychischen

Äußerungsformen haben – und erst dann kann er diese Einstellungen als nicht zufällig ausweisen, als determiniert vom Widerstand seiner Hörer. Zahllos sind die Beispiele dafür. Immer erneut führt er vor, wie seine Hörer wahrscheinlich denken werden und auf welche Irrwege sie mit ihrem »gesunden Menschenverstand« geraten werden.

Wenn er so das stille Denken seiner Hörer laut denkt, macht er von etwas Gebrauch, was man mit Luhmann (1997) methodisch eine »Beobachtung zweiter Ordnung« nennt oder im neueren Umfeld der Psychoanalyse als »Mentalisierung« zu bezeichnen begonnen hat (Fonagy, Gergely, Jurist & Target 2004; Dornes 2004). Mentalisierung meint die Fähigkeit, das Verhalten anderer Menschen als nicht nur von Reizen determiniert, sondern als von sinnvollen Absichten gesteuert anzusehen. Hier sind wir wieder bei Sinn und Absicht. Schon der Säugling (Köhler 2004) schließt vom Verhalten auf Absicht und Sinn, denkt sich, was andere denken, also wünschen, hoffen oder zum Ausdruck bringen möchten und er erfährt, dass er ebenso behandelt wird, als Wesen mit »Seele«, die sich artikulieren und entäußern möchte. »Denken des Denkens« war immer schon ein älterer Name für Philosophie, die darin ihren Sinn dafür bewahrte, dass die Art und Weise, *wie* wir etwas sehen, also denken, viel davon ausmacht, was uns die Dinge sind. Ein Stück Holz ist in einem bestimmten Kontext eine Schachfigur. Der Philosoph John Searle (1997) nennt das die »Zählt-als«-Umwandlung: Ein Stück Papier in meiner Tasche »zählt als« Geld, wenn alle es glauben, wodurch es soziale und kulturelle Wirklichkeit wird. Im Kern vermeintlich empirischer »Tatsachen« ist so der Mythos des Empirismus sichtbar; man muss an Tatsachen *glauben.* Es kommt, wie wir seit Charles Sanders Peirce wissen, nicht nur auf die Beziehung zwischen dem Zeichen und dem Bezeichneten an, sondern auch darauf, wie ein Interpret diese Beziehung *auffasst.* Das ist das neue Verständnis, das Freud hier vorführt, mit welchem er über die genannten anderen Einführungstexte hinausgeht.

Freud, der sich selbst freilich als harter naturwissenschaftlicher Empiriker versteht, entzaubert mit seiner Rhetorik der »Beobachtung zweiter Ordnung« eben diesen Glauben. Er hebt die Rolle des Interpreten von Tatsachen hervor. Kein Geringerer als Niklas Luhmann (1988, S. 299) hat darin die große Leistung von Freud gesehen, die er mit der von Marx in einem Atemzug nennt.

> »Man kann auf diese Weise die Marxsche Kritik der politischen Ökonomie reformulieren und ebenso die Freudsche Kritik des verdrängenden, sublimie-

> renden Bewußtseins. Es handelt sich in beiden Fällen um eine Beobachtung, die sich darauf spezialisiert, das zu beobachten, was die beobachtenden Systeme nicht beobachten können. Die Namen von Marx und Freud stehen hier nur für eine sehr einflußreiche, breitenwirksame Innovation des modernen Denkens, und es fällt rückblickend auf, daß die offizielle Erkenntnistheorie mit dieser Form des Beobachtens von Beobachtungen, des Beschreibens von Beschreibungen, des Wissens über Wissen, unüberwindliche Schwierigkeiten gehabt hat«.

Deshalb also präsentiert Freud nicht Tatsachen, denn als Beobachter seiner Beobachter weiß er, dass diese sie gar nicht wahrnehmen könnten. Er muss deshalb seinen Hörern eine Gesprächsform anbieten, die sie befähigt, das eigene Denken zu denken, das eigene Beobachten mitsamt dessen Beschränkungen zu beobachten – damit sie diejenigen Tatsachen, für die die Psychoanalyse sensibilisieren will, überhaupt in den Blick nehmen können. Sie *können* es »nicht beobachten« (ebd.) – und dafür hat die Psychoanalyse den Namen des »Widerstandes« ausgebildet. Der Widerstand sitzt im Zentrum der Wissenschaftsauffassung seiner Zuhörer. Freud muss seinen Hörern deshalb zeigen, wie sie als frühere Beobachter ihre »Tatsachen« beobachtet haben und kann ihnen dabei entdecken, warum ihnen Entscheidendes entgeht. Deshalb beginnt er gleich in der ersten Vorlesung:

> »Ich werde Ihnen zeigen, wie die ganze Richtung Ihrer Vorbildung und alle Ihre Denkgewohnheiten Sie unvermeidlich zu Gegnern der Psychoanalyse machen müßten und wieviel Sie in sich zu überwinden hätten, um dieser instinktiven Gegnerschaft Herr zu werden« (Freud 1916–17a, S. 8).

Freud braucht den Widerstand (Forrester 2000), er soll überwunden werden. Er teilt seinem Publikum mit, »kein Anteil Ihres Interesses ist auf das psychische Leben gelenkt worden, in dem doch die Leistung dieses wunderbar komplizierten Organismus gipfelt« (Freud 1916–17a, S. 12f.). Dann aber zeigt er, dass das Seelische – er spricht beinahe ausschließlich von der »Seele« und nicht pseudonaturwissenschaftlich von der »Psyche« – flüchtig ist, sich in »unscheinbaren Vorkommnissen« mitteilt; das sei kaum anders als beim Flirt ein schneller, zugeworfener Blick (ebd., S. 20), doch gerade dem gilt alle Bedeutung. Anders beim Versprechen, beim Verlegen von Gegenständen, beim Vergessen von Namen. Das Flüchtige wird – beim Flirt – hoch geschätzt, aber von den gleichen Personen als Einwand gegen die Würdigung seelischer Phänomene genutzt. Das so entstandene »wissenschaftliche« Vorurteil will die Fehlleistungen als bedeutungslos abtun. Dies zu überwinden fordert Freud mit Nachdruck. Fehlleistungen kommen also nicht durch

Übermüdung, Ablenkung oder Zufall zustande. Sie sind vielmehr sinnvoll gebildet. Sie teilen einen Sinn – einen unbewussten Sinn freilich – mit, der dem Handelnden nicht recht ist. Der Redner, der die Tagungsgäste mit den Worten begrüßt: »Ich freue mich, Sie verabschieden zu dürfen«, wird gut verstanden. Die zweite Redeabsicht hat, gerade weil sie sich nicht äußern sollte, mit der bewussten Absicht »interferiert«. Bedingung der Fehlleistung ist, dass die zweite Absicht unbewusst gemacht werden sollte; dann entzieht sie sich der bewussten Kontrolle und kann sich durchsetzen.

Die manifeste Äußerung, die dann zustande kommt, ist somit Kompromissprodukt aus einander widersprechenden Absichten. So kann Freud gleich die theoretische Ernte einfahren, alles ist auf einen Schlag zusammen: a) die Unterscheidung zwischen bewusster und unbewusster Tendenz; b) die Sinnhaltigkeit scheinbar »sinnloser« Phänomene; c) der manifeste Kompromiss aus dem latenten Konflikt; d) der Verzicht auf die Unterscheidung von »normal« und »krank«.

Der letzte Punkt ist sozusagen ein Nebenprodukt, auf das Freud Wert legt. Immer wieder zeigt er, dass die »Bedingungen für die Symptombildung (…) auch bei den Normalen nachzuweisen« (ebd., S. 373) sind, ja, er befasst sich mit den Fehlleistungen gerade deshalb, um zu zeigen, dass sich an ihnen die gleichen »Mechanismen« manifestieren, die auch die Neurose bestimmen. Einer konventionellen Einstellung würden diese Subtilitäten entgehen. Psychoanalytische Tatsachen erschließen sich erst dem, der bereit ist, solche Denk-Konventionen zu »überwinden«. Psychoanalytische Tatsachen, so scheint Freud mit seiner hörerorientierten Rhetorik sagen zu wollen, gibt es erst auf der Ebene der Beobachtung zweiter Ordnung. Während eines Gesprächs sind die Beteiligten wechselseitig immer Zuhörer, also Beobachter und können nicht anders als das Gehörte »deuten«. Dabei fällt dem Konversationsanalytiker Schegloff (2000) auf: »Wenn eine Äußerung vor ihrer Vervollständigung abgebrochen wird und man danach fragt, was mit dem unterdrückten Äußerungsanteil geschieht, lässt sich manchmal feststellen, dass das unterdrückte Objekt dann plötzlich im späteren Verlauf des Gesprächs auftaucht« (ebd., S. 3). Um es beobachten zu können, kann man sich nicht als »normaler Gesprächsteilnehmer« verhalten. Man muss beobachten, wie die Teilnehmer sich gegenseitig beobachten. Eben dies vollzieht Freud in schöner Vorwegnahme späterer wissenschaftlicher Entwicklungen; Schegloff erwähnt Freuds Theorie der Fehlleistungen nicht, worauf Kazanskaya und Kächele (2000) zu Recht hinweisen.

Im Alltagsdialog werden Fehlleistungen meist als müdigkeitsbedingt oder zufällig abgetan. Die Konvention, sie nicht ernst zu nehmen, schließt sich über ihnen stets rasch, man überhört sie oder lacht gemeinsam darüber. Das ist soziale Praxis, die Schegloff materialgenau an Transkripten analysiert. Die Konvention ist zugleich konversationelle Praxis, die die Irritation gemeinschaftlich vermeidet – und eben das kann nur analysiert werden, wenn man diese Praxis der *vermeidenden* Beobachtung beobachtet. Im Alltag mag diese Praxis eine Ressource zur Wiederherstellung der Konvention sein, aber der Wissenschaftler Freud macht sie zum Gegenstand seiner Beobachtung; er beobachtet, wie im Alltag das Unbewusste »weg«-beobachtet, d.h. ignoriert wird. Sind die Dinge aber erst einmal in den Fokus der Aufmerksamkeit geraten, kann Freud immer wieder zeigen: so verschieden ist das, was Normalbürger tun, von dem nicht, was Neurotiker tun. Auf die medizinische Unterscheidung »gesund/krank« will er mit Nachdruck verzichten, und so wiederholt er noch im hohen Alter, im »Abriß der Psychoanalyse« von 1938/1940:

> »Wir haben erkannt, dass die Abgrenzung der psychischen Norm von der Abnormalität wissenschaftlich nicht durchführbar ist, so dass dieser Unterscheidung trotz ihrer praktischen Wichtigkeit nur ein konventioneller Wert zukommt« (Freud 1940a, S. 125).

Stattdessen beobachtet er vom Standpunkt der Beobachtung zweiter Ordnung die alltagspraktische Unterscheidung von »normal/nicht-normal« als eine der konventionellen sozialen und kulturellen Praxis. Das erste ermöglicht ihm, noch in den flüchtigsten Manifestationen des Seelischen ein sinnhaftes Geschehen zu entziffern.

Paradoxales Traumwissen

Bei der Einführung in die zweite große Vorlesungsgruppe über den Traum kann er an das bei den Fehlleistungen schon Entwickelte anknüpfen.

> »Wir wollen den Sinn der Träume nachweisen, als Vorbereitung zum Studium der Neurosen (…) denn das Studium des Traumes ist nicht nur die beste Vorbereitung für das der Neurosen, der Traum selbst ist auch ein neurotisches Symptom, und zwar eines, das den für uns unschätzbaren Vorteil hat, bei allen Gesunden vorzukommen« (Freud 1916–17a, S. 79).

Auch hier geht es um Sinn. Die Traum-Bildung wird erklärt in Analogie zu den Fehlleistungen. Der manifeste Traum entspricht der – entgleisten – Rede; er ist Kompromissprodukt eines Konflikts latenter Traumgedanken, die sich unter dem Einfluss der Traumzensur nicht haben äußern dürfen. Der Traum ist so wenig sinnloses seelisches Produkt wie die Fehlleistung, er hat Bedeutung. Hier treffen wir die verschiedenen Beobachtungsstufen wieder, diesmal im Verhältnis einer träumenden Person zu sich selbst.

> »Ich sage Ihnen nämlich, es ist doch sehr wohl möglich, ja sehr wahrscheinlich, daß der Träumer es doch weiß, was sein Traum bedeutet, *nur weiß er nicht, daß er es weiß, und glaubt darum, daß er es nicht weiß.*« (ebd., S. 98).

Dieser »Glaube« kann wiederum beobachtet werden als Teil derjenigen seelischen Kraft, die den Traum als sinnlos erscheinen lassen will, sich dafür aber in ein solches Paradoxon verstrickt. Das erfährt der Träumer, wenn er sich von der Gesamtgestalt des manifesten Traumes löst und seine latenten Traumgedanken zu den einzelnen Traumbestandteilen mitteilt; die Lockerung des assoziativen Netzes der Einfälle macht latente Traumgedanken sichtbar, deren deutende Verknüpfung auf der Ebene zweiter oder höherer Ordnung erfolgt. Dann wird erkennbar, dass die latenten Traumgedanken einen Wunsch enthalten, der sich im manifesten Traum entstellt erfüllt. Freud hält an der Wunscherfüllungstheorie des Traumes fest, verdeutlicht aber mit Nachdruck, diese These beziehe sich nicht auf den manifesten, sondern auf den latenten Traum. Und er wundert sich, dass seine vielfachen Klarstellungen, es gehe keineswegs nur um sexuelle Wünsche, von seinem Publikum so oft überhört wurden. Er beobachtet auch hier, wie diese Zuhörer ihn beobachtet haben. Wiederum mit Bezug auf die »Tatsachen« lässt er wissen, welche neue Einstellung sich auf dieser logisch höheren Ebene ergibt: »Es heißt demütig sein, seine Sympathien und Antipathien zurückstellen, wenn man erfahren will, was in dieser Welt real ist« (ebd., S. 146).

Es hat systematische Form, wie Freud seine These von der Wunscherfüllung selbst gegen den Einwand der Angst- und Strafträume begründet, bei denen doch offensichtlich keine Wünsche erfüllt werden. Hier greift er auf die Analogie eines Märchens zurück. Eine Fee bietet einem älteren Ehepaar drei Wünsche frei. Während die beiden beraten, dringt der Duft einer gebratenen Wurst in die Nase der Frau und sie ruft aus, jetzt hätte sie gerne ein solches Bratwürstchen. Sofort ist es da und darüber ist der Mann so verärgert, dass er wünscht, die Würstchen mögen der Frau an der Nase baumeln. Da sich auch das sofort erfüllt, bleibt beiden nur, als dritten Wunsch die Rückgängigmachung des zweiten zu wünschen – und demütig gegen die sofortige Wunscherfüllung zu werden. Den Sinn dieser kleinen Belehrung für das Thema der Angst- und Strafträume nutzt Freud nun zur Erläuterung, wie Wünsche zugleich Strafen sein können.

> »(...) die Bratwürstchen auf dem Teller sind die direkte Wunscherfüllung der ersten Person, der Frau; die Würstchen an ihrer Nase sind die Wunscherfüllung der zweiten Person, des Mannes, aber gleichzeitig auch die Strafe für den törichten Wunsch der Frau. Bei den Neurosen werden wir dann die Motivierung des dritten Wunsches, der im Märchen allein noch übrigbleibt, wiederfinden. Solcher Straftendenzen gibt es nun viele im Seelenleben des Menschen; sie sind sehr stark, und man darf sie für einen Anteil der peinlichen Träume verantwortlich machen. Vielleicht sagen Sie jetzt, auf diese Weise bleibt von der gerühmten Wunscherfüllung nicht viel übrig. Aber bei näherem Zusehen werden Sie zugeben, daß Sie unrecht haben. Entgegen der später anzuführenden Mannigfaltigkeit dessen, was der Traum sein könnte, – und nach manchen Autoren auch ist –, ist die Lösung – Wunscherfüllung – Angsterfüllung – Straferfüllung doch eine recht eingeengte. Dazu kommt, daß die Angst der direkte Gegensatz des Wunsches ist, daß Gegensätze einander in der Assoziation besonders nahe stehen und im Unbewußten, wie wir gehört haben, zusammenfallen. Ferner, daß die Strafe auch eine Wunscherfüllung ist, die der anderen, zensurierenden Person« (ebd., S. 224f.).

Man darf das als Beispiel für geschickte Belehrung lesen; es ist aber auch eines für das Grundprinzip, wie Freud den »psychischen Apparat« aufgebaut sieht: als Mehrpersonendrama. Der Wunsch des Einen kann die Strafe des Anderen sein, der Wunsch zu strafen kann den Anderen ängstigen. Nicht nur hängen Wunsch und Strafe eng zusammen, die seelische Konstitution ist selbst auf diese Weise aufgebaut. Der »Nebenmensch«, wie er in einer an Goethe erinnernden Wendung öfter formuliert, repräsentiert auch eine andere seelische Seite bzw. diese den Anderen. Dass dieser »Andere« im Ursprung schon in Freuds Perspektive die Mutter ist, kann hier nur angedeutet werden. Sie spricht den unorganisiert scheinenden, den zappelnden kindlichen Äußerungen Absicht, Intentionalität, Planung und sinnhafte Gestalt zu – und dadurch wird aus Verhalten Handlung. Sie gibt Sinn. Sinn liegt nicht »im« Verhalten, sondern in der Art, wie dies wahrgenommen wird. Bedeutung, so der evolutionäre Anthropologe Burling (2000), entsteht, wenn ein *Hörer* etwas *als* Zeichen auffasst. So findet die zappelnde »erste« Rhetorik des Kindes Resonanz durch die »zweite« Rhetorik der Mutter, die die erste beobachtet, sprich: interpretiert, nämlich im Vollzug ihrer Liebe und der Erziehung. Mütter nutzen ihr intuitives Wissen um die Zuständlichkeit ihres Kindes, die baby-watcher haben uns genau beschrieben, wie sich das wiederum beobachten lässt (Shotter & Newson 1982; Stern 1985). Sie »interpretieren« im Vollzug.

»Interpretation« ist ganz praktisch zu verstehen. Als solche dialogische Rhetorik stellt Freud im Bratwurst-Vergleich seinen Hörern die Umwandlung der latenten Traumgedanken in den manifesten Traum vor. Latente Traumgedanken erfahren Widerspruch durch die Zensur, der sie sich fügen, indem sie sich verstellen, ihren affektiven Gehalt auf andere Themen verschieben oder sich mit anderen Themen verdichten, so dass die Zensur umgangen werden kann. Dabei müssen sich die Traumgedanken in Bilder verwandeln, sie müssen »Rücksicht auf Darstellbarkeit« nehmen. Die Rücksicht auf Darstellbarkeit zusammen mit Verdichtung und Verschiebung fasst Freud als Mechanismen der Traumarbeit zusammen. Es ist die Leistung der Traumarbeit, latente Gedanken in einen manifesten Traum umzuwandeln.

Die latenten Gedanken wandeln sich unter der Bedingung von Traum und Schlaf in Bilder um, nehmen andere Gestalt an. Deshalb warnt Freud davor, den manifesten Traum von seinem Bildwert her zu lesen, man müsse ihn vielmehr wie ein Bilderrätsel auffassen. Hier stellen Bilder Denkzusammenhänge dar, aber die Darstellung als Bild täuscht über den gedanklichen Inhalt. Das Visuelle des Traums ist, im Sinne der ersten Rhetorik, jene Bilderschrift, die durch die zweite Rhetorik narrative Form erhält (Stockreiter 2000).

Die Deutung des Traums kann die Ästhetik der Traumarbeit im Ergebnis des manifesten Traums würdigen, v.a. aber wird sie in den Einfällen die verschiedenen Stimmen zu berücksichtigen haben, die in der Traumgestalt erst hörbar werden, sobald man diese durch die freien Assoziationen zerbricht. Das führt Freud an vielfachen Beispielen überzeugend vor und gestaltet eben dadurch *im Hinblick auf seine Hörer* jene Beziehungsform, von der er gerade *mit ihnen* spricht: Er gibt dem unverständlichen Traumgezappel Sinn. Damit führt er ihnen *ad oculos* vor, wie die Traumdeutung bei ihrer Rekonstruktion verfährt: Sie muss die dialogische Struktur des Traums selbst als dessen Konstruktionsprinzip berücksichtigen und kann nur so die »Osmose« zwischen dem Unbewussten und dem Visuellen (Pontalis 1992) beleuchten.

Die Deutung des Traums ist dann kein erkenntnistheoretisches Unternehmen allein, das Tatsachen des Seelischen in abstinenter Kühle objektivierend untersucht, sondern sie will die Traum*erfahrung* einholen, indem sie Schritt für Schritt re-konstruiert, was der Traum konstruiert hat. Die Position der Traumdeutung kann wegen der dialogischen Struktur nur wiederum Beobachtung zweiter (oder höherer) Ordnung sein: Sie beobachtet, wie die zweite die erste Rhetorik »beschreibt«. Das geeignete sprachliche Mittel zur Bewältigung der dabei entstehenden Komplexität ist deshalb die Metapher oder verwandte figurative Sprachformen (wie Märchen, Gleichnis und Allegorie), weil die Metapher an der Grenze zwischen erster und zweiter Rhetorik gebildet wird. Hier integrieren sich Visualität und artikulierter Gedanke zu einer neuen Einheit (vgl. Buchholz 2003), eben der Sprachfigur der Trope. Figurative Sprachformen artikulieren in geeigneter Weise dann das Unbewusste und schützen zugleich gegen den Einbruch einer Realität, die den Traum zerstören, den Schläfer zum Aufwachen treiben müsste. »Das Unbewusste beschützt uns«, formulierte Christopher Bollas im Gespräch (Buchholz und Altmeyer 2001).

Das Reale ist für Freud die dialogische Struktur des Unbewussten. So hat es nicht nur eigenen Sinn, sondern auch eigenen Bestand und eigene Kraft, etwa bei der Schilderung jener Symbole, zu denen die Einfälle des Träumers versagen. Lange zigarrenförmige Gegenstände im Traum wie etwa ein Zeppelin seien immer als Phallus/Penis zu deuten, etwa. An dieser Auffassung von den Traumsymbolen hat sich die psychoanalytische Kontroverse damals schon entzündet (Jones 1970; Ferenczi und Rank 1924/1996), denn die Frage ist ja: Woher kennt Freud die Bedeutungen dieser Symbole? Tatsächlich bleibt Freud die Antwort schuldig, er verweist nur kursorisch auf den Einfluss von Mythen, Volksgut und altem Wissen. Das aber könnten auch seine Patienten haben. Tatsächlich ist dieses Stück seiner Theorie eher schwach – er gibt fast die mühsam errungene Position des Beobachters zweiter Ordnung auf, wenn er ein exklusives Wissen über Symbole beansprucht.

Neurosenlehre

Doch das Unbewusste hat eigene Kraft und die bekommt der praktische Analytiker zu spüren, wenn er Kranke behandelt, wovon die Neurosenlehre handelt. Auch hier treffen wir sofort wieder auf die beiden Ebenen des Wissens, die aus der Beobachtung der Beobachtung entstehen:

> »Was müssen wir tun, um das Unbewußte bei unserem Patienten durch Bewußtes zu ersetzen? Wir haben einmal gemeint, das ginge ganz einfach, wir brauchten nur dies Unbewußte zu erraten und es ihm vorzusagen. Aber wir wissen schon, das war ein kurzsichtiger Irrtum (...). Unser Wissen um das Unbewußte ist nicht gleichwertig mit seinem Wissen; wenn wir ihm unser Wissen mitteilen, so

> hat er es nicht *an Stelle* seines Unbewußten, sondern *neben* demselben, und es ist sehr wenig geändert« (Freud 1916–17a, S. 453).

Zwei Arten von Wissen entstehen so, die durch einen Widerstand getrennt gehalten werden. Dasselbe wird gewusst, aber auf verschiedene Weise. Das vom Analytiker gehörte Wissen und das Reale des Unbewussten, demgegenüber Freud bezeugt, demütig geworden zu sein, fallen erst zusammen, wenn der Widerstand überwunden ist. Der richtet sich nun gegen bestimmte unbewusste Konflikte, wie den Ödipuskomplex, aber auch gegen Geschwisterkomplexe, Eifersuchts- und Neiddramen. Die unterschiedlichen Lösungen des Ödipuskomplexes machen die manifeste Gestalt der verschiedenen neurotischen Bilder aus, wenn Teile der Persönlichkeit an diese Dramen fixiert bleiben. Werden die darin gebundenen Energien durch die analytische Arbeit frei, kann man die Entdeckung machen, dass ihre besondere Besetzung, nämlich ihre libidinöse oder aggressive Aufladung sich auf den behandelnden Arzt richten, der nun beobachten muss, wie der, der doch Hilfe annehmen wollte, sie vehement ablehnt und stattdessen den Arzt bekämpft oder von ihm Liebe fordert:

> »Man hört nun aber unter diesen Umständen mit Erstaunen Äußerungen von seiten der Frauen und Mädchen, welche eine ganz bestimmte Stellungnahme zum therapeutischen Problem bekunden: sie hätten immer gewußt, daß sie nur durch die Liebe gesund werden können, und von Beginn der Behandlung erwartet, daß ihnen durch diesen Verkehr endlich geschenkt werde, was ihnen das Leben vorenthalten (hat)« (ebd., S. 458).

Die Beziehung zum Arzt hat den Namen »Übertragung« bekommen. Sie ist immer der Versuch, den Analytiker zu bewegen, die Beobachtungsposition höherer Ordnung zu verlassen, sie selbst nicht einnehmen zu müssen und sie gegen reale Befriedigung einzutauschen.

Freud hat an der Traumdeutung das dialogische Modell für die Deutung der Übertragung entwickelt. Er muss Liebesforderungen oder aggressive Feindseligkeit nur als Äußerungen der ersten Rhetorik auffassen und ihnen nun mit Mitteln der zweiten Rhetorik jenen Sinn verleihen, der ihnen so zukommt, dass das Subjekt sich daran artikulierend entfaltet – er muss also eine narrative Form anbieten, die das Geschehen so rahmt, dass sein Sinn erkennbar wird. Das eine Angebot narrativer Formen ist die Lehre von der menschlichen Sexualität und ihrer Entwicklung, das andere ist die des Ödipuskomplexes. Wie Fehlleistungen und Traum haben neurotische Symptome einen Sinn, sie sind »Ersatz für etwas anderes, was unterblieben ist« (ebd., S. 289).

Die Aufschlüsselung ihres Sinns führt erneut zu der Einsicht, dass Sexualität eine *dialogische* Tatsache des menschlichen Lebens ist, von der Freud die bekannten Erweiterungen nun vornimmt: Schon die Äußerungen des Säuglings sind von einer Lustsuche bestimmt, die sich um bestimmte Körperzonen, die als erogen ausgezeichnet werden, gruppieren. Ihre Kraft richtet sich auf die nächsten Personen, das sind die Eltern. Der Vater wird dabei vom Knaben als Rivale bei der Mutter bekämpft und an dieser familiären Konstellation bildet Freud sein narratives Format des Ödipuskomplexes aus. In der Tat: Hat man einem Patienten erst einmal den Ödipuskomplex erläutert, richtet sich aller Widerstand gegen ihn, vor allem wird er den Arzt der Lächerlichkeit preiszugeben suchen. Genau damit aber wiederholt er, so zeigt Freud, den Kampf gegen den Vater und indem diese Wiederholung wiederum zeigt, wie sehr der Patient in dieser narrativen Form gefangen ist, wird er allmählich genötigt, sie aufzugeben. Er muss schließlich Verzicht üben und eigene, außerödipale Ziele im Leben zu realisieren suchen. Die narrative Form dient Freud als Rahmung des »Materials«, sie schafft Kohärenz, wo andere nur sinnloses Gezappel sähen. Sie schafft in diesem Sinne jene Tatsachen, die andere zu beobachten und vorzufinden erwarten – und deshalb nicht sehen.

Doch nur Suggestion?

Hier kommen kritische Einwände. Ist es nicht so, dass also doch mit Suggestion gearbeitet wird? Sieht der Deuter nicht doch nur, was er weiß? Drängt der Analytiker nicht auf, was er zu finden meint? Freud erläutert seinen Hörern die Herkunft der analytischen Technik aus der Suggestion, von der er sich bei Charcot in Paris, dann aber auch bei Bernheim in Nancy genügend Anschauung verschafft hat. Bücher beider Koryphäen hat er ins Deutsche übersetzt. Und er stellt fest, dass diese Autoritäten die Herkunft der Suggestibilität nicht anzugeben wussten, vor allem nicht deren Abkunft von Sexualität und Betätigung der Libido in den Manifestationen der Übertragung:

> »Soweit seine Übertragung von positivem Vorzeichen ist, bekleidet sie den Arzt mit Autorität, setzt sie sich in Glauben an seine Mitteilungen und Auffassungen um. Ohne solche Übertragung, oder wenn sie negativ ist, würde er den Arzt und dessen Argumente nicht einmal zu Gehör kommen lassen. Der Glaube wiederholt dabei seine eigene Entstehungsgeschichte; er ist ein Abkömmling der

> Liebe und hat zuerst der Argumente nicht bedurft. Erst später hat er ihnen so viel eingeräumt, daß er sie in prüfende Betrachtung zieht, wenn sie von einer ihm lieben Person vorgebracht werden. Argumente ohne solche Stütze haben nicht gegolten, gelten bei den meisten Menschen niemals im Leben etwas. Der Mensch ist also im allgemeinen auch von der intellektuellen Seite her nur insoweit zugänglich, als er der libidinösen Objektbesetzung fähig ist (...)« (ebd., S. 463).

Die Ermöglichung solcher Besetzung ist deshalb erstes Ziel in der analytischen Behandlung. Freud ist hier ganz realistisch: Wie auch der Lehrer oder der Anwalt braucht er zunächst Glauben, der sich durch die Person des Arztes trägt. Argumente und ihre Prüfung sind erst späte Erwerbungen. Diese Betonung des Glaubens ist übrigens durch die neuere Psychotherapieforschung (überzeugend: Wampold 2001) durchaus gewürdigt worden; der Patient muss Sinn herstellen können zwischen seiner Störung, dem angebotenen Behandlungsvorschlag und der Art und Weise, wie der Behandler seine Vorschläge vertritt. Argumente für »wissenschaftlich nachgewiesene Methoden« überzeugen nicht, wenn die Integrität des Behandlers sie nicht gewährleistet und wenn der Patient keinen sinnreichen Zusammenhang mit seiner Störung nachvollziehen kann.

Freud ist hier zupackend, gerade als Wissenschaftler. In der letzten Vorlesung erläutert er seine Haltung als Wissenschaftler in einem illustrativen Vergleich. Die Wissenschaft gehe nicht nur experimentell vor, schon dem Astronomen müsse das Experimentieren mit den Himmelskörpern schwer fallen. Vielmehr verknüpfe der Wissenschaftler verschiedene lose Enden miteinander, prüfe ihre Passung, halte sich für neue unerwartete Momente offen und schließlich gewinne er eine Überzeugung, die er mit Offenheit für Kritik vertrete. Es sei nicht wahr, dass die Wissenschaft »blind von einem Versuch zum andern torkelt, einen Irrtum mit einem anderen vertauscht. In der Regel arbeitet sie wie der Künstler am Tonmodell, wenn er am rohen Entwurf unermüdlich ändert, aufträgt und wegnimmt, bis er einen ihn befriedigenden Grad von Ähnlichkeit mit dem gesehenen oder vorgestellten Objekt erreicht hat« (Freud 1933a, S. 188 f.).

Dies Modellieren des Objekts basiert somit – vergleichbar dem Künstler – auf einem intuitiven Vorwissen, von dem Freud vielfach Beispiele gegeben hat. Bei den Fehlleistungen war es der Fall, wenn einer den Namen einer Person zu finden versucht, den er gerade nicht erinnert – hier erkennt er die richtige Lösung sofort, wenn sie ihm etwa zugerufen wird. Dann stellt sich der »befriedigende Grad von Ähnlichkeit« als Evidenzüberzeugung schnell ein. Im Traum ist es das dialogische Modell, wo die zweite Rhetorik die erste artikuliert; wir haben gesehen, dass dies der Mutter-Säuglings-Interaktion nachgebildet ist. Die Mutter »weiß« etwas von ihrem Säugling und wenn es das Richtige ist, stellt sich wiederum der befriedigende Grad von Ähnlichkeit her. Darin liegt alles Potential für Verkennungen, denn natürlich verkennen Mütter oft genug ihre Kinder. Aber Freud will uns hier anscheinend Mut zu einem solchen Vorwissen machen. In der Praxis der Neurosenlehre, in der Behandlungssituation also, kommt es genau darauf an, dass der Analytiker den Vorentwurf seines Patienten versteht, ihm eine narrative Form anbietet und so das Selbst des Patienten Gestalt zu werden eine Chance bekommt. Hier wird das Thema der unbewussten Kommunikation vorbereitet.

»Neue Folge der Vorlesungen« (1933)

Zur Zeit der »Neuen Folge der Vorlesungen« von 1933 hatte Freud längst theoretische Umbauten vorgenommen. Er hatte das topische Modell mit der Unterscheidung bewusst/unbewusst aufgegeben. Die Abwehrleistungen des Ich mussten als unbewusst aufgefasst werden. Abwehr kann jedoch nicht als *unbewusste* Leistung eines »Bewusstseins« beschrieben werden; ein solcher Widerspruch musste gelöst werden, indem Freud die psychischen »Instanzen« nun im Strukturmodell als Es, Ich und Überich bezeichnet. Dann kann man von unbewussten Leistungen sowohl des Ich wie auch des Überich sprechen und hat auf diesem Weg sogleich eine Möglichkeit gefunden, das unbewusste Schuldgefühl mit dem Überich in Verbindung zu bringen. Auch seine Auffassungen von der Weiblichkeit werden zusammengefasst und teils neu formuliert, etwa in der Vorlesung »Die Weiblichkeit«: »Den Analytikern sage ich zu wenig und überhaupt nichts Neues, Ihnen aber zu viel und solche Dinge, für deren Verständnis Sie nicht ausgerüstet sind« (ebd., S. 119). Man muss »ausgerüstet« sein für die psychoanalytische Wahrnehmung, will er erneut zum Ausdruck bringen.

Er rät ab, weiblich und passiv gleichzusetzen und meint, »Dabei müssen wir achthaben, den Einfluß der sozialen Ordnungen nicht zu unterschätzen, die das Weib in passive Situationen drängen. Das ist alles noch sehr ungeklärt« (ebd., S. 123). Und wenn er seinen Eindruck beschreibt, »dass das kleine Mädchen intelligenter, lebhafter ist als der gleichaltrige Knabe« (ebd., S. 125) sieht man, wie hoch Freud den Einfluss der »sozialen Ordnung« eingeschätzt hat; sie schränkt das Mädchen ein. Das Mädchen aber muss auch das erste Liebesobjekt, die Mutter, gegen den Vater tauschen, es muss die erogene Reizbarkeit von Klitoris zu Vagina verschieben – und daran ist von feministischer Seite besonders viel Kritik geübt worden. Für die psychoanalytische Theoriebildung aber ist es von Vorteil, dass Freud bei der Diskussion der Weiblichkeit dazu gelangt, der präödipalen Mutterbindung eine erhebliche Rolle zuzubilligen. Deshalb sieht er den Kastrationskomplex anders verlaufen. Die jungen Mädchen entwickeln die Phantasie, die Mutter sei für den Penismangel verantwortlich und diese (vermeintliche) Benachteiligung können sie kaum verzeihen. Während beim Knaben die Androhung der Kastration den Untergang des Ödipuskomplexes einleitet, werde er durch die Entdeckung der »Kastration« beim Mädchen erst geschaffen. Freud weiß, wie »unvollständig und fragmentarisch« (ebd., S. 145) das ist, was er zur Weiblichkeit vorzutragen hat und man spürt seinen Formulierungen die Unzufriedenheit an; das »Rätsel Weib« hat sich ihm nicht vollständig erschlossen.

Wenig Aufmerksamkeit ist seiner mühevollen Auseinandersetzung mit der Telepathie in weiteren Vorlesungen gezollt worden. Schon zu Beginn der »Neuen Folge« (ebd., S. 6) gibt er den merkwürdig scheinenden Hinweis, die Traumlehre sei zwar »das Kennzeichnendste und Eigentümlichste der jungen Wissenschaft« geblieben, aber sie sei auch »der Mystik abgewonnen« worden. Zu Beginn der Vorlesung über »Traum und Okkultismus« wiederholt er diesen Hinweis (ebd., S. 32) auf die Mystik, um später erneut die Psychoanalyse mit »gewissen mystischen Praktiken« zu vergleichen, denen es »gelingen mag, die normalen Beziehungen zwischen den einzelnen seelischen Bezirken umzuwerfen, sodass z. B. die Wahrnehmung Verhältnisse im tiefen Ich und im Es erfassen kann, die ihr sonst unzugänglich waren« (ebd., S. 86).

Wenn man bedenkt, dass die psychoanalytische Situation in der Tat Ähnlichkeit mit meditativer Praxis hat, ist der Vergleich mit mystischer Versenkung so abwegig nicht. Wir sehen einen *auch* spirituellen Freud (Stein 1997), den eine *nur* wissenschaftlich orientierte Rezeption unterschlägt.

Freud beschäftigt sich mit der Möglichkeit des Gedankenlesens und illustriert dies mit zahlreichen Beispielen. Sie sind detailreich und kaum wiederzugeben. Immerhin aber formuliert er gegen die wissenschaftlichen Skeptiker: »Wenn man sich für einen Skeptiker hält, tut man gut daran, gelegentlich auch an seiner Skepsis zu zweifeln« (Freud 1933a, S. 57), und er will seinen Hörern »nahe legen, über die objektive Möglichkeit der Gedankenübertragung und damit auch der Telepathie freundlicher zu denken« (ebd., S. 58). Die Annahme, dass ein seelischer Akt des Einen den entsprechenden seelischen

Akt beim Anderen anregt, ist für einen Psychoanalytiker so fremd nicht. Das Receiver-Gleichnis, wonach der Analytiker sein Unbewusstes dem des zu Analysierenden so einstellen solle wie der Telefonhörer gegenüber der Muschel, verwendet Freud immerhin, um den Kern der analytischen Haltung zu beschreiben. Vielfach weist er an anderen Stellen darauf hin, dass es diese Möglichkeit der unvermittelten Wahrnehmung im menschlichen Verkehr gibt. In der »Neuen Folge« dieser Vorlesungen erfolgt der Hinweis auf die familiären Beziehungen, indem Freud annimmt, das Kind verstehe das Unbewusste seiner Eltern, weshalb die Erziehung weniger von bewussten Prinzipien als vielmehr vom elterlichen Über-Ich geleitet sei. Freud hält die unbewusste Kommunikation für eine archaische Möglichkeit:

> »Was zwischen den beiden seelischen Akten liegt, kann leicht ein physikalischer Vorgang sein, in den sich das Psychische an einem Ende umsetzt und der sich am anderen Ende wieder in das gleiche Psychische umsetzt. Die Analogie mit anderen Umsetzungen wie beim Sprechen und Hören am Telefon wäre dann unverkennbar. Und denken Sie, wenn man dieses physikalischen Äquivalents des psychischen Akts habhaft werden könnte! Ich möchte sagen, durch die Einschiebung des Unbewußten zwischen das Physikalische und das bis dahin ›psychisch‹ Genannte hat uns die Psychoanalyse für die Annahme solcher Vorgänge wie die Telepathie vorbereitet. Gewöhnt man sich erst an die Vorstellung der Telepathie, so kann man mit ihr viel ausrichten, allerdings vorläufig nur in der Phantasie. Man weiß bekanntlich nicht, wie der Gesamtwille in den großen Insektenstaaten zustande kommt. Möglicherweise geschieht es auf dem Wege solch direkter psychischer Übertragung. Man wird auf die Vermutung geführt, daß dies der ursprüngliche, archaische Weg der Verständigung unter den Einzelwesen ist, der im Lauf der phylogenetischen Entwicklung durch die bessere Methode der Mitteilung mit Hilfe von Zeichen zurückgedrängt wird, die man mit den Sinnesorganen aufnimmt. Aber die ältere Methode könnte im Hintergrund erhalten bleiben und sich unter gewissen Bedingungen noch durchsetzen, z. B. in leidenschaftlich erregten Massen« (ebd., S. 59).

Von Möglichkeiten unbewusster Kommunikation ist Freuds Denken erfüllt, seine Hinweise in anderen Texten lassen sich nicht übersehen. Wie um einen Beleg dafür zu liefern, dass er deren Ursprung in der Mutter-Kind-Situation sieht, beschließt er die Vorlesung über die Telepathie mit den (damals) neueren Befunden, die sich ergeben, wenn man Mutter und Kind gleichzeitig in Analyse hat. Freud beruft sich hier auf Dorothy Burlinghams erste behandlungstechnische Versuche. Die Osmose der Kommunikation wird zwischen Mutter und Kind am intensivsten sein; diese Kommunikationsform nicht abzulehnen, ist Freuds Anregung. Freud ist dabei ganz der Wissenschaftler, der seine Skepsis skeptisch betrachtet (erneut eine Beobachtung zweiter Ordnung) und gerade deshalb nicht leugnen kann, dass es hier etwas zu entdecken gibt, wovon andere wie die Mystiker ahnungsvoll sprachen.

Freud scheint Recht behalten zu haben, die Wissenschaft (Görnitz & Görnitz 2002, 2005) beginnt, diese Dinge in der Tat zu klären. Die neuere psychoanalytische Forschung hat hier den Begriff des »impliziten Beziehungswissens« ausgebildet (Stern 1998, Bruschweiler-Stern et al. 2002; Stern 2004). Er bringt zur Geltung, wie Teilnehmer einer gemeinsamen Interaktion ihre Erfahrung jenseits der Worte teilen. Erfahrung ist gemeinsam und körpernah, verbunden und prozedural; Wissen hingegen abstrakt, deshalb getrennt und repräsentational-symbolisch. Erfahrung geht voraus. Vergleichbar ist diese Art über implizites Beziehungswissen zu denken der erstmaligen Beschreibung eines »bi-personalen« Feldes durch die südamerikanischen Psychoanalytiker Baranger und Baranger (1966). Das ist neuerdings von dem italienischen Analytiker Ferro (2002; 2003) aufgegriffen und subtil weiter entwickelt worden. Auch ergeben sich erneut Bezüge zu Lorenzer (1970; 1974) und Argelander (1967). Die therapeutische Interaktion kann als »Szene« beschrieben werden, an der beide Beteiligte teilhaben. Freud legt in der dialogischen Anlage seiner Vorlesungen den Grundstein dazu.

Literatur

Argelander, Hermann (1967): Das Erstinterview in der Psychotherapie, Teil I. In: Psyche – Z Psychoanal, 21, 341–374.

Baranger, Madeleine & Baranger, Wright (1966): Insight and the analytic situation. In: Litman, R. E. (Hg.): Psychoanalysis in the Americas. New York (International Universities Press).

Benjamin, Jessica (1988): The Bonds of Love. New York (Pantheon).

Bruschweiler-Stern, Nancy; Harrison, Anne-M.; Lyons-Ruth, Karla; Morgan, Anne-C.; Nahum, Jay-P. ; Sander, Lynne-W.; Stern, Daniel-N. & Tronick, Edward Z. (2002): Explicating the Implicit: the local level and the microprocess of change in the analytic situation. In: International Journal of Psychoanalysis, 2002, 1051–1063.

Buchholz, Michael B. (1990): Die Rotation der Triade. In: Forum Psychoanal, 6 ,116–134.

Buchholz, Michael B. (2003): Metaphern der »Kur«. Qualitative Studien zum therapeutischen Prozess (2. Auflage). Gießen (Westdeutscher Verlag).

Buchholz, Michael B. (2003): Metaphern und ihre Analyse im therapeutischen Dialog. In: Familiendynamik, 28, 64–94.

Buchholz, Michael B. & Altmeyer, Martin (2001): »Das Unbewusste beschützt uns«. Ein Gespräch mit Christopher Bollas. In: Schlösser, A. & Gerlach, A. (Hg.): Kreativität und Scheitern. Gießen (Psychosozial-Verlag).

Buchholz, Michael B. & Gödde, Günter (Hg.) (2005): Macht und Dynamik des Unbewussten. Bd. I. Auseinandersetzungen in Philosophie, Medizin und Psychoanalyse. Gießen (Psychosozial-Verlag).

Burling, Robbins (2000): Comprehension, Production and Conventionalisation in the Origins of Language. In: Knight, Chris; Studdert-Kennedy, Michael & Hurford, James R. (Hg.): The Evolutionary Emergence of Language. Social Function and the Origins of Linguistic Form. Cambridge. New York (Cambridge University Press).
Dornes, Martin (2004): Über Mentalisierung, Affektregulierung und die Entwicklung des Selbst. In: Forum Psa., 20, 175–200.
Edelman, Gerald M. & Tononi, Giulio (2002): Gehirn und Geist. Wie aus Materie Bewusstsein entsteht. München (Piper).
Ferenczi, Sandor & Rank, Otto (1924/1996): Entwicklungsziele der Psychoanalyse. Zur Wechselbeziehung von Theorie und Praxis. Wien (Turia & Kant).
Ferro, Antonio (2002): In the Analyst's Consulting Room. New York (Brunner-Routledge).
Ferro, Antonio (2003): Das Bipersonale Feld. Konstruktivismus und Feldtheorie in der Kinderanalyse. Gießen (Psychosozial-Verlag).
Fonagy, Peter; Gergely, György; Jurist, Elliot J. & Target, Mary (2004): Affektregulierung, Mentalisierung und die Entwicklung des Selbst. Stuttgart (Klett-Cotta).
Forrester, John (2000): Portrait eines Traumlesers. In: Marinelli, L. & Mayer, A. (Hg.): Die Lesbarkeit der Träume. Zur Geschichte von Freuds »Traumdeutung«. Frankfurt/M. (Fischer).
Freud, Sigmund (1910a): Über Psychoanalyse GW XIII, 1–60.
Freud, Sigmund (1916–17a): Vorlesungen zur Einführung in die Psychoanalyse. GW XI.
Freud, Sigmund (1924f): Kurzer Abriss der Psychoanalyse. GW XIII, 405–427.
Freud, Sigmund (1926f): Psycho-Analysis. GW XIV, 299–307.
Freud, Sigmund (1933a): Neue Folge der Vorlesungen zur Einführung in die Psychoanalyse. GW XV.
Freud, Sigmund (1940a): Abriss der Psychoanalyse. GW XVII, 63–138.
Gay, Peter (1984): Erziehung der Sinne. Sexualität im bürgerlichen Zeitalter. München (Beck).
Görnitz, Thomas & Görnitz, Brigitte (2002): Der kreative Kosmos. Geist und Materie aus Information. Heidelberg, Berlin (Spektrum).
Görnitz, Thomas & Görnitz, Brigitte (2005): Das Bild des Menschen im Licht der Quantentheorie. In: Buchholz, M. B. & Gödde, G. (Hg.): Das Unbewusste in aktuellen Diskursen – Anschlüsse. Bd. II. Gießen (Psychosozial-Verlag).
Greenberg, Jay (1994): Psychotherapy Research: a Clinicians View. In: Forrest, T. P., Strupp, H. & Butler, S. F.: Psychotherapy Research and Practice. New York (Basic Books).
Jones, Ernest (1970): Die Theorie der Symbolik (Teil I). In: Psyche – Z Psychoanal, 24, 942–974.
Kazanskaya, Anna & Kächele, Horst (2000): Kommentar zu E. Schegloff: Das Wiederauftauchen des Unterdrückten. Psychother. Soz., 2, 30–33.
Kitcher, Patricia (1992): Freuds Dream. A Complete Interdisciplinary Science of Mind, Cambridge/London (MIT-Press).
Köhler, Lotte (2004): Frühe Störungen aus der Sicht zunehmender Mentalisierung. In: Forum Psa., 20, 158–175.
Lichtenberg, Joseph D. (1989): Modellszenen, Affekte und das Unbewusste. In: Wolf, E. S.; Ornstein, A. et al. : Selbstpsychologie. München/Wien (Verlag Internationale Psychoanalyse).
Lorenzer, Alfred (1970): Sprachzerstörung und Rekonstruktion. Frankfurt/M. (Suhrkamp).
Lorenzer, Alfred (1974): Die Wahrheit der psychoanalytischen Erkenntnis. Frankfurt/M. (Suhrkamp).
Luhmann, Niklas (1988): Neuere Entwicklungen in der Systemtheorie. In: Merkur, 42, 292–300.
Luhmann, Niklas (1997): Die Gesellschaft der Gesellschaft, 2 Bde. Frankfurt/M. (Suhrkamp).
Plessner, Helmuth (1982): Die Stufen des Organischen und der Mensch. Berlin, New York (Walter de Gruyter).

Pontalis, Jean-B. (1992): Die Macht der Anziehung. Frankfurt/M. (Suhrkamp).
Schegloff, Emanuel A. (2000): »Das Wiederauftauchen des Unterdrückten« In: Psychother. Soz. , 2, 3–29.
Searle, John (1997): Die Konstruktion der gesellschaftlichen Wirklichkeit. Zur Ontologie sozialer Tatsachen. Reinbek (Rowohlt).
Shotter, John & Newson, John (1982): An ecological approach to cognitive development: implicate orders, joint actions and intentionality. In: Butterworth, G. & Light, P. (Hg.): Social Cognition. Studies of the Development of Understanding. Brighton. (The Harvester Press).
Stein, Herbert (1997): Freud spirituell. Das Kreuz (mit) der Psychoanalyse. Leinfelden-Echterdingen (Bonz).
Stein, Herbert (2005): »Quantenphysik und die Zukunft der Psychoanalyse«. In: Buchholz, M. B. & Gödde, G. (Hg.) Das Unbewusste in aktuellen Diskursen – Anschlüsse. Bd. II. Gießen (Psychosozial-Verlag).
Stern, Daniel N. (1985): The Interpersonal World of the Infant. A View from Psychoanalysis and Developmental Psychology. New York (Basic Books).
Stern, Daniel N. (1998): The process of therapeutic change involving implicit knowledge: Some implications of developmental observations for adult psychotherapy. In: Infant Mental Health Journal, 19, 9–25.
Stern, Daniel N. (2004): The Present Moment in Psychotherapy and Everyday Life. New York/London (Norton).
Stockreiter, Karl (2000): Traumrede. Der Bruch mit der klassischen Rhetorik in der Traumdeutung. In: Marinelli, L. & Mayer, A. (Hg.): Die Lesbarkeit der Träume. Zur Geschichte von Freuds »Traumdeutung«. Frankfurt/M. (Fischer).
Wampold, Bruce E. (2001): The Great Psychotherapy Debate – Models, Methods and Findings. Mahwah, NJ/London (Lawrence Earlbaum).

Psychoanalyse und Neurowissenschaften. Zeichen einer neuen Verständigung?

Marianne Leuzinger-Bohleber

1. Einleitung

In den letzten Jahren scheint sich eine Vision von Sigmund Freud zu erfüllen: Sein Leben lang hoffte er, neuere Entwicklungen in den Neurowissenschaften könnten dazu beitragen, psychoanalytische Prozesse auch naturwissenschaftlich zu erforschen. Der englische Neurologe und Psychoanalytiker Mark Solms hat in vielen historischen und theoretischen Beiträgen belegt, dass sich Freud – angesichts des Standes der neurowissenschaftlichen Methoden seiner Zeit – von dieser Vision abwandte und die Psychoanalyse als ausschließlich *psychologische* Wissenschaft des Unbewussten definierte (Starobinski, Grubrich-Simitis & Solms 1999; Kaplan-Solms & Solms 2000). Neuere Entwicklungen in den Neurowissenschaften, z.B. die Untersuchung des lebenden Gehirns mit Hilfe von bildgebenden Verfahren, aber auch die von Solms und anderen psychoanalytischen Forschern beschriebene neuroanatomische Methode, haben den interdisziplinären Dialog zwischen der Psychoanalyse und den Neurowissenschaften in den letzten Jahren befruchtet und intensiviert. 1999 erschien zum ersten Mal die internationale Zeitschrift *Neuro-Psychoanalysis*, in der namhafte Neurowissenschaftler und Psychoanalytiker Themen wie Emotion und Affekt, Gedächtnis, Schlaf und Traum, Konflikt und Trauma sowie bewusste und unbewusste Problemlösungsprozesse detailliert und kontrovers diskutieren. 2000 wurde die internationale Gesellschaft *Neuro-Psychoanalysis* gegründet, die in regelmäßigen Kongressen ebenfalls den Austausch zwischen diesen beiden Wissenschaften pflegt. Zudem haben sich in verschiedenen Ländern psychoanalytische Forschungsgruppen gebildet, die Patienten nach lokalisierbaren Hirnverletzungen psychoanalytisch behandeln, einmal um diese Patienten bei der Verarbeitung ihrer Behinderungen (z.B. eines Neglects) therapeutisch zu unterstützen, aber auch um in diesen Therapien gemeinsam mit den Betroffenen klinisch sorgfältig die Auswirkungen der hirnorganischen Schädigungen auf das seelische Funktionieren und Befinden zu studieren. Die mit Hilfe dieser neuroanatomischen Forschungsmethode gewonnenen Erkenntnisse werden dokumentiert und im internationalen Austausch zwischen den Expertengruppen miteinander verglichen.

Erwähnenswert ist, dass Alfred Lorenzer als Wissenschaftler am Sigmund-Freud-Institut der 1970er Jahre als einer der ersten Pioniere die *Relevanz des Dialogs mit den Neurowissenschaften für die Psychoanalyse* erkannte. Alfred Lorenzer nahm viele der eben erwähnten Thesen von Mark Solms (2000) und anderen Autoren vorweg, indem er betonte, dass die Wurzeln der Psychoanalyse auch die neurophysiologische Forschungstätigkeit von Freud einschließen. Wie Solms hebt Lorenzer hervor, dass es die Kritik an der Lokalisationsthese und den methodischen Begrenztheiten der neurologischen Forschung seiner Zeit waren, die Freud dazu bewogen, sich von der Neurologie abzuwenden und die Psychoanalyse als »reine Psychologie« zu definieren. Freud hielt – im Gegensatz zu den vorherrschenden Auffassungen von vielen Neurologen seiner Zeit – an einer holistischen Auffassung des Gehirns und seiner Funktionsweise fest. Diese holistisch-funktionale Auffassung hat sich inzwischen durchgesetzt.

Weiter ist bemerkenswert, dass Lorenzer schon in den Achtzigerjahren postulierte, dass sich Interaktionserfahrungen während der Embryonalzeit und den ersten Lebensmonaten »verleiblichen«, d.h. in sensomotorische Reaktionsweisen des Körpers einprägen und – unbewusst – spätere Informationsverarbeitungsprozesse in adäquater oder inadäquater (»neurotischer«) Weise determinieren, eine Einsicht, die sich im aktuellen Dialog zwischen der Psychoanalyse und der *Embodied Cognitive Science* in den letzten Jahren durchgesetzt hat.

In der *Cognitive Science* hat nämlich der Dialog zwischen der Psychoanalyse und den Neurowissenschaften eine lange Tradition, was oft nur wenig bekannt ist. Diese Grundlagenwissenschaft hat sich immer schon interdisziplinär verstanden und versuchte in ihrer Modellbildung intelligenten Verhaltens, Wissen aus den Disziplinen Künstliche Intelligenz (*Artificial Intelligence*), Psychologie, Linguistik, Neurobiologie, Philosophie und neuerdings auch den Ingenieurswissenschaften zu integrieren. An der Universität Zürich hat die Forschungsgruppe um den Psychoanalytiker Ulrich Moser seit den Neunzehnhundertsechzigerjahren versucht, psychoanalytische Theorien, wie die Traumtheorie oder die psychoanalytische Abwehrlehre, mit Hilfe von Computersimulationen empirisch zu testen und mit dem Stand des interdisziplinären Wissens, z.B. der Neurowissenschaften, in Beziehung zu setzen. In den letzten Jahren haben wir (d.h. der Informatikprofessor Rolf Pfeifer und ich) in verschiedenen Arbeiten gezeigt, dass neuere Konzeptualisierungen der so genannten *Embodied Cognitive Science* produktiv für ein vertieftes Verständnis von psychoanalytischen Prozessen genutzt werden können (vgl. dazu u. a. Leuzinger-Bohleber & Pfeifer 2002). Aufgrund von neueren neurobiologischen Gedächtnismodellen (z.B. von Edelman und Rosenfield, diskutiert von Clancey, Brooks, Pfeifer und Scheier u. a.) versuchten wir z.B. auf neue Weise die psychoanalytische Erfahrung zu erklären, dass es in psychoanalytischen Behandlungen nicht genügt, wenn sich ein Patient an seine traumatischen Kindheitserfahrungen erinnert, sondern erst ein Durcharbeiten der damit verbundenen emotionalen, kognitiven und sensomotorischen Erfahrungen in der therapeutischen Beziehung selbst (der Übertragung zum Analytiker) zu einer dauerhaften Veränderung der Symptomatik und von inadäquatem Verhalten führt. So postuliert die biologisch orientierte Gedächtnisforschung, dass Erinnerungsprozesse nicht in analoger Weise wie ein Computer funktionieren: Im Gehirn existieren keine Speicher, aus denen Informationen, die in früheren Situationen erworben wurden – wie nach einem Druck auf eine Taste des Computers –, »abgerufen« werden können. Stattdessen ist das Gehirn – als lebendes System – auf eine aktuelle sensomotorisch-affektive Stimulation angewiesen, bei deren Verarbeitung neurologische Prozesse in analoger Weise koordiniert werden, wie dies in einer früheren Situation geschah. Dank dieser aktiven, konstruierenden und interaktiven Prozesse ist das Gehirn (bzw. der gesamte Organismus) in der Lage, »Gedächtnis« zu produzieren, d.h. sich z.B. an frühere Situationen zu erinnern. Pointiert und verkürzt zusammengefasst: Ein Patient ist nicht dazu in der Lage, sich allein – ohne ein entsprechendes Gegenüber – an jene konflikthaften, früheren Erfahrungen zu erinnern, die auch heute noch sein Verhalten unerkannt bestimmen und seine neurotischen bzw. psychopathologischen Symptome determinieren. Erst die Interaktion mit dem Therapeuten, einer für ihn emotional wichtigen Person, ermöglicht ihm schließlich ein Erinnern an diese traumatischen und »krankmachenden« Erfahrungen, was – dank der professionell geschulten Wahrnehmung der Therapeuten – einen gemeinsamen kritischen Reflexionsprozess einleiten kann, der – so die Erfahrung der Psychoanalyse – schließlich zu einer Korrektur inadäquaten Verhaltens und dem Verschwinden psychopathologischer Symptome führen kann.

Dieses Beispiel mag illustrieren, dass der Dialog mit den Neurowissenschaften Psychoanalytikern die Chance bietet, ihre eigenen Beobachtungen und klinischen Entdeckungen durch einen »fremden Blick auf das Eigene« neu zu verstehen. So wird z.B. aufgrund der Forschungen zur Entwicklung des Gehirns, die die Relevanz der Früherfahrungen für die affektive, kognitive und soziale Persönlichkeitsbildung belegen, theoretisch auf neue Weise fassbar, warum therapeutische Veränderungen mit ihrem Ziel, verbales und nonverbales Verhalten auf einem besseren, »gesunderen« Adaptationsniveau an aktuelle Situationen zu integrieren bzw. zu modifizieren, »ihre Zeit brauchen«. Die Neurowissenschaften bieten der Psychoanalyse objektive und detaillierte Erkenntnisse zur Funktionsweise des menschlichen Gehirns an, mit denen sich psychoanalytische Theorien als »external kohärent« (Carlo Strenger) erweisen müssen.

Doch auch für Neurowissenschaftler mag der Dialog mit der Psychoanalyse interessant sein, wie einige Autoren, so etwa Howard Shevrin, in der erwähnten Zeitschrift Neuropsychoanalysis diskutieren: Die Psychoanalyse bietet aufgrund ihrer nun hundertjährigen spezifischen »Feldforschung«, der intensiven und minutiösen Arbeit mit seelisch kranken Menschen, den Neurowissenschaftlern Theorien an, die auf einer komplexen Ebene seelische Integrationsprozesse beschreiben und dabei sowohl die unverwechselbare Subjektivität und den persönlichen und biografischen Kontext eines Individuums berücksichtigen. Zudem hat die Psychoanalyse bekanntlich eine spezifische Forschungsmethode entwickelt, die intime und persönliche Vorgänge eines einzelnen Menschen mit einer Tiefe und Genauigkeit untersucht, wie kaum eine andere psychologische Vorgehensweise. So schreibt z.B. der Nobelpreisträger Eric Kandel (1999, S. 505) dazu: » (...) Die Psychoanalyse repräsentiert noch immer die kohärenteste und intellektuell befriedigendste Sichtweise der Psyche. (...) Sie könnte wieder Energie gewinnen, (...) indem sie eine engere Beziehung mit der Biologie im allgemeinen und im besonderen mit der kognitiven Neurowissenschaft eingeht«. Daher ist er wohl der prominenteste Befürworter des Dialogs zwischen Psychoanalyse und Neurowissenschaften. Sein Buch »Psychiatrie, Psychoanalyse und die neue Biologie des Geistes« (2005) ist soeben in deutscher Übersetzung beim Suhrkamp Verlag erschienen. Im Kapitel »Die Biologie im Dienste der Psychoanalyse« (S. 128ff.) nennt er 8 Gebiete, in denen die Biologie mit der Psychoanalyse zusammenarbeiten könnte

1 Das Wesen unbewusster geistiger Prozesse
2 Das Wesen der psychologischen Kausalität

3 Psychologische Kausalität und Psychopathologie
4 Frühe Erfahrung und die Prädisposition zur Psychopathologie
5 Das Vorbewusste, das Unbewusste und der präfrontale Kortex
6 Sexuelle Orientierung
7 Psychotherapie und strukturelle Veränderungen im Gehirn
8 Psychopharmakologie als Ergänzung der Psychoanalyse

Ich kann in diesem Rahmen nicht auf alle diese acht Gebiet eingehen, sondern muss mich auf einige Ausschnitte beschränken. Ich denke, ich kann die Chancen und die Grenzen des Dialogs zwischen Psychoanalyse und Neurowissenschaften am anschaulichsten hier diskutieren, wenn ich den Schwerpunkt nicht auf theoretische Ausführungen zu diesen 3 Punkten lege, sondern anhand eines kurzen Fallbeispiels lege, in dem vieles hoffentlich für sich selbst spricht. Ich hoffe, dass ich einerseits illustrieren kann, dass sich meiner Erfahrung nach in der Tat zurzeit neue Horizonte der Verständigung zwischen diesen beiden Disziplinen erschließen. Ich werde zu zeigen versuchen, dass unser Verständnis von zentralen psychoanalytischen Konzepten, wie sie Freud in seiner berühmten Arbeit »Erinnern, Wiederholen und Durcharbeiten« (Freud 1914g) beschrieben hat sich durch den Dialog mit den Neurowissenschaften erweitert hat. Ich konzentriere mich dabei vor allem auf die erwähnten neuen Gedächtniskonzepte der Embodied Cognitive Science, in deren Modellvorstellungen ein breites Wissen aus den modernen Neurowissenschaften integriert werden, und zwar folgende 3 Punkte:

I. Gedächtnisprozesse werden heute als sensomotorische Koordinationen verstanden, die auf früheste Erfahrungen zurückreichen (bis in die ersten Lebenswochen).
II. Gedächtnis wird heute als Produkt der Interaktion des Organismus mit der Umwelt verstanden und nicht mehr als rein intrapsychischer Prozess.
III. Erinnerungen beruhen nicht auf dem Abrufen statisch gespeicherter Informationen (aus dem Langzeitgedächtnis), sondern kommen durch das Zusammenwirken sensomotorischer Koordinationen des ganzen Organismus zusammen. Sie sind die Produkte komplexer, dynamischer, rekategorisierender und interaktiver Prozesse, die immer »embodied« sind.

Im letzten Teil dieses Beitrags geht es auf der anderen Seite um das Fragezeichen in meinem Titel, da meiner Meinung nach trotz der eben skizzierten historischen Chance eines produktiven interdisziplinären Dialogs zwischen der

Psychoanalyse und den Neurowissenschaften, vor einem vorschnellen Optimismus gewarnt werden muss: Der Dialog befindet sich erst in den Anfängen und beinhaltet auch eine Reihe von methodischen und wissenschaftstheoretischen Klippen.

2. »Was für eine überwältigende Frau! Das wird mir aber zu viel!« Erste Begegnung mit einer schwer traumatisierten Patientin[1]

Bevor ich die Tür zu meiner Praxis richtig aufmachen kann, stürmt Frau M. auf mich zu, greift nach meiner Hand, drückt sie fest und in einer für mich merkwürdig sexualisierten Weise zwischen ihre beiden Hände, tritt dabei sehr nahe an mich heran und sagt: »Hellöchen, ich bin so froh, dass ich hier bin und mit Ihnen sprechen kann (…)«. Zu unserer Professionalität als Psychoanalytiker gehört bekanntlich, dass wir unsere eigenen emotionalen Reaktionen und Phantasien bei solchen Begegnungen mit Patienten genau zu beobachten versuchen. Mir schießt durch den Kopf: »Was für eine überwältigende Frau! Das wird mir aber zu viel. Die körperliche Berührung ist mir unangenehm, distanzlos, überwältigend. Was ist wohl los mit ihr? Da ist etwas sehr Bedürftiges. Ob ich sie je wieder wegschicken kann?« Dann fragt sie mich nach meiner Toilette und überrascht mich damit, dass sie die Türe offen lässt und mich dadurch alle intimen Körpergeräusche mithören lässt.

Diese Beobachtungen passen kaum zu meinem Eindruck, den ich am Telefon von ihr hatte. Sie hatte mir berichtet, dass ihr Hausarzt ihr geraten habe, sich psychotherapeutische Hilfe zu suchen. Sie sei krank, leide unter einem Burn-Out-Syndrom mit schweren Depressionen: »Ich kann nicht mehr – seit Wochen kann ich nicht mehr schlafen und kaum noch essen, bin unfähig zu arbeiten – und kann die Jugendlichen, die ich als Sozialarbeiterin betreue, kaum mehr ertragen. Immer wieder breche ich auch vor ihnen in Tränen aus (…)«.

Erst als ich nun genau hinblicke, entdecke ich ihre Erschöpfung – sie wirkt wie sechzig, obschon sie soeben fünfzig geworden ist, grau in grau gekleidet, sodass ihr schöner Körper kaum zu erkennen ist – eine Frau, die

1 Das Fallbeispiel ist aus Diskretionsgründen aktiv verschlüsselt und wurde in einer anderen Version bereits veröffentlicht (Leuzinger-Bohleber 2006). Zu der Problematik der Situation in Deutschland in den 1950er und 1960er Jahren vgl. auch Mitscherlich & Mitscherlich (1967).

das Elend der Welt auf ihren Schultern trägt. Charakteristisch für sie ist, dass sie sich zuerst nach meinem Befinden erkundigt, ob es mir wirklich recht sei, dass sie zu dieser späten Abendstunde komme, ob ich nicht zu müde sei, um ihr nach einem anstrengenden Arbeitstag zuzuhören etc. Erst als ich ihr explizit bestätige, dass ich mich nicht erschöpft fühle, sondern gerne mehr über sie erfahren würde, kann sie mit der Schilderung beginnen. Schließlich stellt sich heraus, dass vor allem die Ankündigung ihres jahrelangen verheirateten Freundes, er ziehe in eine andere Stadt und werde sie nicht mehr, wie seit Jahren, jeden Freitagabend besuchen können, sie in ein »tiefes Loch« gestürzt hat, aus dem sie sich nicht mehr aufrappeln konnte.

a) Eine ausagierte »embodied« Erinnerung – einige Überlegungen aufgrund des interdisziplinären Dialogs zwischen Psychoanalyse und *Embodied Cognitive Science* zum Gedächtnis

Meine These, die ich im folgenden diskutieren möchte, lautet, dass Frau M. schon in der ersten Interaktionsszene mit mir ihre frühen und adoleszenten Traumatisierungen szenisch inszeniert, wie dies Hermann Argelander (1967) beschrieben hat. Allerdings verstehe ich nun – aufgrund der eben beschriebenen Auffassung von Erinnerung und Gedächtnis der *Embodied Cognitive Science* – diese unbewusste Erinnerung nicht mehr als blitzschnelles Abrufen eines statisch gespeicherten Inhalts, etwa einer zentralen unbewussten Phantasien, wie sie auch heute noch in der psychoanalytischen Literatur beschrieben wird, oder aber eines *frames* oder TOPs, wie wir (Pfeifer und Leuzinger-Bohleber) dies noch 1986 in einer Arbeit zu den Gedächtniskonzepten der »klassischen *Cognitive Science*« verstanden hatten, sondern als eine unbewusste Konstruktion, die sich aufgrund sensomotorischer Koordinationen in den aktuellen Interaktion mit mir als einer »bedeutungsvollen Anderen« blitzschnell abgespielt hat. Wie erwähnt, wird Gedächtnis heute nicht mehr analog zu einem Computer verstanden – d.h., dass man aus dem Langzeitgedächtnis aufgrund analoger Informationsstrukturen in der auslösenden Situation gespeichertes Wissen ins Kurzzeitgedächtnis transferiert, das dann bewusst werden kann und zur aktuellen Problemlösung eingesetzt wird. Erinnern ist eine Funktion des gesamten Organismus und beruht auf komplexen, dynamischen, rekategorisierenden und interaktiven Prozessen, die immer »embodied« sind.

In anderen Worten: Frau W. reaktiviert nicht eine »unbewusste Wahrheit« wie etwa: »Ich muss mein Gegenüber schnell festhalten und ihm sagen, wie dankbar ich ihm bin, sonst verlässt es mich und ich falle in ein ›tiefes, tiefes‹ Loch, eine Katastrophe«. Frau W. konstruiert die Erinnerungen an eine eigene Erfahrungen des (sexuellen) Überwältigtwerdens, indem sie Informationen aus den verschiedenen Sinneskanälen (haptische, visuelle, sensorische, auditive etc.) in einer ähnlichen Weise koordiniert, wie sie dies in einer früheren, traumatischen Objektbeziehung erlebt hatte.

Selbstverständlich war weder ihr noch mir diese Analogie während des Interviews verständlich. Erst im 2. Jahr der Behandlung erinnert sich Frau W. plötzlich an eine Szene in ihrem 14. Lebensjahr: Sie stürmt in das Atelier ihres Onkels, sobald er auch nur einen Spalt der Türe öffnet und fällt ihm um den Hals. »Ich wollte das Gefühl haben, dass ich die Initiative habe und bestimme, dass ich mit ihm schlafe (...). Ich wollte nicht sein Opfer sein!«.

Erst jetzt verstehen wir die Analogie zwischen der ersten Begegnung mit mir, als einer, wie sie damals fantasierte, für sie wichtigen Person, von der sie nun Jahrelang abhängig sein werde, und dem sie missbrauchenden Onkel. Zwar hat schon Freud davon gesprochen, dass das Ich ursprünglich ein Körperliches sei und das Trauma im Körper sitze, doch hat mich die Auseinandersetzung mit der biologischen Gedächtnisforschung sehr viel mehr als früher dazu motiviert, das körperliche Interaktionsverhalten meiner Patienten zu beobachten, besonders falls es durch Widersprüche auffällt, und mit ihnen zusammen auf ihren früheren Sinn hin zu entschlüsseln. Dabei ist wichtig festzustellen, dass sensomotorische Koordination, *»embodied« memory*, nicht nur bedeutet »nonverbal«. Es handelt sich vielmehr um eine Koppelung sensorischer und motorischer Prozesse, die beide einander wechselseitig beeinflussen und in neuronalen Karten implementiert wurden.

Das Konzept des *»Embodied Memory«* war neu vor 10 Jahren. Es wurde inzwischen in der kognitiven Psychologie weit rezipiert, allerdings oft ohne seine radikal alternative Sichtweise von Gedächtnis. Für uns faszinierend ist aber, dass z.B. neuere fmRI-Studien im Gebiet der so genannten Spiegelneuronen das Konzept des *Embodied Memory* in neuer Weise belegen, wie Peter Henningsen, Rolf Pfeifer und ich in einer neueren Arbeit diskutieren (Leuzinger-Bohleber, Henningsen & Pfeifer, im Druck). Doch nochmals zurück zu unserem Fallbeispiel:

b) »Eigentlich weiß ich immer noch nicht, wer ich wirklich bin.« Aus der Psychoanalyse eines Kriegskindes

Welche Traumatisierungen hatten unbewusst zum psychischen Zusammenbruch von Frau W. geführt. Welche Informationen dazu erhielten wir in der intensiven und dichten psychoanalytischen Behandlung? Und bietet die moderne Neurowissenschaft Konzepte an, diese klinischen Beobachtungen nochmals vertieft zu verstehen?

Frau W. ist eine allein erziehende Mutter von zwei Töchtern, einem leiblichen Kind Marion und einem schwerst behinderten, adoptierten Mädchen, Anna, beide in der Adoleszenz. Zudem wohnt ihre fast achtzigjährige Mutter in ihrem Haus und wird von ihr versorgt. Einer der aktuellen Konflikte dreht sich um die täglichen Zusammenstöße zwischen Marion, der Vierzehnjährigen, und ihrer Großmutter, die ihr immer noch vorschreiben wolle, welche Kleider sie anzuziehen habe, wann sie die Hausaufgaben mache, mit welchen Freundinnen sie gefälligst verkehre und wann sie samstags zuhause sein solle. Frau W. stehe meist hilflos dazwischen – sie versuche zu vermitteln, mache der Tochter Vorhaltungen, sie solle »lieb zu der alten Frau sein«. Doch wurde schon im Erstinterview deutlich, dass Frau W. gleichzeitig eine Ahnung davon hatte, wie wichtig das Aufbegehren der Tochter gegen die dominierende, ja sogar tyrannische Großmutter für die Entwicklung von Marion (und auch für sie selbst) sein könnte.

In der Psychoanalyse stellt sich später heraus, dass der Wunsch, endlich selbst stabile innere Grenzen zwischen sich und der Mutter, bzw. sich und der Tochter, aufzurichten, einer der wichtigsten unbewussten Motive war, psychotherapeutische Hilfe zu suchen. Sie durfte sich aber diese Hilfe nur »gönnen«, nachdem ihr bisheriges Funktionieren an ihrer Arbeitsstelle und im Privaten zusammengebrochen war, und sie vom Arzt und ihrem Arbeitgeber als »krank« eingestuft wurde.

Frau W. hat sich bisher kaum mit sich und ihrer eigenen Lebensgeschichte beschäftigt: Sie litt unter einer ausgeprägten Amnesie bezüglich ihrer ersten Lebensjahre. In der fünfjährigen Psychoanalyse ergab sich schließlich folgendes Bild, das ich in diesem Rahmen nur fragmentarisch skizzieren kann: Frau W. wurde 1942 als zweites Kind in einer deutschen Großstadt geboren. Kurz nach ihrer Geburt erhielt die Mutter die Vermisstmeldung ihres Mannes an der russischen Front. Sie reagierte mit einem psychischen Zusammenbruch und konnte den Säugling nicht mehr versorgen. Sie übergab die

Kinder ihrer Schwiegermutter, einer überzeugten Nationalsozialistin, die Frau W. in hohem Alter stolz erzählte, dass sie die Kinder konsequent und streng erzogen habe. Noch immer war sie überzeugt, dass die damaligen Erziehungsvorstellungen, wie sie etwa im Buch von Johanna Harer »Die deutsche Mutter und ihr erstes Kind« dokumentiert sind, richtig waren. So hätte sie ihre Enkelin zwei Nächte in den Keller gestellt, damit sie das Schreien nicht hören konnte: danach hätte sie durchgeschlafen! Überhaupt sei die kleine Adelheid ein auffallend braves Kind gewesen, schon mit einem Jahr sauber und trocken, folgsam und pflegeleicht, sodass ihre psychisch immer noch labile Mutter sie Ende 1944 wieder zu sich nehmen konnte.

Die Mutter schlug sich und die beiden Kinder als Heimarbeiterin durch und erzählte immer wieder von den harten Zeiten damals, und wie sehr sie unter der nationalsozialistischen väterlichen Familie gelitten habe. Allerdings bewunderte sie gleichzeitig die Familie, vor allem weil der Onkel des Vaters damals als bekannter bildender Künstler galt und die Familie – in nationalsozialistischen Kreisen – sehr angesehen war. Sie selbst war Vollwaise. Sie hatte beide Eltern während des ersten Weltkrieges verloren und war 1917, als Fünfjährige, von einer Schwester ihrer Mutter mehr oder weniger widerwillig aufgenommen worden. So früh sie konnte, mit 14 Jahren, hatte sie sich eine Lehrstelle gesucht und sich »selbst durchgeschlagen«. Der Vater von Adelheid war ihre erste große Liebe, ein Lehrer, den sie im lokalen Turnverein kennen gelernt hatte. Er wurde gleich zu Beginn des Krieges eingezogen. Lange rechnete die Familie damit, dass er gefallen sei – bis er 1953 unerwartet aus russischer Gefangenschaft zurückkehrte, psychisch und physisch gebrochen. Er versuchte zwar, den Kontakt zu Frau und Kindern wieder zu finden, hielt aber, wie er Frau W. kurz vor seinem Tod in seinem 52. Lebensjahr erzählte, das Zusammenleben mit der harten, verbitterten Frau nach zwei Jahren nicht mehr aus und verließ »trotz heftiger Schuldgefühle« die Familie. Frau W. sah ihn selten, doch idealisierte sie ihn umso mehr. »Er war warmherzig, künstlerisch begabt und einfühlsam«. Sie pflegte ihn mit seiner neuen Freundin liebevoll bis zu seinem Tod an den Spätfolgen der schweren Unterernährung und Folter während seiner Gefangenschaft.[2]

Die Verbitterung und Härte ihrer Mutter beschäftigte Frau W. intensiv während der Psychoanalyse. Lange schützte sie sie vor der kritischen Wahr-

2 Übrigens stellte sich heraus, dass ihr Zusammenbruch in ihrem 50. Lebensjahr, der sie schließlich zur Psychoanalyse motivierte, auch mit der unbewussten Überzeugung in Zusammenhang stand, dass sie ihr 52. Lebensjahr – wie ihr Vater – nicht überleben werde.

nehmung, wie sehr sie unter ihrer Kälte und der Einfühlungsstörung gelitten hatte und in welchem Ausmaße ihr Leben durch den von ihr erfahrenen chronischen psychischen Missbrauch als Selbstobjekt geprägt war. Die karge und traumatische Kindheit der Mutter, die Kriegsjahre und eine Vergewaltigung durch russische Soldaten 1945 dienten ihr als Erklärungen und schienen Teil der psychischen Nabenschnur zu sein, die sie unbewusst mit dem tragischen Schicksal der Mutter verband. Im 3. Behandlungsjahr waren anhand von Träumen Erinnerungen aufgetaucht, wie sie als Dreijähriges beobachten musste, wie die Mutter von drei russischen Soldaten vergewaltigt wurde. Ihre Mutter bestätigte auf Nachfrage ihre Erinnerungen: »Seither war ich nicht mehr dieselbe – ich verachtete mich und meinen Körper. Ich konnte auch keine Sexualität mehr ertragen, vielleicht ein Grund, warum unsere Ehe scheiterte«. Jedenfalls willigte die Mutter nie in die Scheidung ein. Der Kontakt mit der väterlichen Familie bildete nach wie vor praktisch die einzige Verbindung zur Außenwelt.

Adelheid wurde zur Mustertochter, während ihr älterer Bruder zu verstummen schien, ein schlechter Schüler war und mit 18 Jahren nach Kanada auswanderte. Adelheid hingegen wurde zum »Augapfel« der Mutter, versuchte sie durch gute Schulleistungen und künstlerische Tätigkeiten zu erfreuen. Sie schlief bis zum 16. Lebensjahr im Ehebett mit der Mutter zusammen, verbrachte Ferien und Freizeit fast ausschließlich mit ihr, außer den Wochenenden, an denen sie – als Delegierte der Mutter – zum Vater und seiner neuen Freundin flüchtete. Als Fünfzehnjährige wurde sie von ihrem Onkel in seinem Atelier, in dem sie Kunstunterricht bekam, vergewaltigt. Sie setzte sich nicht zur Wehr. Erst in der Psychoanalyse wurde ihr bewusst, wie schlimm dieser sexuelle Übergriff für sie damals gewesen war. Sie fühlte sich mitschuldig, weil » ich damals so liebesbedürftig und nicht fähig war, adäquate Grenzen zu ziehen«. Sie entwickelte in dieser Zeit eine Reihe psychosomatischer Symptome: Migräne, Schlafstörungen und eine Bulimie, erhielt aber keine professionelle Hilfe.

Trotz ihrer Symptome machte sie ein gutes Abitur und begann ihr Studium an ihrem Wohnort, um immer noch bei der Mutter wohnen zu können. Die Studentenbewegung ermöglichte ihr eine minimale (äußere) Ablösung von der Mutter: Sie zog in eine Frauen-WG und unterhielt unzählige sexuelle Beziehungen zu Männern. Sie brachte sich dabei mehrmals in gefährliche Situationen. Erst in der Psychoanalyse verstand sie, dass sie in diesem *Enactment* unbewusst Phantasien über die Vergewaltigung der Mutter wiederholte und sich in unerkannter Weise »beweisen« musste, dass ihr kein besseres

Schicksal als der Mutter zustand. So unterzog sie sich 7 Abtreibungen innerhalb von 10 Jahren. »Ich fand dies nicht schlimm. Wir dachten damals alle: Unser Körper gehört doch uns – eine Abtreibung ist weniger fremd bestimmt als die Pille zu nehmen«.

Beruflich suchte sie sich als Sozialarbeiterin extrem belastende Berufsfelder: Betreuung von drogensüchtigen Jugendlichen, von straffälligen adoleszenten Frauen, von unheilbar Krebskranken und nun seit über 10 Jahren Jugendarbeit in einem der sozialen Brennpunkte einer Großstadt.

In der Behandlung wurde deutlich, dass die Flucht in einen 12 Stundentag, Wochenenddienste etc. unter anderem einen Versuch darstellte, ansatzweise ein eigenes Leben zu leben, in einer eigenen Wohnung, getrennt von der Mutter. Immer wieder verliebte sie sich, schaffte es aber nie, sich längerfristig eine Liebesbeziehung zu gönnen, obschon sie sich sehr nach einer eigenen Familie sehnte.

In ihrem 35. Lebensjahr adoptierte sie als Alleinerziehende ein schwerst behindertes Mädchen, Anna, das sie in einer Wohnung im Nachbarhaus ihrer Mutter aufzog. Während sie arbeitete, übernahm die Mutter die Betreuung. In ihrem 38. Lebensjahr wurde sie nach einer kurzen Affäre nochmals schwanger. Wie selbstverständlich dachte sie wiederum an eine Abtreibung. Doch als Anna an einem Asthmaanfall fast starb und sie dadurch damit konfrontierte, wie labil ihre Kompromissbildung bezüglich des Zusammenlebens mit ihrer Mutter war, entschloss sie sich, das Kind auszutragen. Die gesunde Tochter Marion – und die Betreuung von Anna – wurde zum gemeinsamen Lebensinhalt von Frau W. und ihrer Mutter. Gemeinsam kauften sie ein Haus und verbrachten die nächsten 14 Jahre in einem relativ stabilen Gleichgewicht – bis die Adoleszenz von Marion die erwähnte schwere Krise bei Frau W. auslöste.

3. Können neurowissenschaftliche Erkenntnisse zum vertieften Verständnis psychoanalytischer Prozesse beitragen – und falls ja, in welcher Weise?

Kommen wir zur Beantwortung dieser Frage nochmals auf die 8 Gebiete zurück, in denen Kandel sich ein Zusammenwachsen der beiden Disziplinen verspricht:

1. Das Wesen unbewusster geistiger Prozesse
2. Das Wesen der psychologischen Kausalität

3. Psychologische Kausalität und Psychopathologie
4. Frühe Erfahrung und die Prädisposition zur Psychopathologie
5. Das Vorbewusste, das Unbewusste und der präfrontale Kortex
6. Sexuelle Orientierung
7. Psychotherapie und strukturelle Veränderungen im Gehirn
8. Psychopharmakologie als Ergänzung der Psychoanalyse

Ich hoffe, dass das kurze Fallbeispiel einen Eindruck unbewusster geistiger Prozesse, des Wesens psychologischer Kausalität und dadurch bedingten Störungen vor allem im Bereich der Intimbeziehungen und der Sexualität vermitteln konnten, ohne dass ich in diesem Rahmen die entsprechenden theoretischen Überlegungen ausführen konnte. Ich habe zudem skizziert, wie ein Verständnis eines »embodied Gedächtnisses« uns als Analytiker sensibilisieren kann für aktuell ablaufende sensomotorische Koordinationen, die in der Interaktion mit einem »bedeutsamen Anderen« Erinnerungsspuren an auch früheste, traumatische Erfahrungen »konstruieren« und daher einen Schlüssel für deren Verständnis bieten können. So waren vermutlich in dem übergriffigen, distanzlosen Körperverhalten von Frau M. während der geschilderten ersten Begegnung mit mir sowohl »embodied Erinnerungen« an die sexuellen Übergriffe durch ihren Onkel und – in anderer Form – durch ihre depressive Mutter enthalten, sowie, was ich nicht ausführen konnte, Erinnerungen an den frühen Verlust des Objekts in den ersten Lebenswochen von Frau M. – Trennungserfahrungen, die, wie wir inzwischen auch aus der empirischen Säuglingsforschung wissen, für die Säuglinge in ihrer vulnerablen psychischen und physischen Zustand eine Katastrophe sind. »Ich fiel in ein tiefes, tiefes Loch« mag auch eine metaphorische Formulierung von Frau M. für diese Erlebnisqualität darstellen. Solche »embodied Erinnerungen« erlauben uns als heutige Psychoanalytiker – zusammen mit unseren Patienten – traumatische Erfahrungen bis weit hinter die sprachliche Erinnerungsfähigkeit im 3.–5. Lebensjahr zu rekonstruieren. Allerdings brauchen wir zu deren Bestätigung selbstverständlich auch andere Informationsquellen, wie z.B. bei Frau M. die Befragung der Mutter über die Vergewaltigung durch die russischen Soldaten oder die Einzelheiten ihres psychiatrischen Aufenthalts während des 1. Lebensjahres von Frau M.

Noch kurz soll auf Punkt 4 und 7 eingegangen werden, indem auf die wissenschaftstheoretische Chance hingewiesen wird: Neurowissenschaftliche Studien ermöglichen vor allem beim Thema der frühen Traumatisierungen in faszinierender Weise, dass psychoanalytische Forschungsergebnisse und darauf basierende Theorien *extrenale Kohärenz* (Strenger) mit diesen, auf naturwissenschaftlichen Methoden basierende Einsichten gewinnen. Dies öffnet für die Psychoanalyse eine Tür zu einer vermehrten Akzeptanz innerhalb der wissenschaftlichen Community. Mauro Mancia (2006) fasst in seinem eben erschienenen Buch viele Studien zu Forschungsfeldern zusammen, in denen sich eine solche interdisziplinäre Zusammenarbeit schon als fruchtbar erwiesen hat: Gedächtnis und Emotion, geteilte Emotionen (und die Untersuchung empathischer Prozesse), Traum und Frühentwicklung.

Dazu einige kurze zusammenfassende Bemerkungen: Es gibt inzwischen eine Fülle eindrücklicher neurowissenschaftlicher Studien, die belegen, wie sich Traumatisierungen in den ersten Lebenswochen auswirken. Die Ergebnisse dieser Studien sind für uns Psychoanalytiker, wie eben erwähnt, auch deswegen interessant, da sie zeigen, dass sich viele klinisch psychoanalytische Forschungsergebnisse und darauf basierende Konzeptualisierungen früher Entwicklungsprozesse als »external kohärent« mit diesen Resultaten naturwissenschaftlicher Untersuchungen erweisen. Um nur ein Beispiel zu erwähnen: Die bahnbrechenden Befunde der Hospitalismusstudien von René Spitz aus den 1940er Jahren gewinnen durch den aktuell stattfindenden Dialog mit den Neurowissenschaften eine neue Aktualität. Doch können diese Befunde auch klinisch gewonnenen Erkenntnissen zur Auswirkung früher Trennungen vom Primärobjekt sowie traumatischen Erfahrungen mit einer psychisch kranken Mutter, wie ich sie im Fallbeispiel von Frau W. skizziert habe, eine zusätzliche Dimension des Verstehens beifügen.

Linda Mayes hat in ihrem Beitrag an der letzten *Joseph Sandler Reserach Conference* viele Studien (vor allem an Ratten und bestimmten Mäusestämmen) z.B. zur Auswirkung früher Deprivationen zusammengefasst. Der Bielefelder Neurologe Hans Jürgen Markowitsch, bezog sich an unserer Expertenkonferenz zu Trauma am »Wissenschafts-Hansekolleg« in Bremen im Februar dieses Jahres u.a. auf die Studie von Mirescu, Peters und Gould (2004). Diese Autoren konnten im Tierversuch zeigen, dass frühe Deprivation von den mütterlichen Tieren bei den Jungtieren zu dauerhaften neurobiologischen Veränderungen führte: Sie litten unter chronischem Stress, waren weniger kreativ in ihren Problemlösungen, ängstlicher und in ihrer Fortpflanzung sowie dem eigenen Pflegeverhalten dauerhaft beeinträchtigt. De Bellis und Thomas (2003) fanden analoge neurobiologische Befunde bei körperlich schwer misshandelten oder vernachlässigten Kindern. Das erlittene frühe Trauma wirkt sich dauerhaft auf die neurobiologische Stressverarbeitung aus (vgl. dazu Reinhold & Markowitsch, im Druck).

Ebenfalls auf Anhieb für Psychoanalytiker interessant sind die Studien, die Markowitsch und seine Forschergruppe selbst durchführen. So konnte er in verschiedenen FmRI und PET Studien die Ähnlichkeiten von organischem und traumatisch bedingtem Gedächtnisverlust hinweisen (Markowitsch 1996).

Ausgesprochen faszinierend sind zudem für uns Analytiker erste Befunde, dass sich Therapien auch auf die Funktionsweise des Gehirns nachweislich positiv auswirken (Markowitsch et al. 2000). Auch in diesem Forschungsfeld öffnet sich ein faszinierendes Fenster produktiver Zusammenarbeit. Werden sich in solchen Studien neue Möglichkeiten erschließen, in Zukunft den Erfolg psychoanalytischer Behandlungen auch »objektiv« nachzuweisen? Gerhard Roth ist bezüglich solcher Perspektiven recht optimistisch und skizziert – im Vorwort zu der deutschen Übersetzung des erwähnten Buchs von Kandel – folgende Hypothesen zur möglichen Veränderungen durch Psychotherapien:

> »Man kann sich aus neurowissenschaftlicher Sicht drei Arten vorstellen, wie Psychotherapie wirksam wird. Die erste Art beruht auf einer Stärkung der Ebene des bewussten Ich, und zwar in der Weise, dass der Einfluss des cingulären und orbitofrontalen Cortex auf die Amygdala (und assoziierte subcorticale limbische Zentren) und damit die Impulskontrolle verstärkt wird. Eine solche Maßnahme verändert allerdings nicht die ›verknoteten‹ Netzwerke im limbischen System, sondern mildert höchstens deren negative Auswirkungen auf das Verhalten. Die Ursachen der psychischen Störungen sind lediglich übertüncht; in ungünstigen Situationen treten die früheren Symptome wieder auf, so als habe nie eine Besserung stattgefunden. Die zweite Art könnte im Auflösen der ›verknoteten‹ limbischen Netzwerke bestehen und damit im Beseitigen des Übels an der Wurzel. Viele Neurowissenschaftler bezweifeln aber, dass amygdaläre Netzwerke überhaupt umlernen können, wenn sie erst einmal in einer bestimmten Weise geprägt wurden. Sie gehen davon aus, dass die Amygdala ›nie vergisst‹. Die dritte Art könnte darin bestehen, dass im Laufe einer Therapie aufgrund andersartiger emotionaler Erfahrungen in der Amygdala ›Ersatzschaltungen‹ angelegt werden, die die ›fehlgedrahteten‹ Schaltungen einkapseln und an ihnen vorbei einen eigenen Zugang zur Handlungssteuerung erlangen. Therapie wäre dann die Induktion der Bildung dieser kompensatorischen Netzwerke. Der für die psychoanalytische Therapie wichtige Prozess der Übertragung und Gegenübertragung könnte hierfür günstige emotionale Bedingungen schaffen, indem es dabei zu neurochemischen Zuständen kommt, in denen eine Neubildung von kompensatorischen Netzwerken in der Amygdala (und anderswo im limbischen System) ermöglicht und erleichtert wird (….)« (Roth 2006, S. 13f.).

So faszinierend diese Perspektiven sind, sie mahnen dennoch zur Vorsicht, wie ich im letzten Teil meines Beitrags noch kurz ausführen möchte.

4. Wissenschaftstheoretische Anmerkungen

a) Der Dialog ist noch neu: Vorsicht mit übertriebenen Erwartungen ist geboten

Der *Dialog der Psychoanalyse mit den Neurowissenschaften* ist noch neu und wird daher oft in seinen Möglichkeiten überschätzt oder sogar idealisiert. Dabei entspricht es der konkreten Erfahrung in diesem Dialog, dass die Zusammenarbeit von Forschern beider Disziplinen, die diese Bezeichnung wirklich verdient, die Beteiligten vor *hohe persönliche und fachliche Anforderungen stellt.* So mussten wir in einem interdisziplinären Kolloquium, in dem 20 Neurowissenschaftler und Psychoanalytiker zwischen 1992 und 1998 über Gedächtnis, Traum und therapeutische Prozesse gemeinsam forschten (siehe dazu Koukkou, Leuzinger-Bohleber & Mertens 1998; Leuzinger-Bohleber, Mertens & Koukkou 1998; vgl. auch Leuzinger-Bohleber, Schneider & Pfeifer 1993), immer wieder in schmerzlicher Weise erfahren, dass oft nicht die gleiche Sprache sprechen, unterschiedliche Konzepte trotz analoger Begriffe verwenden und uns divergierenden wissenschaftstheoretischen und -philosophischen Traditionen verbunden fühlen. Wir brauchen einen langen Atem, ja viel Toleranz, um wirklich miteinander ins Gespräch zu kommen und dadurch unsere bisherigen Denkweisen in Frage zu stellen, was eine Voraussetzung darstellt, um wirklich zu einer Vertiefung der disziplinären Erkenntnisse vorzustoßen. Zudem führt der Vergleich der Modelle, die in den beiden Disziplinen aufgrund unterschiedlicher Forschungsmethoden und Daten entwickelt wurden, zu anspruchsvollen wissenschaftstheoretischen und -methodischen Problemstellungen, denken wir hier nur an die viel diskutierte Gefahr des *eliminativen Reduktionismus* psychischer Prozesse auf neurobiologische Vorgänge, eines »szientistischen Selbstmissverständnisses der Psychoanalyse« (Habermas) oder auch an die Folgen einer *unreflektierten Übertragung von Konzepten, Methoden und Interpretationen von einer wissenschaftlichen Disziplin auf die andere* (vgl. dazu Pfeifer & Leuzinger-Bohleber 1986, 1992; Leuzinger-Bohleber & Pfeifer 1998, 2002; Hampe 2003; Hagner 2004). Um nur einen Aspekt dieses Diskurses herauszugreifen, der mich z.Zt., besonders nach der Lektüre von neueren Arbeiten des Wissenschaftshistorikers Michael Hagner (2004), beschäftigt. Hagner untersucht detailliert und überzeugend, wie sehr die *Visualisierung von Prozessen*, die bisher im Verborgenen unseres Körpers, im Gehirn, abliefen unser *Denken und Fühlen, aber auch Wissenschaft und Kultur ganz allgemein, unbemerkt beeinflussen*. In einer seiner Arbeiten kommt er zu der folgenden Schlussfolgerung:

> »Mit den neuen bildgebenden Verfahren besteht die Aussicht, ein (vergleichbares) geistiges (diagnostisches; M. L.-B.) Profil zu erstellen. Man differenziert ungeordnetes Denken von mathematischen Problemlösungen, (…) die Erinnerungen an die ersten Kindheitserlebnisse, an den letzten Krach mit dem Lebenspartner oder an die Konflikte mit den Eltern, von den erotischen Träumen an die aufregendste Liebesbeziehung. Im 20. Jahrhundert sind solche Aushebungen bekanntlich zuvörderst von der Psychoanalyse gemacht worden. Was sie an biographischen Details, Intimitäten und verborgenen Schichten hervorholt, wird vermutlich keine Durchleuchtung des Gehirns jemals erreichen. Entscheidend ist jedoch ein anderer Punkt. Die Psychoanalyse hat zweifelsohne vieles ausgelöst und bewirkt, doch eine Standardmethode für eine Bio-Psycho-Politik ist sie nicht geworden. Das hat vermutlich weniger damit zu tun, dass die Annahmen der Psychoanalyse abwegig wären oder dass das Unbewusste und die Begierden kein willkommener Gegenstand für ein solches social engineering wären. Vielmehr erscheint die Psychoanalyse als (…) zu kompliziert, zu unpraktikabel, langwierig und sperrig (…). Diese Verschiebung (von der Psychoanalyse hin zu den Hirnbildern; M. L.-B.) kann dazu führen, dass die Vielfalt und Relevanz des geistigen Lebens hauptsächlich an seiner Visualisierung gemessen wird (…). Der Preis für eine solche Entwicklung besteht darin, dass »das Erforschen der tieferen Zusammenhänge, das Erklären, Aufzählen, Erzählen, Berechnen, kurz das historische, wissenschaftliche, textuell lineare Denken von einer neuen, einbildenden, ›oberflächlichen‹ Denkart verdrängt wird. In Bezug auf die Wissenschaften vom Menschen bedeutet dies, dass die Tiefenbohrungen des alten Denkens, für welches die Psychoanalyse (…) stellvertretend angesehen werden kann, durch den *oberflächlichen Einblick* der Hirnbilder abgelöst werden. Damit gerät das Verständnis des Menschen zur Ausstülpung materieller Repräsentationsformen. Es geht nicht darum, dass das Subjekt abgeschafft wird, sondern dass eine andere Anthropologie in Anschlag gebracht wird, die tatsächlich nur noch – im doppelten Wortsinn – Oberflächenstruktur hervorbringt (…)« (ebd., S. 278f.).

b) Sinnstrukturen, Identitätsbildungen und Lebensgeschichten lassen sich nicht direkt neurowissenschaftlich abbilden

Daher denke ich z.Zt., dass es nach wie vor zu den Aufgaben der Psychoanalyse gehört, von den Beobachtungen und Einsichten, die sie durch ihre ganz eigene Forschungsmethode in der intensiven Zusammenarbeit mit einzelnen Patienten in der analytischen Situation berichten und darauf basierende Konzepte in den interdisziplinären Dialog einbringen kann. Die oben erwähnten Möglichkeiten zukünftiger objektiver Messungen von veränderten Funktionsweisen des Gehirns nach einer psychoanalytischen Behandlung mögen zwar wissenschaftspolitisch und bezogen auf die geforderte »objektive« Evaluation von Ergebnissen von Psychotherapien in Zukunft durchaus interessant werden. Allerdings ist meiner Einsicht nach nicht zu erwarten, dass sie die Suche nach Sinn und Verständnis der eigenen Lebens- und Leidensgeschichte verbunden mit der narrativen Beschreibung des stattgefundenen analytischen Prozesses und seiner Ergebnisse durch die Betroffenen selbst, Patient und Analytiker, je ersetzt werden kann. Wie wir in der Katamnesestudie der DPV in eindrücklicher Weise belegen konnten, gehört aber diese sinnstiftende Dimension neben der Befreiung von einschränkenden und schmerzlichen Symptomen oft für ehemalige Patienten zum Wichtigsten, wozu ihnen die therapeutische Behandlung verholfen hat (Leuzinger-Bohleber, Rüger, Stuhr & Beutel 2002). Leider habe ich bezogen auf Frau M. keine Aufzeichnungen ihrer direkten Äußerungen zum Therapieergebnis und dies hier zu belegen. Meine eigenen Reflexionen dazu habe ich kürzlich in einem Buch über deutsche Kriegskinder ausführlich zusammengefasst (Leuzinger-Bohleber 2006). Vielleicht kann ich wiederum die eben geäußerte These am besten illustrieren, wenn ich zum Abschluss kurz einen Abschnitt meiner Schilderung der gemeinsam in der Psychoanalyse erarbeiteten Einsichten wiedergebe.

c) Einige entwicklungspsychologische Anmerkungen zum Verschwimmen der Generationsgrenzen bei traumatisierten Kriegskindern: ein Beispiel unverzichtbarer psychoanalytisch-klinischer Forschung

Aufgrund der Einsichten aus der intensiven Psychoanalyse mit Frau W. scheint es nicht zufällig zu sein, dass der adoleszente Identitätsfindungsprozess von Marion ein Anlass für den psychischen Zusammenbruch von Frau W. bildete. Die beginnende adoleszente Loslösung von Marion stellte die bisherigen komplexen Kompromissbildungen im Zusammenleben der drei Generationen im Hause von Frau W. existenziell in Frage. Frau W. hatte unbewusst ihre Tochter Marion ihrer Mutter als Selbstobjekt überlassen, um wenigstens ansatzweise ein eigenes (Berufs-)Leben leben zu können. Sie versuchte, ihre Mutter mit ihrer gesunden Tochter für viele der erlittenen Traumatisierungen zu entschädigen, sie sollte »ihr die Sonne in ihr düsteres Leben« bringen, wieder Sinn für ihr Dasein stiften – »ihre depressiven Löcher stopfen« (alles unbewusste Aufträge, die sie selbst während ihrer eigenen Kindheit zu erfüllen versucht hatte). Angesichts des unendlichen Leidens, der Verbitterung der Mutter und der rigide abgewehrten chronischen Depression (»Härte«, »Kälte«, »Egozentrizität«, moralische Rigidität, extreme soziale Isolation etc.) schien ihr jede Form der offenen Selbstbehauptung und aggressiven Auseinandersetzung mit der Mutter als unmöglich und verboten. Sie durfte sich nicht als eigenes, von der Mutter unabhängiges Wesen definieren, sondern erlebte sich als »Verlängerung der Mutter«, als ihr Selbstobjekt, durch eine psychische Nabelschnur auf Leben und Tod mit ihr verbunden.

Als sich Marion – die Enkelin –, die ebenfalls ein vorbildliches, pflegeleichtes Klein- und Grundschulkind gewesen war (das übrigens kaum gegen die Belastungen und die Überforderungen durch das Zusammenleben mit der schwer behinderten Schwester protestierte) durch den pubertären Entwicklungsschub »aufmüpfig« wurde und im Alltag begann, sich der selbstverständlichen Kontrolle durch die Großmutter zu entziehen, brach das mühsam erzielte, labile familiäre Gleichgewicht zusammen. Er wurde deutlich, dass Frau W. kaum über einen eigenen Kern einer Identität, eines von der Mutter unabhängigen Selbst verfügte: »*Eigentlich weiß ich immer noch nicht, wer ich wirklich bin (…) erwachsene Frau, Mutter, oder immer noch Teil meiner Mutter. Bis heute kann ich es nicht ertragen, ihr zu widersprechen, sie zu enttäuschen oder ihr weh zu tun (…)*«, sagte sie nach einem halben Jahr Psychoanalyse. Allerdings zeigten Träume, in denen sie ihre Mutter unter grässlichen Umständen sterben ließ, wie sehr sie unbewusst mit Todeswünschen gegenüber der Mutter absorbiert war. Unbewusst bedeutete eine Loslösung von der Mutter für Frau M., diese umzubringen oder – als Umkehrung –, wie dies im psychischen Zusammenbruch von Frau W. drohte, einen Ausweg im Selbst-Mord zu suchen.

So manifestierte sich schon in der Anfangskrise die schwere Selbst- und

Identitätsstörung von Frau W., ihre manische Abwehr einer chronifizierten Depression sowie ihre ausgeprägte Schwäche im Bereich der narzisstischen Selbstwertregulation. Die Psychoanalyse enthüllte schließlich die frühen und frühesten Wurzeln dieser pathologischen Verschmelzung mit dem traumatisierten, selbst schwer depressiven mütterlichen Primärobjekt sowie die Langzeitfolgen des jahrelangen sexuellen Missbrauchs durch ihren Onkel.

Dazu lediglich ein Beispiel: Erst im 3. Analysejahr erfuhr Frau W. von der Vermisstmeldung des Vaters kurz nach ihrer Geburt und der Hospitalisation der Mutter wegen ihres psychischen Zusammenbruchs. Diese Informationen halfen uns, die panischen Ängste vor Verlassenwerden von Frau W. adäquater zu verstehen, die sie bisher insofern ausagiert hatte, als sie immer wieder Beziehungen zu Liebespartnern aktiv abgebrochen hatte, um der antizipierten Erfahrung des Verlassenwerdens zuvorzukommen. Dies war einer der wesentlichen psychodynamischen Gründe für ihre Unfähigkeit, sich gegen den sexuellen Missbrauch in ihrer Adoleszenz zur Wehr zu setzen, sowie für ihr Scheitern einer konstanten Beziehung zu einem Mann. Doch auch ihre Entwicklung eines »falschen Selbst« mag u.a. mit ihren frühesten Objektbeziehungserfahrungen mit dem depressiven Primärobjekt in Zusammenhang stehen.

Ich kann in diesem Rahmen nicht mehr weiter ausführen, dass und wie sich die früh erworbenen Schwächen im seelischen Fundament von Frau W. auf ihre weitere Entwicklung auswirkten. Ich hoffe, dass die kurze Zusammenfassung ihrer Lebensgeschichte wenigstens eine Ahnung davon vermittelt. So konnte weder die Individuations-Separationsphase im zweiten Lebensjahr noch die ödipale Phase einigermaßen adäquat durchlaufen werden, ganz zu schweigen vom adoleszenten Selbst- und Identitätsfindungsprozess. Daher bildeten sich in der Adoleszenz gravierende psychosomatische Symptome aus, ein Indikator für das mindestens partielle Misslingen der adoleszenten Entwicklung. Allerdings beeindruckte mich als Analytikerin in dieser Behandlung gleichzeitig sehr, mit welcher Kreativität Frau W. – trotz aller erlittenen und chronifizierten Traumatisierungen – immer wieder Kompromissmöglichkeiten entdeckte und für eine, mindestens partielle psychische und psychosoziale Weiterentwicklung nutzte. Immerhin hat sie z.B. eine Ausbildung erfolgreich abgeschlossen, eine jahrzehntelange Berufstätigkeit ausgeübt und Schwangerschaft und Geburt ohne massive psychosomatische Beschwerden durchlaufen sowie, zu ihrem großen Stolz, im Gegensatz zu ihrer Mutter, ihre Tochter lange gestillt! Die psychischen Quellen dieser Vitalität und Kreativität konnten wir auch in dieser langen Psychoanalyse nur erahnen.

Rückblickend erinnerte mich der analytische Prozess oft an eine »schmerzliche Nachentwicklung« in einer haltenden, professionell verstehenden und emotional einfühlsamen analytischen Beziehung. Dabei erwiesen sich die Einsichten in die eben zusammengefassten lebensgeschichtlichen »historischen« Wahrheiten als entscheidend, denn viele der im Hier und Jetzt auftauchenden Schwierigkeiten konnten nur aufgrund von Rekonstruktionen der biografischen Besonderheiten verstanden und anschließend in der therapeutischen Beziehung durchgearbeitet werden.

5. Zusammenfassung

Ich hoffe, ich konnte in diesem Rahmen einen Eindruck von den faszinierenden Möglichkeiten des Dialogs zwischen der Psychoanalyse und den modernen Neurowissenschaften vermitteln. Viele Journalisten sprechen von einer Renaissance der Psychoanalyse in diesem Zusammenhang. Ich persönlich finde das Interesse namhafter Neurowissenschaftler an der heutigen Psychoanalyse wie ein Geburtstagsgeschenk an den 150jährigen Freud. Dennoch ist das Fragezeichen in meinem Titel wohl berechtigt. Mir scheint es in unserem Dialog z.Zt. darum zu gehen, das reiche Wissen beider Disziplinen gegenseitig zur Kenntnis zu nehmen, in ihrer Spezifität und Besonderheit zu würdigen, als mögliche Ergänzung des Eigenen zu sehen, aber auch gleichzeitig kritisch und selbstkritisch gemeinsam zu diskutieren. Dies erscheint mir als eine *Chance der disziplinären Horizonterweiterung* und des vertieften Verstehens auch in Sinne der eben zitierten »Tiefenbohrung« (vgl. dazu Leuzinger-Bohleber, Haubl & Brumlik 2006; Roth 1994; Hagner 2004).

Literatur

Argelander, Herrmann (1967): Das Erstinterview in der Psychotherapie. 3., unveränd. Aufl. 1987. Darmstadt. (Wissenschaftliche Buchgesellschaft).

Brooks, Rodney A. (1991): Intelligence without representation. Artificial Intelligence 47, 139–160.

Clancey, Wiliam J. (1991): The frame of reference problem in the design of intelligent machines. In: Lehn, Kurt van (Hg.): Architecture for Intelligence. Hillsdale, N.J. (Erlbaum).

Edelman, Gerald M. (1989): The Remembered Present: A Biological Theory of Conciousness. New York (Basic Books).

Edelman, Gerald M. (1992): Göttliche Luft, vernichtendes Feuer. Wie der Geist im Gehirn entsteht. München 1995 (Piper).

Freud, Sigmund (1914g): Erinnern, Wiederholen und Durcharbeiten. GW X, 126–136.

Habermas, Jürgen (1968): Technik und »Wissenschaft« als Ideologie. Frankfurt/M. (Suhrkamp).
Hagner, Michael (2004): Geniale Gehirne. Zur Geschichte der Elitegehirnforschung. Göttingen (Wallstein).
Hampe, Michael (2003): Pluralität der Wissenschaften und Einheit der Vernunft – Einige philosophische Anmerkungen zur Psychoanalyse. In: Leuzinger-Bohleber, Marianne; Deserno, Heinrich & Hau, Stephan (Hg.): Psychoanalyse als Profession und Wissenschaft. Stuttgart (Kohlhammer), 17–32.
Kandel, Eric R. (1999): Biology and the future of psychoanalysis: a new intellectual framework for psychiatry. American Journal of Psychiatry 156, 505–524.
Kandel, Eric R. (2005): Psychiatrie, Psychoanalyse und die neue Biologie des Geistes. Frankfurt/M. 2006 (Suhrkamp).
Kaplan-Solms, Karen & Solms, Mark (2000): Clinical Studies in Neuro-Psychoanalysis. New York (Karnac Books).
Leuzinger-Bohleber, Marianne (2006): Kriegskindheiten, ihre lebenslangen Folgen- dargestellt an einigen Beispielen aus der DPV-Katamnesestudie. In: Radebold, Hartmut; Heuft, Gereon & Fooken, Insa (Hg.): Kindheiten im Zweiten Weltkrieg. Weinheim/München (Juventa), 61–83.
Leuzinger-Bohleber, Marianne & Pfeifer, Rolf (1998): Erinnern in der Übertragung – Vergangenheit in der Gegenwart? Psychoanalyse und Embodied Cognitive Science: ein interdisziplinärer Dialog zum Gedächtnis. Psyche – Z Psychoanal 52, 884–919.
Leuzinger-Bohleber, Marianne & Pfeifer, Rolf (2002): Remembering a depressive primary object? Psychoanalysis and Embodied Cognitive Science: a dialogue on memory. International Journal of Psychoanalysis 83, 3–33.
Leuzinger-Bohleber, Marianne; Schneider, H.; Pfeifer, Rolf (Hg.) (1993): »Two Butterflies on My Head …« Psychoanalysis in the Interdisciplinary Dialogue. New York (Springer).
Leuzinger-Bohleber, Marianne; Mertens, Wolfgang & Koukkou, Martha (Hg.) (1998): Erinnerung von Wirklichkeiten. Psychoanalyse und Neurowissenschaften im Dialog. Bd. 2: Folgerungen für die psychoanalytische Praxis. Stuttgart (Verlag Internationale Psychoanalyse).
Leuzinger-Bohleber, Marianne; Rüger, Bernhard; Stuhr, Ulrich & Beutel, Manfred (2002): »Forschen und Heilen« in der Psychoanalyse. Stuttgart (Kohlhammer).
Leuzinger-Bohleber, Marianne; Haubl, Rolf; Brumlik, Micha (Hg.) (2006): Bindung, Trauma und soziale Gewalt. Psychoanalyse, Sozial- und Neurowissenschaften im Dialog. Göttingen (Vandenhoeck & Ruprecht).
Leuzinger-Bohleber, Marianne; Henningsen, Peter; Pfeifer, Rolf (im Druck): Psychoanalytische Konzeptforschung zum Trauma: Ein Integrationsversuch mit Perspektiven der Gedächtnisforschung der Embodied Cognitive Science and neurobiologischer Studien. In: Leuzinger-Bohleber, Marianne; Roth, Gerhard & Buchheim, Anna (Hg.): Trauma im Fokus von Psychoanalyse und Neurowissenschaften. Stuttgart 2007 (Schattauer).
Mancia, Mauro (Hg.) (2006): Psychoanalysis and Neuroscience. Milan (Springer).
Markowitsch, Hans-Joachim (1996): Organic and psychogenic retrograde amnesia: Two sides of the same coin? Neurocase 2, 357–371.
Markowitsch, Hans-Joachim et al. (2000): Neuroimaging and behavioral correlates of recovery from mnestic block syndrome and other cognitive deteriorations. Neuropsychiatry, Neuropsychology, & Behavioral Neurology 13, 60–66.
Mirescu, Christian; Peters, Jennifer D. & Gould, Elizabeth (2004): Early life experience alters response of adult neurogenesis to stress. Nature Neuroscience 7, 841–846.
Mitscherlich, Alexander & Margarete (1967): Die Unfähigkeit zu trauern. München (Piper).
Moser, Ulrich & Zeppelin, Ilka v. (Hg.) (1996): Cognitive-affective Processes: New Ways of Psychoanalytic Modeling. Berlin (Springer).

Pfeifer, Rolf & Leuzinger-Bohleber, Marianne (1986): Application of cognitive science methods to psychoanalysis: A case study and some theory. International Review of Psycho-Analysis 13, 221–240.

Pfeifer, Rolf & Leuzinger-Bohleber, Marianne (1992): A dynamic view of emotion with an application to the classification of emotional disorders. In: Leuzinger-Bohleber, M.; Schneider, H.; Pfeifer, Rolf (Hg.): »Two butterflies on my head…« Psychoanalysis in the Interdisciplinary Scientific Dialogue. New York (Springer), 215–245.

Pfeifer, Rolf; Scheier, Christian (1999): Understanding Intelligence. Cambridge, Mass. (MIT Press).

Reinhold, Nadine; Markowitsch, Hans-Joachim (im Druck): Stress und Trauma als Auslöser für Gedächtnisstörungen – das mnestische Blockadesystem. In: Leuzinger-Bohleber, Marianne; Roth, Gerhard & Buchheim, Anna (Hg.): Trauma im Fokus von Psychoanalyse und Neurowissenschaften. Stuttgart 2007 (Schattauer).

Rosenfield, Israel (1988): The Intervention of Memory: A New View of the Brain. New York (Basic Books).

Rosenfield, Israel (1992): The Strange, Familiar and Forgotten: An Anatomy of Consciousness. New York (Alfred A. Knopf).

Roth, Gerhard (1994): Das Gehirn und seine Wirklichkeit. Frankfurt/M. 1996 (Suhrkamp).

Roth, Gerhard (2006): Vorwort zur deutschen Ausgabe. Geist, Seele, Gehirn. In: Kandel, E.R. (2005): Psychiatrie, Psychoanalyse und die neue Biologie des Geistes. Frankfurt/M (Suhrkamp), 9–17.

Solms, Mark (2000): Traumdeutung und Neurowissenschaften. In: Grubrich-Simitis, Ilse; Solms, M.: 100 Jahre Traumdeutung. Frankfurt/M. (Fischer).

Starobinsk, Jean; Grubrich-Simitis, Ilse & Solms, Mark (1999): Hundert Jahre »Traumdeutung« von Sigmund Freud. Frankfurt/M. (Fischer).

Strenger, Carlo (1991): Between Hermeneutics and Science. An Essay on the Epistemiology of Psychoanalysis. New York (IUP).

»Und doch ist alles daran neu« – Sigmund Freuds »Traumdeutung« in ihrem wissensgeschichtlichen Kontext

Stefan Goldmann

Einleitung

Sigmund Freuds Meisterwerk »Die Traumdeutung«, im Jahre 1900 erschienen[1], hat in Literatur und Kunst, in den Geistes- und Sozialwissenschaften des 20. Jahrhunderts Epoche gemacht und ein neues Menschenbild, eine neue Anthropologie entworfen, in der das Ich nicht mehr Herr im eigenen Hause ist. Neben Karl Marx und Charles Darwin, so der Wissenschaftshistoriker Bernard Cohen, verursachte Freuds Werk die bedeutendste geistige Revolution im 19. Jahrhundert. Innerhalb der Wissens- und Buchgeschichte erweist sich die »Traumdeutung« als »die letzte wissenschaftliche Revolution (…), die in der Form eines gedruckten Buches und nicht der eines Aufsatzes in einer wissenschaftlichen Zeitschrift (…) gemacht wurde« (Cohen 1994, S. 484).

Eine breitere Rezeption dieses in Festreden so genannten »Jahrhundertbuches« setzte allerdings erst mit der zweiten Auflage von 1909 ein, nachdem schon eine »Psychoanalytische Vereinigung« (1908) gegründet worden war, innerhalb derer die »Traumdeutung« zum klassischen Lehrbuch der psychoanalytischen Therapiemethode avancierte (Grubrich-Simitis 1999; Marinelli & Mayer 2000). Seitdem aber die methodische Traumdeutung innerhalb der Klinik ihre zentrale Stellung als prominente »Via regia zum Unbewussten« eingebüßt hat, wird das Buch zunehmend als eine literarische Autobiografie angesehen, die mehr zu verhüllen als zu enthüllen sucht (Thomas 1987; vgl. dazu schon Freud 1920b, S. 309). Diese neuere Rezeptions-

1 Die im 19. Jahrhundert gängige Praxis des Buchhandels, Bücher, die gegen Ende eines Jahres erschienen, vorzudatieren, hat die populäre Freud-Biografik in den schönen Mythos verwandelt, Freud habe selbst mit dem Vorwissen des ›himmelstürmenden Kulturheros‹ auf das Erscheinungsdatum Einfluss genommen.

tendenz, die an der literarischen Form und künstlerischen Leistung ein stärkeres Interesse bekundet als an der Vermittlung der Inhalte, wird gefördert und unterstützt durch die Publikationen des »FBI«, wie der verstorbene New Yorker Psychoanalytiker Kurt Eissler die florierende »Freud Bashing Industry« kurz und humorvoll zu bezeichnen pflegte.

Diesen Bestrebungen gegenüber möchte ich als Philologe eine hermeneutische Betrachtungsweise anregen, die Freuds wissenschaftliche Traum-Monographie als Fortsetzung und Überbietung der Traumforschung des 19. Jahrhunderts ansieht. Zu fragen ist also nach dem damaligen Stand der Traumdiskussion und des Fachvokabulars, nach Freuds möglichen Anknüpfungspunkten, nach Stilmustern und dem literarischen Gattungskontext. Durch diese Einordnung der »Traumdeutung« in einen »lebendigen«, dialogisch konstruierten Überlieferungszusammenhang lernt man vielleicht von ganz anderer Seite verstehen, warum sie auf Widerstände stoßen musste und anfänglich nur schleppend rezipiert worden war.

Der Traumdiskurs im 19. Jahrhundert

Durch das ganze 19. Jahrhundert hindurch bemerkt man ein reges Interesse an der Erzählung und Deutung von Träumen. Einen ersten Zugang zu diesem anhaltenden und weit verbreiteten Trauminteresse bieten die Tagebücher der Dichter: Jean Paul, Friedrich Hebbel, Gottfried Keller und Franz Grillparzer haben bis hin zu Arthur Schnitzler regelmäßig ihre Träume notiert (Jezower 1928). Von Hebbel kennen wir 110 Träume, neben 73 eigenen schrieb er 37 Träume seiner Freunde und Geliebten nieder (Michelsen 1995, S. 74). Freuds »Doppelgänger« Arthur Schnitzler hingegen ließ 1927 seine Sekretärin aus all seinen Tagebüchern 600 Träume zusammenstellen, von denen 66 schon vor der Publikation der »Traumdeutung« festgehalten worden waren (Weinzierl 1994, S. 80). In der Niederschrift und Auslegung der Träume folgen die Dichter meist jenen Regeln, die Ärzte und Philosophen, Theologen und Laien in längst vergessenen theoretischen Schriften niedergelegt haben. Zumindest für die zweite Hälfte des 19. Jahrhunderts hat Freud diese Fachliteratur im ersten Kapitel seiner »Traumdeutung« ziemlich vollständig zusammengetragen (Goldmann 2003). Ausdrücklich bietet er keine historische Einführung in sein Thema. Hatte er die chronologische Darstellungsform noch für die abschließende Monographie über die »Infantile Cerebrallähmung« (1897a) bevorzugt, so möchte er diesmal die Schriften seiner Vorgänger nicht chronologisch, sondern topisch erörtern, d.h., er ordnet die in sich widersprüchliche Fachliteratur unter allgemeine Gesichtspunkte, die das Wissensfeld vom Traum schon seit Jahrzehnten strukturieren: Er sammelt Daten über die Traumreize und die Traumquellen, über die Beziehungen des Traums zum Wachleben und zu den Geisteskrankheiten, über das Traumgedächtnis und die Traumarbeit. Durch diese zerstückelnde Rubrizierung der ihm vorliegenden Traumliteratur gewinnt Freud ein ausgeprägtes Problembewusstsein und eine Fülle von Bauelementen für seine eigene Traumtheorie.

Freud, der ambitionierte Akademiker, überblickt 70 Jahre Forschungsliteratur. Seine älteste Originalquelle bildet eine Arbeit des Physiologen Karl Friedrich Burdach von 1830. Damit spielen Autoren wie Gotthilf Heinrich Schubert oder Carl Gustav Carus, die von der Forschung gern als Vorläufer Freuds genannt werden, in dessen Selbstverständnis keine Rolle. Burdach, der von Schelling ausgehende Altmeister unter den Physiologen, hatte um 1800 die Begriffe »Biologie« und »Morphologie« in die Wissenschaft eingeführt und gehört zu jenem breiten Strom sinnesphysiologischer Traumforschung, der von Johannes Evangelista Purkinje und Johannes Müller über Ernst von Brücke und Salomon Stricker bis hin zu Freud führt. Seinem methodischen Vorgehen entsprechend erörtert Freud nicht die gesamte Traumtheorie des bekannten Physiologen, der noch die eine oder andere ihm zuteil gewordene wissenschaftliche Einsicht auf datierte eigene Träume zurückgeführt und der symbolisierenden Phantasie eine mächtige Rolle im Traumleben zugeschrieben hatte. Dennoch ist Burdachs Traumtheorie keineswegs veraltet, da sie für Freud noch immer schlagkräftige Argumente gegen die in der zweiten Hälfte des 19. Jahrhunderts herrschende somatische Reiztheorie parat hält (Freud 1900a, S. 228f.).

Wer die von Freud zitierte Literatur unabhängig von ihm liest, stellt fest, dass die Traumforschung des 19. Jahrhunderts in den 70er Jahren einen Aufschwung erlebt, der sich in einer Vielzahl von grundlegenden Monographien und Broschüren manifestiert und bis in die frühen 80er Jahre ungebrochen anhält. Nur drei Arbeiten seien hier stellvertretend genannt: Ludwig Strümpells allseits hochgehaltene Arbeit über die »Natur und Entstehung der Träume« von 1874, die noch Freud als einen »Wegweiser in die Traumprobleme« (ebd., S. 23) nutzt. Friedrich Wilhelm Hildebrandts Abhandlung »Der Traum und seine Verwerthung für's Leben« von 1875, für Freud »der formvollendetste und gedankenreichste Beitrag zur Erforschung der Traumprobleme« (ebd., S. 70), den er in der Literatur gefunden habe. Und schließlich Heinrich Spittas materialreiche Tübinger Habilitationsschrift »Die Schlaf- und Traumzustände der menschlichen Seele« (1878), nach deren Lektüre Freud seinem Berliner Freund Wilhelm Fließ mitteilt, dass er »am liebsten nie etwas mit der Sache zu tun gehabt hätte« (Freud 1985c, S. 388).

In den 90er Jahren lässt das Interesse an den Traumphänomenen keineswegs nach, doch wendet sich die Forschung vor allem Einzelproblemen zu, die in Zeitschriftenartikeln erörtert werden. Wer sich darüber hinaus mit den akademischen Lebensläufen der damaligen Traumforscher beschäftigt, dem erschließt sich eine klare Topographie der Forschung: die Universitäten von Breslau und Tübingen, Leipzig und Wien erweisen sich als die zentralen Ausbildungs- und Wirkstätten der einzelnen Traumforscher. Vorlesungen über Traumphänomene halten Karl Albert Scherner in Breslau (1861/62; 1864/65) und Heinrich Spitta in Tübingen (1890/91). Vor allem in Tübingen werden in den 70er Jahren eine Reihe von Dissertationen zum Traumthema zugelassen, darunter diejenige des später als Spritismus- und Traumforscher bekannten Carl Du Prel. In Leipzig lehren die Traumtheoretiker Gustav Theodor Fechner und Ludwig Strümpell, seit 1875 auch Wilhelm Wundt, aus dessen 1879 gegründeten Laboratorium für experimentelle Psychologie Dissertationen zur Traumpsychologie hervorgehen. Überraschenderweise beteiligen sich an dem damaligen Traumdiskurs auch Freuds akademische Lehrer und Mentoren wie der Altphilologe Theodor Gomperz (1866), der Psychiater Maximilian Leidesdorf (1880) und der Experimentalpathologe Salomon Stricker (1879). So berichtet Stricker in seinen Schriften und Vorlesungen (Stricker 1879, S. 97), dass er mehrere Jahre eigene Träume beobachtet habe, also zu einer Zeit, in der Freud einen Platz in dessen Laboratorium belegt hatte und auf dessen Schriften, die in Lieferungen erschienen, abonniert war – ein erstes Zeugnis, das Freud schon während seiner Studienzeit mit dem allgemeinen Aufschwung des Traumdiskurses in Beziehung bringt.

Bevor ich weitere Berührungspunkte hervorhebe, die Freuds frühe Rezeption der zeitgenössischen Traumdiskussion belegen, möchte ich auf eine Traumarbeit näher eingehen, deren Rezeption die damaligen Forschungsmeinungen stark polarisierte. Ich meine die große Monographie von Karl Albert Scherner über das »Das Leben des Traumes« von 1861, die einen Meilenstein in der Geschichte der Traumforschung darstellt. Scherner ist der bedeutendste Vertreter des naturphilosophischen Konzepts einer unbewusst symbolisierenden Phantasietätigkeit im Traum. Anhand eigener Träume versucht Scherner darzulegen, wie diese unbewusste Phantasietätigkeit Leib- und Geistreize symbolisiert und das mittels der Assoziationsgesetze kombinierte Material aus Tagesgedanken, Stimmungen und Affekten verdichtet und kontrastiert, vergrößert und verstärkt. Die Traumphantasie arbeitet nach dem Pars-pro-toto-Prinzip, d.h. zur Darstellung des Ganzen wählt sie nur ein Teilstück aus bzw. bedient sich umgekehrt des Ganzen zur Repräsentation eines Teils. Scherner unterscheidet zufällige und konstante Symbole, denn die Phantasie wählt »bei oft vorkommenden gleichartigen Reizen auch gern dieselben Symbole« (Scherner 1861, S. 105). So beispielsweise das Haus als Symbol des Leibes, die Semmel als symbolische Verhüllung der Leibesnacktheit, die Katze als Symbol ärgerlicher Stimmung, strauchartiges Gebüsch als Symbol der Schambehaarung. Details nicht scheuend, erläutert er, wie die Traumphantasie die anatomische Form der inneren Organe und des »Geschlechtsapparates« symbolisiert, so dass die Erzählerin eines scheinbar harmlosen Traums »dem Kenner der Traumsymbolik« oft ihr sexuelles Geheimnis verrät (ebd., S. 97). Unter Scherners methodischem Blick ist das »scheinbar Unbedeutendste« und »Unerklärlichste« eines Trauminhaltes sinnvoll und zwingend notwendig (ebd., S. 236 u. 295): »ja es läßt sich jedes Traumgewebe bis in sein feinstes und combinirtestes Erscheinungsgeäder verstandesmäßig analysiren und auf seine Entstehung und Gesetze zurückführen« (ebd., S. XVIII). Doch bevor sich der angehende Seelenforscher an die Beurteilung fremder Träume wagen darf, soll er die verschiedenartigen Gesetze und Dichtungsweisen des Traumes an sich selbst erfahren und studiert haben (ebd., S. 137; eine Neuausgabe dieser Traum-Monographie ist in Vorbereitung).

Scherners Anschauungs- und Untersuchungsmaterial besteht aus über siebzig eigenen Träumen, zu denen er weitere Träume aus seinem Bekanntenkreis hinzufügt. Seine Träume handeln von seiner Kindheit und Gymnasialzeit, vom Tod des Vaters, der Hochzeit eines preußischen Prinzen, und von seinem eigenen Traumbuch, wobei er Beziehungen zwischen den Traumbildern und dem wach gebliebenen »Tageswunsch« (ebd., S. 311) bzw. dem vorangegangenen »Tagesinteresse« (ebd., S. 315) aufzeigt. Auch vergleicht er die Träume eines Mannes und einer Frau, die sich auf ein und dasselbe Tagesereignis beziehen und untersucht acht während einer Nacht aufeinander folgende Traumszenen.

Für die Erörterung seines Traummaterials erschafft sich Scherner ein Fachvokabular, das den Begriff des Traums durch über 120 Kompositionsbildungen durchdekliniert: So spricht er von Traumchaos und Traumobjekt, von Traumszene und Traumsymbolik, Traumvorgang und Traumexperiment, aber auch von Traumreiz, Trauminhalt und Traumgedanke – drei Begriffe, die der Literaturwissenschaftler Walter Muschg in einer klassischen Studie über »Freud als Schriftsteller« (1975, S. 24) als eigenständige Wortbildungen Freuds bezeichnet hatte.

Scherners Traumtheorie wurde 1874/75 in Wien von dem Kunstwissenschaftler Robert Vischer und dem Philosophen Johannes Volkelt rezipiert und in Aufsehen erregenden Schriften propagiert. Robert Vischer, der Sohn des großen Ästhetikers Friedrich Theodor Vischer, hatte in seiner Tübinger Dissertation »Über das optische Formgefühl« (1873) Scherners Konzept der im Traum unbewusst ablaufenden Symbolisierungsprozesse für die Ästhetik entdeckt und seinem eigenen Entwurf einer Einfühlungsästhetik zugrunde gelegt. Von Vischer auf Scherners Traumanalysen aufmerksam gemacht, beobachtete Volkelt, der sich in Wien habilitieren wollte, die eigenen Träume, die er tags darauf Robert Vischer in dem in der Paniglgasse gelegenen Gasthaus zum »Goldenen Sieb« erzählte. Aus dieser Beschäftigung heraus entstand eine kleine Monographie über »Die Traum-Phantasie« (1875), die Friedrich Theodor Vischer zum Druck beförderte und in einer vielfach nachgedruckten Rezension ausführlich besprach.

Volkelt teilt aus seiner Traumsammlung über 80 eigene Traumbruchstücke mit und ergänzt sie mit Träumen aus seinem Bekanntenkreis. Die Träume führen ihn ins Elternhaus und in die Schulzeit, er begegnet darin seinem toten Vater, seiner Schwester, nackten Mädchen und einem Doppelgänger. Er fährt durch die Straßen Wiens, die, so träumt er, irgendwie mit dem ihn beschäftigenden Traumproblem zusammenhängen. Neben der ausführlichen Beschreibung der auf Leibreize unbewusst reagierenden Traumphantasie erwähnt er, dass der Traum Kindheitserinnerungen wieder belebt, Wünsche und Befürchtungen als erfüllte darstellt, an gleichgültige Tagesvorstellungen anknüpft und vom Tagesbewusstsein Unterdrücktes aufscheinen lässt. Die Traumphantasie maskiert, steigert, verdichtet und verschmelzt. Dabei verläuft »der gesammte traumerzeugende Proceß (...) in der Nacht des Unbewußten. Unbewußt vollzieht sich Anziehung und Abstoßung der Traumassociationen; unbewußt erfaßt die Phantasie den sich ihr darbietenden physischen oder psychischen Reiz, und unbewußt gibt sie ihm Verhüllung und sonstige Umgestaltung. Erst das fertige Resultat dieser Umbildung stellt sich dem Traumbewußtsein dar« (Volkelt 1875, S. 157).

Ich habe diese beiden Traummonographien so ausführlich dargestellt, weil sie prominente Gattungsbeispiele liefern und einen Leitfaden zur Einordnung von Freuds »Traumdeutung« an die Hand geben. Durch die eigentümliche Verbindung von Erzählung und Analyse der eigenen Träume, die zugleich das Material für die Theoriebildung liefern, erweist sich insbesondere Scherners Traumbuch von 1861 als das gattungsgeschichtliche Vorbild für Freuds »Traumdeutung«. Mit der Erzählung von etwa 50 eigenen Träumen begründet Freud nicht eine neuartige Form autobiografischen Schreibens, sondern stellt sich gattungsbewusst in eine gelehrte literarische Tradition, deren Formen er virtuos beherrscht.

Freuds Aneignung der Traumliteratur des 19. Jahrhunderts

Die ausgebreitete Lektüre der Traumliteratur des 19. Jahrhunderts führt aber nicht nur zu den Vorbildern der literarischen Form, sondern ermöglicht zugleich, jede von Freud beiläufig in Briefen und frühen Schriften geäußerte Bemerkung zu den Traumproblemen innerhalb des zeitgenössischen Traumdiskurses quellenkundlich zu verorten.

Drei Beispiele mögen dies veranschaulichen: Am 17. Juni 1882 hatte sich Freud heimlich mit Martha Bernays in Wien verlobt. Offenbar schenkte ihm seine daraufhin nach Hamburg übersiedelnde Braut als Unterpfand ihrer Liebe und ihres Einverständnisses ein Kästchen mit ihrer Fotografie. Darauf sich beziehend schreibt Freud zwei Tage später an seine Braut: »Ich kann es noch immer nicht fassen, hätte ich nicht das zierliche Kästchen und das süße Bild vor mir liegen, ich hielte es für einen gaukelnden Traum und fürchtete mich vor dem Erwachen. Aber die Freunde sagen, es sei Wahrheit, und ich selbst, ich weiß mich an Einzelheiten zu erinnern, so reizend, so fremdartig beglückend, wie die *Traumphantasie* sie nie zu ersinnen vermag« (Freud 1960a, S. 18; kursiv S.G.). In dem Augenblick, in dem sein Glück größer ist als er zu träumen vermag, greift Freud auf den von Scherner und Volkelt tradierten Begriff der Traumphantasie zurück, die Nervenreize symbolisiert, Triebe befriedigt und Wünsche erfüllt, indem sie Scherner zufolge z.B. dem Durstigen sofort das volle Glas vorsetzt oder dem anpochenden männlichen Geschlechtstrieb weibliche Wesen hinmalt (Scherner 1861, S. 100 u. 182).
Ein Jahr später erwähnt Freud seiner Braut gegenüber ein »Privattraumbuch«, das er sich »aus Erfahrung gebildet« habe, dem zufolge ein Landschaftstraum auf eine künftige Reise hindeutet (Jones 1978, S. 407f.). Dieses »kostbare Traumbuch« (ebd.) ist ein weiteres Indiz für Freuds Rezeption und enge Anlehnung an die zeitgenössische Wiener Traumdiskussion. Allgemeinem Sprachgebrauch zufolge ist unter einem »Traumbuch« ein Buch zu verstehen, das nach einem bestimmten Symbolschlüssel Träume auslegt.

Derartige Gebrauchsbücher waren für geringes Geld auf jedem Jahrmarkt erhältlich. 1881 vertritt der Wiener Philosoph Lazar von Hellenbach in einem Aufsatz über »Die Symbolik der Träume« die Auffassung, »daß es kein Traumbuch *für Alle* geben könne, sondern daß jedes Individuum nur sein eigenes Traumbuch haben kann« (Hellenbach 1881, S. 241). Selbst Freuds Wortlaut, er habe sich das Privattraumbuch »aus Erfahrung gebildet«, findet in Hellenbachs Ausführungen ein Vorbild: »Die Erfahrung allein ist hier massgebend. (...) Die Symbolik der Träume lässt sich nicht aus Büchern lernen, nur die Selbstbeobachtung kann ein solches Verständnis ermöglichen« (ebd., S. 234). Hellenbachs Empfehlung, die Aufmerksamkeit gegenüber der individuellen Traumsymbolik zu schärfen, zitiert noch im selben Jahr Friedrich Salomon Krauss in seiner neuen Übersetzung der »Oneirokritika« des Artemidor von Daldis, die in Wien unter der Leitung von Theodor Gomperz erschienen war: »Es existirt also eine Symbolik der Träume, sie muss sogar nothwendig existiren, doch für jede Individualität eine andere« (Artemidoros 1881, S. IV). Mit dem Anlegen und Führen eines »Privattraumbuches« folgt Freud also einer Praxis, die in Wien gerade vorgeschlagen worden war.

Einordnen lässt sich auch eine Mitteilung von Josef Breuer, die Freud in einer Anmerkung zu seiner Übersetzung von Jean-Martin Charcots »Poliklinischen Vorträgen« (1894, S. 215) erwähnt: Breuer ist dort der Ansicht, dass Menschen »in ihren Träumen nur ihre Gestalt, nie ihr Gesicht sehen«. Genau dieses Phänomen referiert Volkelt in seiner »Traum-Phantasie« von 1875 aus der ihm vorliegenden Literatur: »*Du Prel* macht in seinem ›Oneirokritikon‹ die zwar paradoxe, aber richtige Bemerkung, daß wir im Traum niemals unser Gesicht sehen, während uns doch die wache Phantasie, sobald wir uns unsere eigene Gestalt vorstellen, dieselbe von unten bis oben zeige« (Volkelt 1875, S. 161). Freud bzw. Breuer teilen hier eine Traumbeobachtung mit, die innerhalb der naturphilosophischen, von Wundt als »mystisch« gebrandmarkten Forschungsrichtung damals tradiert wurde.

Schon aus diesen drei Beispielen wird deutlich, dass Freud lange vor der Niederschrift der »Traumdeutung« die zeitgenössische Traumdiskussion wahrnimmt und immer wieder einzelne Beobachtungen, Empfehlungen und Formeln sich zueigen macht. Diese auf den ersten Blick disparat anmutenden Bruchstücke fügen sich aber leicht und ungezwungen in die aufgezeigte Forschungstradition, die von einer unbewusst symbolisierenden Phantasietätigkeit im Traum ausgeht. Die von Scherner und Volkelt, dem älteren und jüngeren Vischer, Du Prel und Hellenbach vertretene Argumentationslinie bildet somit die Wiese, auf der Freud seine ersten Traumblumen pflückt.

In zwei Briefen Freuds an seine Schwägerin Minna Bernays, die erst im letzten Jahr von Albrecht Hirschmüller in vollem Umfang publiziert worden sind, erfahren wir den Zeitpunkt, von dem aus Freud seine Träume gezielt zu beobachten begann. Am 17. April 1893 schreibt er: »Ich schlafe (…) im Bibliothekszimmer und kann die schönsten Studien über merkwürdige Träume machen« (Freud & Bernays 2005, S. 233). Und zehn Tage später: »Ich benütze jetzt meinen Schlaf im Bibliothekszimmer dazu, um meine Träume zu notieren, was in zehn Jahren eine schöne Arbeit und ein gutes Stück Toilettengeld ergeben wird« (ebd., S. 237; unter Toilettengeld ist das Geld für Kleider und Accessoires zu verstehen, das er wohl seiner Schwägerin, der er reichliches Taschengeld aus seinen literarischen Einkünften versprochen hatte, geben wollte). Der Grund für diesen Umzug aus dem Schlafzimmer in das Bibliothekszimmer war die Geburt seiner Tochter Sophie (12. April 1893). In dieser Zeit der häuslichen Turbulenzen, des Schwächezustandes seiner Frau, der Erinnerung an die schwierige Zangengeburt ihrer erstgeborenen Tochter Mathilde mit den auftretenden Stillhemmungen der Mutter und der Amme, der auferlegten sexuellen Abstinenz und der Sorge um die Mitgift seiner Töchter, notiert und studiert Freud seine Träume. Nun ist für einen Naturforscher wie Freud gerade dieser Ort des Träumens Programm und Verpflichtung zugleich, denn jede wissenschaftliche Tätigkeit wird von Bücherlektüren begleitet und unterstützt: Mit der Aufzeichnung der eigenen Träume folgt Freud, so müssen wir aus der zeitlichen Koinzidenz schließen, einer Empfehlung seines Hypnoselehrers Ambroise-Auguste Liébeault aus Nancy, die dieser 1893 in einer fünfteiligen Artikelserie unter dem Titel »Streifzüge in das Gebiet der passiven Zustände, des Schlafes und der Träume« in der »Zeitschrift für Hypnotismus«, zu deren Herausgebergremium Freud zählt, ausgesprochen hatte. Gerade im Aprilheft der Zeitschrift forderte Liébeault andere Psychologen auf, in persönlichen Monographien »ohne sich vor sich selbst zu schämen« (Liébeault 1893, S. 223), die eigenen Träume rückhaltlos mitzuteilen und zu analysieren. Zwischen Oktober 1891 und Februar 1892 hatte er selbst 132 eigene Träume beobachtet und ausgewertet. Die Mehrzahl dieser Träume setzte sich aus Erinnerungsbildern zusammen, »die in indifferenter Weise aus kürzlich vorgefallenen Ereignissen genommen, meist nichts mit dem thätigen Leben der vorhergehenden Tage zu thun hatten, sich jedoch sehr häufig mit älteren Erinnerungsbildern verbanden« (ebd., S. 225). Ohne auf Liébeaults Traumanalysen hier weiter einzugehen, bleibt festzuhalten, dass Freuds Traumbeobachtungen in der Bibliothek von vornherein als ein literaturgesteuertes kritisches Forschungsunternehmen zu verstehen sind: eigene Träume werden mit der Forschungsliteratur konfrontiert und die dort gefundenen Musterträume nach- und fortgeträumt (Goldmann 2003, S. 155–160).

Wir wissen nicht, was Freud damals tatsächlich geträumt, allerdings können wir rekonstruieren, welche Traumliteratur er zu Rate gezogen hatte, denn auf diese Bibliotheksträume spielt er in den »Studien über Hysterie« von 1895 in einer überlangen Anmerkung zur Fallgeschichte der Emmy von N. an:

> »Ich musste durch mehrere Wochen mein gewohntes Bett mit einem härteren Lager vertauschen, auf dem ich wahrscheinlich mehr oder lebhafter träumte, vielleicht nur die normale Schlaftiefe nicht erreichen konnte. Ich wusste in der ersten Viertelstunde nach dem Erwachen alle Träume der Nacht und gab mir die Mühe, sie niederzuschreiben und mich an ihrer Lösung zu versuchen. Es gelang mir, diese Träume sämtlich auf zwei Momente zurückzuführen: 1. auf die Nötigung zur Ausarbeitung solcher Vorstellungen, bei denen ich tagsüber nur flüchtig verweilt hatte, die gestreift und nicht erledigt worden waren, und 2. auf den Zwang, die im selben Bewusstseinszustande vorhandenen Dinge miteinander zu verknüpfen. Auf das freie Walten des letzteren Momentes war das Sinnlose und Widerspruchsvolle der Träume zurückzuführen« (Freud 1895d, S. 122f.).

Innerhalb der deutschsprachigen Traumforschung wurde vor Freud »die Nötigung zur Ausarbeitung« nur von einem einzigen Forscher hervorgehoben und zur alleinigen Funktion des Traumes erklärt. Es ist ein uns ansonsten völlig unbekannter Autor namens W. Robert, der in einer Broschüre unter dem Titel »Der Traum als Naturnothwendigkeit erklärt« den Begriff der Traumarbeit 1886 in die Traumforschung einführt. Nur solche Vorstellungen, die »den Geist flüchtig streifen« (Robert 1886, S. 10), erregen Robert zufolge Träume. Flüchtige Sinneseindrücke und unvollendete Gedanken *müssen* »im Traume verarbeitet werden« (ebd., S. 18). Aufgrund dieser sprachlichen und inhaltlichen Parallelen dürfen wir schließen, dass Freuds damalige Analyse der eigenen Träume der Traumauffassung von Robert verpflichtet war. Aber auch das zweite Moment, der so genannte Assoziationszwang, der das Widerspruchsvolle in den Träumen bedinge, findet man in dem von Freud gründlich durchgearbeiteten Buch »Le sommeil et les rêves« (1885) von Joseph Delboeuf, wo es unter Hinweis auf einige von Freud angestrichene Beispiele heißt: »Il y a enfin dans le rêve des rapprochements forcés« (Delboeuf 1885, S. 237) .

Konnte Freud in den »Studien über Hysterie« diese Quellen seiner in einer Anmerkung vorgetragen kleinen Traumtheorie vernachlässigen, so hat er sie später in der »Traumdeutung« gewissenhaft angeführt: Im Zuge der

Analyse seines »Traums von der botanischen Monographie« kontextualisiert er die »Nötigung zur Ausarbeitung« mit Roberts Traumauffassung und den Assoziationszwang mit Delboeufs »rapprochement forcé« (Freud 1900a, S. 191f.), ein Zitat, das er innerhalb der Erstausgabe von 1900 zugleich als Kolumnentitel hervorhebt. Und wenn Freud gegen Ende der »Traumdeutung« noch auf Liébeaults Schlaftheorie zu sprechen kommt, dann spielt er auf dessen programmatische »Streifzüge in das Gebiet der passiven Zustände, des Schlafs und der Träume« an, in denen der unbewusste »Wunsch zu schlafen« ausführlich diskutiert wird (Liébeault 1893, S. 131–138 u. 203).

Das Neue der Freudschen Traumauffassung

Liébeault, Robert und Delboeuf haben Freuds Theoriebildung schon zwischen 1893 und 1895 begleitet. Kann man einerseits anhand der kräftigen Textmarkierungen, die sich in seinem überkommenen Leseexemplar von Roberts Traumbroschüre finden, erkennen, unter welcher starken intellektuellen Spannung Freud dessen Schrift wiederholt durchgearbeitet hat (Goldmann 2005, S. 356f.), so ist andererseits noch in der »Traumdeutung« deutlich zu spüren, wie er an eigenem Traummaterial Roberts Traumauffassung durchdenkt und mit ihr ringt: In der Definition der Traumfunktion muss er ihm »recht geben« (Freud 1900a, S. 585), doch bezüglich der Voraussetzungen des Traumvorgangs vertritt er eine abweichende Meinung, ja, er bringt sich sogar »in vollen Gegensatz« (ebd., S. 184), da Robert Tatsachen erklären will, die in Freuds Augen überhaupt nicht bestehen. Und wo Freud eindringlich davor warnt, Roberts Auffassung gänzlich zu verabschieden, entwindet er ihm nicht ohne Raffinement den Begriff der Traumarbeit, den er nun zu einem systematischen Begriff ausarbeitet, der die vier Arbeitsmechanismen der Verdichtung, Verschiebung, Dramatisierung und sekundären Bearbeitung umfasst und die »Umwandlung« der latenten Traumgedanken zum manifesten Trauminhalt als einzige Funktion der Traumarbeit definiert (ebd., S. 510–512).

Freud ist ein *bricoleur*, ein Tüftler, der die Theorieangebote seiner Vorgänger in ihre Elemente zerlegt und nach dem Baukastenprinzip neu zusammensetzt. Als ein an der rhetorischen Topik orientierter Forscher erörtert er das Für und Wider eines Arguments, deckt Widersprüche der Autoren auf, prüft ihre Voraussetzungen und Schlussfolgerungen, sucht nach dem paradigmatischen Fallbeispiel und der prägnanten Formel. In Anlehnung an Wilhelm Griesingers Bemerkung, der zufolge die Wunscherfüllung als ein dem Traum und der Psychose gemeinsamer Charakter des Vorstellens anzusehen sei, entwickelt Freud schließlich den der »Traumdeutung« zugrunde liegenden Satz: »*Der Traum ist die (verkleidete) Erfüllung eines (unterdrückten, verdrängten) Wunsches*« (ebd., S. 166)

Nun haben so gut wie alle Traumbuchautoren des 19. Jahrhunderts darauf aufmerksam gemacht, dass Träume gelegentlich auch Wünsche erfüllen. Doch keiner hat vor Freud mit solcher Ausschließlichkeit darauf bestanden, dass *jeder* Traum eine Wunscherfüllung darstelle. Indem Freud die Wunscherfüllung in aller Radikalität dem Traum als Motiv unterstellt, ohne eine Ausnahme von der Regel nicht einmal bei den Angstträumen gelten zu lassen, ist er gezwungen, die Mechanismen der Traumarbeit in nie da gewesener Präzision zu beschreiben und zu systematisieren. An die Stelle des tradierten Begriffs der »Traumphantasie«, die Scherner zufolge im Nu spielerisch verdichtet und vergrößert, symbolisiert und kontrastiert, tritt nun der von Freud systematisch gefasste Begriff der »Traumarbeit«, die umwertet und umformt. Zur Beschreibung ihrer Wirkmechanismen bedient sich Freud physikalischer Begriffe: Arbeit, also Kraft mal Weg, Verdichtung und Verschiebung, Widerstand, Verdrängung, Spannung und Konstanzprinzip. Im Rahmen dieser physikalischen Terminologie erscheint der Traum nicht mehr als ein unwillkürliches Spiel der symbolisierenden Phantasie einer letztendlich göttlichen Seele, sondern als ein Werkprodukt psychischer Arbeitsmechanismen.

Lange bevor Freud mit der Niederschrift seiner »Traumdeutung« begann, hatte er schon mehrere für ihn grundlegende Traumtheoretiker studiert, denen er über die Jahre hinweg treu blieb. Als er sich dann 1898 entschlossen hatte, sich einen Überblick über die gesamte Traumliteratur der letzten 70 Jahre zu verschaffen, schrieb er an seinen Freund Wilhelm Fließ: »Die Literatur (über den Traum), die ich jetzt lese, macht mich ganz blöd. Eine schreckliche Strafe, die auf alles Schreiben gesetzt ist. Dabei diffundiert einem alles Eigene weg; ich weiß mich oft nicht zu besinnen, was ich denn Neues habe, und es ist doch alles daran neu. Die Lesearbeit dehnt sich, bis jetzt unabsehbar« (Freud 1985c, S. 368).

Vor dem Hintergrund der Traumforschung des 19. Jahrhunderts erweist sich vor allem die Unterscheidung von latenten Traumgedanken und manifestem Trauminhalt als das genuin Neue der Traumtheorie Freuds. Mit dieser eingeführten Differenz stellt er die Traumpsychologie vor Aufgaben, die sie vor seiner Zeit nicht gekannt hatte, nämlich »die Beziehungen des manifesten Trauminhalts zu den latenten Traumgedanken zu untersuchen und nachzuspüren, durch welche Vorgänge aus den letzteren der erstere geworden ist« (1900a, S. 283). Durch die Beobachtung dieser psychischen Vorgänge gewinnt er zugleich Einblick in den Bau des seelischen Apparates. So kommt er zu dem Schluss, »daß das Unbewusste – also das Psychische – als Funktion zweier gesonderter Systeme vorkommt und schon im normalen Seelenleben so vorkommt. Es gibt also zweierlei Unbewusstes, was wir von den Psychologen noch nicht gesondert finden« (ebd., S. 619). Neu und unerhört ist aber auch der Umstand, dass Freud vom Traum aus eine neue, allgemeine Psychologie entwirft. So läutet die »Traumdeutung« nicht nur eine neue Therapiemethode der Neurosen ein, sondern auch die Grundlegung einer »Neuen Psychologie«, die für die Geisteswissenschaften von kaum zu überschätzender Bedeutung ist (Freud 1924f, S. 416).

Mit dem vom Traum ausgehenden Entwurf einer allgemeinen Psychologie verwirklicht Freud eine Hoffnung, die Georg Christoph Lichtenberg in seinen so genannten »Sudelbüchern«, die genau hundert Jahre vor der »Traumdeutung« erstmals veröffentlicht wurden, formuliert hatte: »Von der Natur der Seele aus Träumen ist eine Materie, die des größten Psychologen würdig wäre« (Lichtenberg 1973, S. 543 [F607]). In seiner Nachfolge notierte sich Jean Paul, der den Begriff des Traumwunsches in die Traumforschung eingeführt hatte: »Die höchste Psychologie wäre aus dem Traum zu lernen« (Jean Paul 2004, S. 117 [Nr. 46]). Findet Freud in diesen beiden Selbstbeobachtern kompetente Verbündete, so stellt er sich jedoch mit seinem ganzen Unternehmen in den schärfsten Gegensatz zu Wilhelm Wundt, der sich 1892 in einem Aufsatz über »Hypnotismus und Suggestion« entschieden gegen mögliche Bestrebungen gewandt hatte, »auf den Traum (…) die ganze Psychologie zu gründen« (Wundt 1892, S. 8). In diesem strukturellen Gegensatz zwischen Wien und Leipzig dürfte einer der Gründe liegen, warum das siebente Kapitel der »Traumdeutung« in den zeitgenössischen Rezensionen durchgehend unberücksichtig blieb.

Literatur

Artemidoros aus Daldis (1881): Symbolik der Träume. Übers. und mit Anm. begleitet von Friedrich S. Krauss. Wien, Pest, Leipzig (Hartleben).

Charcot, Jean Martin (1894): Poliklinische Vorträge. Schuljahr 1887–1888. Übers. von Sigmund Freud. Leipzig, Wien (Deuticke), Bd. 1.

Cohen, I. Bernhard (1994): Revolutionen in der Naturwissenschaft. Frankfurt/M. (Suhrkamp).
Delboeuf, Joseph (1885): Le sommeil et les rêves considérés principalement dans leurs rapports avec les théories de la cértitude et de la mémoire. Paris (Ancienne Librairie Germer Baillière).
Freud, Sigmund (1895d) (Zusammen mit Breuer, Josef): Studien über Hysterie. GW I, 75–312.
Freud, Sigmund (1897a): Die infantile Cerebrallähmung. Wien (Hölder). In: Hermann Nothnagel (Hg.): Specielle Pathologie und Therapie. Wien (Hölder), Bd. 9, 3.
Freud, Sigmund: (1900a): Die Traumdeutung. GW II.
Freud, Sigmund: (1920b): Zur Vorgeschichte der analytischen Technik. GW XII, 305–312.
Freud, Sigmund: (1924f): Kurzer Abriß der Psychoanalyse. GW XIII, 403–427.
Freud, Sigmund: (1960a): Briefe 1873–1939. Herausgegeben von Ernst und Lucie Freud. Frankfurt/M. (Fischer).
Freud, Sigmund: (1985c): Briefe an Wilhelm Fließ 1887–1904. Hg. von Jeffrey Moussaieff Masson. Frankfurt/M. (Fischer).
Freud, Sigmund & Bernays, Minna (2005): Briefwechsel 1882–1938. Hg. von Albrecht Hirschmüller. Tübingen (edition diskord).
Goldmann, Stefan (2003): Via regia zum Unbewussten. Freud und die Traumforschung im 19. Jahrhundert. Gießen (Psychosozial-Verlag).
Goldmann, Stefan (Hg.) (2005): Traumarbeit vor Freud. Quellentexte zur Traumpsychologie im späten 19. Jahrhundert. Gießen (Psychosozial-Verlag).
Grubrich-Simitis, Ilse (1999): Metamorphosen der »Traumdeutung«. Über Freuds Umgang mit seinem Jahrhundertbuch. In: Jean Starobinski, Ilse Grubrich-Simitis, Mark Solms: Hundert Jahre »Traumdeutung« von Sigmund Freud. Drei Essays. Frankfurt/M. (Fischer), 35–72.
Hellenbach, Lazar von (1881): Die Symbolik der Träume. In: Aus dem Tagebuch eines Philosophen. Wien (Rosner), 216–242.
Hildebrandt, Friedrich Wilhelm (1875): Der Traum und seine Verwerthung für's Leben. Leipzig (Schloemp). Wiederabgedruckt in: Traumarbeit vor Freud. Quellentexte zur Traumpsychologie im späten 19. Jahrhundert. Hg. von Stefan Goldmann. Gießen (Psychosozial-Verlag) 2005, 241–289.
Jean Paul (2004): Lebenserschreibung. Veröffentlichte und nachgelassene autobiographische Schriften. Hg. von Helmut Pfotenhauer und Thomas Meißner. München (Hanser).
Jezower, Ignaz (1928): Das Buch der Träume. Berlin (Rowohlt).
Jones, Ernest (1978): Das Leben und Werk von Sigmund Freud. Bern, Stuttgart, Wien (Huber) Bd. 1.
Lichtenberg, Georg Christoph (1973): Sudelbücher I. In: Schriften und Briefe. Hg. von Wolfgang Promies. München (Hanser) Bd. 1.
Liébeault, Auguste Ambroise (1893): Streifzüge in das Gebiet der passiven Zustände, des Schlafes und der Träume. In: Zeitschrift für Hypnotismus, Suggestionstherapie, Suggestionslehre und verwandte psychologische Forschungen 1, 129–138, 155–163, 202–211, 223–234, 264–273.
Marinelli, Lydia und Mayer, Andreas (Hg.) (2000): Die Lesbarkeit der Träume. Zur Geschichte von Freuds »Traumdeutung«. Frankfurt/M. (Fischer).
Michelsen, Peter (1995): Friedrich Hebbels Tagebücher. Eine Analyse. Würzburg (Königshausen & Neumann).
Muschg, Walter (1975): Freud als Schriftsteller. München (Kindler).
Stricker, Salomon (1879): Studien über das Bewusstsein. Wien (Braumüller).
Robert, W. (1886): Der Traum als Naturnothwendigkeit erklärt. Hamburg (Seippel). Wiederabgedruckt in: Traumarbeit vor Freud. Quellentexte zur Traumpsychologie im späten 19. Jahrhundert. Hg. von Stefan Goldmann. Gießen (Psychosozial-Verlag) 2005, 291–318.

Strümpell, Ludwig (1874): Die Natur und Entstehung der Träume. Leipzig (Veit). Wiederabgedruckt in: Traumarbeit vor Freud. Quellentexte zur Traumpsychologie im späten 19. Jahrhundert. Hg. von Stefan Goldmann. Gießen (Psychosozial-Verlag) 2005, 25–95.

Thomas, Ronald R. (1987): Traumdeutung as Bildungsroman: Freud's Dream Interpretation and the Novel of his Life. Michigan Germanic Studies 13, 182–205.

Volkelt, Johannes (1875): Die Traum-Phantasie. Stuttgart (Meyer & Zeller). Wiederabgedruckt in: Traumarbeit vor Freud. Quellentexte zur Traumpsychologie im späten 19. Jahrhundert. Hg. von Stefan Goldmann. Gießen (Psychosozial) 2005, 97–240.

Weinzierl, Ulrich (1994): Arthur Schnitzler. Lieben, Träumen, Sterben. Frankfurt/M. (Fischer).

Wundt, Wilhelm (1892): Hypnotismus und Suggestion. Philosophische Studien 8 (1), 1–85.

»Einmal 6 und ich fall ins Koma« – Konkretistisches Denken und die Schwierigkeiten der psychoanalytischen Psychosentherapie

Johannes Kipp

Einleitung

Bevor ich auf die Welt der Psychosen und auf die Psychosentherapie eingehe, möchte ich Sie auf die Wirkung von vieldeutigen Worten und Zeichen hinweisen. Sie alle kennen Schultaschen, die das Markenzeichen »4 You« haben. Weniger bekannt ist ein Rucksack mit der Aufschrift »Come 2 Gether« oder eine Universitätszeitschrift mit dem Namen »1stein« Die intendierte Bedeutung steckt im Wortklang. Diese herauszufinden macht Vergnügen, löst jedoch auch andere unbewusste bzw. halbbewusste Prozesse aus, die besonders deutlich werden, wenn es um die Zahl 6 geht.

Von einem Patient, der schon lange erkrankt ist und bei dem Fluphenazin von 5 mg auf 6 mg erhöht werden soll, stammt der Ausspruch im Titel meines Vortrags: »Einmal 6 und ich fall ins Koma«, den er so betont hatte, wie wenn wir ihn zu sexuellen Handlungen zwingen wollten. Er hat dann ohne weiteres 2 x 3 mg eingenommen.

Worte oder Zeichen machen normalerweise Vergnügen, wenn sie sich gleichzeitig auf unterschiedliche Sachverhalte beziehen oder unterschiedliche Assoziationsketten eröffnen. Dieses Vergnügen ist bei dem psychotischen Patienten, die Zahl 6 betreffend, nicht vorhanden. Mit dem Wortklang Sechs ist bei ihm offensichtlich die Sachvorstellung Sexualität fest verbunden. Man kann von einer *konkretistischen Verständniseinschränkung* sprechen. Bei Psychosepatienten gibt es solch starre Beziehungen von Zeichen und Bezeichnetem.

Therapeuten kennen zahlreiche solche Beispiele. Borens (2004) beschreibt beispielsweise folgende Szene:

> »Ein junger Mann dekompensiert psychotisch und präsentiert starke Geruchshalluzinationen, die er auf Leichengeruch zurückführt, der aus dem Keller der Mutter, mit der er zusammen wohnt, stammt. Kurz vor dem Ausbruch des Schubs hatte jemand davon gesprochen, dass die Mutter (im übertragenen Sinn) wohl einige Leichen im Keller habe« (S. 51).

Das Wort Leiche bekommt wie die Zahl 6 so etwas wie ein Eigenleben. Mit Freud (1915e, S. 300) gesprochen, tritt hier die Wortbeziehung gegenüber der Sachbeziehung in den Vordergrund. Die Objektbesetzungen werden in der Psychose aufgegeben, jedoch wird an der Besetzung der Wortvorstellungen der Objekte festgehalten. Dies ist wohl auch die Grundlage von Wortneubildungen bei Psychosepatienten.

Durch diese Veränderung des Denkens in der Psychose wird die sprachliche Verständigung schwierig. Lang (1995), ein an Lacan orientierter Psychoanalytiker, meint, dass im Gespräch, in der Kommunikation mit einem Patienten, der an einer floriden Psychose erkrankt ist, der »common sense« fehle. »Es fehlt die gemeinsame Sprache. Im Gegensatz zum Neurotiker spricht der psychotische Patient nicht von einem gemeinsamen Code aus« (S. 8). Die Abweichung vom gemeinsamen Code, die eigenartige Besetzung der Wortvorstellungen, die konkretistische Verbindung von Worten mit einzelnen Sachvorstellungen, besteht nicht von Kindheit an, sie entsteht erst mit der Entwicklung einer Psychose.

Die Psychoanalyse als *talking cure* ist aber darauf angewiesen, dass eine sprachliche Verständigung zwischen Patient und Therapeut möglich ist. Für Therapeuten ist es deshalb wichtig zu erfahren, in welchen Bereichen es zu solch konkretistischen Verstehenseinschränkungen kommt und die Sprache nicht mehr verstanden werden kann. Die Erstarrung der Verbindung zwischen Wortklang und Sachverhalt dient dazu, die durch die Mehrdeutigkeit bedingte Konfusion und Unsicherheit abzuwehren und ist als missglückter Selbstheilungsversuch zu verstehen. Es kommt deshalb in der Therapie darauf an, Patienten soviel Sicherheit zu ermöglichen, dass sie allmählich wieder auf solch starre Verbindungen von Wortklang und Sachvorstellung verzichten und den mehrdeutigen Bezug von Zeichen zur Realität wieder akzeptieren können.

Konfusion und der Rückzug von der Realität

Bevor ich weiter auf Psychosepatienten eingehe, möchte ich eine eigene Erlebnisweise beschreiben, die sie vielleicht in ähnlicher Weise bei sich selbst beobachten können:

Ich bin ein viel beschäftigter, manchmal auch überlasteter Mann. Jetzt ist gerade eine Situation, in der ich eigentlich schon einen wichtigen Termin in der Stadt wahrnehmen müsste. Ich suche meine Akten. Das Telefon klingelt, an der Tür steht ein Mitarbeiter und möchte dringend noch eine Therapieentscheidung mit mir abklären. Außerdem merke ich, dass auf meiner Hose ein Fleck mit Essensresten ist. In dieser Situation bin ich handlungsunfähig, konfus, versuche meine Akten zu finden, finde sie aber nicht, obwohl ich, wie ich später merke, sie mehrfach in der Hand hatte. Ich bin unfähig, rational mit der Situation umzugehen. Eine solche Situation ist wirklich zum Verrücktwerden. Dann kann es aber passieren, dass ich mich aus der Konfusion rette, indem ich die Realität verlasse, die Welt spalte, mich als Opfer meiner Sekretärin fühle, die eigentlich hätte alles vorbereiten müssen, eine »Erkenntnis«, die mich eindeutig wütend macht und zugleich meine Konfusion beendet.

Jetzt müsste ich nur noch denken: Das macht sie immer wieder, das hat sie extra getan, dazu ist sie von jemand angestiftet worden etc., und ich würde mich nur noch wenig von meinen Patienten unterscheiden.

Die Bereitschaft, in solche Konfusionszustände zu kommen, hängt von der Kapazität bzw. von der Schnelligkeit der Informationsverarbeitung einerseits und von den Kommunikationsanforderungen andererseits ab. Mit dem Begriff der *Vulnerabilität* nach Zubin und Spring (1977) wird der Zustand bezeichnet, in dem die Informationsverarbeitung reduziert ist, was die Autoren auf genetische bzw. neurobiologische Bedingungen zurückführen.

Die Schnelligkeit der Informationsverarbeitung ist aber keine Konstante, sie schwankt – das ist für mich das Entscheidende – und hängt auch vom Inhalt der Informationen ab. Geht es um ambivalent besetzte Erfahrungen, so wird die Verarbeitung schwieriger. Ciompi hat in seiner »Affektlogik« (1981) darauf hingewiesen, dass Widersprüche und vor allem widersprüchliche Aufforderungen die kognitive Kapazität leicht überfordern und bei reduzierter Informationsverarbeitungsmöglichkeit zur Konfusion und vielleicht zur psychotischen Dekompensation führen. Die Doublebind-Kommunikation

(Bateson et al. 1972), deren Bedeutung für die Entstehung der Schizophrenie lange Zeit diskutiert wurde, stellt eine Sonderform von komplizierten Widersprüchen dar. In ihr kommen widersprüchliche Aufforderungen auf kognitiver und emotionaler Ebene zum Ausdruck, so dass es nicht möglich ist, sinnvoll und eindeutig darauf zu reagieren.

Ambivalent besetzte individuelle Lebensthemen sind aber auch solche Widersprüche, die nur schwer verarbeitet werden können und so zur Vulnerabilität beitragen. Hering (2004) schildert ein Erstgespräch, in dem deutlich wird, wie kommunikative Überforderungssituationen zustande kommen können:

> »›Ich habe Sie schon mal gesehen. Ich habe mich auf die Therapie gefreut. Ich war deswegen ziemlich aufgeregt die letzten Tage. Aber jetzt weiß ich nicht. Ich schaff das nicht, weil ich so viel zu tun habe.‹ Etwas später rückten wir etwas näher an ihre Wahrheit heran: ›Ihre grauen Haare sind dieselben von dem Mann, der immer an mir rummachen wollte, als ich noch jung war.‹ Angesichts dieser sehr frühen und starken Dynamik eines Übertragungswechsels von libidinöser Erwartung zu ängstlich-aggressivem Vermeiden bei einer vorliegenden psychotischen Erkrankung erklärte ich mein Verständnis für ihr Gefühl der Überforderung (…)« (S. 19).

Bei dieser Patientin sind nicht die neuen Informationen im Erstgespräch, sondern die hervorgerufenen Erinnerungsbilder, die den hoffnungsvollen Erwartungen widersprechen, dafür verantwortlich, dass sie sich in dieser Situation, die sie konfus macht, nur durch Rückzug retten kann. Eine spontane Verarbeitung der widersprüchlichen Assoziationen ist ihr nicht möglich. Eine andere Form der Rettung aus der Konfusion wäre gewesen, dass sie die Realität aufgegeben und im Therapeuten konkretistisch entweder den Retter oder den Verfolger gesehen hätte.

Das Festhalten an der konkretistischen Beziehung eines Wortes, eines Wortklanges zu einer Sachvorstellung kann als Versuch verstanden werden, mehrdeutige und widersprüchliche Anforderungen zu eliminieren, um die Gefahr der Konfusion zu vermeiden. Patienten schützen sich so vor Überforderung, entwickeln aber gerade damit psychotische Symptome.

Patienten, die sagen, sie hätten Angst verrückt zu werden bzw. verrückt zu sein, kann man beruhigen und sagen, dass es gerade zum Verrücktsein gehört, dass man sich nicht verrückt fühlt. Sie sind, wenn sie sich so fühlen, in einem Konfusionszustand. Therapeutisch ist es dann wichtig, die Anforderungen an die Informationsverarbeitung zu reduzieren, Zeit zu lassen und nicht aus dem Drang, die Konflikte lösen zu wollen, die Konfusion zu verstärken. Ein gutes Beispiel dafür ist das zitierte Erstinterview.

Psychotischer Prozess in der bildlichen Darstellung eines Psychosekranken

Konfusion und die Abwendung von der Realität zeigen sich auch im bildnerischen Gestalten von Patienten. Dies möchte ich an einer Bilderreihe aus dem Buch von Navratil (1965) aufzeigen, die ein Patient *vor*, *während* und *nach* einer psychotischen Episode gemalt hat.

Dieser Patient war taub, litt unter einem frühkindlichen Hirnschaden und war deshalb schon vor seiner Psychoseerkrankung in der psychiatrischen Klinik. Sprachlich konnte er sich nicht ausdrücken, er hat jedoch gemalt und gezeichnet.

So hat er *vor* seiner Psychoseerkrankung gezeichnet (Abb. 1),

Abb. 1: Vor Ausbruch der Psychose

so *auf dem Höhepunkt seiner Konfusion* oder wie Navratil meint, auf dem Höhepunkt der Psychose (Abb. 2). Dann wechseln sich eigenartig symbolische (Abb. 3) und chaotische Bilder (Abb. 4) in der darauf folgenden Behand-

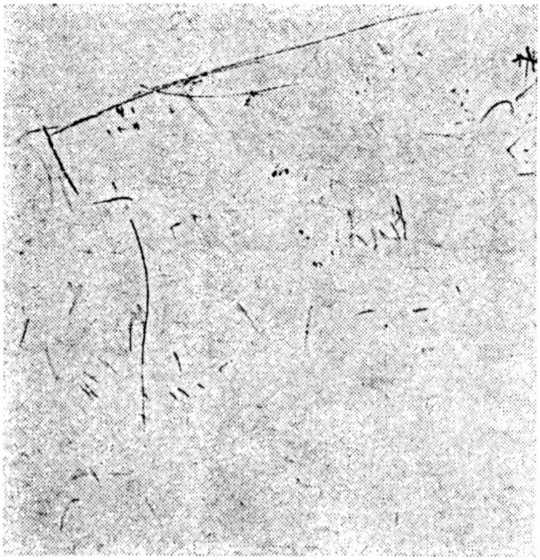

Abb. 2: Auf dem Höhepunkt der Konfusion

Abb. 3: Nach Beginn der Behandlung

lungszeit ab. Allmählich werden die Gestaltungen konturierter, jedoch eigenartig *von der äußeren Realität* abweichend (Abb. 5), ähnlich wie konturierte Wortneubildungen im Rahmen eines psychotischen Prozesses. Nach dem Abklingen der Psychose malte der Patient wieder so wirklichkeitsnahe, wie vor der Behandlung (Abb. 6).

Abb. 4: Während des Behandlungsverlaufs

Abb. 5: Während der Behandlung

Abb. 6: Nach der Heilung

Navratil schreibt: »Die in der Psychose entstandenen Zeichnungen des Patienten sind stärker im Ausdruck, schwungvoller und eigenartiger in der Form als seine Leistungen vor und nach der Erkrankung« (Navratil 1965, S. 39).

Die zeichnerische Darstellung ist bei diesem Patienten während der Psychoseerkrankung in ähnlicher Weise verändert, wie das Sprechen und Denken. Nach einer Phase der explodierenden Konfusion kommt es zu Restitutionsvorgängen, die vereinfachen, die sich wiederholen und in denen deutlich wird, dass die Realität verzerrt wiedergegeben wird. Eine Anmutung dieser Bilderreihe besteht auch darin, dass die neuen, vereinfachten, festen Strukturen eine Rettung aus dem explodierenden chaotischen Erleben auf Kosten der Realitätswahrnehmung darstellen.

Freud (1924b, S. 363) beschreibt, dass sich das Ich bei der Psychose im Dienste des Es von einem Stück der Realität zurückziehe. In einem zweiten Schritt der Psychose werde der Realitätsverlust (ebd., S. 365) ausgeglichen, aber nicht auf Kosten einer Einschränkung des Es, sondern auf einem anderen, mehr selbstherrlichen Weg durch Schöpfung einer neuen Realität.

Diese neue Realität kommt in den Bildern, die während der Psychose gemalt wurden, und sicher auch in Halluzinationen zum Ausdruck. Die ungestörte Realitätswahrnehmung stand dem Patienten Franz erst nach der Psychose wieder vollständig zur Verfügung. Eine solch volle Restitution kommt leider nicht sehr häufig vor. Aufgabe der Psychotherapie muss sein, Patienten soviel Sicherheit zu geben, dass sie die Realität in ihrer Vielfältigkeit wieder unverzerrt an sich heranlassen können.

Adoleszente Entwicklungskrisen und die Entstehung von Psychosen

Psychosen treten häufig in der Adoleszenz bzw. im jungen Erwachsenenalter auf. Deshalb möchte ich einige Überlegungen zur Pubertät bzw. zur Adoleszenzkrise darstellen.

Die Elternliebe kleinen Kindern gegenüber ist narzisstisch zu nennen (vgl. Freud 1914c), sind doch Eltern häufig in ungeahnter Weise aufopferungsbereit, wenn es um ihre Kinder, um ihr »eigen Fleisch und Blut« geht. Dies ist allgemein bekannt, wenn im Gesicht des Kleinkindes »ganz der Vater« oder »ganz die Mutter« gesehen wird, während die Formulierung »narzisstische Liebe« eher anstößig erscheint. Ausgehend von dieser Auffassung handelt es sich bei der Pubertät um ein Wehren des Jugendlichen gegen diese vereinnahmende Liebe der Eltern, obwohl diese nur »das Beste« wollen. Eine geglückte Pubertät ergibt sich m. E., wenn die Eltern ihre narzisstische Liebe zu ihren Kindern in eine Objektliebe transformieren können.

Wenn die Bindung an die Eltern eng und die Kommunikationsstrukturen in der Familie einseitig und dominierend waren, führt die Loslösung von der narzisstischen Liebe der Eltern dazu, dass sich Jugendliche mit neuen kommunikativen Anforderungen auseinander setzen müssen, die widersprüchliche Impulse hervorrufen und zur Konfusion führen können. Die Identifizierung mit einer Peer-group kann in dieser Zeit dazu beitragen, dass Jugendliche eine neue Orientierung finden und auf komplexe Kommunikationsanforderungen sicherer reagieren können. So können sie dann auch mit den neuen, stärker werdenden Triebimpulsen besser umgehen. Fehlt der Anschluss an eine solche Peer-group, sind die Jugendlichen Einzelgänger, die sich nicht verstanden fühlen, so ist nach unserer Erfahrung die Gefahr größer, dass sie psychotisch dekompensieren. In Krankengeschichten wird oft deutlich, dass das Verlieben, sei es hetero- oder homosexuell, zu großen Ambivalenzen und zur schmerzhaften Konfusionen führen kann, wenn Freunde oder eine Bezugsgruppe fehlen.

Eines müssen wir bei der Adoleszenzentwicklung in der heutigen Zeit außerdem berücksichtigen: Jugendliche entwickeln eine hohe Neigung, sich durch Alkohol und Drogen aus eingefahrenen Mustern der Realität zu entfernen und eigene neue Erfahrungen zu machen. Alkohol- und Drogengebrauch bieten Möglichkeiten, sich aus der alltäglichen Realität zu befreien und auszusteigen. Diese fördern auch den Ausstieg in die Psychose, wie sich in zahlreichen Krankengeschichten von jungen psychotischen Patienten zeigt. Extremer Haschischgebrauch aber auch durch Alkoholkonsum triggern häufig die Entstehung einer Psychose.

Ich möchte diese Gedanken noch einmal zusammenfassen: Mit der Ablösung von der narzisstischen Liebe der Eltern geht es in der Adoleszenz um ein Zurechtfinden in neuen, nicht familiär geprägten Kommunikationsstrukturen mit vielfältigen, auch widersprüchlichen Anforderungen. Wenn eine Identifizierung mit einer Peer-group in dieser Zeit fehlt und der Gebrauch von Haschisch und Alkohol den Ausstieg aus der Realität erleichtert, besteht die Gefahr, dass Jugendliche sich nur durch einen weiteren Rückzug von der Realität in einer psychotischen Weise vor widersprüchlichen Anforderungen schützen.

Beginn des psychotischen Erlebens

Befragt man jüngere Psychosepatienten nach dem Beginn ihrer Erkrankung, bekommt man meist keine klare Auskunft. Auf die Frage, seit wann sie Stimmen hören, sagen nicht wenige, dass sie Stimmen seit der Kindheit kennen, worauf sie eher stolz sind.

Der Übergang, der Ausstieg in die Psychose wird meist nicht als Unfall erlebt, er stellt für viele ein Versuch dar, von realen Anforderungen und von kommunikativen Überforderungen unabhängig zu werden. Wir sehen darin auch einen Selbstheilungsversuch, der mit einem Streben nach Autonomie und Kompetenz einhergeht, leider aber missglückt. In dem Gedicht von Goethe, dem Zauberlehrling, werden Vorgänge bildhaft geschildert, die am Anfang einer psychotischen Entwicklung auftreten können:

Hat der alte Hexenmeister
Sich doch einmal wegbegeben!
Und nun sollen seine Geister
Auch nach meinem Willen leben.
Seine Wort und Werke
Merkt ich, und den Brauch,
Und mit Geistesstärke
Tu ich Wunder auch…
Walle! walle
Manche Strecke,
Daß zum Zwecke,
Wasser fließe,
Und mit reichem vollem Schwalle
Zu dem Bade sich ergieße.

Und nun komm, du alter Besen!
Nimm die schlechten Lumpenhüllen;
Bist schon lange Knecht gewesen;
Nun erfülle meinen Willen!
Auf zwei Beinen stelle,
Oben sei ein Kopf,
Eile nun und gehe
Mit dem Wassertopf! (…)

Seht, er läuft zum Ufer nieder;
Wahrlich! Ist schon an dem Flusse,
Und mit Blitzesschnelle wieder
Ist er hier mit raschem Gusse.
Schon zum zweiten Male!
Wie das Becken schwillt!
Wie sich jede Schale!
Voll mit Wasser füllt!

Stehe! stehe!
Denn wir haben
Deiner Gaben
Vollgemessen
Ach, ich merk es! Wehe! wehe!
Hab ich doch das Wort vergessen!
Ach das Wort, worauf am Ende
Er das wird, was er gewesen.
Ach, er läuft und bringt behende!
Wärst du doch der alte Besen!
Immer neue Güsse
Bringt er schnell herein,
Ach! und hundert Flüsse
Stürzen auf mich ein.
Nein, nicht länger
Kann ich's lassen;
Will ihn fassen.
Das ist Tücke!
Ach! nun wird mir immer bänger!
Welche Miene! welche Blicke!
O, du Ausgeburt der Hölle!
Soll das ganze Haus ersaufen?
Seh ich über jede Schwelle
Doch schon Wasserströme laufen.
Ein verruchter Besen,
Der nicht hören will!
Stock, der du gewesen,
Steh doch wieder still.

Der Zauberlehrling rettet sich mit seinem Zauber aus der mühsamen Alltagsarbeit und aus kränkenden Beziehungserfahrungen. Er erlebt sich anfangs autonom und kann sich so über die Dinge stellen, bis ihm die Kontrolle entgleitet. Bis zu einem gewissen Grad gibt es in jeder psychotischen Entwicklung ein Stadium, in dem die – späteren – Patienten in ihrer Phantasie all das machen können, was andere mühsam erarbeiten müssen. Leider ist dieses erste psychotische Stadium der Autonomie wie der Erfolg des Zauberlehrlings meist nur relativ kurz. Dann geht die Kontrolle über die Phantasien und Vorstellungen verloren, diese werden, wie der Besen, selbsttätig und übernehmen die Herrschaft. Die jetzt zu Patienten gewordenen kommen dann nicht mehr zur Ruhe, leiden unter Angst und Schrecken und werden von ihren primär hilfreichen Geistern gequält.

Für die therapeutische Arbeit mit psychotischen Patienten ist es wichtig, sich klar zu werden, dass Psychosekranke nach dem akuten psychotischen Stadium, wenn sie nicht mehr von der psychotischen Symptomatik getrieben und gequält werden, am liebsten in ein Stadium der Autonomie zurückkehren wollen, in dem sie sich von den Mühen des Alltags befreit fühlen. Dabei handelt es sich aber meist schon um ein psychotisches Stadium, in dem die herrschende Realität ausgeklammert wird, jedoch noch die Möglichkeit zur Kontrolle der Gedanken und Gefühle besteht. Die Rückkehr in die bedrückende Normalität der Zeit vor der Erkrankung hat nur eine geringe Attraktivität. Diese Erkenntnis ist bei der Bestimmung der Therapieziele wichtig.

Formen des Ausstiegs

Beziehungskrisen lösen schon bei normal neurotischen Menschen auch krankhaft wirkende Reaktionsweisen aus, die jedoch die Realitätsorientierung nicht auf Dauer außer Kraft setzen. Bekommt ein junger Mann beispielsweise einen Korb, so kann das für ihn eine große Kränkung sein. Um die eigene Stabilität zu erhalten, hat die zuvor Angebetete für ihn dann einen schlechten Charakter. Nicht die Realität, sondern die stabilisierende Wirkung des neuen Urteils ist wichtig. Die Realitätskontrolle insgesamt ist jedoch nicht aufgehoben.

Anders kann es dagegen im Rahmen einer Liebe bzw. Liebesenttäuschung sein, wenn ein junger Mann auf Grund seiner Ambivalenzen die *Realitätskontrolle* insgesamt verliert, seine früher schützenden und stabilisierenden Phantasien und Tagträume nicht mehr steuern kann, die Dynamik ihm aus den Händen gleitet und ihm beispielsweise nur noch übrig bleibt, wegen des konkretistisch wahrgenommenen Gefühls des Brennens, die Feuerwehr zu rufen.

Im Vorfeld von Psychoseerkrankungen finden sich häufig extreme Beziehungskrisen bzw. Beziehungskatastrophen (Kipp et al. 2006), die durch Extremreaktionen mit einem Ausstieg aus der Realität bewältigt werden. Aus unserer Sicht gibt es vier unterscheidbare Extremreaktionen, die sich in den verschiedenen Psychoseformen manifestieren:

- Der narzisstische Rückzug (in eine eigene Welt) führt zur paranoid-halluzinatorischen Psychose.
- Der autistische Rückzug führt zur Katatonie.
- Der Mauerbau und Abwehrkampf gegen bedrohlich empfundene Beziehungen führt zu Wahnerkrankungen.
- Die Übertreibung beschämender Reaktionsweisen führt zur Hebephrenie (Klassenkasperreaktion).

Während die beiden ersten Reaktionsformen akut auftreten, entwickeln sich Hebephrenie und der paranoide Mauerbau eher schleichend.

Die *paranoid-halluzinatorische Psychose*, in der Wahn und Halluzinationen im Vordergrund stehen, ist der Inbegriff der Schizophrenie. Nach unserer Beobachtung handelt es sich meist um Patienten, die sich, ähnlich wie der Zauberlehrling, schon vor dem Ausbruch der Psychose in ihrer Rolle nicht wohl fühlen und nach einem inneren Ausstieg suchen, um in nahen Beziehungen nicht gekränkt zu werden.

Ein junger Mann ausländischer Herkunft, der jetzt 22 Jahre alt ist, dekompensierte kurz nach dem Abitur, das er mit Gut bestanden hatte. Er muss immer wieder mit einer akuten paranoid-halluzinatorischen Symptomatik in die Klinik aufgenommen werden. Bei der ersten Behandlung wirkten die atypischen Neuroleptika recht gut. Er wurde schnell angstfrei und konnte sich relativ rasch stabilisieren. Alle Mitarbeiter im Stationsteam waren froh, ihm so effektiv geholfen zu haben. Eine Rehabilitationsmaßnahme mit dem Ziel der beruflichen Wiedereingliederung wurde geplant und schien zum Greifen nahe. Dieser junge Patient entzog sich plötzlich unserer Behandlung, ließ die Medikamente weg und kommt seither alle paar Monate voll psychotisch zur Aufnahme. Er spricht mit Gott, und er will sich dies nicht nehmen lassen. Wenn sündige Gedanken ihn überwältigen, sucht er die Hilfe der Klinik, sonst möchte er die ganze Welt in Harmonie bringen, ein Ziel, das vielleicht auch aus seiner Skizze, die er selbst beschriftet hat, deutlich wird. Dieser Mann erzählt auch, dass er schon immer Stimmen höre. Sein Bestreben ist also nicht, den mühsamen Weg der Rehabilitation mit einer mehr oder minder guten beruflichen Ausbildung zu gehen, sondern über Wohl und Wehe der Welt mit nachzudenken und diese zu beeinflussen. Er braucht unsere Hilfe nur, wenn ihm die Steuerung über seine Stimmen wie dem Zauberlehrling die Gewalt über seinen Besen aus den Händen gleitet. Eine Therapie gegen den Willen des Patienten zum Erreichen von Zielen, die nur wir als vernünftig ansehen, kann nicht erfolgreich sein. Unsere Arbeit beschränkt sich darauf, ihn durch die immer wieder auftretenden Krisen zu begleiten.

Eingeleitet durch zwischenmenschliche Verletzungen in nahen Beziehungen kann es bei Menschen, die sich eine symbiotische Nähe wünschen, zu einem autistischen Rückzug kommen, der in einer *Katatonie* münden kann. Dabei tritt Bewegungslosigkeit ein, die sich zur wächsernen Starrheit, der *flexibilitas cerea* steigern kann. Bei vollem Bewusstsein, wie die Patienten später schildern können, ist ihr Körper nicht mehr durch sie gesteuert, so wie wenn es darum ginge, die eigene Motorik auszuschalten. Die Starre kann auch als Abwehr gegen zerstörerische Aktionen in der katatonen Erregung aufgefasst werden. Diese Reaktionsform geht mit dem Erlebnis einher, dass sich diese Patienten in der akuten Situation nicht im eigenen Körper fühlen, sondern sich selbst beobachten, wie sie starr daliegen.

Glücklicherweise gibt es inzwischen Medikamente wie das Benzodiazepin *Lorazepam*, das in der Regel die mit der Katatonie einhergehende Angst vor Selbstverlust und Kontrollverlust nachhaltig bekämpfen kann. In einzelnen Fällen haben wir beobachtet, dass es wichtig ist, mit diesen Patienten nicht wie mit erwachsenen Menschen umzugehen, sondern sie so wie Säuglinge zu füttern und zu pflegen. Dies ermöglicht ihnen, wieder neue zwischenmenschliche Beziehungen zu knüpfen. Wenn dies gelingt, durchlaufen die Patienten die weiteren kindlichen Entwicklungsphasen in kurzer Abfolge. Bei diesem primär regressiven Therapieangebot sollte aber unser Tun in erwachsener Sprache kommentiert werden. In solchen Fällen ist eine weitgehende Stabilisierung möglich.

Die *Hebephrenie*, also die spezifisch in der Adoleszenz auftretende Form der Psychose mit läppischem Verhalten, verstehen wir als eine besondere Reaktionsform, bei der pubertäres Verhalten und Widerstand gegen bürgerliche, d. h. meist auch elterliche Strukturen im Vordergrund stehen. Sie wird unseres Wissens durch Beschämungserlebnisse ausgelöst und aufrechterhalten und ist wie eine übersteigerte Klassenkasperreaktion zu verstehen. Der Klassenkasper kann sich aus der Opferposition befreien, indem er die Schwäche oder die beschämenden Verhaltensweisen, die andere belachen, ins Extreme steigert und so in den Mittelpunkt der Klassengemeinschaft kommt. Als eigenartiger Rebell muss er dafür aber jede nahe und verbindliche Beziehung aufgeben. Die Therapie ist sehr schwierig.

Am verständlichsten und unserer Art zu reagieren am nächsten ist der *wahnhafte Mauerbau*. Ich habe in dem Beispiel, in dem ich von meiner Konfusion erzählte, deutlich zu machen versucht, wie schnell wir partiell die Realität verlassen und die Welt in Täter und Opfer unterteilen. Geschieht dies, so sind Gedanken nicht weit davon entfernt, dass das, was passiert ist, nicht nur zufällig, sondern bewusst durch ein System, durch eine Verfolgungsorganisation geschehe. Bei dieser Reaktionsform wird die äußere Realität scharf beobachtet. Anstatt durch Beziehungsaufnahme die Hintergründe zu klären, steht die Interpretation des Wahrgenommenen von vornherein fest. Eine Therapie ist schwierig, da Therapeuten die paranoide Haltung mit den Projektionen nicht teilen und sie den wahnhaften Mauerbau von vornherein, ganz im Gegensatz zum Betroffenen, als Symptom auffassen.

Stationäre Behandlung

Wenn Patienten in einer akuten Psychose in die Klinik aufgenommen werden, kann man natürlich nicht psychoanalytisch behandeln. Das psychoanalytische Verständnis der Extremreaktionen ermöglicht jedoch Umgangsweisen zu finden, die weniger traumatisierend sind, als die üblichen. Akut psychotische Patienten sind meist, wie der Zauberlehrling, in Bedrängnis und können Gedanken und Phantasien, die sie losgetreten haben und die dann die Herrschaft übernehmen, nicht mehr steuern und bewältigen. Wenn solche Patienten um Hilfe rufen, kommt es darauf an, dass die Hilfe nicht zur totalen Unterwerfung führt.

Bei der Behandlung von akuten Psychosen haben besonders Ciompi und seine Mitarbeiter herausgearbeitet, dass ein weiches Umgehen mit Reizarmut (gegen die Konfusion), Beziehungskonstanz, Langsamkeit etc. dazu beitragen, Patienten ohne oder nur mit wenigen Medikamenten zu stabilisieren (Ciompi 1985).

In unserer Klinik in Kassel kommt es bei der Aufnahme von Patienten darauf an, dass man als aufnehmender Arzt genügend Zeit mitbringt und den

Umgang mit den neu aufgenommenen Patienten so gestaltet, dass diese ihre Angst reduzieren können. Häufig sind sie nur unter großem äußeren oder inneren Druck oder mit einer gerichtlichen Einweisung in die Klinik gekommen, und die Angst, die durch die Krankheit bedingt ist, summiert sich mit der Angst vor der Klinik.

Um ein Vertrauensverhältnis zu erreichen, ist es notwendig, dass Zwang und Gewalt bei der Aufnahme auch als das bezeichnet werden, was sie sind. So kann man mit dem Patienten in Übereinstimmung in der Beurteilung der Realität kommen. Die Gabe des Angst lösenden Medikaments *Lorazepam* hilft dann oft weiter. Nach der Einnahme ist oft ein relativ gutes Gespräch möglich, in dem es darauf ankommt, die vorhandenen Erfahrungen mit der Psychiatrie und mit Medikamenten zu erfragen und sich von den gemachten Erfahrungen der Patienten leiten zu lassen.

Sozialpsychiatrische Strukturen

Ich bin in einer Zeit psychiatrisch aktiv geworden, in der man die Hoffnung hatte, dass durch die Befreiung psychisch Kranker aus der Klinik – durch den Aufbau von Tageskliniken, durch betreutes Wohnen etc. – eine nachhaltige Bekämpfung von Psychoseerkrankungen möglich sei. In Kassel, wie wohl auch in Berlin, konnten zahlreiche solcher psychiatrischen Institutionen aufgebaut werden. Die Kranken sind aber immer noch krank, sie leiden, und ihr Leben ist schwierig. Suizide treten auf, und nach wie vor geht es darum, die durch die Krankheit eingeschränkten Entwicklungsmöglichkeiten zu verbessern. Gute gemeindepsychiatrische Institutionen sind wichtige Voraussetzungen, dass chronisch Kranke ein annehmbares Leben führen können. Darüber hinaus ist ein psychotherapeutisches Engagement notwendig, um den einzelnen Patienten mit ihren psychotischen Konflikten weiterzuhelfen.

Therapieerfahrungen

Um psychotischen Menschen zu helfen, ist es notwendig, die therapeutische Beziehung besonders zu reflektieren. In der therapeutischen Arbeit, im Gespräch, ist es häufig so, dass man als einfühlender Therapeut oft das Gefühl haben kann, psychotische Patienten im Grunde zu verstehen, insbesondere da Gefühle des Mitschwingens auftreten.

Mit einer Patientin, die lange Wochen kein Wort sagte, war es aber durchaus möglich, in eine emotionale Beziehung zu kommen. Mit ihr setzte ich mich in der Woche zweimal zusammen und versuchte, aus ihrer Mimik lesend, die verschwiegenen Gedanken vorsichtig probeweise zu verbalisieren. Ich hatte auch einen gewissen Erfolg, sie fing wieder an zu sprechen, jedoch war ich jetzt vor den Kopf gestoßen. Sie fragte nämlich, wann wir heiraten. Retrospektiv kann ich sagen, dass ich ihr gegenüber einfühlend nah sein wollte, so dass es durchaus verstehbar war, dass sie diese Nähe wie einen Heiratsantrag verstanden hatte, an den ich nicht im Entferntesten gedacht hatte.

Es kommt in der psychotherapeutisch/psychoanalytischen Arbeit mit Psychosepatienten also darauf an, Nähe und Distanz möglichst gut zu reflektieren. In akuten Stadien der Psychose kann es sogar wichtig sein, die Nähe-Distanz-Regulation durchaus auch im Sinne eines optimalen räumlichen Gesprächsabstandes mit dem Patienten zu bestimmen.

Wenn man sich auf sie einlässt, geht von vielen psychotischen Patienten ein eigenartiger Sog aus, Mitgeteiltes direkt, wie in einer symbiotischen Dualunion zu verstehen, auch wenn das, was besprochen wurde, hinterher schwer verständlich und erinnerlich ist. Hier ist es notwendig, dass das Sprechen nicht in Andeutungen stecken bleibt. Das Wort als Symbol kann in einem solchen Gespräch als Trennendes wirken, insbesondere wenn der Therapeut durch Nachfragen deutlich macht, was er von den Aussagen nicht verstanden hat.

Nicht nur in der Prodromalphase (Häfner 2006), sondern auch nach dem Ende akuter psychotischer Zustände nähern sich Schizophrenie und Depression wieder einander an. Man spricht dann von einer postschizophrenen Depression.

Frau F., 53 Jahre alt, mit der ich beinahe täglich eine halbe Stunde spreche und die zahlreiche andere Kontakte hat, fühlt sich, wenn man sie fragt, mutterseelenallein, ohne Kontakt und nicht gewollt. Für sie ist die Erinnerung an ihre akute Psychose, in der sie wusste, dass Experten mit ihr Menschenversuche machten und sie über Sattelliten beeinflussten, nicht traumatisch, damals war sie wenigstens wichtig. Ganz anders wirkt der Mythos von ihrer Geburt weiter. Sie ist ein Nachkömmling, ihre Mutter wurde im zweiten Schwangerschaftsmonat in die Klinik aufgenommen, weil sie ein »Unterleibsleiden« entwickelt hatte. Der Operateur sah dann, dass es sich dabei nicht um einen Tumor, sondern um eine Schwangerschaft handelte. Während der Vater wohl an eine

Schwangerschaftsunterbrechung dachte, wollte die Mutter sie austragen. Mit diesem Geburtsmythos kam sie auf die Welt und versuchte sich von Kindheit an, »nützlich« zu machen. Sie hatte ein wechselhaftes Leben gehabt und ist wegen ihrer Psychoseerkankung seit über 20 Jahren pensioniert. Ich kenne inzwischen viele Episoden aus ihrem Leben. Manches erzählt sie so, wie wenn es gestern passiert sein könnte, was aber, wie sich herausstellt, oft schon Jahre zurückliegt. Ich kann mit ihren Schilderungen, die teils ironisch gut erzählt werden, mitschwingen. Sie bleiben aber Erinnerungsbilder, die ihr nicht helfen, ihr jetziges Leben besser zu verstehen, und es fällt ihr sehr schwer, Verbindungen zwischen Früher und Jetzt, die ich sehe, zu akzeptieren. Bei ihrer jetzigen Depression steht im Vordergrund ihres Leidens, dass niemand sie wolle und dass sie nicht gebraucht werde, dass sie am besten tot sei, obwohl in den letzten Monaten ein Mann sich ihr immer mehr annähern möchte. Ich glaube, dass sie in ihrer Depression konkretistisch ihren Geburtsmythos wiederholt. Gleichzeitig verstehe ich ihre Einsamkeit im Zusammenhang mit der Unfähigkeit, zu symbolisieren und ein inneres Bild von anderen Menschen in sich zu bewahren, so wie die Mutter von ihr nach der Zeugung kein inneres Bild hatte.

Ausblick

Die Welt der Psychosen ist mannigfaltig und faszinierend. Bei allen Schwierigkeiten des Umgangs und der Therapie mit Psychosepatienten ist es außerdem so, dass diese im Kontakt, im Gespräch uns auf Untergründe unseres eigenen Seelenlebens hinweisen, die uns sonst verschlossen bleiben würden.

Literatur

Bateson, Gregory; Jackson, Don D.; Haley, Jay & Weakland, Lyman (1969): Auf dem Wege zu einer Schizophrenietheorie. In: Bateson, G.; Jackson, D.; Laing, R. D.; Lidz, T.; Wynne, L. C. et al.: Schizophrenie und Familie. Frankfurt/M. (Suhrkamp).

Ciompi, Luc (1982): Affektlogik. Stuttgart (Klett-Cotta).

Ciompi, Luc (1985): Sozialpsychiatrische Lernfälle. Bonn (Psychiatrie-Verlag).

Freud, Sigmund (1915e): Das Unbewusste. GW X, 264–303.

Freud, Sigmund (1914c): Zur Einführung des Narzissmus. GW X, 137–170.

Freud, Sigmund (1924b): Neurose und Psychose. GW XIII, 387–391.

Häfner, Heinz (2006): Schizophrenie – von der Tradition in die Zukunft. Update Psychiatrie 21. Januar 2006.

Hering, Wolfgang (2004): Schizoaffektive Psychose. Göttingen (Vandenhoeck & Ruprecht).

Kipp, Johannes; Unger, Hans Peter & Wehmeier, Peter M. (2006): Beziehung und Psychose. 2. Auflage, Gießen (Psychosozial).

Lang, Hermann (1995): Struktural-analytische Überlegungen zum Verständnis der schizophrenen Psychose. In: Lang, H.; Weiss, H. & Pagel, G. (Hg): Die Klinik der Psychosen. Würzburg (Königshausen & Neumann), 7–16.

Borens, Raymond (2004): Das fehlende Nein. Ein Beitrag zum Verständnis der Psychose. In: Lempa G. & Troye, E. (Hg): Psychoanalytische Technik, ihre Anwendung und Veränderung in der Psychosentherapie. Göttingen (Vandenhoeck & Ruprecht), 50–65.

Navratil, Leo (1965): Schizophrenie und Kunst. München (DTV).

Zubin, Josef & Spring, Bonnie (1977): Vulnerability – A New View on Schizophrenia. J Abnorm Psychology, 86, 103–126.

Freud, das Sexuelle und die psychoanalytische Situation

Jörg M. Scharff

Kürzlich, auf einer Tagung zu Ehren von Freuds 150. Geburtstag, gingen zwei miteinander bekannte Psychoanalytiker in einer Vortragspause in Richtung Cafeteria. Man stellte befriedigt fest, wie der große Meister endlich einmal wieder im öffentlichen Diskurs eine annehmbare Resonanz fände, nicht zuletzt dank der Anstöße aus den Neurowissenschaften. Was den Langzeiteffekt solcher Effekte anging, spürte man eine gewisse Skepsis und fühlte sich einig in der Annahme, dass man hier nicht allzu große Konstanz erwarten solle.

Durch den Kaffee und das Gespräch gestärkt in dem Gefühl, dass wenigstens die Psychoanalytiker ein konstantes Verhältnis zu Freud hätten, wollte sich der eine der Kollegen gerade vom anderen zum nächsten Vortrag verabschieden, als dieser ihm unvermittelt eröffnete: »Sie wissen doch auch, wenn man praktisch behandelt und mit Patienten zu tun hat, dann ist die Beziehung zu Freud überhaupt nicht so konstant und krisenfest! Eigentlich müsste ich Ihnen mal erzählen, was ich neulich in einer Behandlung erlebt habe.« Dabei schaute der Kollege mit einem so eindringlichen Blick, dass der andere sich gleich wieder hinsetzte. Was dann erzählte wurde, ließ beide die Zeit vergessen – als sie wieder auf die Uhr schauten, war der nächste Vortrag schon vorbei. Man sah sich verdutzt an, doch entstand mit einem Mal die Frage, ob das eben Erzählte vielleicht *selbst* vortragswürdig sei? Nun, für Kollegen möglicherweise schon, aber auch für andere, die an der Psychoanalyse interessiert sind, aber selber nicht behandeln? Ach, sollten die doch auch einmal mitbekommen, wie schwierig das psychoanalytische Geschäft ist. Am besten wäre es dann, wenn man alle Interessierten direkt zum Ort des Geschehens führte: einem gegenwärtigen Erleben der inneren und äußeren Vorgänge im Behandlungsraum eines Analytikers. Letzterer könnte in der Anonymität verbleiben. Um aber wenigstens dem Ort ein konkretes Gesicht zu geben, verlegte man das Analysezimmer in ein Institut, das direkt den Namen Freuds trägt, das Sigmund-Freud-Institut in Frankfurt. Dieses, im Frankfurter Westend gelegen, hat zudem den Vorteil, dass es in einer gewissen geographischen Nähe zum Frankfurter Bahnhofsviertel liegt. Der Titel des Vortrags war auch schnell gefunden: *Freud, das Sexuelle und die psychoanalytische Situation* – versehen mit dem Untertitel: *wie weit reicht das Frankfurter Rotlichtviertel?*[1]

Der Analytiker und seine Patientin

Man stelle sich einen Gang des im Frankfurter Westend gelegenen Sigmund-Freud-Instituts vor. Ein Analytiker und seine Patientin verschwinden in einem der Zimmer. Dass sie bei dem, was dann weiter geschieht, nicht gestört sein wollen, wird angezeigt durch ein Licht auf dem Gang.

Die Patientin ist eine blonde, noch unverheiratete Frau kurz vor 30. Sie liegt auf der Couch und bringt in ihren Stunden vieles zur Sprache. Ihre Assoziationen fließen locker. Der Analytiker hört gerne zu, weil ihr flüssiges Erzählen ihn seinerseits zu vielen Einfällen anregt. Aus einem positiven Hintergrundgefühl heraus – »mal sehen, was heute wieder kommt« – freut er sich auf die Stunden.

Der Analytiker stellt allerdings auch fest, dass oft inmitten dieser Fülle, anfänglich zumeist unbemerkt, eine eigenartige Veränderung geschehen kann. War er vorher noch in einem Zustand, den man als »in positiver Erwartung einer Idee« beschreiben kann, so fühlt er sich jetzt wie trocken gesetzt und zugleich überschwemmt. Er kann mit dem Material nicht so recht etwas anfangen, versucht seine Aufmerksamkeit zu steigern und gerät in eine gestaute Anspannung. Wenn er schließlich dann doch mit Mühe etwas sagt, stellt er fest, dass die Patientin seine Intervention schlichtweg überhört und einfach weitermacht, wobei er nicht weiß, ob ihr das eigentlich bewusst ist. Er erinnert jetzt aber auch, dass die Patientin manchmal auf Anmerkungen von ihm, in denen er etwas von ihr Erzähltes unter einem neuen Blickwinkel betrachtete, extrem empfindlich reagierte und die Folge manchmal ein langer Tränenstrom war, als hätte jemand etwas sehr Kritisches über sie gesagt. Umgekehrt gab es aber auch Momente, wo sich uner-

1 Ein im Folgenden weitgehend gleich lautender Beitrag erschien in Scharff (2005).

wartet eine humorvolle Wendung eingefunden hatte und sich alle Spannung in einem nun wieder gemeinsamen Auflachen löste, dessen Wellen auch der Analytiker sich gerne eine Weile überließ – er wollte oder konnte sich der lustvollen Heiterkeit einfach nicht entziehen. Da sich diese Abläufe wiederholen, hat sich beim Analytiker nach und nach ein Bewusstsein für diese unterschiedlichen, aber insgesamt typischen Prozessgestalten entwickelt.

Eine Kindheitserinnerung

Eines Tages erzählt die Patientin mehr beiläufig folgende Begebenheit aus ihrer Kindheit:

Während eines Ferienaufenthaltes hält sie sich lange im Wasser auf. Der Onkel hat schon vor einer Weile gerufen, jetzt reiche es, sie solle endlich herauskommen. Sie schwimmt aber weiter. Das Einzige, was sich immer bestimmter meldet, ist ein starker Harndrang. Sie vertraut sich mit ihrem Problem ihrer Freundin an und die sagt: Mach doch einfach ins Wasser! Sie zögert eine Weile, aber als sie schließlich versucht, ihre Badehose ein bisschen beiseite zu schieben und nun den Dingen ihren freien Lauf lässt, ruft genau in diesem Moment der Onkel: Was machst du denn da noch immer? Sie ist fest davon überzeugt, dass er ihre Missetat mitbekommen hatte und nun alles wusste und sie fürchtete über Jahre, dass er davon ihren Eltern erzählen würde.

Während die Patientin schon bei etwas anderem ist, merkt der Analytiker, wie sich diese kleine Begebenheit in ihm zu einem ›*selected fact*‹ (Bion), zu einer ausgewählten Tatsache, entwickelt, über die sich ein Aspekt der aktualisierten Übertragungs- und Gegenübertragungssituation aufschließen lässt. Die Patientin ist in Analyse und die dadurch ausgelöste Regression spricht Resonanzfelder im infantilen Unbewussten an, die das Erleben in der analytischen Situation hintergründig organisieren. Auf diese Weise verwandelt sich das analytische Setting mit seiner Grundregel der freien Assoziation in eine verführende Aufforderung – analog dem Motto: Mach doch einfach ins Wasser! So befreiend das sein mag, so leicht kann das Geschehen plötzlich durch irgendeine Bemerkung des Analytikers eine problematische Markierung bekommen und das gelockerte Erzählen wird dann zu einem höchst gefährlichen Unternehmen. Der Analytiker verkörpert mit einemmal denjenigen, der dem Kindheitsverbrechen einer verbotenen Trieblust und Überschreitung auf der Spur ist, nein viel schlimmer: er hat es immer schon gewusst und jetzt kommt es heraus. Die einzige Rettung ist, permanent weiter zu erzählen, so zu tun, als wäre nichts und mit diesem Kompromiss zu leben. Das Erzählen darf allerdings immer weniger Pausen lassen, denn je länger es geht, umso größer wird die Angst vor dem Kommentar vom Rande her. Dass die Patientin häufig, während sie über irgendetwas redet, ihr T-Shirt über ihre Hose zieht, als sei es vorher verschoben gewesen, macht in diesem Kontext gewiss Sinn. Es ist eine wunderbare Paradoxie, dass gerade durch die Geste, mit der etwas zum Verschwinden gebracht werden soll, das zu Verbergende ans Licht drängt.

Während sich dem Analytiker diese Erkenntnisse aufschließen, ist er zufrieden. Er weiß sich eins mit seinem Meister Freud, der schon in den *Drei Abhandlungen zur Sexualtheorie* (Freud 1905d) über die Bedeutung der infantilen Harnerotik schrieb. Dabei fühlt er sich als Beobachter auf dem Trockenen und betrachtet das Geschehen aus einer wohlwollenden gleichschwebenden Distanz. Er meint auch festzustellen, dass, bevor er überhaupt eine Deutung in dieser Richtung gegeben hatte, sich schon als Folge seiner inneren Erkenntnis das Verhalten der Patientin in der Stunde ein wenig geändert hat. Hätte jemand durch Zufall das Licht vor seinem Arbeitszimmer übersehen und wäre eingetreten, so hätte sich die gegenwärtige Situation mit ihrem thematischen Focus dem ungebetenen Gast in aller Ruhe erklären lassen.

Der irritierte Analytiker

Das einzige was ihn irritiert, ist, dass er neulich, als die Patientin von der Couch aufgestanden war, sich dabei beobachtete, wie *er* kurz vor dem Abschied seinen Pullover über seine Hose gezogen hatte. Noch schlimmer: er verabschiedete die Patientin mitten in der Woche mit einem »bis Mo…« und hätte beinahe »bis Montag« gesagt. Nach einem kleinen Stocken bekam er gerade noch die Kurve, um daraus ein »bis morgen« zu machen. Sicher hat seine Patientin das gemerkt, obwohl sie nichts dazu gesagt hat in der nächsten Stunde.

Hat er etwas zu verbergen? Fängt jetzt *er* an, Distanz herzustellen, mehr als nötig? Es kann aber doch eigentlich keinen Grund dafür geben, denn er ist fest davon überzeugt, dass diese Szene und deren unbewusste Bedeutung sich auch jedem anderen Analytiker aufgedrängt hätten und dass ihn ansonsten das Ganze nicht weiter tangiert. Er ist eben der Onkel, der nichts anderes tut, als für die Einhaltung des Rahmens und seiner Fördereigenschaften zum Auftrieb des Unbewussten zu sorgen und alles andere projiziert die Patientin in ihn hinein!? Er kennt sich gut genug, um auszuschließen, dass er irgendein weitergehendes Interesse an der Pipiszene haben könnte. Warum aber hörte er sich eben innerlich »Pipiszene« sagen und nicht mehr »eine Szene infantiler Harnerotik«? Und warum das mit dem Pullover?

Während er sich noch mit dem Onkel beschäftigt, beschleicht ihn plötzlich eine sehr unangenehme Vorstellung. Nein, der Onkel war auch nicht pervers, aber folgende Situation wäre nicht ganz undenkbar. Der Onkel hatte, nachdem er eine Weile in einer analytischen Zeitschrift über die Aktualität der *Drei Abhandlungen zur Sexualtheorie* gelesen hatte, etwas verträumt abwesend hin zum Wasser geschaut. Bewusst sah er nur über der Wasseroberfläche den Kopf des Mädchens – »immer noch im Wasser« – und reagierte darauf. Aber das könnte nicht alles gewesen sein. Es war möglich, dass er für einen kurzen Moment und durch die Bewegung auf der Wasseroberfläche verzerrt, die Geste wahrgenommen hatte, mit der das kleine Mädchen versuchte, seinen Badeanzug beiseite zu schieben. Und das hatte, nicht zuletzt weil er doch ohnehin gerade mit der infantilen Sexualität beschäftigt war, eine weitaus größere Resonanz in ihm gehabt, als er sich bewusst eingestehen konnte. Könnte es sein, dass die unbewusst wahrgenommene Geste des kleinen Mädchens in ihm etwas anregte, das ihn für einen kurzen Moment in seine eigene Kindheit zurückbrachte? War das Mädchen für einen kritischen, ihm ganz unbewussten Moment Objekt seiner eigenen infantilen Sexualneugier geworden? Das aber dürfte ihm nicht bewusst werden, es wurde verdrängt, und um diese Verdrängung zu unterstützen, war seine Stimme besonders kurz angebunden gewesen. Dem gereizten »Was machst du denn da noch immer?« des Onkels entsprach in der Analysestunde der Ton, in dem er manchmal gefragt haben könnte: »Was fällt Ihnen denn zu dem ein, was Sie da gerade gesagt haben?«

Hatte er aus einem ähnlichen Hintergrund heraus überhaupt manchmal seine Stimme in kritischer Tonlage erhoben, ohne es zu wissen und hatte die Patientin, ihrerseits ohne es zu bemerken, auf diese seine Hintergrundsverfassung reagiert? Wenn sie das T-Shirt über ihre Hose zog – musste sie sich vor den Blicken des Analytikers schützen und klopfte ihm auf die neugierigen Augenfinger? Was interessierte den Analytiker an ihr? Ahnte sie unbewusst, dass etwas Besonderes an ihr war, was er bei ihr suchte? War sie, seitdem sie das herausgefunden hatte, fest entschlossen, in unwissend-wissender Manier dieses Spiel fortzusetzen? Und musste sie dann ihr

Sprechen in dieser distanzierenden Weise neutralisieren, weil nicht nur sie mit ihm, sondern auch er mit ihr ein Problem hatte? Was lief denn wirklich zwischen ihnen ab?

Sein integrer Platz als Beobachter am psychoanalytischen Ufer kam plötzlich ins Rutschen. Es fielen ihm immer mehr Dinge ein. Konnte er sich denn so sicher sein, dass sich in dem gemeinsamen Lachen – das er bisher als eine formgebend-interaktive, durchaus zulässige gemeinsame Gestaltung eines zuvor gestauten Vitalitäts-Affektes verstanden hatte – nicht im Grunde doch etwas ganz anderes realisierte: nämlich das heimlich ersehnte und geschickt organisierte Zusammentreffen des analytischen Paares auf einer kleinen Lustinsel? Wobei gerade das verstreute, zufällige Auftreten dieser Momente die Gewissheit über die Möglichkeit eines solchen Treffens an diesem Platz nur noch verstärkte? War wiederum die Lustlosigkeit, die den Analytiker oft beim Zuhören überfiel, im Grunde der Ausdruck der Frustration darüber, dass man sich gegenwärtig wieder einmal so weit entfernt vom Treffen auf der Lachlustinsel befand? Und wenn die Patientin nach einem solchen gemeinsamen Lachen ihm nun plötzlich aufmerksam zuzuhören schien, musste ihm nicht längst klar geworden sein, dass sie dabei den Kopf ein ganz klein wenig zur Seite hin schob, wie in Erwartung, und war er sich denn sicher, ob sich dann nicht seine Stimme ein klein wenig gehoben hatte – diesmal in positiver Gestimmtheit, als wolle er dieser Erwartung entsprechen? Gab es nicht ein sehr weit reichendes Gefühl tiefer Bedeutsamkeit, das ihn im Moment der psychoanalytischen Sinnstiftung erfüllte? War seine Freude auf die analytischen Sitzungen – »mal sehen, was heute wieder kommt« – wirklich so harmlos? Und hatte er nicht neulich schon eine erstaunliche Beobachtung gemacht? In der Erinnerung an eine Stunde meinte er, dass Stimme und Sprechen der Patientin für ihn in der Tendenz eine Qualität von »süß« angenommen hatten, und dieses Gefühl konnte bei näherer Betrachtung zu- oder abnehmen – nämlich proportional zu der Entfernung, in der er seine Frau wusste. Er tröstete sich eine Weile lang mit dem Gedanken, dass die Patientin, sollte es wirklich so etwas geben, davon aber nichts mitbekommen würde. Doch musste er bald auch diesen Gedanken als Illusion abtun. In einer der nächsten Sitzungen war er nämlich mit einemmal über die Melodie seines Sprechens erschrocken, als er seiner Deutung noch einmal nachhörte. Er hatte gesagt: »Sie mauern, denn manchmal meinen Sie, mir näher zu sein, als Sie sich erlauben möchten…« War diese Sprachmelodie mit ihren vielen M und N nicht Ausdruck einer ganz eindeutigen Choreografie, nämlich eine einzige Einladung zum Tanz? Warum hatte er nicht gesagt: »Ihre Taktik ist es, alles zu steuern und auf Distanz zu gehen, trotzdem gelingt Ihnen dies nicht ständig«? Mit einer Deutung in einem solchen korrekten Sprachanzug wäre wesentlich mehr Abstand signalisiert worden. In seinem Tanzklüngel aber hatte er Zunge und Lippen weich intonieren lassen, anstatt bewusst und absichtlich über das »s-t« für Ordnung zu sorgen. Wenn er jetzt an die Lampe vor dem Zimmer dachte, in dem er sich mit der Patientin befand, dann schien es ihm besser, es würde wirklich niemand eintreten! Das Licht, das jetzt eine rötliche Farbe angenommen zu haben schien, war Ausdruck und Hinweis auf intime und unerlaubte Vorgänge, von denen die Öffentlichkeit in jedem Fall ausgeschlossen werden musste.

Als er sich für die Psychoanalyse entschied, hatte er diese Methode gewählt, weil die Wahl der Sprache als ausschließliches Behandlungsinstrument ihm den sicheren Boden der Abstinenz zu garantieren schien. Jetzt musste er feststellen, dass er in keiner Weise so dicht war, wie er glaubte – dabei nicht unähnlich der Patientin. Er hatte sich in abstinenter Weise auf Sinn und Verstehen konzentrieren und dabei jedes Handeln und Berühren vermeiden wollen. Nun war er damit konfrontiert, dass allein schon in seinem Sprechen viel mehr direkte Behandlung enthalten war, als er sich zuvor eingestanden hatte. Die Manifestation einer Art leiblich-körperlichen Umgangs mit der Patientin war nicht nur in der Wortwahl, sondern mit Sicherheit in den choreografischen Tanz-Aspekten und in den stimmlichen Gesangs-Aspekten seines Sprechens enthalten. Es gab kein Entkommen. Viel mehr beteiligt als er dachte, schwamm er in der Triebbewegung der Patientin mit. Jetzt überflutete es ihn, nicht nur von außen, sondern viel mehr noch von innen.

Der Einbezug des Dritten

Er fragt sich in dieser zweifelhaften Verfassung, wie Psychoanalyse zum Wohl des Patienten überhaupt funktionieren kann und wendet sich dabei innerlich an seine Kollegen, die drüben auf dem Gang ja auch behandeln. Während dieser Wendung hin zu seinen Kollegen wird ihm klar, dass ein Teil der inneren Verhältnisse, die er sich da gerade bewusst gemacht hat, gar nicht in sein Bewusstsein gelangt wäre, wenn er nicht schon im Geist auf dem Weg zu seinen Kollegen gewesen wäre. War es deren unbemerkte Präsenz als Dritte gewesen, die ihm diese Wahrnehmungen überhaupt erst möglich gemacht hatte und war dieser Umstand in gewisser Weise konstitutiv für das, was sich im Sinne erster, flüchtiger Erkenntnisse formte?

Doch er zögert. Das, was er jetzt sagen wird, kann seinen Kollegen gegenüber nichts anderes als den Charakter eines Geständnisses haben. Wie werden sie damit umgehen? Sein Zögern scheint ihm berechtigt. Die, die ihn eben noch auf den Weg des Nachdenkens gebracht haben, haben jetzt etwas an sich, das genau dieses weitere Nachdenken verhindert. Er kennt das doch schon zur Genüge. Die eine Fraktion wird ihn in nur mühsam zurückgehaltenem Triumph belehren, dass man doch schließlich hätte wissen können, was passiert, wenn man, und sei es auch nur in der Phantasie, zum Apfel greift? Ihnen gegenüber fühlt er sich schuldig – er möchte ja nicht sagen »wie ein Schwein« – wegen seiner unbemerkten Übergriffe, und er mag sich nicht stellen. Die andere Fraktion ist manifest vorsichtiger, doch fällt ihnen immer etwas ein, was er zuvor nicht gesehen hatte, und er fürchtet das schamvolle Eingeständnis, dass sie etwas wussten, während er noch unwissend war. Auch bei ihnen mag er sich nicht sehen lassen. Außerdem: Gehören die Dinge nicht in seine Privatsphäre, wäre es nicht selbst schon wieder exhibitionistisch, sich damit vor den Kollegen zu zeigen? Er weiß nicht, was für ihn schlimmer ist, wenn die Kollegen ihm Schuldgefühle oder wenn sie ihm Schamgefühle machen. In beiden Fällen jedenfalls sind sie ihm entsetzlich überlegen, und er fragt sich, ob er sich das wirklich antun soll. Er spürt einen Sog, mit der Patientin in der von der Lampe geschützten intimen Zweisamkeit zu bleiben und auf das warme Klima eines diffusen Sich-von-der-Zukunft-noch-etwas-Versprechens zu setzen. Es muss ja nicht für immer sein, aber man könnte doch wenigstens noch eine Weile so weiter machen wie bisher? Muss man immer so genau hinsehen?

Vor kurzem hat er zum zweiten Mal am Stundenende den Pullover ganz überflüssigerweise über seine Hose gezogen.

Während er sich nun erneut fragt, ob er nicht doch mal mit den anderen reden sollte, löst sich ein Kollege aus der Gruppe auf dem Gang und kommt auf ihn zu. Dieser wirkt jetzt nicht mehr so groß. Und die anderen – es kommt ihm fast wie eine kleine Halluzination vor – schrumpfen plötzlich auf die Größe von etwa Drei- bis Fünfjährigen zusammen. Ihre Einlassungen von eben erscheinen ihm jetzt wie das Tuscheln von Kindern, für deren Stand in der Kindergartengruppe es absolut notwendig ist vorzugeben, sie wüssten, wie das mit der Sexualität funktioniert und es gebe nichts, über das sie nicht im Bilde seien.

Mit dem einen Kollegen also, der sich aus dieser Gruppe gelöst hat, lässt sich schließlich einigermaßen ins Gespräch kommen. Der Kollege ermutigt ihn, doch noch ein Stückchen weiter nachzudenken: in gewissem Sinn, die

Dinge zu Ende zu denken. Er regt ihn z. B. dazu an, für eine Weile das analytische Behandlungszimmer zu verlassen und sich nun – aber wirklich im Draußen – vorzustellen, was denn eine Begegnung mit der Patientin letztendlich bringen würde, wie viel hoch Bedeutsames, noch nie Dagewesenes und Ultimatives denn wirklich drin sei? Diese Intervention bringt neben einer überraschenden Ernüchterung zugleich eine sehr hilfreiche Erkenntnis. Jetzt kann der Analytiker seine Frau und die Patientin einander begegnen lassen, ohne dass sich die libidinösen Beziehungsparameter ändern; denn wie süß die Stimme der Patientin klingt, wird jetzt zu einem Phänomen, das durch die spezifische Situation im Behandlungszimmer ausgelöst ist. Es ist auch beruhigend im Gespräch mit seinem Kollegen zu erfahren, dass der Zustand des Analytikers nicht unbedingt nach einer chronischen Fixierung in einer Gegenübertragungsverliebtheit aussieht. Der Analytiker realisiert nämlich, dass die Vorgänge zwischen ihm und der Patientin zwar einerseits in gewissem Sinn real, andererseits aber – und das ist entscheidend – eben doch Produkte der spezifischen, durch den analytischen Rahmen gegebenen Beziehung sind. Im Gespräch mit seinem Kollegen wird dem Analytiker klar, dass das analytische Setting, markiert durch das Licht an der Tür, ein zweideutiges Beziehungsangebot schafft, über das in jeder Stunde bis zum Ende der analytischen Begegnung stets neu entschieden wird. Der analytische Rahmen bietet für die Patientin und den Analytiker die Möglichkeit zu einer Regression – einer Regression, die, soll sie entwicklungsfördernd sein, sich letztlich als eine Regression im Dienste des Ich realisieren muss. Doch: was der Patientin selbstverständlich zugestanden ist – dass sich diese Regression zunächst als eine Regression im Dienst des Es und natürlich auch des Über-Ichs gestaltet –, ist auch zumindest partiell beim Analytiker nicht zu vermeiden, lässt er sich auf seine Patientin wirklich ein. Die Quelle der Resonanzphänomene, über die der Analytiker versucht, seine Patientin und deren Unbewusstes zu verstehen, liegt – unvermeidlich – auch im spezifisch aktualisierten infantilen Unbewussten des Analytikers. Im Rekurs auf diese Triebquellen macht der Analytiker einen auch Es-bestimmten Gebrauch von Aspekten seiner Patientin und verwickelt sich mit ihr in einer Weise, die sich zu einem nicht unerheblichen Teil seiner bewussten Wahrnehmung entzieht. Auf der Ebene des Nachvollzugs infantil-triebbestimmter Objektwahlen ist es also immer schon mit beiden und um beide geschehen.

Der Analytiker befindet sich, ob nun verführend und/oder missbilligend, hier in einer Kollusion mit seiner Patientin, die, je nach Lage der Dinge, momentan, streckenweise oder sogar eine ganze Analyse lang anhalten kann.

Gerade weil er dies unbewusst weiß, weil er weiß, dass er keine »saubere« Arbeit tut, entwickelt er einen Widerstand gegen die Aufklärung dieser Phänomene in der Kollegengruppe, deren Bewusstmachung tatsächlich Geständnischarakter hat. Was wird es ihm denn ermöglichen, ein Bein draußen zu halten und in eine Arbeitsverfassung zu kommen, die ihm eine eigene, unbefangenere Hin- und Herbewegung erlaubt, die ihm zumindest ermöglicht, das, was geschehen ist, in einem nachträglichen Verständnis einzuholen? Hier ist es erneut die unaufgeregte Präsenz des Kollegen, jenes unaufdringlichen Dritten, die dem Analytiker zu einem weiteren Nachdenken und einer Einsicht verhilft, die er doch selbst schon hatte, aber wieder vergessen hat. Es hat mit der Beschaffenheit des analytischen Settings zu tun, dass die Patientin und – in unvermeidbarer Teilresonanz – auch der Analytiker in eine infantil-regressive Verfassung kommen und zum Opfer infantiler Überzeugungen werden können. Denn das ist es ja: Die infantile, polymorph-perverse Erregung mit ihren Vorlustquellen erfährt eine omnipotente Überschätzung und genau darin wird der ödipale Anspruch aufrechterhalten. In verteilten Rollen halten beide Beteiligten des analytischen Paares daran fest, dass die eine oder der andere etwas zu bieten hat, was ein Widerstehen und eine Nichterfüllung des ödipalen Anspruchs unmöglich mache, das heißt im Kern: Der Inzest ist auf fantasmatischer Ebene bereits realisiert. Es ist dieser unbewusste Glaube an die eigene Wirkung, für dessen Aufrechterhaltung das körperliche, affektive und intellektuelle Geschehen in der analytischen Situation instrumentalisiert werden. Und es ist die Trauer über die Aufgabe dieser omnipotenten Besetzung, die schließlich ein freieres Spiel mit dem Reichtum der Vorlust, der Erogenität der Sinne und ihrer vielfältigen assoziativen Verknüpfungen erlaubt. Der Analytiker ist befreit – er kann seine Patientin wieder zur freien Assoziation anhalten und sich einem vertieften Verständnis ihrer Probleme einschließlich der mit der infantilen Harnerotik verbundenen Fantasmen zuwenden. Bis zum nächsten Moment, wo er wieder seinen Pullover überflüssigerweise heruntergezogen hat…

Schlussbetrachtung

So resümiert er: Die psychoanalytische Situation evoziert die infantilen polymorph-perversen Szenarien des Patienten. Freud führt 1905 in den *Drei Abhandlungen* aus, »dass die Sexualität der Neurotiker den kindlichen Standpunkt bewahrt hat oder auf ihn zurückgeführt worden ist« (Freud

1905d, S. 76). Einige Seiten weiter bemerkt Freud: »Unter den erogenen Zonen des kindlichen Körpers befindet sich eine, die gewiss nicht die erste Rolle spielt, auch nicht die Trägerin der ältesten sexuellen Regungen sein kann, die aber zu großen Dingen in der Zukunft bestimmt ist. Sie ist bei männlichen wie beim weiblichen Kind in Beziehung zur Harnentleerung gebracht (Eichel, Klitoris)« (ebd., S. 88); »(...) für den noch unentwickelten Geschlechtsapparat gibt meist der Harnapparat, gleichsam als sein Vormund, Zeichen« (ebd., S. 90).

Wenn der Analytiker also das bei der freien Assoziation seiner Patientin zu beobachtende Phänomen eines Wechsels von Fluss und Hemmung mit jener infantilen Szene, in der die Harnentleerung eine Rolle spielte, in Verbindung brachte, machte dies psychoanalytisch durchaus Sinn. Denn auf der körperlichen Ebene bleibt Lust die letzte Referenz (s. Green 2000, S. 68). Dass sich z.B. der Harndrang bei dem kleinen Mädchen genau in dem Moment meldete, wo der Onkel sagte, sie solle aus dem Wasser gehen, kann durchaus auch verstanden werden als ein Protest und ein Insistieren auf einer noch körpernäheren Lust als dem Schwimmen. Die Dialektik zwischen Wunsch und Verbot aktualisiert sich jetzt auch direkt unter Einbeziehung einer Zone infantiler Lusterregung – der urethralen Spannung zwischen Einhalten und Verströmen. Eben diese »Lösung« und deren Problematik werden in der analytischen Situation wieder wachgerufen. Freud beschreibt, auf welchen drei Wegen »sexuelle Erregtheit« hervorgerufen werden kann:

> »(...) von der Außenwelt her durch Erregung der uns schon bekannten erogenen Zonen, von dem organischen Inneren her auf noch zu erforschenden Wegen und von dem Seelenleben aus, welches selbst eine Aufbewahrungsstätte äußerer Eindrücke und eine Aufnahmestelle innerer Erregungen darstellt« (1905d, S. 109 f.).

Über die Ausdrucksmedien Tanz, Gesang und Sprache (zur musikalischen Dimension s.u.a. Meltzer 1976, S. 46) aktualisiert und inszeniert sich dieses »Seelenleben« in der psychoanalytischen Situation und gerät insbesondere bei den Psychoneurosen entlang seiner regressiv-omnipotenten Erfolgsannahmen in Schwingung (s. Britton 1999, S. 9). Auch die Sprache und das Sprechen selbst werden zum Medium unbewusst triebhafter Prozesse. Freuds Bemerkung: »In der analytischen Behandlung geht nichts anderes vor als ein Austausch von Worten zwischen dem Analysierten und dem Arzt« (1916/17a, S. 9) ist heute nur in Ergänzung mit den vielerlei paraverbalen Elementen des Austausches zwischen Patient und Analytiker zu denken

(Streeck 2002). Es bleibt aber Anliegen des Analytikers, das infantil-unbewusste Psychosoma seines Patienten in Sprachkleider zu hüllen und dadurch einen transformierenden Prozess in Gang zu setzen. Dabei muss sich der Analytiker dessen bewusst sein, dass schon die Auswahl seiner Worte in erheblichem Umfang die Richtung weiterer Ausarbeitungen bestimmt. Darauf weist Bollas hin: »Choose a word and you select a direction. Choose a word and you create a force« (1999, S. 162). Unvermeidbar fließen nun aber in Haltung und Deutungsarbeit auch unbewusst-triebhafte Prozesse seitens des Analytikers mit ein (Bonasia 2001). Hier weiß sich der Analytiker auch mit Ferro einig, der das analytische Paar definiert als naturgemäß »asymmetrisch (...) was die Verantwortung für das analytische Setting und das *working through* betrifft, das sich aber hinsichtlich der emotionalen Abläufe im Analysezimmer auf gleicher Ebene befindet« (2003, S. 154 f.; s.a. Zwiebel 2003, S. 1145). In diesem Zusammenhang ist es ebenso schmerzlich wie hilfreich, sich dessen bewusst zu bleiben, dass mit der ödipalen Situation psychoanalytisch gesehen eine Matrix beschrieben ist, innerhalb derer sich die psychischen Prozesse artikulieren. Es handelt sich gerade nicht um eine Situation, der man einfach entkommen könnte (s.a. Bayer und Quindeau 2004). Genau dieser Versuch liegt ja am Anfang des ödipalen Dramas und ist mit konstitutiv für dessen Verlauf. Es gibt also keinen sicheren Ort für die analytische Arbeit – wer dies glaubt, wird mit Blindheit bezahlen müssen. Das Unbewusste ist stets aktiv, auch beim Analytiker. Hier fühlt sich der Analytiker erneut gestützt durch die Ausführungen Ferros, der sich seinerseits auf seine italienische Kollegin Cancrini bezieht:

> »Sie zeigt uns, was sich ›hinter den Kulissen‹ der Arbeit des Analytikers abspielt, oder, um eine mir teure Metapher neu aufzugreifen, sie zeigt uns den Analytiker mit seinem Patienten nicht nur im Speisesaal des Restaurants, sondern auch in der Küchenabteilung mit deren Geräten, Zutaten, Instrumenten, von denen jedes eine eigene Geschichte hat, und führt uns sogar vom Erdgeschoß des Restaurants in die noch ›privateren‹ Zonen, in die Dachböden und Souterrains des Lebens und der Geschichte des Analytikers, wodurch das Feld notwendigerweise mitbestimmt wird (...) Je weniger der Analytiker davon weiß oder je mehr er das leugnet, desto stärker treten nach meiner Überzeugung seine eigenen ›blinden Flecke‹...in Erscheinung« (Ferro 2003, S.154).

Diese Ausführungen stärkten den Analytiker, der Bedeutung seiner Geste nachzugehen, mit der er »überflüssigerweise« seinen Pullover herunterzog, auch wenn er sich dann eine Weile, analog zur Patientin, im Netzwerk all seiner Missetaten wie gefangen fühlte.

Die Aufgabe, die eigenen regressiv-infantilen Gegenübertragungsverwicklungen in den Rahmen einer Regression im Dienst des Ich und damit einer letztlich erkenntnisorientierten Arbeitsbeziehung zu transformieren, geschieht jedoch nicht ohne Widerstände. Sie ist stets abgerungen und nicht ohne innerlich-äußerliche Einbeziehung eines Dritten denkbar. Hier wiederum ist entscheidend, auf welcher mentalen Ebene sich der Bezug zu diesem Dritten realisiert. Fungiert der Dritte, in dem sich der Bezug zur analytischen Gruppe manifestiert, im Rahmen einer Grundannahmen-Mentalität (Bion 1961), dann wird nicht eigentlich ein Prozess verändernden Nachdenkens eingeleitet, sondern wie immer das Resultat im Einzelnen auch aussehen mag, es geht letztlich um eine defensive, Schmerz und auch Alleinsein vermeidende Absicherung. Ein wirklicher Einsichtsprozess wird erst möglich sein, wenn der Analytiker das Denken seiner Gruppe auf der Ebene der Arbeitsgruppenmentalität gebrauchen kann. In dieser Öffnung hin zu einem nun unaufgeregt-unaufdringlichen Dritten generiert sich ein auf Erkenntnis gerichteter, sinnlich-emotional-sprachlicher Vortext, der im weiteren innerlich-äußeren Gespräch mit dem Dritten im günstigen Fall auf die Ebene bewusster Einsicht gehoben werden kann. Gleich ob sich dies nun auf der äußeren oder inneren Ebene vollzieht, hier sind sich alle Beteiligten bewusst, dass wesentliche Erkenntnisse oft erst über den zweiten Blick gewonnen werden können, manchmal innerhalb, oft auch erst außerhalb der jeweiligen Stunde (Baranger et. al. 1983, S. 5). Erst dann kann es das »gegeben haben«, was im Übergangsbereich zwischen fantasmatischer und realer Ebene zwischen dem analytischen Paar geschehen ist (s. Bollas 1987). Zuweilen kann etwas darüber einsichtig werden, dass dem Analytiker gerade im richtigen Moment eine Äußerung Freuds wieder einfällt, wie etwa die folgende aus den *Bemerkungen über die Übertragungsliebe*:

> »Für den Arzt bedeutet sie eine kostbare Aufklärung und eine gute Warnung vor einer etwa in ihm bereitliegenden Gegenübertragung. Er muss erkennen, dass das Verlieben der Patientin durch die analytische Situation erzwungen wird und nicht etwa den Vorzügen seiner Person zugeschrieben werden kann, daß er also gar keinen Grund hat, auf eine solche ›Eroberung‹, wie man sie außerhalb der Analyse heißen würde, stolz zu sein« (1915a, S. 308).

Das Sexuelle in der psychoanalytischen Praxis – und natürlich ist hier das Drängen der infantilen Sexualität gemeint – konstituiert sich im oszillierenden Feld einer zu Zweit-/zu Dritt-Situation. So bleibt der Analytiker bei der Beantwortung der Frage, wieweit das Frankfurter Rotlichtviertel reicht, auf der Hut und zögert, eine definitive Antwort zu geben. Es weiß darum, wie krisenhaft sich analytisches Verstehen entwickelt. Er hat nicht vergessen, dass er anfangs ganz naiv auf eine Zukunft zu dritt – Freud, die Patientin und er – setzte. Dann verschwand Freud irgendwie, und »Zukunft« hieß so viel wie mit der Patientin zu zweit bleiben, ohne all die störenden Anderen da draußen (Britton 2003, S. 121). Dann hellte sich das ganze wieder auf, aber es wurde nie mehr so hell wie am Anfang – der Analytiker ist sich seiner ödipalen Behinderung bewusst (Scharff 1993, S. 390 ff.). Der Trieb stellt eben eine Arbeitsanforderung an die Psyche dar, und doch möchte der Analytiker die Hoffnung nicht aufgeben, dass sich die Dinge bessern können.

Literatur

Baranger, Madeleine; Baranger, Willy & Mom, Jorge (1983): Process and non-process in analytic work. Int J Psychoanal 64, 1–15.

Bayer, Lothar u. Quindeau, Ilka (Hg.) (2004): Die unbewußte Botschaft der Verführung. Gießen (Psychosozial-Verlag).

Bion, Wilfred R. (1961) : Erfahrungen in Gruppen. Stuttgart (Klett) 1971.

Bion, Wilfred R. (1962) : Lernen durch Erfahrung. Frankfurt/M. (Suhrkamp) 1990.

Bollas, Christopher (1987): Der Schatten des Objekts. Das Ungedachte Bekannte. Zur Psychoanalyse der frühen Entwicklung. Stuttgart (Klett-Cotta) 1997.

Bollas, Chirstopher (1999): The Mystery of Things. London/New York (Routledge).

Bonasia, Emanuele: (2001): The countertransference: erotic, erotised and perverse. Int J Psychoanal 82, 249 – 262.

Britton, Ronald (1999): Getting in on the act: the hysterical solution. Int J Psychoanal 80, 1–14.

Britton, Ronald (2003): Die erotische Gegenübertragung – damals und heute. EPF Bulletin 57, 117–129.

Ferro, Antonio (2003): Die Person des Analytikers, seine Selbstanalyse und seine Funktionsebenen. Bull Europ Psychoanal Föderation, 153–163.

Freud, Sigmund (1905d): Drei Abhandlungen zur Sexualtheorie. GW V, 27–145.

Freud, Sigmund (1915a): Bemerkungen über die Übertragungsliebe. GW X, 306–321.

Freud, Sigmund (1916–17a): Vorlesungen zur Einführung in die Psychoanalyse. GW XI.

Green, André (2000): Chains of Eros. The Sexual in Psychoanalysis. London (Rebus Press).

Meltzer, Donald (1976): Temperatur und Distanz als technische Dimensionen der Deutung. Bull. Europ. Psychoanaly. Föderation, 45–52.

Scharff, Jörg M. (1993): Die Arbeitsstörung angesichts des Rätsels der Sphinx. Z Psychoanal Theorie u Praxis, VIII, 389–421.

Scharff, Jörg M. (2005): Das Sexuelle in der psychoanalytischen Praxis oder: Wie weit reicht das Frankfurter Rotlichtviertel? Psyche – Z Psychoanal 59, 1047–1060.

Streeck, Ulrich (2002): Über nicht-sprachliche Kommunikation in therapeutischen Dialogen. Psyche – Z Psychoanal 56, 247 – 274.

Zwiebel, Ralf (2003): Psychische Grenzen und die innere Arbeitsweise des Analytikers. Psyche – Z Psychoanal 57, 1131–1157.

Phallus und Dekonstruktion. Über das Verhältnis von Psychoanalyse und Geschlechterforschung

Christina von Braun

Gegen Ende des 19. Jahrhunderts entstehen fast zeitgleich drei verschiedene Bewegungen, die sich alle – auf unterschiedliche Weise – mit der menschlichen Geschlechtlichkeit beschäftigen. Die eine ist die Psychoanalyse, die zweite ist die Sexualwissenschaft und die dritte die Frauenbewegung. Vor allem in Berlin war die Grenze zwischen diesen dreien fließend. In dem vor dem Ersten Weltkrieg gegründeten Psychoanalytischen Institut gingen Sexualwissenschaftler wie Magnus Hirschfeld ein und aus, der Arzt und Schriftsteller Alfred Döblin gehörte zu seinen Gründungsmitgliedern. Umgekehrt gab es eine enge Verflechtung zwischen Aktivistinnen der Frauenbewegung wie Helene Stöcker, die nicht nur für das weibliche Wahlrecht, sondern auch für das Recht auf Abtreibung kämpfte, und dem Sexualwissenschaftlichen Institut. Was verband diese drei Bewegungen – und was unterschied sie? Ein wichtiges verbindendes Element bestand zweifellos in der Tatsache, dass es der europäischen Gesellschaft im Verlauf des 19. Jahrhunderts zu dämmern begonnen hatte, dass das, was man für eine biologische Gegebenheit gehalten hatte, vielleicht doch kulturell bedingt sein könnte. Ganze soziale Architekturen, auf denen eine Geschlechterordnung beruht hatte, die Frauen intellektuelle Kapazität und politische Entscheidungsfähigkeit absprach, brachen in sich zusammen wie ein Kartenhaus. Eine jahrhundertealte Sozialordnung, die das Abendland für biologisch bedingt gehalten hatte (wenn sie sich auch oft große Mühe geben musste, den Beweis dafür zu erbringen), erwies sich als ein kulturelles Konstrukt. Zwar gab es um 1900 noch gewaltige Bemühungen, die alte Ordnung durch neue »biologische« Erkenntnisse wiederherzustellen, doch der Prozess ließ sich nicht aufhalten: Innerhalb von wenigen Jahrzehnten öffneten sich die Tore der Universitäten für Frauen, erhielten Frauen das aktive und passive Stimmrecht, begannen Frauen in Berufen Fuß zu fassen, die als Bastion des bewährten »männlichen Staates« gegolten hatten – etwa dem des Richters. Die Geschwindigkeit, mit der sich dieser Wandel vollzog, ist aus mentalitätsgeschichtlicher Sicht einmalig. Aber sie ist auch der Beweis dafür, *dass* es sich um eine kulturelle Konstruktion handelte; sonst wäre es nicht gelungen, die Sozialordnung so schnell aus den Fugen zu heben.

Wie vollzog sich nun diese Dekonstruktion? Bei der Beantwortung dieser Frage zeigen sich die *Unterschiede* zwischen den drei Bewegungen Psychoanalyse, Sexualwissenschaft und Geschlechterforschung. Um es sehr vereinfacht zu sagen: Die Psychoanalyse interessierte sich für das Individuum. Sie konstatierte zwar, dass es eine Sexualität gibt, die über die Genitalität hinaus geht – etwa bei Kindern –, erkundete andererseits aber auch die im Unbewussten verankerten Männlichkeits- und Weiblichkeitscodes. Dabei ging sie freilich oft von einem kulturell unabhängigen Trieb aus. Manchmal unternahm sie sogar gewaltige Anstrengungen, die alte Ordnung in den Köpfen zu reinthronisieren. Dieser Aspekt macht einen der Hauptunterschiede von Psychoanalyse und Geschlechterforschung aus, und die Kritik der Geschlechterforschung an der Psychoanalyse richtet sich gegen die Reifizierung von kulturellen Codes: Weil die Psychoanalyse eine gewisse Blindheit für kulturelle und historische Codes entwickelt hat, trägt sie noch heute dazu bei, diese zu verfestigen – statt etwa danach zu fragen, ob nicht das Unbehagen an historischen oder kulturellen Bestimmungen für einen Teil des Leidens und der Symptombildung verantwortlich sein könnte, mit der sie in der Praxis konfrontiert ist. Immerhin gelang es der Psychoanalyse aber, die Erkenntnis, dass nicht der Willen oder das Bewusstsein, sondern das Unbewusste Herr im Hause ist, salonfähig und zum Allgemeinwissen zu machen.

Die Sexualwissenschaft wiederum interessierte sich für die Frage, was der Sexualtrieb eigentlich will, wenn er nicht im Dienste des »egoistischen Gens«, d.h. des Fortpflanzungstriebs steht: Daher das große Interesse der frühen Sexualwissenschaftler für die Homosexualität. Und die Geschlechterforschung? Sie nahm sich die sozialen und kulturellen Einflüsse, gewissermaßen das *kollektive Unbewusste* der Gesellschaft vor, um die Gesetze zu erkennen, die die westliche Geschlechterordnung schufen und die Selbstwahrnehmung von Männern und Frauen weiterhin prägen. Zunächst lag ihr Fokus auf dem weiblichen Geschlecht. Man nahm sich vor zu beweisen, dass auch Frauen denken und rechnen können, dass ihr Beitrag zur Geschichte des Abendlandes erheblich größer ist, als uns die Geschichtsschreibung vermuten lässt, und dass, *last not least*, die westliche Gesellschaft von Frauen noch große innovative Impulse zu erwarten hat. Dass viele in diesem Versprechen weniger eine Hoffnung als eine Gefahr sehen – ihre Gegenmaßnahmen reichten von der nationalsozialistischen Relegation von Frauen über immer neue Biologismen bis hin zum Herrenwitz –, darauf wollen wir jetzt nicht weiter eingehen. Interessant ist jedoch, dass die Geschlechterforschung, nachdem sie sich so lange mit den Frauen und ihren »Benachteiligungen« beschäftigt hat, allmählich auch begann, nach dem »großen Unbekannten« zu fragen, nämlich den Codes, durch die Männlichkeit definiert wurde und wird. Männlichkeit erschien – und erscheint – so schön neutral und ungeschlechtlich. Doch in Wirklichkeit, so die Geschlechterforschung, entspricht diese Ungeschlechtlichkeit einer präzisen geschlechtlichen Definition.

Damit kommen wir zum Phallus, den ich im Titel meines Aufsatzes versprochen habe. Dem Phallus erging es nicht anders als der übrigen Geschlechterordnung: Er »entbiologisierte« sich, doch er rebiologisierte sich auch. Daher dieses seltsame und paradoxe Konstrukt einer ungeschlechtlichen *und* männlichen Wissenschaft zum Beispiel. Anders als bei der Dekonstruktion der Geschlechterordnung geschah dies nicht in einem historisch kurzen Zeitraum, sondern über eine lange Zeit. Der Prozess wurde prägend für die Geschichte des Abendlandes. In der Antike bezog sich das Symbol Phallus noch deutlich auf biologische Männlichkeit und Potenz. Allmählich verlagerte sich die Symbolik jedoch auf kulturelle oder intellektuelle Potenz, die wiederum mit Männlichkeit identifiziert wurde. Freilich, durch seine Entleibung verlor der Phallus die Sicherheit biologischer Unhintergehbarkeit. Zwar gab es immer wieder gewaltige Anstrengungen, Biologie und Kultur auf einen Nenner zu bringen, aber das kulturelle Konstrukt blieb doch immer erkennbar, und es sollte auch zu erkennen sein. Denn die kulturelle Definition von Männlichkeit verstärkte die Macht des Phallus.

Ich möchte diese kurzen Gedankenskizzen nun im Folgenden darzustellen versuchen, indem ich auf eine aktuelle Debatte eingehe, die zurzeit oft über das Tagesgeschehen bestimmt. Wie bekannt und jeden Tag – am Beispiel Kopftuch und »Ehrenmord« – in der Zeitung zu lesen ist, stellt die Geschlechterordnung einen der Schnittpunkte im Konflikt zwischen Okzident und Orient dar. Ich will nicht sagen, dass sie den Konflikt monopolisiert, aber es ist doch auffallend, wie sehr der Konflikt um die Geschlechterordnung zur emotionalen Aufladung der Begegnung von Orient und Okzident beigetragen hat. Meistens wird das Thema Geschlechterordnung am Frauenkörper abgehandelt. Doch das greift zu kurz: Die Diskussion um den Schleier verschleiert die Tatsache, dass es eigentlich um die Definition von Männlichkeit geht und dass dabei auch Kastrationsängste im Spiel sind.

Die Rolle des Mannes in der Geschlechterordnung

»Viele arabische und muslimische Männer, keineswegs nur Djihadisten«, so schreibt *Newsweek* in einem Artikel über den Terrorismus, »erfahren die fremde Besatzung als eine Form von Entmannung. (Wenige Wochen nach dem Sturz von Saddam Hussein im Jahre 2003, erklärte der Quasim Alsabati, der kosmopolitische Eigentümer einer Kunstgalerie in Bagdad, der Zeitschrift Newsweek, dass die US-Besatzung Teil eines Plans sei, ›unsere Seelen zu rauben und uns zu kastrieren‹)« (Newsweek v. 12.12.2005, S. 30f.). Ein solcher Eindruck wurde zweifellos durch den Skandal der Photos aus dem Gefängnis von Abu Ghraib verstärkt. Aber es geht um mehr als die Angst einer Depotenzierung durch die Besatzungsmacht. Verhandelt werden auch zwei Konzepte von Männlichkeit, von denen die eine eng mit der Entleibung – oder der symbolischen Kastration – zusammenhängt, die der westliche Phallus erfahren hat.

Dieser Zusammenhang wurde spürbar auf einer Tagung, die im Sommer 2004 in Berlin stattfand. Die Tagung zum Thema *Violence or Dialogue: Between Collective Fantasy and Collective Denial* wurde organisiert von der Internationalen und der Deutschen Psychoanalytischen Vereinigung sowie dem Auswärtigen Amt. Es ging um die psychischen Strukturen des modernen Terrorismus bzw. der Terroristen. Dass der Fokus auf dem islamistischen Terrorismus lag, wurde von einigen Teilnehmern zwar kritisiert, gehindert hat es – wegen der Attentate der letzten Jahre – nicht, dass sich die Tagung auf den Islam konzentrierte. Unter den vielen Disziplinen und Theoretikern, die zu Worte kamen, befanden sich auch zwei Psychoanalytiker, die die Rolle des Vaters im Islam des arabischen Raums bzw. bei den Terroristen thematisierten. Der in Deutschland praktizierende Palästinenser Gehad Mazarweh berichtete aus seiner Erfahrung bei der Behandlung von potenziellen Selbstmordattentätern, die kurz vor der Ausführung ihres Vorhabens wieder davon Abstand nahmen und danach oft schwere Depressionen erlitten. Die New Yorker Psychoanalytikerin Ruth Stein untersuchte das »Testament« von Mohammed Atta aus dem Jahre 1996 sowie die Gedichte Osama bin Ladens an den »väterlichen Gott«. Die »Geistliche Anleitung«, die im Gepäck von drei der Attentäter des 11. September gefunden wurde, erwähnte sie nicht, aber es ist zu vermuten, dass auch sie in ihren Überlegungen eine Rolle spielte[1] . Die Thesen der beiden Psychoanalytiker eignen sich, die

1 Vgl. Kippenberg & Seidensticker 2004. Der Band gibt den vollständigen Text in arabischer und deutscher Sprache wieder und kontextualisiert eine Reihe von Ausführungen aus dem Koran.

Rolle des Phallus im transkulturellen Verhältnis von Orient und Okzident zu beleuchten.

Mazarweh sprach in seinem Vortrag von den »Traumatisierungen«, die hinter dem palästinensischen Terrorismus stehen. Der Begriff des »Traumas« wird in Palästina fast ausschließlich im Zusammenhang mit den Gewalterfahrungen durch das israelische Militär in den besetzten Gebieten verwendet. Bei Marzaweh bezog sich der Trauma-Begriff jedoch auf die traditionellen »patriarchalischen« Strukturen arabischer Familien. Der islamisch-arabische Vater sei allmächtig: gegenüber seiner Frau wie gegenüber seinen Söhnen. Die (oft physische) Gewalt des Vaters finde im Ritus der Beschneidung ihren Höhepunkt. Sie wird im arabischen Raum zwischen dem zweiten und dem zehnten Lebensjahr, also in einem dem bewussten Gedächtnis zugänglichen Alter durchgeführt. »Normalerweise steht der Vater bei diesem Ereignis neben dem ›Exekutor‹ und beobachtet die Kastration. Für die meisten männlichen arabischen Patienten bleibt die Beschneidung ein Trauma, das sie für den Rest ihres Lebens ertragen müssen« (Marzaweh 2004). Die Macht des Vaters habe eine Entmündigung der Söhne und deren Gefühl von Hilflosigkeit zur Folge, die in Depression oder Gewalt umschlagen könne, sobald die Söhne den Herrschaftsbereich des Vaters verlassen. »Ich habe in meiner Arbeit mit jungen Männern, die von ihren Vätern ins Ausland geschickt wurden, diese Art von Hilflosigkeit gefunden. (...) Das Resultat sind Angstanfälle, Depressionen und eine Fülle psychosomatischer Symptome« (ebd.). Diese Symptombildung gelte besonders für intelligente Studenten, bei denen jede Form von Autonomie »zu Gefühlen von Verrat und Untreue und quälenden Schuldgefühlen« (ebd.) führe. Solche Familienstrukturen, so Mazarweh, seien symptomatisch für »Stammesgesellschaften«: Nach außen hin hermetisch geschlossen, basieren sie auf einem »Wir-Gefühl«. Das Prinzip laute: »Meine Brüder und ich gegen die Vettern, meine Vettern und ich gegen die anderen« (ebd.). Marzaweh beschreibt also eine – von der Gestalt des Vaters dominierte – Gemeinschaft, deren Grenzen hermetisch nach außen abgeriegelt sind und die, wenn sie bei der Begegnung mit einer anderen Denkwelt ihre festen Umrisse verliert, zu einer feindseligen Einstellung gegenüber dem Fremden führt. In dieser Form von Gemeinschaftsstruktur bilden Blutsbande und Verwandtschaft die Basis für die Zugehörigkeit zu einer Gemeinschaft. Zwar ist diese Form der Gemeinschaft weit verbreitet im arabischen Raum, aber sie ist kein Merkmal des Islam, der als Religion in Kulturgebieten wie China (80 Millionen Moslems) oder Indien (150 Millionen Moslems) Fuß gefasst hat. Auch in den USA leben etwa drei Millionen Moslems.

Zudem ist der Islam angetreten, viele Traditionen der »Stammesgesellschaft«, wie etwa die Blutrache, zu unterbinden.

Ruth Stein ging in ihrem Vortrag ebenfalls auf die »patriarchale« Familienstruktur ein, die sie als Grundlage des Monotheismus bezeichnete und im »Fundamentalismus« besonders deutlich ausgeprägt sah (die Fragwürdigkeit des Begriffs »Fundamentalismus« thematisierte sie selbst). Das »Patriarchat«, von dem Stein sprach, war anderer Art als Mazarwehs »Stammesgesellschaft«: »Wenn wir über den Fundamentalismus nachdenken, neigen wir dazu, die Ungleichheit zwischen Mann und Frau und die Ungleichheit zwischen dem Gläubigen und dem Ungläubigen wahrzunehmen; wir vernachlässigen jedoch die Ungleichheit zwischen dem Gläubigen und Gott« (Stein 2004). In den von Stein untersuchten Texten zeige sich das Konzept eines »übermächtigen Vaters«, der in Konkurrenz zum biologischen Vater trete. Es entwickle sich eine »vertikale Liebe« zum »göttlichen Vater«, die von Begehren besetzt sei und dem Sohn »ein Gefühl völliger Sicherheit« vermittle, »ein Gefühl im Recht zu sein, über die hermetische, konsistente und hoch rhetorische Wiederholung der Wahrheit« zu verfügen (ebd.). Die »vertikale homoerotische Gottsuche« finde in der Opferbereitschaft und in strengen Reinheitsritualen ihren Ausdruck. Der »Fundamentalismus« beruhe so einerseits auf Strenge, Rigidität und wörtlicher Befolgung, einer Unterwerfung unter das Über-Ich aus Angst vor der Kastration durch den Vater, andererseits werde er aber auch getragen von einer libidinös besetzten Unterwerfung unter den abstrakten Vater. Dessen Vorschriften zu beachten, bedeute für den »Sohn« Wahrheit, Schutz, eine auserwählte Beziehung. Stein nannte dieses Verhältnis eine »vertikale Eheschließung« (ebd.), durch die der biologische Vater aus seiner Machtrolle verdrängt und zugleich ersetzt werde. Auf dieser Grundlage basiere die Gewaltbereitschaft des Attentäters, der »von einer homoerotischen, selbstverleugnenden Vater-Sohn-Beziehung« bestimmt sei, bei der »die Umwandlung eines überhöhten, väterlichen (inneren) Objektes in ein mörderisches und verfolgendes« zum Ausdruck komme. Dieser Erfahrungszustand werde »mit völliger Hingabe und Liebe« (ebd.) gleichgesetzt.

So sehr sich diese beiden Interpretationen auch unterscheiden – Mazarweh spricht von der Unterwerfung unter die Macht eines biologischen Vaters, Ruth Stein von der Liebe und Unterwerfung unter einen »himmlischen Vater« – ist ihnen doch eines gemeinsam: Der Vater wird einerseits als übermächtig, andererseits aber auch als kastrierend interpretiert. Nur wird die Übermacht des Vaters bei den beiden Psychoanalytikern ganz unterschiedlich begründet. Bei Mazarweh steht hinter dem Vater die »Stammesgesellschaft«; bei Ruth Stein hingegen beruht die Macht des Vaters auf einer Vaterschaft von hoher Abstraktion. Um zu erklären, wie es überhaupt zu einer so intensiven Verehrung des abstrakten Vaters kommen kann, bedient sich Stein allerdings eines fragwürdigen Rückgriffs auf biologische Gegebenheiten. Die Unsichtbarkeit des körperlichen Bandes zwischen dem Erzeuger und seinem Kind stelle »eine leicht mystifizierbare und unergründliche Verbindung« dar: Anders als die Mutter werde der Vater von seinem Kind als zeugend und dennoch unkörperlich wahrgenommen, nah und dennoch verbunden durch einen Akt der Zeugung, der in einer »unvorstellbaren Vergangenheit« stattfand (ebd.; vgl. auch Stein 2003a und 2003b). Weil die (biologische) Vaterschaft eine »unsichere Angelegenheit« sei, werde »die Patrilinearität durch Blutopfer substantialisiert«, was im Opfer des Erstgeborenen bzw. im Krieg als Inszenierung des Sohnesopfers seinen Ausdruck finde.

Die Macht des Vaters im »Patriarchat« (ob religiöser oder sozialer Art) basiert für Stein also auf der Abstraktheit des väterlichen Prokreationsaktes. Dagegen ließe sich einwenden, dass der väterliche Zeugungsakt in allen Kulturen diese »abstrakte«, »unsichtbare«, »ephemere« Qualität hat, ohne dass es deshalb zum Terrorismus, zum Fundamentalismus oder auch nur zur »vertikalen Eheschließung« mit einer monotheistischen Gottvater-Gestalt kommen muss. Ihre Erklärung für die erotisch besetzte Liebe zum abstrakten Vater ist also wenig befriedigend. Die beiden psychoanalytischen Erklärungsmuster verdeutlichen jedoch, dass es im Fundamentalismus – oder im Terrorismus – um die Konfrontation zwischen einem »geistigen Vater« und einem biologischen Vater gehen könnte. Eben diese Konfrontation zwischen zwei »Vätern« taucht auch im aktuellen Konflikt von Orient und Okzident auf.

In seiner wegweisenden Untersuchung über den »Orientalismus«, in dem er die Stereotypen analysierte, die der Westen über den Nahen Osten entwickelt hat, wies Edward Said schon vor vielen Jahren darauf hin, dass der Topos der »Stammesgesellschaft« zu den typischen Bildern des »Orientalismus« gehört. »Jedesmal, wenn auf Zelt und Stamm verwiesen wird, wird dieser Mythos angewendet und ebenso jedes Mal, wenn auf ein Konzept des arabischen Nationalcharakters verwiesen wird« (Said 1981, S. 346). Denn die »Orientalisten« »erkennen die Macht der Familie, bemerken die Schwächen des arabischen Geistes, bemerken die ›Bedeutung‹ der orientalischen Welt für den Westen, aber sagen niemals, was ihr Diskurs impliziert: dass das, was dem Araber wirklich gelassen wird, nachdem alles gesagt und getan wurde, ein undifferenzierter Sexualtrieb ist« (ebd., S. 351). Worauf »der Araber«, so

Said, in den Bildern des Orientalismus reduziert werde, sei seine (triebhafte) biologische Potenz. Diese wird wiederum als Gegensatz zur »geistigen Potenz« des westlichen Mannes konstruiert. Auf unsere Ausgangsfrage nach den beiden Arten des Phallus übertragen, heißt dies, dass der kulturelle Phallus im Konflikt mit dem Orient seine Überlegenheit gegenüber dem biologischen Phallus zur Schau stellt. Im Kalten Krieg war es Rakete gegen Rakete – also ein kultureller oder technischer Phallus gegen den anderen. Jetzt verläuft die Front zwischen einem kulturellen und einem biologischen Phallus. Das hat allerdings ernsthafte Folgen: Denn um die Unterlegenheit des biologischen Phallus zu beweisen, muss der kulturelle, westliche Phallus den Preis offenlegen, den er für seine »Überlegenheit« bezahlt hat: die Entleibung.

Die Gegenüberstellung von geistiger und sexueller Potenz macht deutlich, dass sich die Frage nach den »zwei Vätern« auch ganz anders angehen ließe als Mazarweh und Stein es getan haben. An dieser Stelle bietet sich ein Blick auf die Geschlechterforschung an, die nach den kulturellen Faktoren sozialer Konstruktionen fragt: Setzt man den »geistigen Vater« mit Schriftlichkeit und die »Stammesgesellschaft« mit Oralität gleich, so erkennt man, dass sich hinter den beiden Prinzipien von »väterlicher Macht« zwei unterschiedliche soziale und kulturelle Organisationsstrukturen verbergen, die wiederum eng mit der Konstruktion und Dekonstruktion des geistigen Phallus zusammenhängen.

Die Geschichte abendländischer Männlichkeit lässt sich erzählen als eine Geschichte der Kastration und der Selbstermächtigung durch die Kastration. Das ließe sich einerseits an der Symbolik des christlichen Kreuzes darstellen, bei dem sich ganz allmählich im ersten Jahrtausend unserer Zeitrechnung das so genannte »Kreuzesparadox« entwickelte: Dieses Paradox besagt, dass die Figur des Gekreuzigten einerseits Hinrichtung und Tod, andererseits aber auch Auferstehung und Überwindung des Todes symbolisiert (vgl. ausführlicher dazu von Braun & Mathes 2007). Die Überwindung des Todes wurde, so hat Leo Steinberg in seinem Buch »The Sexuality of Christ« gezeigt, in Bildern der Renaissance oft phallisch dargestellt. Steinberg spricht von einem Zusammenhang zwischen *Erection* und *Resurrection* (Steinberg 1996): Tod und Erniedrigung am Kreuz werden also umgewandelt in eine Darstellung von höherer Macht, die alle Insignien männlicher Potenz konnotiert.

Der Zusammenhang von Kastration und männlicher Selbstermächtigung lässt sich auch an der Geschichte und der Etymologie des Wortes »Geld« zeigen – Symbol für männliches »Vermögen« in jeder Hinsicht. Das Wort »Geld« leitet sich etymologisch von Opfer und »Kastration« ab. Gary

Taylor bringt das lateinische Wort »castrare« in Verbindung mit Worten aus dem Hebräischen und aus dem Sanskrit, die »Eunuch« bzw. »Messer« bedeuten (Taylor 2002). Mackensen (1984, S. 204) verweist auf einen ähnlichen Zusammenhang, indem er die Kastration vom altlateinischen Wort »castrum«, Messer, ableitet. Die genaue Bedeutung von »castus« wiederum ist: »rein zum Opfer« (zit. n. Bloch 1912, S. 544). Das »Oxford English Dictionary« wird noch expliziter: Erst ab dem 16. Jahrhundert bürgerte sich der Begriff der »castration« im Englischen ein. Vorher und noch bis ins 19. Jahrhundert gebräuchlich wurde die Herstellung sexueller Impotenz mit dem Begriff »to geld« umschrieben: »to deprive (a male) of generative power or virility, to castrate or emasculate« (OED 1964, S. 95). Diese Bedeutung war wörtlich gemeint, wurde aber auch figurativ verwandt, um von der »Unfruchtbarkeit« einer Mine, eines Vermögens oder einer Herde zu sprechen. Der Begriff wurde auch angewandt auf die Austilgung von obszönen Passagen aus einem Buch. Die Begriffsgeschichte des Wortes Geld impliziert also einerseits die Herstellung von Impotenz, andererseits war das abstrakte Zeichensystem Geld aber auch die Voraussetzung dafür, dass große Vermögen – in jedem Sinne des Wortes – akkumuliert werden konnten. Diese Selbstermächtigung blieb zwar nicht Männern vorbehalten, aber sie wurde männlich gedacht: Für die schlechtere Bezahlung von Frauen in den modernen Industriestaaten gibt es keine rationale Begründung – nur eine symbolische: die Männlichkeit des Zeichensystems Geld, die noch in den modernen Geldzeichen enthalten ist: Der Stier als antikes Symbol für männliche Potenz ist nicht nur zum Zeichen an der Börse geworden; er findet sich auch in den beiden Strichen wieder, die die das Pfund (£), den Dollar ($), den Yen (¥) und den Euro (€) schmücken – laut Alfred Kallir Relikte der Stierhörner und ihrer Fruchtbarkeitssymbolik aus der Antike (Kallir 1961, S. 40). Der durch das Alphabet und das Geld geschaffenen Kastration entkam im Abendland niemand. Doch der Phallus wurde von biologischer Männlichkeit in geistige Männlichkeit überführt und prägte als solche wiederum die soziale Realität.

Diese Gegenüberstellung spielt heute im Konflikt zwischen Orient und Okzident eine wichtige Rolle – in mehrfacher Hinsicht. Einerseits wird dem Orient, wie Said schreibt, das Feld der biologischen männlichen Potenz überlassen. Andererseits wird ihm aber auch eine »unterlegene« kulturelle Potenz zugewiesen. Diese Zuweisung kommt zumeist in Bildern vom »rückständigen« Islam zum Ausdruck, die sich mal am Kopftuch, mal an der verspäteten Einführung des Buchdrucks im Osmanischen Reich oder dann wieder an den niedrigen Alphabetisierungsraten einiger arabischer Länder festmachen. Mit dem Islam hat das allerdings wenig zu tun (vgl. dazu den »Arab Human Development Report« 2002). Im Iran zum Beispiel gibt es sehr hohe Alphabetisierungsraten. Und auch die verspätete Einführung des Buchdrucks im Osmanischen Reich hängt weniger mit einer angeblichen »Sakralisierung« des politischen Raums zusammen, wie Dan Diner (2005) unterstellt: In Europa hat der Einfluss der Kirche die Gutenbergpresse nicht verhindert, sondern eher notwendig gemacht. Was jedoch eine Rolle spielt, ist eine tiefe Verwurzelung in oralen Traditionen. Sie ist der Hauptgrund dafür, dass der Koran nicht in andere Sprachen übersetzt werden darf: Es handelt sich um eine Heilige Schrift, die durch Rhythmus, Reim »inkorporiert« werden soll. So bleibt die Anbindung des Geschriebenen an die Leiblichkeit erhalten – eine Anbindung, die das Konsonantenalphabet kennzeichnet und der wir auch in den jüdischen Traditionen überdeutlich begegnen. Die Gegenüberstellung von abstraktem und biologischem Vater entspricht also einer Gegenüberstellung von Oralität und Schriftlichkeit.

Nun hat freilich der islamische Fundamentalismus mit Oralität wenig im Sinn. Oder um genauer zu sein: Beim Fundamentalismus handelt es sich nicht eine Rückbesinnung auf den traditionellen Islam, sondern um eine Verwestlichung islamischen Denkens – im Sinne einer Dominanz der Schriftlichkeit über die Oralität oder des geistigen Phallus über den biologischen. Ich werde versuchen, das darzustellen.

Die zwei Arten geistiger »Väter«

In ihren Memoiren beschreibt Leila Ahmed (1992), die in Ägypten aufwuchs, heute in Harvard lehrt und ein differenziertes Werk über die Geschichte der islamischen Geschlechterordnung geschrieben hat, die enge Beziehung von Geschlechterordnung, Oralität und Religion in ihrer Kindheit. Im Haus ihrer Großmutter in Alexandria hatten die Frauen ihr eigenes Verständnis vom Islam, das sich von dem der Männer, des »offiziellen Islam« unterschied. Durch die Frauen wurde eine moslemische Erfahrung weitergegeben, die sich nicht in Regeln oder Verboten niederschlug, sondern »durch Berührungen, einen Blick, ein Wort«. Diese ganzen Arten, »Einstellungen, moralische Vorstellungen, Glaubensgrundsätze und Wissen weiterzugeben – durch den Körper und Berührungen, durch lebendige, aus dem Moment heraus gesprochene Worte – (…) hat immer schon zur Bildung der nächste Generation beigetragen. Anders als bei Texten über die richtige Lebensweise gibt es keine

Aufzeichnungen, aber sie hinterlassen tiefere, vitalere, lebendige Spuren. Glaubensinhalte, ethische Einstellungen werden uns so durch flüchtige Worte und Gesten in unser Leben, in unsere Körper, unser Selbst bis in unsere Körperzellen hineingeschrieben, so dass wir den Text leben« (Ahmed 1999, S. 121f.). Es gebe, so Ahmed, zwei Arten von Islam: diesen der Körpersprache, den sie den Frauen zuordnet, und »einen offiziellen, geschriebenen, den ›männlichen‹ Islam« (ebd., S. 123). Die »Subkultur«, die mit der oralen Vermittlung des Islam einhergehe – eine Subkultur, für die es keine »geistliche Anleitung« gibt – habe in den verschiedenen Regionen die Aufnahme kultureller Eigenheiten ermöglicht. Dagegen sei der »texuelle« und »männliche« Islam von einer Minorität errichtet worden, die ihre spezifische Form von Islam von einer Generation zur nächsten weitergebe. »Der Islam, den sie in dieser schriftlichen Vererbungskette entwickelten, ähnelt der mittelalterlichen, lateinischen Schrifttradition des Christentums. Sie ist ebenso obskur und von einer männlichen Sicht der Welt dominiert wie diese lateinischen Texte« (ebd., S. 126). Für die lebendige Tradition des Islam macht Ahmed das arabische Alphabet verantwortlich. »Ein Satz Konsonanten kann mehrere Bedeutungen haben und erwirbt erst dann seinen endgültigen, spezifischen und eindeutigen Sinn, wenn er vokalisiert wird (anders als in den europäischen Sprachen, wo die Bedeutung schon im Text festgelegt ist). Bevor ihnen nicht das Leben wortwörtlich eingehaucht wird, haben die arabischen und hebräischen Worte auf einem Blatt keine eigene Bedeutung« (ebd., S. 127). Dieser oral tradierte Islam, der von einer Wahrheit spricht, »die nur hier und jetzt und für diesen einen Körper gilt« (ebd., S. 128), befinde sich im Rückzug und werde allmählich von dem textuellen Islam verdrängt. Dieser habe wiederum den fundamentalistischen Islam hervorgebracht, »den eingeschränkten und schlecht ausgebildeten Nachkommen des textuellen Islam« (ebd.). Die Alphabetisierung habe so einerseits zur Ausbreitung des Islam, andererseits aber auch zur Auslöschung oraler und lebendiger Formen der Religion beigetragen. Auch Martin Riesebrodt sieht im Fundamentalismus – aller Prägungen – eine Form von Literalismus: »Das fundamentalistische Denken ist von einer Krisenerfahrung geprägt und sieht die Ursache für die Krise der Gesellschaft im Abfall von ewig gültigen, göttlich-geoffenbarten und schriftlich-wörtlich überlieferten Ordnungsprinzipien, die in einer idealen Gesellschaft schon verwirklicht waren: dem ‚Goldenen Zeitalter' der christlichen, islamischen oder sonstigen Urgemeinde« (Riesebrodt 1990, S. 19f.). Das »Goldene Zeitalter« des Fundamentalismus entspricht also einem idealisierten »Urislam«, der wiederum mit dem Text gleichgesetzt wird. Riesebrodt spricht in diesem

Zusammenhang von einem »utopischen Regress« (ebd., S. 21), der anders als andere Regressionen nicht in den Schoß einer »Urmutter« oder der Oralität zurückführt, sondern in den einer angeblichen »Urschrift«, die nicht ausgelegt wird, sondern buchstabengetreu befolgt werden soll. Dieser Vorgang entspricht freilich einer Anpassung an das westliche Denken mit seiner Schriftdominanz, und Ahmed macht auch darauf aufmerksam, dass die westliche Islamforschung einen nicht geringen Anteil an der Entwicklung dieses »utopischen Regresses« hat. Sie trage zur Legitimierung und Autorisierung des textuellen Islam und der Verdrängung oraler Traditionen bei, indem sich ihre Forschungen vornehmlich auf Schriften und offizielle Institutionen wie die Moschee beschränke (vgl. Ahmed 1999, S. 128f.).

Vergleichbare Beobachtungen wie Ahmed für den Islam machte auch Haym Soloveitchik für jüdische Gemeinden in den USA und Israel. Er lehrt Jüdische Geschichte und Philosophie in den USA und untersuchte die Entstehung einer neuen jüdischen Orthodoxie, deren Beginn er um 1950 ansetzt: »Wenn ich die Veränderungen in der jüdischen religiösen Gemeinschaft in der letzten Generation mit einem Satz beschreiben sollte, so würde ich auf die neue und kontrollierende Funktion der Texte verweisen, die im religiösen Leben eingetreten ist« (Soloveitchik 1994, S. 65). Soloveitchik führt diese Dominanz des Textes auf einen Akkulturationsprozess zurück, der durch die Migration in die USA, die Anpassung an die Lebensformen der Moderne und eine »dramatische Zunahme von interkulturellen Eheschließungen« stattgefunden habe (ebd., S. 78f.). Mit ganz ähnlichen Bildern wie Leila Ahmed beschreibt er das jüdische Leben der Vormoderne, das nicht nur aus Text, sondern auch aus gelebter Tradition, unbewussten und von Generation zu Generation vermittelten Riten bestanden habe. Der Verlust dieser Gewohnheiten habe eine Leere hinterlassen, die von einer nachrückenden Generation junger Juden, vor allem Männern, durch ein Regelwerk ersetzt worden sei. »Aus der Lebensweise ist eine *regula* geworden, und das Verhalten, einst von Gewohnheit bestimmt, wird nun von der Bestimmung regiert« (ebd., S. 71). Diese Art der Regelung sei nur im Text zu finden: »Die Gewohnheit ist mächtig, aber ihr Einfluss ist informeller Art. Sie leitet sich von der Fähigkeit der Gewohnheit ab, die Implikationen des Buchwissens zu neutralisieren« (ebd.). Auch Soloveitchik beobachtet eine Zunahme der Textorientierung der nächsten Generation, die ihr ganzes Wissen für Beruf und Alltag aus Büchern erlernt habe und nun auch durch Bücher – Handbücher, Führer, die auf Englisch oder in modernem Hebräisch geschrieben sind – Zugang zur Religion suchen. Das stelle einen Bruch mit der oralen Tradition dar, die er vornehmlich im Jiddischen verortet. Seit dem späten Mittelalter war die jüdische Kultur Osteuropas zweisprachig: Sie benutzte eine »gehobene« und eine »niedere« Sprache. »Jiddisch wurde für den Alltag und mündliche Lehre verwandt. Das Hebräische für das Gebet und alle gelehrten Schriften« (ebd., S. 83). Nun sei statt des Jiddischen das Englische zur »Muttersprache« geworden, das, anders als das Jiddische, auf einer Schriftdominanz basiert. Die moderne Gesellschaft, in der religiöse Juden leben, sei von »geschriebenen Regeln« beherrscht, und diese »Verlagerung der Autorität zum Text als einziger Quelle der Authentizität« (ebd., S. 87) habe weitreichende Folgen für das religiöse Leben wie für den politischen Alltag und die Definition jüdischer Identität. Bildung sei zu einem wichtigen Gut geworden, aber die Bildung, die angestrebt werde, habe wenig mit dem traditionellen Lernen zu tun. »Darauf erpicht, jüdische Traditionen zu bewahren, befriedigen religiöse Juden heute ihr Streben nach Spiritualität nicht mit einer unerreichbaren Intimität mit Ihm, sondern auf einer Intimität mit Seinem Willen. (...) Nachdem sie der Berührung mit Seiner Gegenwart verlustig gegangen sind, suchen sie nun unter Seinem Joch Geborgenheit« (ebd., S. 103).

Diese beiden Beschreibungen machen ganz deutlich, dass der Fundamentalismus, ob jüdischer oder islamischer Art, nicht das Resultat von Unbelesenheit ist, sondern im Gegenteil einer Überbewertung der Schriftlichkeit gegenüber der Oralität entspringt. Eine solche Dominanz des Textes ist aber eigentlich ein Charakteristikum westlichen Denkens und impliziert insofern eine Verwestlichung. Das heißt, der Fundamentalismus versucht, der Erfahrung der Akkulturation mit einer rigiden Textgläubigkeit zu begegnen, die wiederum eine Akkulturation beinhaltet. Gewiss, die historische Situation der jüdischen und der islamischen Gemeinschaften könnten unterschiedlicher kaum sein. Im einen Fall eine Minorität in der Diaspora, die immer wieder gezwungen war, sich der umgebenden Kultur anzupassen, dabei aber auch eine große Fähigkeit entwickelte, das Eigene zu bewahren. Auf der anderen Seite eine religiöse Gemeinschaft, die in vielen Ländern majoritär ist und erst durch die Kolonisation und nun im Prozess der Globalisierung einem Anpassungsdruck unterworfen wurde. Doch das Zeugnis von Soloveitchik zeigt deutlich, dass sich auch die neue jüdische Orthodoxie der Anpassung an die westliche Schrifttradition verdankt. Was er allerdings nicht berücksichtigt, ist die Tatsache, dass diese Entwicklung nicht nur für den Zulauf zur Orthodoxie sorgte, sondern auch zur Modernisierung der jüdischen Theologie beitrug – gerade auf dem Gebiet der Geschlechterordnung. In dieser Hinsicht ist das Beispiel vom Verlust des Jiddischen, das nicht nur als orale

Sprache des Ostjudentums, sondern auch als Frauensprache galt (vgl. Hyman 1999, S. 270–286, insbesondere S. 274), aufschlussreich. Als Russland die allgemeine Alphabetisierung einführte und die Schulen auch für Juden geöffnet wurden, ergriffen viele jüdische Mädchen begierig diese Möglichkeit. Dadurch eigneten sie sich säkulares Wissen an. Vom Unterricht in den religiösen jüdischen Schulen ausgeschlossen – aber geprägt von der hohen Wertschätzung von Bildung in den jüdischen Familien – wurden Jüdinnen so zu Vorreiterinnen des Säkularisierungsprozesses ihrer Religion (vgl. ebd.). Dasselbe sollte sich bei der Immigration in die USA wiederholen. Als sich nach 1950 eine erneute Hinwendung zur Religion vollzog, hatte dies bei vielen Frauen, anders als bei ihren von Soloveitchik beobachteten männlichen Altersgenossen, nicht eine Hinwendung zur Orthodoxie zur Folge. Sie wandten sich der jüdischen Religionswissenschaft zu oder erkämpften die Zulassung von Frauen zur rabbinischen Ausbildung.

Was sich heute im islamischen Fundamentalismus abspielt, ähnelt dieser Entwicklung in mancher Hinsicht. Seine Anhänger, so Gilles Kepel (1991), gehören zumeist der zweiten Generation von Stadtmigranten an, haben Medizin oder Ingenieurwissenschaften studiert und sind in jeder Hinsicht in der Schriftlichkeit angekommen. Zur gleichen Zeit tragen Frauen innerhalb der islamischen Gesellschaften aber auch dazu bei, dass der Koran neu gelesen wird. Im Iran hat ein religiöses Regime, das für Frauen das Tragen des Kopftuchs zur Pflicht gemacht hat, das Sagen. Dennoch sind mehr als die Hälfte der iranischen Studierenden Frauen. Diese Frauen – wie übrigens auch viele der gebildeten Türkinnen, die, ihren Staatsgesetzen zum Trotz, auf einem Kopftuch *beharren* – geben sich nicht mehr mit den bisherigen Auslegungen der Heiligen Schrift zufrieden. Sie beginnen, neue Exegesen des Korans vorzulegen. Zu Mohammeds Zeiten gab es weibliche Imame. Es ist nicht auszuschließen, dass es diese auch wieder geben wird. Mitte des 19. Jahrhunderts war eine Rabbinerin undenkbar (wie übrigens auch eine Pfarrerin). Heute sind beide für viele Gemeinden eine Selbstverständlichkeit. Warum sollte sich ein solcher Prozess nicht auch im Islam vollziehen?

Kommen wir zurück zum Phallus. In welcher Schriftlichkeit sind die jungen Fundamentalisten angekommen? Es scheint fast, als hätten wir es mit zwei Arten von »geistiger Männlichkeit« zu tun. In der »Geistlichen Anleitung«, die sich bei drei der Attentäter des 11. September fand, taucht ein »geistiger Vater« in doppelter Gestalt auf: Es gibt einerseits den »bösen Vater« der westlichen militärischen und wissenschaftlichen Überlegenheit und ihrer Techniken; und andererseits den »gütigen Vater«, dessen Alleinanspruch verteidigt werden soll. »Diejenigen, die von der westlichen Zivilisation fasziniert sind, haben ihr Liebe zu und ihre Verehrung für sie mit kaltem Wasser getrunken. Sie fürchten ihre [eigene] schwache Ausrüstung: ›Ihr sollt nun aber nicht vor ihnen Furcht haben, sondern vor mir, wenn ihr denn gläubig seid‹ [Koran 3:175]. Denn die Furcht ist eine große Form der Verehrung« (Kippenberg & Seidensticker 2004, S. 21). Mit anderen Worten, die von den Attentätern genau befolgten Texte erzählen von der Konfrontation zwischen zwei geistigen Vätern oder Formen von Potenz, von denen der eine »den Westen« und der andere »den Islam« repräsentiert. Eben diese Tatsache – und nicht so sehr die Konfrontation zwischen dem biologischen und dem geistigen Phallus – scheint heute ins Zentrum des Konfliktfeldes von Okzident und Orient um die Definition von Männlichkeit zu rücken.

Ab den 1990er Jahren, so schreibt Fouad Allam, taucht in einigen Ländern des Islam die neue Figur des militanten und islamistischen Intellektuellen auf. Er sei das Produkt von Alphabetisierungsprogrammen, »die einer ganzen Generation von Nachkommen oft analphabetischer Eltern den Zugang zum Wissen und zu religiösen Schriften eröffnet haben« (Allam 2004, S. 114). Dieser Entwicklung eigne die Paradoxie, dass einerseits ein neuer Typus von Menschen und Verhaltensweisen konstruiert werde, »die mit der islamistischen Ideologie übereinstimmen«; dass andererseits zum Erreichen dieses Ziels aber die modernen aus dem Westen übernommenen Kommunikationsmittel und Technologien eingesetzt werden. »Die Kassetten ersetzen die traditionelle Gestalt des Meisters und seine physische Gegenwart« (ebd., S. 115). Diese Entwicklung habe zur »Delegitimation des klassischen Gelehrten« geführt; zugleich lasse sie »die mündliche Überlieferung als Träger der neuen islamistischen Literatur wieder aufleben, die sich von dem über die Jahrhunderte tradierten schriftlichen kulturellen Erbe abhebt« (ebd.). Die hier beschriebene Paradoxie beinhaltet also eine Rückkehr zur Oralität mit den Mitteln westlicher Technik. Diese Hinwendung zur Mündlichkeit ist anders als die von Leila Ahmed beschriebene körpernahe Oralität, die aus »Berührungen, Blicken, flüchtigen Worten« besteht und von einer Wahrheit erzählt, »die nur hier und jetzt und für diesen einen Körper gilt«. Die neue Oralität, von der Allam spricht, verdankt sich westlicher Technik, dem Kassetten- oder Videorekorder. Das heißt, sie ist einerseits westlicher Schriftlichkeit und einer westlichen Vorstellung von Potenz geschuldet; andererseits ist sie aber auch von einem antiwestlichen Impetus getragen – und diese Kombination spielt sowohl im interkulturellen Austausch zwischen Orient und Okzident als auch im innerkulturellen Feld des Islam eine wichtige Rolle.

Ich kann an dieser Stelle die Frage nach der Rolle des Phallus im Konflikt von Orient und Okzident nicht weiter vertiefen (ausführlicher in von Braun & Mathes 2007). Mit den angeführten Beispielen sollten aber zwei Dinge gezeigt werden: *Erstens* ist es wichtig, sich klarzumachen, dass sich hinter der hiesigen Erregung über das Kopftuch und die Geschlechterordnung des Islam in Wirklichkeit die Erregung über die Definition des Phallus verbirgt. *Zweitens* scheinen in diesem Konflikt auch zwei Konzepte von geistiger Männlichkeit aufeinanderzustoßen. Erzählt die Geschichte des christlichen Abendlandes vom Sieg des »geistigen Phallus« über den biologischen Phallus, so stehen heute zwei Definitionen von kulturellem Phallus einander gegenüber: ein westlicher Phallus, hinter dessen technischem und wissenschaftlichem Vermögen letztlich die Idee einer Mathematisierbarkeit der Welt steht (siehe Catoriadis 1990, S. 454), und eine orientalische Definition von kulturellem Phallus, der zwischen einer ähnlichen Vorstellung von Logik und der Sehnsucht nach einer transzendenten Heilsbotschaft schwankt. Wir finden dieselbe Gespaltenheit übrigens auch in einigen westlichen Denkströmungen – etwa bei den »creationists« und den Anhängern des »intelligent design« –, wo präzise naturwissenschaftliche Kenntnisse mit dem Glauben an eine göttliche Schöpfungskraft einhergehen (vgl. von Braun & Stefan 2005, S. 7–46). Kurz und gut: Unserem guten alten Phallus stehen schwere Zeiten bevor, die – wie die Beispiele von Gehad Mazarweh und Ruth Stein zeigen – nicht ohne Rückwirkungen auf die Psychoanalyse bleiben werden. Diese wird sich mehr als dies in den beiden letzten Jahrzehnten der Fall war, den kulturellen Dimensionen der Sexualität, der Geschlechterordnung und der Psyche zuzuwenden haben – und dabei können die Arbeiten der Geschlechterforschung durchaus hilfreich sein.

Literatur

Ahmed, Leila (1992): Women and Gender in Islam. Historical Roots of a Modern Debate. New Haven und London (YUP).

Ahmed, Leila (1999): A Border Passage. From Cairo to America – A Woman's Journey. New York (Penguin).

Allam, Fouad (2004): Der Islam in einer globalen Welt. Berlin (Wagenbach).

Arab Human Development Report (AHDR) (2002): Creating Opportunities for Future Generations. Sponsored by the Regional Bureau for Arab States/UNDP. Arab Fund for Economic and Social Development. New York.

Bloch, Iwan (1912): Handbuch der Gesamten Sexualwissenschaft in Einzeldarstellungen, Bd. 1: Die Prostitution. Berlin (Marcus).

Braun, Christina von & Stephan, Inge (2005) (Hg.): Gender@Wissen. Ein Handbuch der Gender-Theorien, Wien/Köln (Böhlau).

Braun, Christina von & Mathes, Bettina (2007): Verschleierte Wirklichkeit. Die Frau, der Islam und der Westen Berlin (Aufbau).

Castoriadis, Cornelius (1990): Gesellschaft als imaginäre Institution. Entwurf einer politischen Philosophie. Frankfurt/M. (Suhrkamp).

Diner, Dan (2005): Versiegelte Zeit. Über den Stillstand in der islamischen Welt. Berlin (Ullstein).

Hyman, Paula E. (1999): East European Jewish Women in an Age of Transition, 1880–1930. In: Baskin, Judith (Hg.): Jewish Women in Historical Perspective. 2. Aufl. Detroit (Wayne State University Press).

Kallir, Alfred (1961): Sign and Design. The Psychogenetic Source of the Alphabet. London (Clarke). Dt: Sign and Design. Die psychogenetischen Quellen des Alphabets. Berlin 2002 (Kadmos).

Kepel, Gilles (1991): Die Rache Gottes. Radikale Moslems, Christen und Juden auf dem Vormarsch. München, Zürich (Piper).

Kippenberg, Hans G. & Seidensticker, Tilman (Hg.) (2004): Terror im Dienste Gottes. Die »geistliche Anleitung« der Attentäter des 11. September 2001. Frankfurt/M. (Campus).

Mackensen, Lutz (1984/5): Ursprung der Wörter. Etymologisches Wörterbuch der deutschen Sprache. Wiesbaden (VMA-Verlag).

Mazarweh, Gehad (2004): Wanting to Die or Wanting to Live. The Phenomena of Suicide Bombers in Israel and Palestine. Vortrag, gehalten auf der Tagung »Violence or Dialogue: Between Collective Fantasy and Collective Denial«, Berlin 10.–12. Juni 2004 (Unveröffentlichtes Manuskript).

The Oxford English Dictionary (OED), first edited by H.W. Fowler and F.G. Fowler. 5. Edition, edited by J.A. Simpson. Oxford 1964.

Riesebrodt, Martin (1990): Fundamentalismus als patriarchalische Protestbewegung: Amerikanische Protestanten und iranische Schiiten im Vergleich. Tübingen (Mohr Siebeck).

Said, Edward (1981): Orientalismus. Frankfurt/M., Berlin, Wien (Ullstein).

Soloveitchik, Haym (1994): Rupture and Reconstruction: The Transformation of Contemporary Orthodoxy. In: Tradition. A Journal of Orthodox Jewish Thought. 28 (4), 64–130.

Stein, Ruth (2003a): Evil as Love and as Liberation: the Religious terrorist's mind. In: Moss, Donald (Hg.): Hating in the First Personal Plural. New York (Other Press).

Stein, Ruth (2003b): Vertical Mystical Homoeros: an Altered Form of Desire in Fundamentalism. In: Studies in Gender & Sexuality, 4 (1), 38–58.

Stein, Ruth (2004): Fundamentalism, Father and Son, and Vertical Desire. Vortrag, gehalten auf der Tagung »Violence or Dialogue: Between Collective Fantasy and Collective Denial«, Berlin 10.–12. Juni 2004 (Unveröffentlichtes Manuskript).

Steinberg, Leo (1996): The Sexuality of Christ in Renaissance Art and in Modern Oblivion. 2. erweiterte Aufl. Chicago (University of Chicago Press).

Taylor, Gary (2002): Castration. An Abbreviated History of Western Manhood. New York, London (Routledge).

Zu den Autorinnen und Autoren

Jan Assmann (Jg. 1938), Dr. phil., Dr. h. c. mult. (Münster, Yale, Jerusalem), Professor em. für Ägyptologie an der Universität Heidelberg und Honorarprofessor für Kulturwissenschaft und Religionstheorie an der Universität Konstanz, Mitglied der Heidelberger Akademie der Wissenschaften und der Academia Europea. Forschungsschwerpunkte sind neben archäologischer Feldarbeit (Thebanische Nekropolen) ägyptische Religion und Literatur in theoretischer und vergleichender Perspektive, Kulturtheorie (bes. das »kulturelle Gedächtnis«), allgemeine Religionswissenschaft (Polytheismus und Monotheismus) sowie die Rezeption Ägyptens in der europäischen Geistesgeschichte.
Veröffentlichungen:
Thomas Mann und Ägypten. Mythos und Monotheismus in den Josephromanen (2006); *Die Zauberflöte: Oper und Mysterium* (2005); *Die mosaische Unterscheidung* (2003); *Tod und Jenseits im Alten Ägypten* (2001); *Religion und kulturelles Gedächtnis* (2000); *Herrschaft und Heil. Politische Theologie in Altägypten, Israel und Europa* (2000); *Moses der Ägypter. Entzifferung einer Gedächtnisspur* (1998); *Ägypten – eine Sinngeschichte* (1996); *Das kulturelle Gedächtnis. Schrift, Erinnerung und politische Identität in frühen Hochkulturen* (1992); *Stein und Zeit. Mensch und Gesellschaft im Alten Ägypten* (1991); *Ma`at. Gerechtigkeit und Unsterblichkeit im alten Ägypten* (1990).

Wolfgang Benz, Historiker, seit 1990 Professor an der Technischen Universität Berlin und dort Direktor des Zentrums für Antisemitismusforschung. Zahlreiche Veröffentlichungen zur Deutschen Geschichte im 20. Jahrhundert, zum Antisemitismus, zu Minderheiten- und Migrationsproblemen.

Veröffentlichungen:
Ausgrenzung, Vertreibung, Völkermord, Genozid im 20. Jahrhundert (2006); *Umgang mit Flüchtlingen. Ein humanitäres Problem* (2006); *Was ist Antisemitismus?* (2004); *Das Dritte Reich. Die 101 wichtigsten Fragen* (2003); *Die Protokolle der Weisen von Zion. Die Legende von der jüdischen Weltverschwörung* (1998).

Werner Bohleber, Dr. phil., Psychoanalytiker in eigener Praxis in Frankfurt am Main, Lehranalytiker der Deutschen Psychoanalytischen Vereinigung (DPV), deren Vorsitzender 2000–2002. Mitglied des Board of Representatives der Internationalen Psychoanalytischen Vereinigung (IPV). Herausgeber der Zeitschrift PSYCHE. Zahlreiche Veröffentlichungen zur Theorie und zur Geschichte der Psychoanalyse, zu Adoleszenz und Identität, zur psychoanalytischen Erforschung der nationalsozialistischen Vergangenheit, zu Fremdenhass und Antisemitismus, zur Traumaforschung und zum Terrorismus.
Veröffentlichungen:
Die Gegenwart der Psychoanalyse – die Psychoanalyse der Gegenwart (2001).

Christina von Braun, Jg. 1944, Kulturtheoretikerin, Autorin und Filmemacherin. Seit 1994 Professorin für Kulturwissenschaft an der Humboldt-Universität in Berlin. Sie hat etwa 50 Filme gedreht und zahlreiche Bücher geschrieben,
Veröffentlichungen:
(zus. mit Christoph Wulf) *Mythen des Blutes* (2007); *Stille Post. Eine andere Familiengeschichte* (2007); (zus. mit Bettina Mathes) *Verschleierte Wirklichkeit. Die Frau, der Islam und der Westen* (2007); (zus. mit Inge Stephan) *Gender@Wissen. Ein Handbuch der Gender-Theorien* (2005); *Einführung in Gender Studies* (2000); *Multiple Persönlichkeit. Krankheit, Medium oder Metapher?* (1999); *Der ewige Judenhaß* (1990); *Die schamlose Schönheit des Vergangenen. Zum Verhältnis von Geschlecht und Geschichte* (1989); *Nicht Ich. Logik Lüge Libido* (1985).

Michael B. Buchholz, Prof. Dr. phil., Dr. disc. pol., Dipl.-Psych., apl. Prof. am FB Sozialwissenschaften der Univ. Göttingen, Lehranalytiker (DGPT und DPG), in eigener Praxis tätig. Seit vielen Jahren publizistisch um den Anschluss der Psychoanalyse an andere Wissenschaften bemüht.

Veröffentlichungen:
Psycho-News II – Neue Briefe zur empirischen Erweiterung der Psychoanalyse (2006); (zus. mit Günter Gödde) *Das Unbewusste* (2005–6)
Psycho-News I – Briefe zur empirischen Bestätigung der Psychoanalyse (2004); *Metaphern der Kur* (2003); *Neue Assoziationen – Psychoanalytische Lockerungsübungen* (2003); *Psychotherapie als Profession* (1999).

Stefan Goldmann, Priv.-Doz., Dr. phil., unterrichtet Neuere deutsche Literatur an der Universität Potsdam. Er hat Aufsätze zur Literatur der Spätaufklärung und zur antiken Gedächtniskunst veröffentlicht und Sigmund Freuds Briefe an die frühe Patientin Anna von Vest herausgegeben.
Veröffentlichungen:
Traumarbeit vor Freud. Quellentexte zur Traumpsychologie im späten 19. Jahrhundert (2005); *Via regia zum Unbewussten. Freud und die Traumforschung im 19. Jahrhundert* (2003); *Christoph Wilhelm Hufeland im Goethekreis. Eine psychoanalytische Studie zur Autobiographie und ihrer Topik* (1993).

Wolfgang Hegener (Jg. 1964), Dr. phil., Dipl.-Psych., Psychoanalytiker (DPG/IPV) in eigener Praxis. Arbeitsschwerpunkte: Psychoanalytische Kulturtheorie; zur Psychoanalyse des Antisemitismus; zum Verhältnis von Psychoanalyse und Philosophie; zur Geschichte der Sexual- und Geschlechterverhältnisse.
Veröffentlichungen:
Das unmögliche Erbe. Antisemitismus – Judentum – Psychoanalyse (Hg., 2006); *Erlösung durch Vernichtung. Zur Psychoanalyse des christlichen Antisemitismus* (2004); *Wege aus der vaterlosen Psychoanalyse. Vier Abhandlungen zu Freuds ›Mann Moses‹* (2001); *Zur Grammatik Psychischer Schrift. Systematische und historische Untersuchungen zum Schriftgedanken im Werk Sigmund Freuds* (1997).

Eike Hinze (Jg. 1940), Dr. med., Nervenarzt, Lehranalytiker am Berliner Karl-Abraham-Institut. Arbeitsschwerpunkte und Veröffentlichungen zu folgenden Themen: die psychoanalytische Behandlung älterer Patienten, Fragen der psychoanalytischen Praxis und die Berührung der Psychoanalyse mit anderen Wissenschaften.

Jochen Hörisch, Prof. Dr. phil., seit 1988 Ordinarius für Neuere Germanistik und Medienanalyse an der Universität Mannheim. Gastprofessuren 1986 an

der Universität Klagenfurt, 1993 am CIPH und der ENS in Paris, 1996 in Charlottesville (USA/Virginia), 1999 in Princeton (USA), 2002 in Bloomington (USA/Indiana), 2003 in Buenos Aires, 2006 an der EPHE in Paris.
Veröffentlichungen:
Die ungeliebte Universität – Rettet die Alma mater (2006); *Theorie-Apotheke – Eine Handreichung zu den humanwissenschaftlichen Theorien der letzten fünfzig Jahre, einschließlich ihrer Risiken und Nebenwirkungen* (2004); *Gott, Geld, Medien* (2004); *Es gibt (k)ein richtiges Leben im falschen* (2003); *Der Sinn und die Sinne – Eine Geschichte der Medien* (2001); *Das Ende der Vorstellung – Die Poesie der Medien* (1999); *Kopf oder Zahl – Die Poesie des Geldes* (1996); *Brot und Wein – Die Poesie des Abendmahls* (1992); *Die andere Goethezeit* (1992); *Die Wut des Verstehens – Zur Kritik der Hermeneutik* (1988);

Hans-Gerhard Husung, Dr. phil., Staatssekretär für Wissenschaft und Forschung im Senat von Berlin; Studium der Geschichte, Politikwissenschaft, Soziologie, Philosophie und Pädagogik an der Technischen Universität Braunschweig, der LMU-München und der Universität Bielefeld (1969–1975); 1975 Staatsexamen Geschichte, Politikwissenschaft und Pädagogik; 1978 Dissertation; Persönlicher Assistent des Rektors der Technischen Universität Braunschweig (1978 bis 1979); Research Fellow am Deutschen Historischen Institut London (1979 bis 1985); Persönlicher Referent des Präsidenten der Max-Planck-Gesellschaft, München (1985 bis 1990); Leiter des Referats »Hochschulplanung« der Geschäftsstelle des Wissenschaftsrates, Köln (1990 bis 1995); Leiter des Referats »Lehre, Studium, wissenschaftlicher Nachwuchs« der Geschäftsstelle des Wissenschaftsrates, Köln (1995 bis 2000); Präsident der Hochschule für Angewandte Wissenschaften Hamburg (2000 bis 2003); danach Strategieprojekte in der Behörde für Wissenschaft und Forschung, Hamburg.

Halina Katz-Eringa, Dr. med., Ärztin für Innere und Psychotherapeutische Medizin, Psychoanalytikerin (DPV/IPA) in eigener Praxis. Dozentin am Karl-Abraham-Institut. Interessensschwerpunkte: Psychosomatik, Psychoanalytische Ambulanz, transgenerationelle Weitergabe von Traumata nach dem Holocaust bei Kindern der Täter und der Opfer.

Johannes Kipp (Jg. 1942), Dr. med., Facharzt für Neurologie und Psychiatrie und für psychotherapeutische Medizin, Psychoanalytiker (DPV) und Gruppen-

lehranalytiker. Direktor der *Klinik für Psychiatrie und Psychotherapie* und der *Klinik für psychosomatische Medizin und Psychotherapie* am Klinikum Kassel. Buchveröffentlichungen zur Psychosentherapie und Gerontopsychiatrie und –psychotherapie. Mitherausgeber und Schriftleiter der Zeitschrift *Psychotherapie im Alter* mit zahlreichen Artikeln zur Gerontopsychotherapie.
Veröffentlichungen:
(zus. mit Jüngling) *Einführung in die praktische Gerontopsychiatrie* (2007); (zus. mit Unger u. Wehmeier) *Beziehung und Psychose* (2006).

Marianne Leuzinger-Bohleber (Jg. 1947), Prof. Dr. phil., Professorin für Psychoanalytische Psychologie der Universität Kassel, Direktorin des Sigmund-Freud-Instituts, Lehranalytikerin der Deutschen Psychoanalytischen Vereinigung, Mitglied der Schweizer Gesellschaft für Psychoanalyse, Chair des Research Subcommittees for Conceptual Research of the International Psychoanalytical Association, Visiting professor am University College London. Arbeitsschwerpunkte: klinische, konzeptuelle und empirische Forschung in der Psychoanalyse, Psychoanalyse im interdisziplinären Dialog mit Erziehungswissenschaft, Embodied Cognitive Science, Neuro- und Literaturwissenschaften.
Veröffentlichungen:
(zus. mit M.; Roth, G. & Buchheim, A. (Hg.)) *Trauma im Fokus von Psychoanalyse und Neurowissenschaften* (2007); (zus. mit M.; Brandl, Y. & Hüther, G. (Hg.)) *ADHS – Frühprävention statt Medikalisierung. Theorie, Forschung, Kontroversen* (2006); (zus. mit M.; Hau, S. & Deserno, H. (Hg.)) *Depression – Pluralismus in Praxis und Forschung* (2005); (zus. mit Deserno, H. & Hau, S. (Hg.)) *Psychoanalyse als Profession und Wissenschaft. Die psychoanalytische Methode in Zeiten wissenschaftlicher Pluralität* (2004).

Regine Lockot, Dr. phil., Dipl.-Psych. Mitglied der »Deutschen Psychoanalytischen Gesellschaft« und der »International Psychoanalytical Society«. Psychoanalytikerin in freier Praxis. Seit 1985 Veröffentlichungen, Vorträge und Mitarbeit an Filmprojekten zur Geschichte der Psychoanalyse im Nationalsozialismus, der Nachkriegszeit und der DDR. Seit 2002 interaktives Projekt zur »Spurenlese« in Berlin.
Veröffentlichungen:
Erinnern und Durcharbeiten. Zur Geschichte der Psychoanalyse und Psychotherapie im Nationalsozialismus (2002); (zus. mit Heike Bernhardt (Hg.)) *Mit ohne Freud. Zur Geschichte der Psychoanalyse in Ostdeutschland* (2000);

Die Reinigung der Psychoanalyse. Die Deutsche Psychoanalytische Gesellschaft im Spiegel von Dokumenten und Zeitzeugen (1933–1951) (1994).

Ullrich Motz, Dipl.-Psych., niedergelassener Psychoanalytiker und Lehranalytiker (DPG), langjährige Tätigkeit in einer Erziehungs- und Familienberatungsstelle, Lehranalytiker am Berliner Institut für Psychotherapie und Psychoanalyse e.V. (BIPP).

Ken Robinson ist Psychoanalytiker in privater Praxis in Newcastle upon Tyne im Norden von England. Er ist Mitglied und Archivar sowohl der British Psychoanalytical Society als auch der International Psychoanalytical Association. Er war Gründungsmitglied der Freudian Study Group in London und zudem ihr erster Vorsitzender. Ausgedehnte Unterrichts- und Vortragstätigkeit über Freud und die Weitergabe der Freudschen Theorie und klinischen Praxis bis in die Gegenwart. Sein spezielles Interesse gilt der Geschichte der Psychoanalyse in Großbritannien. Sein Buch »In the Freudian Consulting Room« erscheint im kommenden Jahr.

Jörg M. Scharff (Jg. 1942), Dr. phil., Dipl.-Psych., Ordentliches Mitglied der Deutschen Psychoanalytischen Vereinigung (DPV/IPA). Tätigkeit in der Erziehungs- und Lebensberatung sowie in der psychotherapeutischen Ambulanz des Uniklinikums und des Sigmund-Freud-Instituts in Frankfurt/M. 1982 Niederlassung in freier Praxis. Ausbildungstätigkeit bei Pro Familia, am Institut für analytische Kinder- und Jugendlichen-Psychotherapie Frankfurt/M. sowie als Dozent und Lehranalytiker am Frankfurter Psychoanalytischen Institut. Veröffentlichungen zur psychoanalytisch-orientierten Beratung, zur psychoanalytischen Theorie der Denkstörung und Perversion, zur inszenierenden Interaktion, zum Verhältnis von inneren und äußeren Faktoren in der psychoanalytischen Theorie sowie zur psychoanalytischen Behandlungstechnik.

Hans Jürgen Scheuer (Jg. 1964), PD Dr., Hochschuldozent für »Germanistische Mediävistik« am »Institut für Literaturwissenschaft« der Universität Stuttgart. Veröffentlichungen zur antiken Rhetorik, zur Wahrnehmungs-, Phantasie- und Formgeschichte mittelalterlicher Literatur (Hartmann von Aue, Gottfried von Straßburg, Stricker, Carmina Burana, mittelhochdeutsche Schwankdichtung) sowie zur Poetik neuerer deutscher Literatur und Kunst (Goethe, Hölderlin, Kleist, Kafka, Joseph Beuys und Botho Strauß).

Manfred G. Schmidt, Dr. rer. soc., Dipl. Psych., Psychoanalytiker (DPV/IPV und DGPT) Lehranalytiker, Dozent der Psychoanalytischen Arbeitsgemeinschaft Köln-Düsseldorf.
Praxis für Psychoanalyse, Psychotherapie und Supervision. Mitgestaltung beim Theorie-Curriculum für Psychotherapeutische Medizin- und bei der Gesamtfortbildung der Rhein-Klinik Bad Honnef. Veröffentlichungen über: schizoide Zustände, pathologische Trauer, Theorie und Klinik der Angst, Theorie und Technik der Inszenierung, theoretische und klinische Implikationen des Konzepts der Anerkennung, Geschichte und Technik der niederfrequenten psychoanalytischen Therapie, Supervision in der Psychosomatik und Psychiatrie. Vorsitzender der DPV (2004–2006).

Walter Schönau, Dr., Professor (emeritiert) für deutsche Literaturgeschichte an der Universiteit Groningen/Niederlande, außerordentliches Mitglied der Niederländischen Vereinigung für Psychoanalyse. Mitarbeit an der niederländischen Edition Sigmund Freud: *Werken*, Amsterdam 2006
Veröffentlichungen:
Sigmund Freuds Prosa. Literarische Elemente seines Stils (2006); (zus. mit Joachim Pfeiffer) *Einführung in die psychoanalytische Literaturwissenschaft* (2003).

Anne Springer, Dipl. Psych. (DGPT, DGAP), arbeitet als Psychoanalytikerin niedergelassen in eigener Praxis in Berlin, war Vorsitzende der DGAP (Deutsche Gesellschaft für Analytische Psychologie) und ist seit 2003 Vorsitzende der DGPT (Deutsche Gesellschaft für Psychoanalyse, Psychotherapie, Psychosomatik und Tiefenpsychologie). Lehr- und Kontrollanalytikerin in Berlin (Institut für Psychotherapie Berlin), Veröffentlichungen zu klinischen Themen und zur Geschichte der Psychoanalyse, insbes. zum Themenbereich Psychoanalyse und »Drittes Reich«.

Franz Wellendorf, Prof. Dr. phil. (Jg. 1935), Prof. em. für Psychologie an der Universität Hannover. 1966 bis 1973 Wissenschaftlicher Rat und Wissenschaftlicher Direktor am Pädagogischen Zentrum Berlin. Promotion zum Dr. phil. mit einer Arbeit zum Thema »Schulische Sozialisation und Identität« (veröffentlicht 1973). Leitung der Abteilung Lern- und Verhaltensstörungen in der Schule am Pädagogischen Zentrum. Seit 1973 ordentlicher Professor für Psychologie an der Universität Hannover, Schwerpunkt: Psychoanalyse und psychoanalytische Sozialpsychologie. Tätigkeit als Supervisor und Institutionsberater. 1979 bis 1985 psychoanalytische Ausbildung am DPG-Institut Hannover. Mitglied und Lehranalytiker der DPG, der IPV und der DGPT; aff. Mitglied der DPV; Guest Member der British Psycho-Analytical Society. 2000 Emeritierung. Von 1995 bis 2001 Leiter des Weiterbildungsausschusses der DPG. Vorsitzender der DPG seit Mai 2001. Veröffentlichungen zur psychoanalytischen Theorie, Supervision und Institutionsberatung sowie zur psychoanalytischen Interpretation von Literatur.